平和をつなぐ
女たちの証言

編　安保法制違憲訴訟・女の会

Voice

生活思想社

はじめに

この本は、「安保法制違憲訴訟・女の会」原告の陳述書をまとめたものです。

二〇一五年九月一九日未明、多くの人々の反対を踏みにじり安保法制は成立しました。私たちは込み上げる怒りと、無念さで一杯になりました。

二〇一四年七月一日に集団的自衛権行使容認を閣議決定し、翌年四月三〇日、安倍首相はアメリカ議会で「安保法制の充実をこの夏までに成就させる」と演説をしました。そして日本の国会に提案されたのは、二週間後の五月一四日でした。

国会で審議が始まると「安保法制反対！」の声は高まり、日に日に、昼に夜に、国会に押し掛ける市民の数は増えていきました。六〇年・七〇年安保世代をはじめ、大学生、乳母車を押すママ、パパに背負われた赤ちゃん、仕事帰りのサラリーマン。徐々に増える市民の数に警察の規制が強まり、地下鉄駅から国会前道路への出入口が封鎖され、地下道から出られない大勢の人で息苦しくなることもありました。国会議事堂周辺は人々で埋め尽くされました。女たち主体の「レッド・アクション」も繰り返されました。

国会議員たちも次々に駆けつけ、国会の内と外で連携しました。多くの地方議会からの反対決議も国会へ届きました。与党から推薦された参考人の憲法学者を含め学者、弁護士、総理大臣経験者、元最高裁判事など多くの人々が反対の声を上げました。何より国民の八割が説明不足だと言い、六割近くが反対し、中でも女性の反対が多いという世論調査でした。それにもかかわらず安保法制は、民主主義を破壊し、強行採決されました。女性の意見は、国会の審議や公聴会で、だれ一人求められることはありませんでした。

安倍首相主導の閣議決定と、国会での強行採決が続き、立憲主義は破壊されています。私たちは、直接訴えられる裁判の場で闘おうと決めました。

二〇一六年八月一五日、敗戦の日に「戦争を絶対許さない！」と「安保法制違憲」を東京地方裁判所に訴えました。沖縄から北海道まで全国一二二名の原告と、弁護団もすべて女性です。

女性は戦争時には、兵士を生産するため、産めよ・殖やせよと「産む性」を強要され、同時に、戦いで命を落とすかもしれない兵士の「慰安のための性」として利用されました。私たちは、先人の女性たちに思いをはせ、また自分たちの体験から、安保法制の不当性・危険性・加害性、進行していく人権抑圧の実態、恐怖など、私たちが受ける損害を訴えています。

私たちは、年齢や地域、環境により多様な経験をしています。子ども時代は〝りっぱな〟軍国少女だったという人。残された母親と共に貧しく苦しい少女時代を過ごした人。被爆で多くの友人が亡くなり〝生き残ったこと〟に苦しんだ人。敗戦後、成立した新憲法に、解放のよろこびを心の底から感じた人。その新憲法下でも存在し続けている女性差別に取り組み闘い続けている人。基地の街で、米軍や自衛隊員による性暴力、また家庭、職場、街で起こる女性への暴力に取り組む人。教え子を二度と戦場に送らないと教育をし続けた人。日本軍「慰安婦」問題への取り組みで、今まさに右翼からの攻撃を受けている人…など。さまざまな女性たちが原告になっています。

そして誰もが、このような取り組みができるのは、「平和憲法」があるからこそと、共通の思いを強くしています。安保法制に反対することは、平和憲法を守りたいという思いとしっかり重なっています。

この本は、私たちの「平和への思い」を軸にした自分史です。女性たちの貴重な戦後史です。どうぞ私たちと思いをともにして下さい。

二〇一九年四月

安保法制違憲訴訟・女の会

もくじ

第四章　働き続けていま

第五章　教育の軍事化

第六章　家父長制に抗って

第七章　アジアの中で生きる

第八章　わたしと平和憲法

＊装幀 m9design

第一章　戦争とわたし

「一億玉砕」の叫びの中で

橋本宏子

私は一九二九年四月、東京都中央区八丁堀で生まれました。にぎやかな商店街で家は洋品店です。弟二人妹ひとりの四人きょうだいです。

地域の京華小学校に入学し、二年生の時日中戦争がはじまり、徹頭徹尾軍国主義の小学生生活を送りました。朝会は日の丸掲揚、宮城遥拝で始まり、校長の「日本はアジアの平和のために立ち上がった。戦地で戦っている兵隊さんに感謝しましょう」の訓話で一日が始まります。

小学校からまっすぐ二キロ歩くと二重橋なので、行事の時は歩いて「宮城」(きゅうじょう、皇居のこと)まで行って参拝。教育勅語を暗記させられ、「忠孝」を骨の髄まで叩き込まれました。天皇は現人神(あらひとがみ)つまり神様、家の戸主である父や偉い人の言うことは「天皇の言葉」として絶対逆らってはいけない、という道徳観が教え込まれました。神話が国史(歴史)として教えられ、日本は神様の作った島、天孫降臨から国がはじまった、先生は毎朝黒板に縦に一本の線を引き、「天皇の先祖は神様、今上天皇はその子孫」「よその国は王がころころ変わるが、日本は万世一系」と強調します。ほんとかなあ、と疑問に思っても、いや信じようと思考を停止します。「日本よい国強い国、世界に一つの神の国」に生まれたことを誇り、幸せと思うようになりました。

当時の中国の首都・南京が陥落しました。ちょうちん行列で祝いました。虐殺のことなど全く知らず、皇軍兵士は強くてやさしいのに、中国には便衣兵という悪い奴が出没して良民を襲うから殺さなければならないと百人斬りをした兵士が褒め称えられました。

一九四〇年、五年生のとき日本は紀元二六〇〇年で大騒ぎ。神社は神輿を出してお祭り、花電車が走り、日本は「東洋の盟主」になる、書初めでみんな「東洋永遠の平和」と大きく書きました。「平和」という言葉を何度も教えられました、「東洋平和のため中国などから外国を追い出す、平和のため戦争する」のだと。

一九四一年、米英等に宣戦布告、太平洋戦争が始まります。全校集めて校長先生は強い口調で講話し、皆「やったー」と興奮しました。中国に肩入れする米英は悪い国、やっつけてやれと、小学生の私たちまで大騒ぎでした。毎月八日は大詔奉戴日、宮城は毎月、時にはあと四キロ歩いて靖国神社まで往復参拝。お国のために教育の中心は体力増進、朝は女子も半身裸になり建国体操、小学生でももう胸が大きくなっている子もいますし、恥ずかしい、でもいやと言えません。その頃海軍兵学校を舞台にした岩田豊雄（獅子文六）の「海軍」という小説が刊行され、後で映画にもなり、みな夢中で格好良い海軍軍人にあこがれたものです。

戦争のため女学校入学試験も様変わり、学科試験がなくなり内申と体育だけで選抜します。懸垂が五回できないと公立校は合格できないので、体育が苦手な私は、私立校の三輪田高女が叔母の母校であったため頼み込んで入れてもらいました。三輪田は歴史の古い名門校で九段にあり良家の子女教育を売り物にしています。そんな学校でも配属将校はいて、体育の検定試験があり、手榴弾を投げ何メートル以上と練習に打ち込んだものです。敵性語と言われた英語の授業があったのはよかったのですが、裁縫の時間が週に七時間もあり従順な「良妻賢母」教育でした。

一九四四年になると、戦況は悪化。我が家も弟は学童疎開し、祖母と四歳の妹は知人の家に疎開という具合で一家離散状態になりました。夏になると上級生に次いで私たち三年生も勤労動員に行くことになり、学年は三つに分かれ、私は新小岩の那須アルミの工場に行くことになりました。航空機のタンクづくりですが、ドリルで穴をあけて鋲打ち作業、月月火水木金金で、学校に一カ月に一度は登校させるという約束も果たされないまま働きました。しかし、作業は、少女たちの不慣れな労働のためオシャカの不良品ばかりで、どう考えても生産性が低いものでした。

一九四五年には空襲がひどくなり、電車が止まると荒川の鉄橋を徒歩で渡り工場に行ったこともありました。そこへ、三月の下町大空襲、我が家も類焼してしまい、阿佐ヶ谷の知人の家に留守番として住まわせてもらいました。那須アルミの工場の仕事はなくなって（要するに材料＝アルミがなくなったらしい）、陸軍省（市ヶ谷）で極秘書類の製本作業の仕事をすることになりました。お国のためにということで空襲後、電車不通のときは八キロも歩いて市ヶ谷に通いました。軍人たちの横暴さはひどく、航空機で台湾に行って酒・バナナや肉などをたくさん飲食してきたなど酒臭い顔で自慢するのです。こちらは食べ物に事欠く日々で腹立ち、ドイツも降伏したというのにどうなるのだろう、死ぬならもうどうでもよいと七月になると市ヶ谷に行くのをやめてしまいました。クラスの人も、焼け出され疎開して来られない人もあり、何が何だかわからない状態になっていて、行かなくてもとがめはなかったのです。それに、私は、疎開先に行った母の代わりに家事も大変で、ガスが止まって手製のかまどで薪をくべて煮炊き、配給品をやりくりして食べるものを作るのに一日がかりです。汲み取りも来ず、排せつ物の始末も自分でやらなければならない。家事のヒマにその家に置いてあった世界文学全集を読みながら、本土決戦「一億玉砕」で死ぬのかしらという不安に苛まれつつ、でも「神風が吹くから大丈夫」と思っていたのですから、本当に、戦中の教育は恐ろしいと思います。

　そのような戦時の体験から敗戦の衝撃は大きく、秋に、学校も再開しましたが、校舎も焼け落ち、あちこち教室を借りまわる日々で落ち着かず、教科書も、ノートや鉛筆もない、勉強などろくにできない日々です。その頃になると、戦時中嘘ばかり知らされたことと、あの戦争の本質もわかり、怒り心頭でした。戦争は基礎学力を身につける大事な年齢を奪いました。そしてこの時の怒りが、平和で民主的な社会をどうしても作らなければならない、という決意となり、その後の「戦争準備をさせない、憲法九条を守る」生き方になりました。

　安保関連法は戦中の悪夢を思い出させます。戦争は絶対にいけない。平和、平和と言いながら、加害を繰り返した轍を踏んではいけません。

「原罪」を償うための生

柴山恵美子

　一九三〇（昭和五）年に生まれ、一九四五年に一五歳で敗戦を迎えた私は、徹底的な軍国主義教育を受けた十五年戦争の「典型的な申し子世代」であります。一九三六（昭和一一）年六歳の時、突然母が満一歳の弟と姿を消し、私と妹、弟の三人は、遠く離れた父の妹の嫁ぎ先にあずけられました。この事件は、「一族の恥」と皆が固く口を閉ざし、長じて私は、母が堕胎罪の密告で逮捕されたことを知りました。結婚して矢つぎ早に四人の子を出産し、五人目を妊娠した病弱な母は、祖母はすでに死亡し、生業も多忙な暮らしの中で、一人でこれ以上子育てはできないと堕胎手術を受けたのです。大正デモクラシーの影響を受け、結婚前に小学校教師であった知的な母は、家族の将来のために最善の選択をしただけでした。

しかし、まさに後発資本主義国家であった明治政府は、富国強兵立国を基本に据え、一八六九（明治二）年に「堕胎禁止令」を、一八七三（明治六）年に「徴兵令」を公布。「兵力と労働力」増強のための積極的人口政策を固めました。さらに日露戦争二年後の一九〇七（明治四〇）年制定の「刑法・第二九章（堕胎ノ罪）」では堕胎した婦女は「一年以下ノ懲役」、堕胎せしめたる者は「二年以下ノ懲役」と罰則を強化。さらに進んで「十五年戦争」下の戦時政府は「産めよ・増やせよ・国のため」をスローガンにかかげ、具体的にすべての女性に「最低五人の出産」を命じ、「多子家庭表彰要綱」によって一〇人以上出産の全国一万六二二の多子家庭を表彰したのです（最多子家庭は二〇年間に一六人出産）。

私たち姉妹兄弟四人は、母から、女の子は、男の子は「こうあるべき」などの差別的教育は一切受けたことがなく、年齢に応じて家事を分担し、平等な思想を感受して、自尊心を育てられました。しかしその後の母の人生は筆舌に尽くしがたいものでした。

翌一九三七（昭和一二）年、小学一年生になった七月七日、日中戦争が勃発。その九日後の七月一六日未明、突然三一歳の父に赤紙・召集令状が来たのです。一週間後、父は、祖父・母・子ども六人家族を残し、長野県上水内郡の第一号召集兵として出征しました。中国で自動車輸送部隊に編入された最高齢の父の召集は、当時では数少ない車の運転免許所持者だったからでした。私は小学校で特別な扱いを受け、一層熱心な軍国少女になりました。しかし家庭では母の苦労と徴兵制度の残酷さを体験したのでした。

小学校三年生の年の暮、父は多くの戦友を失いながらも生還しました。持ち帰った小さな布袋からこぼれ落ちた一枚の写真に写っていたのは、長靴・軍服姿で、長剣の柄に両手を重ねて胸を張り、得意満面で立っている中隊長と、足元に横たわる首の無い中国民間人男性の死体と、中隊長の脇に笑顔で写る二人の部下。その一人が父でした。私は衝撃を受け、父を責めました。「中国やアジアから白人を追い出し、アジア人のアジアを創るための戦争なのに、なぜ兄弟の中国人を殺すのですか！」。「中国は戦場だ。死を覚悟で戦うために中隊長が手本を示し、部下の一人ひとりに中国人の首を斬らせて覚悟を決めさせたのだ」と苦渋の告白をしたのでした。

敗戦の一九四五（昭和二〇）年の春、一四歳で女学校三年生の私は、国家の命によって学業を捨て、巨大な兵器工場で旋盤女工として深夜業を含む長時間労働に従事。戦闘機の部品を造り続けました。八月一五日敗戦の日の正午、祖父と父と私は、昭和天皇の終戦詔勅ラジオ放送を聞きました。すると明治五年生まれの祖父が紅潮して「これからはデモクラシーの時代が始まるぞ！」と何度もバンザイを叫んだのです。父はうなだれ、私は祖父に向って夢中で激しく抗議をしました。「必ず勝たなければ！　竹槍を持ってアメリカ兵と戦わなければ！」。

私の真実の自分史はこの日から始まりました。敗戦一年後の一九四六年に始まった戦争犯罪人を裁く連合国の東京裁判を通して、私は、「侵略戦争の道具」を懸命につくり、多くの人々の命を奪った、「望まずして侵略戦争の加害者」であったことを自覚しました。重くのしかかるその罪責感に責められ、「原罪」を償うためにどう生きるべきか悩みました。そして、これからは「自分の頭で考え、自分の人生を生きよう」、「真実に忠実に生きよう」。そのためには「経済的自立なくして、精神的自立はない」と考え、旧制長野県女子専門学校（現長野県立大学）卒業後、約一〇年「平和と女性解放」をかかげて新聞記者となり、その後「平和と女性労働」の研究・著述生活に入りました。

振り返って一九四一（昭和一六）年、世界を相手に日・独・伊ファシズム「三国同盟」を結んだイタリアでは、戦争の真最中に「自由と平和」をめざす国民大連帯の反戦レジスタンス運動が起こり、ムッソリーニ戦争内閣を倒して、一九四三年九月に日本より二年も早く連合国に無条件降伏をしました。その後戦争終結と平和を勝ち取ったイタリア国民は、投票によって王政廃止・共和制を選び、さらに「憲法制定議会」選挙を通して「イタリア共和国憲法」を制定した事実を知って、私は驚愕しました。イタリア女性たちはそれにどのように参画したのであろうか。イタリア語の特訓を受けた私は、レジスタンス運動の女性リーダーで、憲法制定議会女性議員二一人の一人、ナディア・スパー著『イタリア婦人解放闘争史―ファシズム・戦争との苦闘五十年』を柴山恵美子訳・解説で出版（御茶の水書房、一九七九年）。

一九九〇年代初めに「一・五七ショック」と少子化問題が大々的に報道され、また「日本の過労死」が問われました。イタリア・フランス・ドイツ・スウェーデン・デンマーク五カ国の官・政・産業・労働・学会・女性団体・共働き家庭など三七カ所を一カ月かけて取材し、一九九二年に『少子化社会と男女平等―欧州五カ国の現状と課題』（社会評論社）を出版。女性の高学歴化と自立意識の高揚にともなう必然的な「労働力の女性化」時代にあって「男女雇用平等」、「保育・育児・教育の社会化」と「休日・休暇の延長」、「女性と男性の仕事と生活の人間化と両立」を提言しました。旧日本社会党国際局や、旧厚生省・人口問題研究所などの物心両面の支援と自前で取材を続け、二〇〇四年には『ＥＵの男女平等法・判例集』（日本評論社）を出版。いずれも先進的な情報をわが国に紹介・提言してきたと自負しています。

しかし「保育所落ちた、日本死ね」の現実は、過労死・過労自殺とともに、遅々として解決されず、しかも安倍政権は二〇一六年発表の「ニッポン一億総活躍プラン」で二〇二五年までに「合計特殊出生率一・八」の政策をかかげたのです。

しかも「刑法第二九章（堕胎の罪）」は、一部修正後、今なお現行法として存在するのです。一九七五年「国際女性年」および一九七九年の「女性差別撤廃条約」以来、世界は、「政治的、経済的、社会的、文化的、市民的その他の一切の分野における女性の排除又は制限」を女性差別とし、「性と生殖」に関する基本権を「リプロダクティブ・ヘルス・ライツ（性と生殖に関する健康／権利）として、「子の数及び出産の間隔を自由にかつ責任をもって決定する同一の権利並びにこれらの権利の行使を可能にする情報、教育及び手段を享受する同一の権利」を謳っています。わが国の制度・政策も根本的に改革すべき重大な時を迎えています。

八八年間を生きた私の真実は、戦争も人間が造り、平和も人間が造るということです。私は日本と世界の女性たちの名において、未来を担う子どもたちのために、戦争を許す法制度は断固として拒否し、この人生をかけて、この訴訟を提起しています。最後に、夫の東京大学時代の友人のいまは亡き母君・石井百代さんの朝日歌壇に載った歌を記します。

徴兵は命かけても阻むべし
　母祖母おみな牢に満つるとも

級友全員を広島の原爆で失う

関　千枝子

私は一九三二年三月、「満州帝国」誕生の年、大阪・築港で生まれました。その前年の九月、満州事変が勃発しています。私たちの学年は、「平和の日」を一日も知らずに育ち、軍国主義教育を叩き込まれた「少国民」世代でした。

一九四五年八月、私は広島市の女学校（旧制）二年生、一三歳でした。広島市では、八月、全市をあげて「空襲の被害を少なくするため」、強制建物疎開の後片付け作業（道づくり）が行われ、炎天下の重労働の中心が、まだ通年動員に行っていない中学一、二年生の少年少女八〇〇〇人でした。私の学校は五日から参加、市役所裏（爆心から一キロ）で作業に従事しました。その夜近在の都市の空襲があり一晩中寝られず、六日、私は下痢で作業を欠席、寝ていました。ピカという強烈な閃光に飛び起きると轟音とともに天井が私の頭上に本当に落ちてきました。本当に原爆の恐ろしさが分かったのは次の日、学校に行って作業地から逃げかえって来た何人かの友と会ってからです。焼けただれた顔は盥のように膨れ上がり、焼け焦げた皮膚を引きずる様は幽霊のようで誰が誰だかわかりません。親が見ても自分の子どもかわからないさまです。

六日の朝、私を迎えに来てくれた仲良しの友も、家に帰って来たというので行ってみましたが、彼女の家では彼女とお母さんが枕を並べて寝ていました、お母さんも隣組から作業に行っていて大やけどを負ったのです。「あなたは休んで助かってよかったね」と優しく言うお母さんに何と返事をしていいのか、友の手も握ってあげようにも手の先まで火傷をしていて、握ることもできません、いたたまれず、泣きながら逃げかえり、次の日もその次の日も彼女の家の前まで行きながら入れませんでした。そのうち彼女もお母さんも死んでしまいました。彼女は私に話したかったのではないか、なぜもう一度彼女の家に行かなかったのか、私は今も自分を責めています。

クラスは全滅、担任の先生も亡くなる、一三歳の少女にはあまりにも衝撃が大きく、助かった「幸運」を喜べません。広島の人はこうした立場の気持ちを「済まない」という言葉で表します。あまりにも辛い「すまなさ」です。

秋に再開した学校は、校舎もなく師や友の死、一年下の子は全員ケロイド、悲しみを抱えながら明るく楽しいものでした。空襲もなくスポーツや文化が復活、戦中のくだらない規則もなくなり、平和と自由がやってきたのです。ただ、私たちは原爆のことをあまり話しませんでした。皆が何かしら悲しみを抱えている、なるべく話さないことが思いやりでした。

「日本国憲法」誕生のとき、授業で「戦争放棄」の言葉を聞き感激しました。もう戦争はないのです。級友が生きていたら…、と思いました。さらに憲法を学ぶにつれ、国の行き方が根本的に変わったことを知りました。私たちは臣民でなく、国民で、国民に主権があるのです。すばらしいことだと思いました。女性の解放は、これぞ、という思いでした。私は学制の改革で男女共学を体験、実際に女性の解放を実感した世代です。自分らしい生き方を自ら選ぶことができました。戦後レジームは喜びであり、平和と民主主義こそ私の生き方であると思いました。幸いにして新聞記者になったのですが、社会の中で働き続けたいという私の思いから選んだ道です。情勢の変化で、戦前回帰につながる政策や法律がでてきましたが、そんな中で、大学でも職場でも、「逆コース」に反対し生き続けてきたと思います。

一九七五年、私は級友全員の死を記録しておきたいと思い、調べ始めました。友の被爆の正確な記録を残すことが、私のやるべきことであり、平和と核廃絶に向けての一歩だと思ったのです。

そこで驚いたのは、級友が軍国少女そのものの死に方をしていることでした。ある友は「私は、小さい兵隊じゃ、私が死んでも泣いてはいけん」と、母に言い、君が代と予科練の歌を歌いながら死にました。別の友は、日本はもうだめじゃ、と嘆く大人に、全身やけどの体ですっくと立って、「日本は天皇陛下がいらっしゃるから負けはしない」と叫んだと言います。私の級友だけではありません。建物疎開作業に従事した同年配の中学生たちが、体中焼け焦げた姿で、軍人勅諭を唱えた話も、目撃者によって伝えられています。

なぜ、彼女らは自らを「小さい兵隊」と思い込んでいたのか。それは私たちの学年が満州事変の年の生まれであることが大きいと思います。物心がついた頃、人々は「満州」や「爆弾三勇士」に沸き立ち、軍国美談に酔っていました。それが長い戦争の始まりだなどと、誰も思わなかったのです。

シナ事変が始まると、「シナが悪い、懲らしめなければ」という話ばかりです。同世代の友は「中国人を一人でも多く殺したら、世の中がよくなる」と信じていたと言いました。太平洋戦争期に入ると、「鬼畜米英をやっつける」という一辺倒で、平和の大切さ、命は宝など、考えもしない人間になっていったのです。

そんなことを遺族から聞きながら、でも、彼、彼女たちがもし、今、生き残っていて、戦後の世界を知ったら「やはり平和の世の方がいい、なぜ私たちは死んだの？」と嘆いていると思います。また、戦争というものの最後は、民衆の殺し合い、中でも、犠牲が女性と子どもに集中することも痛感しました。

私たち、戦争の時代を知るものの多くは、現在の状況を、十五年戦争の起こったころに非常に似ていると心配しています。十五年戦争は日本の仕掛けた戦争ですが、今度は「日米同盟」に巻き込まれ、戦争の道に進むのではないかと恐れています。

現在、我が国は北朝鮮に対し、警戒を続けています。先日、北朝鮮のミサイル発射騒ぎがあった時、地下鉄が一〇分止まると言った騒ぎになったのには驚きました。避難訓練をしているところもあるそうです。日本の騒ぎぶりは逆な意味で恐ろしく思えます。

恐怖感の強調。私は満州事変勃発のことを思い出さずにはいられません。中国への敵対感の強調がありました。そんなとき、柳条湖事件が起こりましたが、誰も、関東軍のやらせ事件と思わず、中国人はけしからん、満州、満鉄の権益を守れと、世論は燃え上がりました。起こってしまえば、もう戦争は消し止められません。

北朝鮮問題だけでなく、尖閣列島も心配です。領土問題は国民を煽ります。もしこんな時に何か「事故」があったら。そのまま戦争に突き進むのではないか、という恐れです。外国にいる邦人の保護が言われるのも、恐ろしいことです。満州事変の時の第一次上海事変、シナ事変（日中戦争）の時の第二次上海事変も邦人の保護から起こりました。

ヒバクシャとして私の悲願は、核廃絶です。「唯一の被爆国」といいながら、核兵器禁止条約の審議にも参加せず署名もしない日本。いかに弁解しようと核兵器の容認です。「同盟国」の核戦略に追随すれば「非核三原則」の見直しも言い出しそうな危惧を感じます。安保法制で、戦争への「恐れ」が強まり、「苦痛」です。「恐れ」から自由になりたいと思います。

死者たちの声が聞こえる

石川逸子

私は、一九三三年二月生まれ、その二年前に日本は満州事変を起こし、一年前には傀儡政権「満州国」建国宣言を行い、私の生後一カ月には国際連盟を脱退していました。

つまり中国への侵略戦争のただなかに生まれ、まさに日本がファシズム国家へと突入しつつあったその怖しい状況を、小学校に行く年になっても怖しいと感じることなど全くありませんでした。

日本が行っている戦争は、アジアの悪い人々をやっつけて正しい国にする正義の戦争、万世一系の天皇陛下が統治する神国日本は、敗けることは絶対にない、との教師の教えをそのまま信じておりました。

戦争を身近に感じるようになったのは、八歳、一九四一年の米英に宣戦したのちだったと思います。

まず、白木の箱を抱いた遺族が、ものものしい行列で通っていく姿が日常の風景になってきました。弾が当たらないようにと出征兵士の腹に巻く千人針の布を持った女性が巷に立つようになり、家にも隣組から千人針が回ってきました。寅年の人は、虎は千里を走り千里を帰るから縁起が良い、弾が当たらないといわれ、色々な人に頼まれます。

学校では、正義のために日夜戦っておられる兵隊さんへと慰問袋を送りました。兵隊さん、お国のためにご苦労さまです。わたしたち、少国民も体を鍛え、頑張っています、とか、そんな文を書いた気がします。

八紘一宇
「八紘一宇という理念が大事」
戦後七十年　自民党女性議員の口から
ふいに飛びだしてきた　コトバ

霧のむこうから　おどろいて顔を出したのは
国民学校五年生だった　わたし
自製の紙芝居を　教室で披露している

「東南アジアで　日夜
悪い人たちをやっつけるために
兵隊さんは　戦っておられます」

「わたしたちの送った　慰問袋が
兵隊さんに届き
うれしそうに開けてみています」

「消しゴム　船の模型　コンペイ糖　千羽鶴……
慰問袋のなかみ　ほとんど　を
現地の子どもたちに　兵隊さんは贈りました」

皮膚の焦げた子どもたちが　感謝の花束を
兵隊さんに贈る　おしまいの絵
背後には　八紘一宇　の大文字

「聖戦」　実は強盗の戦争だったのに
空中に放り投げられ　銃剣で刺された
幼子がいたことなど　ゆめ知らず

村民まるごと殺戮のあと
焼き払われ　荒地となった
村もあまたあったことも知らず

八紘一宇
二度と使ってほしくない
侵略の臭いに包まれた　四文字

中国への侵略戦争の実相は、戦後割合に早く知ることができましたが、東南アジアへの侵略戦争の実相を私が知ったのは、なんと一九八五年、戦後、三〇年も経ってからでした。

「アジア・太平洋戦争に思いを馳せ心に刻む集会」に参加、その時の被害者の方たちの証言と「日治時期森洲華族蒙難史料」（森美蘭中華大会堂出版）を読んで、声もありませんでした。その感想を、「ひとつぶの風となってせめて―マレーシア無辜生命鎮魂詩」にまとめました。

たとえば一九四二年三月一六日、不意に現れた日本軍によって六七五名が殺戮された港尾村。わずかの生存者として日本にやってきた蕭文虎さん。当時、七歳でした。

両親とも教師で、日本軍から逃れて静かな村に疎開していたのです。ゲリラがいるとのあらぬ疑いで、日本軍はその村に不意に現れ、村民を集めて皆殺しにしてしまいました。お母さんが、文虎さんを、おなかの下に隠し、一切声を立てるんじゃないと言って、自身は日本刀で刺し殺されました。そのお母さんの体を突き破って、日本刀が自分の背中に、いくつも刺さったと言って、会場でシャツを脱ぎ、その跡を見せた文虎さん。両親を失ったために叔父を頼ったものの、そこも子沢山で家出、乞食になって放浪、溝に落ち死にかけたこともあったそうです。

日本軍は犯行の跡、村を焼いてしまいました。荒地となった村は、一九八一年八月、掘り起こされ、ざくざくと遺骸が出てきました。だれのされこうべか、分別がつかず、ザルに入れた四体のされこうべを抱えて凄然と涙を流している文虎さんの写真。これが「聖戦」の実態だったのです。

同様なことが朝鮮で、中国で、東南アジアで日本軍によって行われました。下っ端のものの蛮行ではありません。国家による計画犯罪です。

アジアの国でありながら、こんな大犯罪を犯してしまった日本は、ひたすら過去を正視し、戦争への道へ走る事だけは何が何でもやめなければなりません。安保法制など、とんでもないことです。

戦争はそのうち、身近なものになってきました。一番辛いのは、食料不足です。配給は、隣組の班長に一括して与えられ、公平に分けられねばならないのですが、怪しいところもあって、ギクシャクした関係が隣同士でも出てきました。朝食のあと、食べたあとのほうが、お腹が空いた気がするね、と兄がつぶやいたのを覚えています。いよいよ空襲が始まりました。防空頭巾を枕元に置き、いつサイレンが鳴るかわからないので、寝巻に着替えず、服のまま、着ぶくれたまま寝ます。すると意外に寒いのです。私の家は、焼かれずにすみましたが。

灯りは外から見えたら敵機にやられる、ということで、防空班長が夜回りして少しでも灯りが漏れようものなら、ものすごく怒られます。電燈に黒い布をかぶせ、薄暗いなかでの食事でした。いろいろ統制があるうち、それまで穏やかだった人が、小さな力を与えられたことで、やたら威張り出し、人をののしったりする人間に変わってしまったりしました。

日本は、土地を、物を他国から奪って豊かになろうと欲を出したわけですが、他国の人びとを殺し、土地を奪い、女性を強かんし、非人間的行為を重ねるなかで何を得たのか、あまたのされこうべ、あまたの焦土、あげくには米国に原子爆弾を落とされてしまいました。

熱線、ものすごい爆風。のみならず、落された時そこにいなかったものまで、家族探しに原子野をさまよっただけで、死体処理を軍命令で行っただけで、放射能障害でばたばたと死に、あるいは何十年後に病に苦しまねばならなかったのです。

この世から戦争を無くさねば。そして、少なくとも、よその国へ行って戦争することだけは絶対にやってはいけないのに、アメリカの尾について遠い地まで戦争しに出かけて行くなど、もってのほかです。今、一番に抗議し、怒っているのは、非業の死を遂げさせられた内外の、もはや物言えない、おびただしい死者たちではないでしょうか。その声が聞こえる気がしています。

骨身にしみる戦争

重藤　都

私は、一九三三年七月、朝鮮の釜山で生まれました。父は職業軍人でしたが、中学生の時に祖父を失い、六人きょうだいの長男として大学へ進むことをあきらめて職業軍人となった人で、武張ったところがありませんでした。私は姉と妹にはさまれた二女でしたが、「都は女に生まれたが、男がすることは何でもさせる」と言われ、「行儀よくしろ」などと締め付けられることもなく、家の中ではのびのびとしていました。よく覚えているのが、国民学校の低学年だった時に、東条英機首相が「戦死者の子どもを靖国に招待する」ということを知った私が「(父が）戦死なされば（私が）靖国に行って東条閣下に頭をなでていただけるのに」と気軽に言ったのを耳にして、父が母に苦言を言っていたことです。私は、学校で教えられた「お国のために」をすなおに信じるいっぱしの「軍国少女」でした。それに対して、父母はどちらかというと冷ややかだったのです。

私が三歳のとき日中戦争が始まり、父はピョンヤンから中国中部・北部に向かいました。その後家族とともに満洲の牡丹江に転じ、その後、ハルピンに行き、五～六年を過ごしました。

私が四年生の時に、父が、中国中部に出征して一年も経ずに亡くなり、私の家は母と娘三人、祖母の女だけの「遺家族」になりました。当時すでに日本の都市には空襲が始まっていましたので、母は「内地に戻っても危ないかもしれない」と、かつて暮らしており、知己もある釜山に戻ることを決めました。釜山の国民学校は、京城にあった朝鮮総督府の管轄で、日本人と朝鮮人は別々、教科書は内地のものとは異なりました。

釜山の小学校にいた時、国語の教科書に『太平記』の文章が出てきました。軽快な文章が好きで覚えていたのですが、大人になってから原文を読んで、楠木正成や新田義貞が出てくるところに原文にはない「官軍」や「賊軍」という言葉が使われていたことに気づきました。古典すら価値観にあわせて改竄されていたのです。

もちろん教育勅語は口をついて出てくるように暗記させられていました。命を捧げることは犠牲でもなんでもなく名誉なことなのだ、と教えられました。

内地でもそうだったと聞きますが、釜山の日本人社会でも隣組が幅をきかせていました。配給や訓練などで権限を持っている町内会長はとてもいばっていました。夜少しでも明かりがもれている家があると「見えてるぞ」と怒鳴り込んできました。隣近所の監視の目が隅々まで張り巡らされていて、家の中の行動まで一挙手一投足まで見られているような生活で、まるで牢屋のよう、気が休まることはありませんでした。

一九四五年八月一五日、引越のための荷物が積み上げられた家で「玉音放送」を聞きました。ラジオの声は聞き取りにくいものでしたが、悲痛な響きと「しのびがたきをしのび」の一節で「負けたのだ」と思いました。隣にいた母に「負けたの」と聞くと、母は返事をせずにただ涙を流しました。祖母も黙っていました。

それ以降、町内会長の怒鳴り声を聞くことはなく、私は解放された思いでした。「おはよう」から「お休み」まで生活の全てを押さえつける監視のネットワークがなくなることがこんなに生きやすいものか、と感じました。

八月一五日の夜、近くの山に赤々とかがり火がたかれ、激しく太鼓が打ち鳴らされました。初めて聞いた音でしたが、今思えばあれはチャングです。朝鮮の人たちの喜びの激しさに衝撃を受け、「きっと朝鮮の楽器は禁止されていたんだな」と思いました。その当時、朝鮮半島で独立運動をしていた呂運亭氏を中心に「建国準備委員会」が組織され、動き出していたことなど知るよしもありませんでしたが、朝鮮の人たちの見えないところでの抵抗運動の粘り強さや植民地支配に対する憎しみを感じ、朝鮮の人たちに対して言葉にできない尊敬の念を持つようになりました。

敗戦の翌々日、学校から伝令が来て、国民学校の生徒は学校に集合させられました。「在学証明を出す」ということでした。教師はいましたが、誰一人として「死のう」とは言わず、誰も泣いていないことに驚きました。私は「死ぬのだとすればどうすればいいのか」と考えましたが「誰が殺すのか」が分かりませんでした。朝鮮人なのか、母なのか、自死なのか。先生も私たち子どもに「戦争に負けた」「もう死ななくていい」とは言ってくれませんでした。

結局、一九四六年二月に私たちは病院船で引き揚げることになりました。親しくしていた朝鮮の人が、どのように調えてくれたものか、瓶にぎっしりと貴重な餅をきれいにつめたものを準備して母に手渡してくれました。

戦前の教育で作り上げられた私の考え方をひっくり返してくれたのは中学校以降の教育でした。「憲法に書いてあるから大事」というのではなくて、「戦争に負けても死ななくてよい」というところから始まって「二度と戦争をしてはならない」ということが学校での先生の言動や生活の中で接するさまざまな運動などから、文字通り骨身にしみていきました。

日本国憲法を教えるということは生活そのものでした。文部省の考えとは違うでしょうが、教員が「自分たちはストライキに行くけん、お前たちはきちんと勉強しなければいかん」と言って自分の考えを語るということの中で、私たちは新しい憲法を感じていきました。

学生時代、朝鮮戦争がありました。福岡の板付飛行場に近接する私の大学は、発進し帰着する爆撃機の編隊の下にありました。教室の沈黙の上に、爆撃機の爆音がくずれ落ちるようでした。戦災の跡が生々しいのに、始まってしまった戦争。しかもその舞台は生まれ故郷の朝鮮半島です。

戦争と平和とは対立するもの、峻別されるものではありません。平和は毎日安心して生活できること、のびのびと自分らしく暮らせること、同じような日が明日もくると思えることの中にあり、平和から戦争への移行も気づかないうちに進んでいたりします。戦争は戦場にだけあるのではなく、一見戦火が及んでいない「内地」にも「外地」にもあったのです。

私は安倍首相に「あなたは戦争をどういうものと捉えているのですか」と聞いてみたい。何もかもが失われる戦争、それをリアルに捉えているのか。よい戦争も悪い戦争もない、戦争そのものができないようにしておかなければならないのです。安保法制は、人を殺すか殺されるか二者択一しかないという人間性の剥奪をもたらす戦争を肯定するものです。それは、戦後私たちが自分たちの力で作り上げてきた「平和的生存権」を直接に侵害するものです。

戦争はいやだと言える敗戦日

鈴木美津子

私は一九歳の時から俳句を詠んできました。このタイトルもその一句です。「女・子どもを守る」ためと言っていた戦争は、ものごころのつかない子どもを含めて多くの人の命を奪いました。敗戦後生き残った私たちは、再び戦争はしない「不戦の誓い」を憲法九条に明記しました。安保法制は、多くの犠牲者の血と涙の土台の上に成立した憲法を踏みにじる違法なものです。今、すぐに廃止すべきです。

一九三七年三月二〇日、私は東京都浅草に生まれ、戦中、戦後を生きてきました。五人姉弟の真ん中で、父母は生花業をし「母の匂いは花の匂い」と感じながら育ちました。一九四三年の四月、国民学校へ入学した頃から戦況は悪くなりました。入学式にはレース飾りのあるワンピースを着ましたが、しばらくして突然「明日からはスカートをはいてはいけない。モンペをはいてくるように。名札には血液型を書き、外に出るときはいつも血液型を書いた名札を付けるように」と、指令されました。お手玉は「さっさと逃げるはロシアの兵、死んでも尽くすは日本の兵…」と数え歌のように一〇まで続き、「東郷大将万々歳」で終わりました。「今日も学校へ行けるのは、兵隊さんのおかげです。お国の為に戦った兵隊さんよ、ありがとう」と歌いながら学校へ通いました。

父は一九四四年頃徴用工として北海道の炭坑に送られましたが、三月もたたずに体をこわし帰されたところでした。姉は海軍省へつとめていました。一九四五年一月の家族は、祖母、父、母、姉、兄、私、妹、弟の八人でした。当時各家庭では、天皇・神様の大神宮をまつり、一日と一五日はお榊をお供えしたので、花屋はその準備で大忙しで、まして花市場にお花もお榊も少なくなり、大変な状況でした。

母の大奮闘で、千葉県野田町に六畳と三畳の小さな家を借りることが出来、祖母、兄、妹と私の四人は野田町へ、大八車一台の荷を三〇キロの道を歩いて運び、疎開しました。兄は国民学校四年生、私は二年生、妹は四歳でした。転校した野田の国民学校は日本でも三本の指に入るという生徒の多い学校で、一学年に一〇クラスはありました。しかし疎開してきた生徒を受け入れる準備はありませんでした。先生からみかん箱を持ってくるように言われ、それが私のすわる椅子でした。雪の降った寒い日にそのみかん箱がこわれ、家に帰るように言われ帰りました。悲しかったけれど、空襲警報のサイレンで追われるように帰った浅草の国民学校に通っていた時と違い、命の危険は感じませんでした。

一九四五年三月一〇日、疎開先から見る東京の空は真っ赤になり、浅草に残った父、母、姉、そして二歳の弟が心配でした。母はたまたま草加に住む母の妹のところに用があり、海軍省に勤める姉を休ませ、姉と弟を連れて草加に泊まっていて無事だとわかりました。

父は敷布団一枚を水に浸し頭からかぶって走り、着の身着のまま、焼け跡に散らかっていた缶詰で飢えをしのぎ、一日で行けるところを三日がかりで五反野の母の生家へ辿り着いたそうです。偶然や機転で、私の家族八人は怪我をすることもなく助かりました。

浅草の家も家業も失い、家族は疎開先の野田町で暮らしました。お茶碗四つ、箸四膳しかないため二回に分け、四人ずつ食べました。煮炊きには、松葉や松ぼっくりを使い、松ぼっくりが一〇個あると、小さなヤカン一杯のお湯がわきました。しかし、煮炊きをする材料がないのです。配給のお米や麦はわずか、代わりにサツマイモが配給されましたが、半分は腐っていて食べられませんでした。コウリャンやトウモロコシの粉も配給されました。

一九四五年の夏、栄養失調だと学校から一日一粒の肝油を貰いました。二学期が終わる頃まで「飛び火」が治らず、今でも痕が両足に残っています。乳歯が永久歯に生え変わる時は食べ物、カルシウムが不足したせいで、永久歯の門歯は横に凹みが出来ています。

一九五二年、私は一五歳でキッコーマンに入社。入社試験の健康診断では問題なかったのですが、その後肺結核になり、一九五三年一一月からお正月を二回はさみ、足かけ三年病院に入院しました。会社の就業規則で普通の病気は二年ですが、結核の場合は三年までは休職可で、一九五六年復職しました。結核には、解剖学的治癒と社会的治癒があり、私が社会的治癒に至るまで、ほぼ一〇年かかりました。

復職後は身体に負担のかからない軽作業に就きました。肉体的負担の少ない仕事で給料をもらっていることで、よく職制にばかにされました。弱いもの同士がいじめ合うことが本当に辛く、明日辞めたいと思いながら、生活のためと耐えていました。

二五歳の時、労働組合の役員になりたいと思い支部に申し出たところ、男性役員から「お前にできるわけない、止めろ」と言われました。当時労働組合員は約三万人、うち女性が千人、一五人の執行委員に女性はいませんでした。支部の推薦なしに立候補し、一人で職場を回って選挙運動をして、当選しました。

一九七〇年、当時の野田市長から、女性議員ゼロの市議会に立候補して欲しいと誘われ、悩みました。その時実情を知りたいと訪ねた社会福祉協議会で、「戦時中は富国強兵ばかりで、福祉のことなどはなく、弱い人は切り捨てられていた。戦後になって社会福祉に取り組むようになった」と聞き、私は体が弱かったので、弱い立場の人の相談役になりたいと思い立候補を決意。社会党公認で、当選しました。以来六九歳の二〇〇六年まで三六年間、野田市議会議員を務めました。

私は、空襲からも、国民病といわれた結核からも生き残りました。「憲法をくらしの中で活かす」を生涯の使命として、生きてきました。「安保関連法」は憲法の精神に反します。それは、私が命をかけて守ってきたもの、生きる指針が奪われることです。

沖縄忌生き残りたる身に使命（美津子）

戦中・戦後の子ども時代

佐久間む津美

私が生まれたのは、一九三八年一二月、終戦の年には、国民学校一年生でした。

国民学校では、八月の終戦を迎えるまでは、毎朝朝礼で、奉安殿に向かって敬礼、従軍兵士に感謝の礼をささげました。ところが敗戦後に命からがら帰還してきた元兵士のくらしは厳しかったようで、脚を失くした方が松葉杖をついて物乞いをしている風景も見られました。そんな方たちに対して周囲の冷たい視線が注がれていたのを感じ、子ども心に悲しい気持になったことを覚えています。

終戦間際まで、戦争兵器を作る金属が足りないと鍋釜の供出が強制され、道端に落ちている釘などの金属類を見つけて歩くなど、子どもたちも大人の言うことに素直に従っていました。戦時品調達のために戦争経済は貧窮の極に達し、滅私奉公を強いられる銃後の市民のくらしも貧窮の極にありました。中学校や女学校に通う兄や姉たちは、軍需品製造の労働力として駆り出されていました。

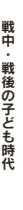

田舎暮らしでも、庭に防空壕を掘り、いざというときに備えましたが、裏山の岩陰に避難したこともありました。幼い弟が泣き出すと、祖母が「B29に泣き声が聞こえたら危ないから泣かせるんじゃない」と母を叱責していたことを覚えています。そのくらいに庶民は日々、恐れ慄いて暮らしていたのです。

戦争末期には、全国の都市はB29襲来で容赦なく爆撃を受けました。住んでいた別府市の対岸にあった大分市も、従兄弟が住んでいた福岡県八幡市も焼かれました。両親を亡くした従兄弟を我が家に引き取りましたが、兄の方はひもじさの故に盗みをはたらいて刑事罰を受けることになり、その後の消息を私は知りません。弟の方は、兄弟同様に、彼が結婚するまで一緒に暮らしました。戦後の厳しい食糧事情は筆舌に尽くしがたく、焼け出された従兄弟も加わった家族一一人の食事は大変で、母の苦労は並大抵のものではありませんでした。毎日代用食の連続で、すいとん風の団子汁の中身は、美味しくないカボチャや里芋の茎を干したものがたくさん入っていました。増産芋と称されたサツマイモと油粕をこね合わせたふかし餅や、配給制のトウモロコシ粉のぼそぼそパン。調味料も不足で、塩の代用として海水を六キロも離れた海辺から汲んでこなければならず、それは兄や姉の仕事でした。学校の帰り道では、どうにもお腹が空いて草の根や野草の芽、スカンポなど食べられるものを探して歩くなど、いろいろなことを思い出します。

下駄や藁草履を履いて通学するのが当たり前でしたが、配給制の靴や下着などは抽選で、籤運の良い者は周囲から羨望の的になりました。ノミやシラミ退治に髪の毛に有害なＤＤＴをふりまかれることもありました。今考えても恐ろしいことでした。

最近のテレビで「駅の子」という戦災孤児の記録フィルムを見る機会がありましたが、大都市の片隅で生きていかなければならなかった「戦災孤児」「浮浪児」といわれた子どもたちのことを想像すると、田舎暮らしでいられた自分はまだ幸せな方だったとつくづく思います。如何に子どもたちが過酷な経験をしていたか計り知れません。

小学校の高学年になった頃は、学校に卓球台がないので何とかしようと学級会で話し合い、内職というアルバイトを考えてお金を集めました。日用品や台所道具の販売、ススキの穂を集めて箒つくり、ヒガンバナの根っこを掘って、糊の原料として販売するなど、今どきの子どもたちには想像もつかないような金銭稼ぎを行った末、卓球台を購入することが出来たという経験もあります。

私は、一九五七年に東京都教育委員会に教員資格を頂き正式採用されましたが、その際に教育公務員としての憲法・教育基本法の遵守義務を促す文書が渡された記憶があります。

その後、普通学校における障害を持っている児童たちの特別学級の教師として、九年間勤めました。当時は普通一学級の人数が五〇～六〇人という実態があり、学習に落ちこぼれる児童になかなか目が届かず、学業不振児という呼び方で、特に知的障害のある児童の対策は非常に遅れていました。そのために必要とされた学級ではありましたが、適切な人員配置やカリキュラムも確立されておらず、特別な教科書もないという不十分な状況で、重複学年の児童を一人で担当するという孤軍奮闘の毎日でした。私の担当した学級は、重い障害を抱えている子どもが学校に入学できないのは人権侵害で、何とかして欲しいと教育委員会に訴え出た二人のお母さんの並々ならぬ思いが実った学級新設だったのです。

私自身は仕事と家事・子育ての両立が出来ず、切迫流産の危険性から仕事を辞めざるを得ない事態に追い込まれました。公立学校教員をやめたのちには保育園の保母としても働き、三番目の息子を同じ保育園に預けて働くことが出来ましたが、そこで保育園の大事さを体験することが出来ました。

たまたまチャンスを得て、市議会・都議会議員として議会活動に身を置く機会を得ましたが、教育や障がい者の自立問題、女性の仕事と女性差別解消のためのしくみづくり、環境を守るための公害防止やごみ問題、原発反対の運動、暮らしを守り福祉と平和を追求する活動など様々な課題に取り組んできました。

ふりかえってみますと、私のくらしそのものが議会活動にも結び付き、女性議員であることの立場が明確になりました。その大本に憲法九条（平和）、一一条（基本的人権）、一三条（幸福追求権）、一四条（差別禁止）、二一条（表現の自由）、二四条（両性の平等）、二五条（生存権）、二六条（教育の権利）、二七条（勤労権）などの理念が生きています。

今回の安全保障関連法の成立によって、国防の名の下で、体制が大きく変わることが予想されます。「蟻の一穴」を防がなければなりません。女性であるがゆえに戦後まで選挙権もなく、家族のために馬車馬のように働いて子どもを守ってくれた母親たちの苦労を思うとき、二度と戦争を起こさせてはならないと思います。

過酷な「引き揚げ」を生き抜いて

青野まり

私は昭和一五年、北京で生まれた。一三年生まれの兄、一七年生まれの弟、一九年生まれの妹と両親との六人家族で、父は華北電々に勤務し社宅に住んでいた。中国人の子どもたちともいっしょに遊び、中国の女性に子守をしてもらい親代わりのような人もいた。

終戦になり生活環境が一変した。食料は日本円トランクいっぱいでも買えず、親しかった中国人に頼んだ。社宅の塀の外には危険で出られず、夜も父親や夫たちが帰ってこなくなった。そのうち銃を持った中国人の集団が夜、社宅を取り囲んだ。以後、男たちは当番で何人かが帰ってくることになった。母親たちは引き揚げ準備のために帯や着物を解き、リュックサックや袋物、洋服等に仕立て直し、引き揚げ途中の食糧を調達し、干し肉や干しりんごなどの加工食をつくり空き缶に詰め、子どもたちが背負うリュックの中に少量の衣類と共に入れた。

ある闇夜に、社宅の全員が迎えに来たトラックで脱出し、途中の荒野で停っていた無蓋の石炭貨物車に乗り、石炭の上に敷いたむしろに腹ばいになった。途中銃での襲撃をうけながら夜中走り、夜明け前に途中の荒野のような所で降ろされ、引き揚げ船の出る天津の港の収容所まで歩き続けた。父は小学一年の兄と五歳の私の手を引き、母は三歳の弟と六カ月位の妹を背負っていた。

ようやく着く頃、父は私を肩車し「あの船で帰るんだよ」と言ったが、私には普通の船のように見えなかった。それは米軍のLST（戦車揚陸艦）で、日本人を乗せ往復する。その船が帰って来るまでの間何日間かを港にある収容所で生活することになった。着いたらすぐ頭からDDTを浴びせられ、床はコンクリートのままで敷く物等なかった。日中に中国人たちが毎日のように来ては身体検査と称し、身につけている腕時計や指輪貴金属、高価な衣類等を奪っていった。

船が戻って来てやっと乗船する時は隙間なく並び船内に入った。歩いてきた鉄板がギリギリ音を立てて上がり、壁になった。中は暗く、はるか遠くの上にポッカリ明るく穴が開いていた。そこが唯一の空気孔だった。立ったままの場所で座らなければならないので、通路だったところは人で埋まった。私は居場所がなく鉄のはしごを昇り、甲板で過した。何日かいるうちに毛布に包まれた人が担架で二人運ばれて海に捨てられた。船底に、みんな疲れ死んだように横になっていた。

天津の港溏沽から佐世保港まで何日かかったかわからないが、上陸後も、汽車が来るまで床のすき間からぬかるんだ土が見える家畜小屋のような収容所で待つことになった。食事は湯の中に飯粒と筍の数片が浮いたものだった。病人が何人も出て疫痢かと周りの人が怖がった。

父の実家も焼け、門柱と庭石灯籠だけが残ったというので、母の実家秋田県能代に行くことになった。汽車は入口から入れないほど混みあい、私たち子どもは窓から入れられた。トイレの中まで人が座っていた。汽車の中で飲食したか記憶にないが、子どもたちの用足しは、父が窓からさせた。母や女性たちはどうしたのだろう。人がいっぱいで窓の閉まらない汽車、トンネルに入るたび顔も衣類も黒くなった。何十時間かかったかはっきり分からないが、やっと着いた能代には進駐軍がいて、それは私のはじめてみるアメリカ人だった。

私は能代で小学校に入学したが、父の転職で五月には大阪に転居、大阪は一平米に四発も焼夷弾が落ち、焼野原。木造バラックの校舎が建ち、二部授業が始まった。一クラス七〇名近くいた。時には校庭での授業もあった。

私が小学三年になった頃、母が疲れと栄養不足、父も疲れと栄養不足と結核の再発で病気になった。能代で弟が生まれていたので七人家族の食事や家事子守り等、私が母親代わりだった。私はその頃から親に勉強より家事労働を期待される子どもになっていた。

小学校六年の二学期に、父の転勤で東京都杉並に転居した。大学進学は三人の男兄弟優先で、私は家事を担うことが期待されていた。私には、手に職をつけ「花嫁」修行にもなる習い事がたくさん課せられ、女性差別を実感した。

就職した「一流企業」でも女性は補佐的仕事をさせられた。私は仕事を続け自立したかったが、親の入院・介護と仕事の中で切迫流産の怖れと、出産後の仕事との両立が無理なためやむなく辞職した。二八歳で結婚した夫は、結婚早々から定年になるまで通算三〇年近く単身赴任だった。

これらの体験から、介護保険制度制定のとりくみや、子どもの学校給食の残留農薬による健康被害の裁判原告や、食の安全や環境問題、教育問題などにも取り組んだ。ホスピス建設活動や女性議員をふやす選挙運動にもとりくんだ。

私は体験したこと、学んだことから社会を変えるために活動してきた。「暮しの中から社会を変える」、民主主義の基本がここにあると信じている。

自衛隊のイラク派兵が問題になった頃、石油プラント会社にいた弟は通算二〇年間単身赴任で海外派遣された。弟がイラクにいた当時の同僚五人がテロで殺された。自衛隊のイラク派兵は日本企業や在留日本人をテロの対象とし、その生命を危うくする暴挙だった。

私は、日本国憲法を誇りにしてきた。戦争放棄・平和主義、主権在民、男女平等があり、特に前文は格調高く日本のめざす国の形を表している。これをつくった当時の人たちの強い反省を込めてつくった憲法だ。先人の戦争の犠牲から生まれた日本国憲法を守り、日本、世界の平和のために努力するのが日本の国のあり方だと思う。日本が戦争できる国に変貌していく恐怖は毎日突き付けられている。安保関連法が私にもたらしたものは、安心安全を唱えながら国民を危険にさらす国のトップの言動によりウツ状態に陥り、日本の国の未来に希望が持てないことだ。

親世代の戦争体験を自分のものとして

青木美保子

私は、戦後間もなくの昭和二四生まれです。私の兄弟は、一九年には第一子の男児が生まれたのですが、生後五カ月で薬も乏しく肺炎で亡くなってしまい、結果、四人姉妹の二番目で育ちました。男児がいたら大変だったろうと思いますが、姉妹間でも幾らかの食べ物の取り合いの喧嘩もしながら、子ども心にひもじい思いをしていました。また、父母は、朝から晩まで体を動かして仕事や農作業をしていましたから、留守中淋しい思いもしていました。田舎暮らしで田畑は少しあり米や野菜は何とかなりましたが、物のない時代に父母のやりくりで四人姉妹が成長できたのです。

父は、二〇歳で現役入隊し、外地では中国・フィリピンへ出征していました。二十数年前に、自分が暮らした場所の中国をもう一度見たいと出かけたことがありました。フィリピンでは、実戦の経験があるので、よく帰ってこられたと思います。父は、「死体の上を歩くこともあった」とのことです。

父には戦友がおり、お祭りにいつも招待をしていました。会うといつも「よう生きとったな」と言い合い、二人だけの空気になります。戦友とは、「隊」が違うのですが、彼は伍長で、父は上等兵でしたが、戦中の苦楽の思い出話になります。最後に、今の「平和」を噛みしめているような二人でしたので、再び戦争を望むことは、決してないと断言できます。

母は九五歳で健在です。昭和一八年、二〇歳の時に長男である父に嫁ぎました。夫とともに農家の切り盛りをし、子どもを産み育て、夫の姉や伯父・伯母たちとのお付き合いを務めとしてきました。その頃、二人姉弟の父の姉が男児一人と夫を残して病死しましたが、姉は実家で療養生活をすることもありました。

終戦間際の昭和一九年に、当時、父の伯父は満州に暮らしていましたが、出征したので、義理伯母は、子ども五人を連れて満州から夫の実家に引き揚げてきました。母はその六人と二年間共にくらし、何としても生き抜くという強い思いで共同生活をしました。ただ義理伯母は、私も知っていますが、上品で利口な人だったので、道理をわきまえておられ、それぞれが母親として家族を守るという思いで暮らせたことは、本当によかったと思いました。

義理伯母たちが満州から引き上げた時期の選択は正しかったと思いますが、小さい子どもたちを引き連れての帰国は、さぞ不安であったと思います。でも、夫の実家が存在し、快く受け入れてもらえたことは、何よりの幸せだったと思います。

その時代とすれば、当然と思われるかもしれませんが、母もその状況を受け入れることができるという度量を持っていたことに感心し、いやな顔をしない母に、お疲れさまと言いたいです。

実家の親戚筋の女性年配者から、戦中当時の女性や子どもたちの話を聞きました。その当時の若い女性たちには、「青春時代はなし！」、子どもは家を手伝うのは当たり前、ほつれたり穴が開いたボロ服を着ているのも普通だったと強調しました。また自分の父は入り婿だが、戦闘で傷痍軍人となり働くこともできず肩身の狭い思いを強いられていたことなど、悲痛な面持ちで記憶を語ってくれました。確かに、お祭りなどで町に出た時に、白い着物を着た手足に障害がある元軍人さんが、道路沿いに座って頭を下げていた光景が思い出されます。正に戦争の現実の一コマであると、痛感しています。

このような両親や親の世代の人々と触れる中で、平和と健康こそが大切との思いが培われました。子どもの小学校給食の民間委託反対や、演劇鑑賞会の活動等々、長い時間をかけて「平和であり続ける」ことを求めて、諸課題に取り組んでいます。現在シリアやウクライナの内戦・戦争では、民間人が多くの命を奪われています。何百万人という難民の皆さんが、過酷で苦しい生活を強いられています。あどけない顔の子どもたち、幼い子を抱くお母さんたち、深いしわを刻むお年寄りたちの映像を目にすると、心は沈んでいきます。想像しても、当事者の気持ちに成り代われないと思うと、「戦争はやめて！」と叫びたくなります。

さる四月一四日、トランプ米大統領は、シリアのアサド政権が化学兵器を使用したとし、国連安保理の合意なしでシリア西部の空軍基地をミサイル攻撃しました。即刻の安倍首相による「米国の決意を支持」表明は、安保法制下の集団的自衛権行使への道を歩み始めることになります。しかし、この道は、絶対に歩んではいけない道です。

私たちの子孫のことだけでなく、戦場となるところに生きている人々すべての恐怖を想像すると、「戦争」は絶対にあってはならない！という思いが頭の中を巡り、心に突き刺さります。

将来ある子どもたちを危険にさらし不幸にはできない！

私が「平和であり続ける」ことを求めて長い時間をかけて取り組んできた努力と成果を無にされたくはありません。

今、親の代・大人として、未来の子どもたちへ安心・安全な日本国を引き継いでいかなければならない世代の私たちに、政府（安倍首相）は「国難」と言い、何ら謂われのない「戦争という最大の危険」を負わせようとしています。

人間として、法治国家で、最高法規である日本国憲法の王道を生きたい！　どんな理由があろうとも正しい戦争はありません。一首相に私の「平和を求める権利」を奪われたくは、決してありません。

祖母の歌声に背中押されて

寺田美恵子

私は一九五〇年宮崎県西都市で生まれました。婿養子の父は貧しい農家の出身で、学歴もなかったことで祖母に辛く当たられたため、私がまだ乳児の頃に祖母と別居し極貧の生活をしたそうです。祖母は同じ西都市内に住んでいましたので、私をとてもかわいがってくれました。

「ここはお国を何百里、離れて遠き満州の赤い夕陽に照らされて、友は野末の石の下…」と延々と続く歌を、哀切極まりない小さく低い声で、祖母はいつも私に歌ってくれていました。当時三歳くらいだった私には、祖母の気持ちも歌詞の意味も分かるはずはありませんが、その声に深い哀しみを感じ、祖母の傍らでじっと聴いていました。

祖母は一八歳ぐらいで最初の夫と結婚しましたが、二六～二七歳頃、最初の夫が川で事故死したため、娘二人を連れて再婚しました。その夫も、第二次世界大戦時、フィリピンのルソン島に召集され、一九四二年に戦死したのです。まだ三四歳だった祖母は、前夫の娘二人と再婚後に生まれた娘二人の四人の娘を抱えて残され、故郷の村に親戚を頼って食料調達に行ったりして大変な苦労をしたそうです。宮崎にも空襲がありましたが、幸いなことに家を失わずに済んだので、戦後すぐに下宿屋を開き、なんとか子どもたちを学校に進ませることができたそうです。

私の母は一九三〇年生まれ、二番目の娘でした。母は女学校に進学でき嬉しかったけれども、学校では勉強ではなく、畑にさつま芋などを植えるのが日課だったし、夜勉強しようとすると油代がいると言われて勉強できなかったことや、同級生は書道を習っているのに、自分は一人新聞紙に書いて練習するしかなく悔しかったこと、戦後師範学校に進学したかったのにさせてもらえなかったことなど、戦争がどれほど人生を狂わせたかを切々と話してくれました。私は、祖母のあの低く哀しみを押し殺したような歌声が、「戦争はダメだ!!」というメッセージだったのだと知りました。

私が一〇歳の秋の遠足の日、浅沼稲次郎さんが刺殺されたことを知り衝撃を受けました。子どもながらに、戦争のない平和な国を守るのは社会党だと思っていて、浅沼さんが好きで尊敬していたからです。私がなぜそのように思ったのか。それは幼い頃の祖母のあの歌声の影響はもちろんですが、私は社会科の授業に出てきた人々、「ガンジー」「リンカーン」「ナイチンゲール」「板垣退助」などの伝記を読むのが大好きな少女で、本を読むたびにこんな人になりたいと思ったものでした。そんなことも影響していたのかと思います。これからどうなるのだろうと不安に思いましたが、高度経済成長期の真っ只中、全てが便利で快適な生活に変化していく時代に呑みこまれてしまいました。私が一二歳の頃、逆境をはね返すために昼夜働いた父は、スーパーを経営しており、私は何不自由なくのほほんと成長しました。ただ、両親から辛く厳しい状況の中、人の何倍もの頑張りで生きてきたことを聞かされていたので、私も頑張らないといけないのだと思い、勉強だけは一生懸命しました。

大学も卒業間近の頃、母の持病の悪化から店が続けられなくなり、四五歳の父は転職して、両親は広島に転居しました。私は宮崎で教員をするつもりでしたが、体調が悪く不安気な母の事が心配で広島に行き、一般会社に就職しました。そして両親の生活が安定したおよそ一年半後、大学の先輩と結婚し、広島県福山市に住むことになりました。仕事と家事を両立させることに自信のなかった私は専業主婦を選択し、二人目が生まれた一九七七年から英語数学の塾を始めました。

子育て中の一九八〇年代は、七三一部隊や南京大虐殺などの写真展や講演会が盛んに開催されていたので子と共に学び、戦争の残虐な事実から目を背けず、次世代に語り継いでいかなければならないと実感する機会に恵まれました。一九八六年のチェルノブイリ原発事故後には、当時三歳の娘を連れて原発の仕組みや放射能についての学習会に参加し、そこで出会った仲間と脱原発の会を作り活動しました。その仲間たちとは、自衛隊員のＰＫＯ派遣反対、護憲、農薬や食品添加物問題などについて学習会や講演会に参加したり署名活動もしました。気づいてはいたつもりでしたが、国は国民を守ってくれないことをほんとに思い知らされました。

孫が生まれ、子や孫の世代が希望の持てる国にしたいと切に思い始めた二〇一一年、東日本大震災に伴う福島原発事故が起こりました。その時日本中が原発はいらないと思ったはずなのに、次第に当初の憤りや怖さ、被災者への思いを忘れ他人事になっていくのを感じました。忘れてはならないという気持ちで、私は友人と二人で一〇〇人余りの人々の思いを繋いだタペストリーを作りました。便利で快適な暮らしが当たり前になっている自分の暮らしを見つめ直すきっかけになってほしいと思い、あちこちで展示させてもらっています。その間に安保法制が強行採決されてしまいました。何を訴えても数の力に勝てない無力感を味わうばかりで、今や国は独裁国家のようになり、もう行くところまで行くしかないのかと諦めの気持ちになってしまいそうです。しかしそんな時、祖母のあの哀しみに満ちた「ここはお国を何百里…」の声が聞こえてきて、二度と戦争してはだめだ、私は声をあげ続けなければならないと気持ちを新たにします。もし夫や息子そして孫が、戦地で死と直面し、緊張や恐怖で張り裂けそうな気持になることを想像するだけで、私の胸は息もできないほど苦しくなります。

私は祖母の歌と石井百代さんの「徴兵は命かけても阻むべし、母、祖母、おみな、牢に満つるとも」を道標に、戦争への道を突き進む国の動きをなんとしても止めたいと思って、安保法制違憲訴訟の原告になりました。

ジャングルで生死の境—父の体験を胸に

加藤葉子

一九一七年生まれの父は、戦争中二度出征した。初めは中国やモンゴルで電信隊として、二度目は泰緬鉄道の補修工事に。泰はタイ、緬は当時のビルマ、現在のミャンマーである。泰緬鉄道は日本軍が当時占領を始めていたビルマへの補給路としてビルマとタイの間に通した鉄道で、密林を開き、山を削って一年余りの突貫工事で敷いたこの鉄道は「死の鉄道」と呼ばれた。枕木一本に捕虜一人といわれた過酷な労働、疫病などで六万人の戦争捕虜のうち一万三〇〇〇人が死亡した。

一九九二年八月一四日付けの地元紙、富山新聞に父の一文がある。当時七五歳だった父はこう語っている。

「タイのジャングルの中で生死の境をさまよった日々を思い起こし、台湾沖の空中戦で死んだ予科練の弟博への鎮魂を込め、風化しつつある戦争の悲惨さを後世に伝える決意を新たにしたい。昭和一九年四月、二度目の応召で、タイの鉄道の補修隊に赴いた。B29の連日の空襲に逃げまどい、夜はトラやヒョウの襲撃におののく毎日だった。二〇年八月一八日、捕虜のオランダ人たちがのぼりを立てて「日本は負けた」と騒いだが信じられず、二〇日にようやく敗戦の情報が入り残念で三日間ほど眠れなかった。日本は中国領土と国民を土足で踏みにじった。福岡町日中友好協会会員として友好促進が私のできるせめてもの償いだ。」

文中に出てくる弟博は、私が会うことの出来なかった叔父で、一九二四年生まれの六男。父より八歳も下で、末っ子として祖父母はどんなにか可愛がっていたことだろう。この叔父は、一〇代で海軍飛行予科練習生（予科練）に志願し、一九四五年五月五日端午の節句の日に飛び立っている。戦中、戦後と二人の息子の安否情報もなく、どんなにか祖父母たちは無事の帰還を祈ったことだろう。叔父は二〇歳という若さで亡くなった。

父は復員後国鉄に復帰し機関士として働き、動力車労働組合の運動に参加し、地域での公害対策等にも熱心に取り組んで、一九六二年同僚に推されて社会党から福岡町議選に立候補し当選。一九八七年の引退まで町議会議員を連続七期二五年間務めた。

母は七人姉妹の三女として一九二三年に生まれた。七人姉妹がずっと生きてこれたのは、誰も徴兵されず志願兵にもならずに済んだからだと最近気が付いた。母だけが高等女学校に進学。そして小学校教諭として戦中、戦後五五歳の定年退職まで働き続けた。子どもの頃、「教え子を再び戦場に送るな」と印字された鉛筆が家にあり使っていたことを思い出す。近年私は日音協の歌唱指導として教職員組合の定期大会でステージに立つ事がある。今程このスローガンが現実味を帯びて鳥肌が立つおもいをした事はない。

歌や絵本、子どもが好きだった私は、短期大学に入学し保母の資格を取得。一九七五年高岡市に保母職として採用されたが、一年目は老人ホームへ勤務となり、養護老人ホームと特別養護老人ホーム勤務を三班体制でローテーション。宿直、食事介助、おむつ交換、入浴介助、誕生会、お楽しみ会等の毎日で、腰痛治療で宿直あけに整形外科に通うことも多くなり、将来子どもを産めるのだろうか？と漠然とした不安をもっていた。

そんな中で私は二四歳で親の勧める結婚をした。その頃は二四歳前後で結婚し三〇歳までに三人の子どもを産み終えるみたいな風潮があった。二五歳で長男を、二八歳で長女を出産。長男の時は、保母職には育児休暇制度があったがあまり取得している人はおらず、夫の父母に育児休暇を取りたいと言い出すこともできず夫も関心がなかった。夫の両親に長男を預けて仕事に出た。当時母乳を冷凍保存する方法も一般的に知られていず、職場で搾乳し捨てていた。家に帰り飲ませようとすると勢い良くお乳が吹出し赤ん坊の息子の顔にかかると泣き出してしまい、義父母に泣かせるなと言われミルクを作って息子を連れていかれ、私の子どもなのに、おっぱいを飲ませてやりたいのにと……。

〇～二歳までの未満児を担当していた時に、だんだんと声がかすれて出にくくなり、声帯ポリープと診断され全身麻酔による除去手術を受けた。目覚めてからは一切声を出してはならない沈黙療法。筆談しながらかなり長い間入院していた。職場復帰後の生活に大きな不安があった。年下の同僚が目の前で「死ぬかもしれない」と言って倒れたりもする現場だった。職場復帰は別な現場になったが、ある日、またしても声が……。手術した医師は仕事を辞めるか違った仕事をするしかないと告げた。私は職種転換をした。

初めの結婚で何の疑問も持たずに夫の姓に改姓した私は、夫と離婚することになった。とにかく夫の支配から自由になりたかったし、家から押し付けられる嫁としての役割から逃れたかった。しかし、元の姓には戻さなかった。今も元夫の姓を名乗っている。それは、離婚を知られたくなかったし、子どもと別の姓になりたくなかったからだが、好きで現在の姓を名乗っているのではない。

現在のパートナーとは対等の関係でいたかったので、事実婚をしている。別姓が認められたら届出を、と話しているうちに二五年が経過した。夫婦同氏の強制はあきらかに憲法二四条の婚姻における男女平等に違反している。何故女だったら男に名前を合併吸収のようにしなければならないのか。県内で別姓の訴えをしている人がいる事を知り、同じ思いを持つ者の点が線に繋がり、「夫婦別姓訴訟を支える会富山」として毎月の学習会や年二回の講演会に熱心に取組んだ。別姓訴訟は、二〇一五年一二月一六日に最高裁で合憲となったが、今日まで次々とあらたな裁判が起こっている。

二〇一五年五月からレッドアクション&スタンディングアピールを富山駅前で取り組んでいる。赤いものを身につけて、マイプラカードを持って毎月一回行っている。私は歌で意思表示をしている。二〇一八年七月二二日で三九回目を迎えたが、記録的な酷暑のさなか、みな真っ赤な顔をして口々に自分の想いを願いを怒りを哀しみを心配している事を口にする。＝いつも心に太陽をくちびるに歌を＝がわたしの子どもの頃からのモットーだったんだと時々少女だった頃の私も今の私を励ましてくれている。負けそうになる時、言い聞かせる　勝つ方法はあきらめないこと！

「満蒙開拓団」は昔のことか？

川合伸江

私は長野県在住です。二〇一五年九月一七日、国会をとりまく安保法案に反対する多くの人々と一緒に声をあげていました。安倍内閣が衆議院に続き、参議院でも数を頼んで安保法案を強行採決するだろうと思うと、居ても立ってもいられなかったからです。

先日、長野県下伊那郡阿智村（あちむら）にある満蒙開拓平和記念館を訪ねました。「満州」「満蒙」などは日本が勝手につけた呼び名ですが、歴史の検証のために、当時使っていた名称をそのまま使っているという断り書きがありました。

満州移民に反対していた高橋是清が二・二六事件で暗殺され、関東軍の「満州農業移民一〇〇万戸移住計画」

は一九三六年に国策となり、拓務省により推進されることとなります。背景には、「満州国」の治安の維持、ソ満国境の防衛の軍事目的と日本の国内事情もありました。世界恐慌の荒波を受けて、農村では養蚕業が大打撃を受け、深刻な状況だったのです。〝人減らし〟のために農家の二、三男が移民を奨励されました。

初期の移民は、日本人が「匪賊」と呼んだ抗日武装集団と戦わなくてはならなかったため、農業経験のある在郷軍人から選ばれましたが、犠牲者も多かったようです。「二〇町歩の地主になれる」、雑誌、映画、芝居などでも満州移民は盛んに宣伝されました。分村、分郷開拓団といった自治体単位での大量移民も補助金と引き換えに行われました。

しかし、一九三八年に日中戦争が本格的になった頃には移民希望者も少なくなり、国は満蒙開拓青少年義勇軍の募集を始めました。三年の訓練期間で開拓団に移行するというものでした。学校の教師が説得にあたったり、村の役職者が家庭訪問をしたり、強引な割り当ての数合わせも行われたようです。

一九四五年に入ると戦況は悪化し、関東軍は南方戦線に送られ、五月には満州の北部四分の三を放棄すると決めますが、住民には何も知らされていません。それどころか、男性が招集され、女・子ども・老人ばかりとなったソ満国境に新たな開拓団が送り込まれます。最後の開拓団として送り込まれた人たちが牡丹江駅に着いたのは、ソ連参戦の八月九日であったそうです。

戦況も知らされていなかった開拓団員は、八月九日の突然のソ連軍の侵攻にさらされます。さらに現地の人々からも襲撃されます。「開拓」とは名ばかりで、実際は現地の人々の畑や家をわずかな金でとりあげていたのですから。

開拓団員は難民となって徒歩で日本をめざします。しかし、日本政府は「海外邦人は現地で生き延びろ」という方針をとり、帰国の援助を一切しませんでした。食べ物、着る物のないなか、避難所にたどり着いた人々も酷寒の地で次々と命を落としていきました。その惨状に、日本人組織から同胞救済の使命を受けて日本に上陸、マッカーサーに直接面会して日本人帰還を直訴した人たちがいました。その結果、一九四六年五月から、中国からの引き揚げ船が出ることになりました。二年間で一〇五万人が帰還を果たしました。満州で犠牲になった日本人は二七万人の団員のうち、約二四万五〇〇〇人にものぼりました。

命からがら引き上げてきた人々ですが、家も畑も処分して満州に行ったわけですから、居場所もなく、「満州乞食」と呼ばれることさえありました。その結果、今度は本当に未開の地の開拓事業から戦後の第一歩が始まりました。

二〇〇二年、東京地裁に中国残留孤児による国家賠償請求訴訟が起こされました。国は速やかな帰国支援や帰国後の自立生活支援を怠ったとし、一人当たり三三〇〇万円の損害賠償を求めたものでした。「私たちは国から三度棄てられた。ソ連侵攻時には日本軍に見捨てられ、戦後長く中国に置き去りにされ、帰国しても十分な支援が受けられなかった」。この主張は裁判では認められず、国は年金の満額支給と新たな特別給付金の支給などをもって和解を持ち掛け、原告は苦渋の選択として、和解に応じたのです。

全国から開拓民は送り出されましたが、長野県の約三万七〇〇〇人は、二位の山形県が一万七〇〇〇人であることを見ても突出しています。長野県の中でも移民が多かった下伊那地方に満蒙開拓平和記念館が作られました。

なぜ長野県が多かったのか。耕地面積が狭いこと、養蚕に依存する率が高かったこと、があげられてきましたが、最近の研究で、それだけではないことがわかってきたそうです。長野県は海外移民事業が盛んで、大正時代には信濃海外協会が設立され、行政と連携してブラジル移民を多く送り出しました。真面目な県民性ゆえに国策推進に積極的だった、「教員赤化事件」があり「汚名」挽回のため教育界が積極的だった、などが考えられますが、研究中とのことです。

国策として推進された満蒙開拓団によって人々が侵略に加担させられ、棄民されることであるいは命を失い、あるいは過酷な体験の果てに不遇な生涯を余儀なくさせられました。これは過去のことではなく、現在の沖縄、福島の状況を見れば、再びの「棄民」政策が行われているとしか思えません。

常に犠牲を強いられるのは力のない個人です。

安倍政権は、現憲法はアメリカ占領軍からの押し付けだから「改正」するのだ、と言います。しかし、同じく押し付けられたはずの米軍基地も日米地位協定も根本的に改正しようという気はありません。現憲法は、侵略戦争に突き進んでしまった反省、一端戦争にむけて転がり出してしまった国に対して個人がいかに無力か、いかに無慈悲・冷酷に切り捨てられるかの経験が生かされているのだと思います。文字通り国民が命をもって贖った条文なのだと思います。

安倍政権の安保法制に象徴される手法は、私が自由に平和的に世界の人々とつながりたいという欲求、権利を侵害し、また、気が付いたら政権批判が許されない社会になっていた、「いつか来た道」をたどっていたというようなジワジワと真綿で首をしめられるような不安をもたらすのです。私の知る権利は侵害され、平穏に生きるという最低限の権利さえ踏みにじられているのです。

父の苦悩を「平和のバトン」へ

桐山千歳

私は広島県安浦町（今は呉市に合併）の保育士として働き続け、定年後は地域で民生委員や「大和ミュージアム」のボランティアガイドをしている。父の戦争体験が、私の人生にも纏わり付き、「平和のバトン」をつなぐことを使命と感じているからだ。

残っていた軍歴によれば、父は、一九三七年二〇歳で徴兵されると、近衛歩兵連隊に配属され、翌年下士官候補隊に派遣され、訓練が終わるや一二月中国広東省へ送られた。一九四〇年四月に内地に戻る。父は広島に配属されており、被爆。コンクリートの建物の中にいたので、爆風で飛ばされたものの、前歯が三本折れただけですんだ。高齢になって緑内障にはなったが、いたって元気に過ごした。原爆のことで、母や私に断片的につぶやいたのは、次の二つしかない。

「お父さんは中にいたので助かったが、外にいた事務員さんは背中がずる剝けになって死んだ。なんぼゆうてもアメリカは憎い。あの時のことを思うたら、アメリカは許せん」。

「兵隊さん、助けてくれ、と言われても、水ぶくれを破って水を出すくらいしかできんかった」。

中国での二年間の話の断片は、私には正直ショックだった。

被爆者は骨がもろくなっているせいか、父は骨折で何度も入院した。ある時付き添っていた私に言った。

「中国の村を襲ったときに一〇人くらい殺した。その時は必死じゃけんわからんかったが、あとでそのくらい殺したのを上官が褒めた。（中国にいれば）周りはみんな敵じゃけん、殺さんにゃ殺される」。

一度は言っておきたかったのだろう、「殺さんにゃ殺される」と。

もっと後に入院したときには、夜中に私を足蹴りにしようとし、目を見据えてわめいた。

「お前は二〇〇円じゃ、二〇〇円で買うちゃる」。

意識が朦朧とする中、不安でわめいている。私を誰と間違えているのだろう。悲しくなった。

断片的な言葉の中に、一人の人間の歴史の中に、被害と加害が同居して苦しんでいる。それは父だけではなかっただろう。戦場に送られた兵士の多くが苦しんだのだ。この苦しみは二度と繰り返してはならない。伝えていかねばならないと思う。

中国の旅で購入した南京虐殺の写真集を甥や姪に見せ

る。何も言わずに見いっている。彼らにおじいちゃんの経験を話せるか？　躊躇する私がいた。

父は何度も入院していたが、被ばく者手帳があるので、医療費はかからなかった。八〇歳頃からパーキンソン病が進行し、八八歳の年末に肺炎をおこして、以後食べることが出来なくなり、胃瘻になった。医療介護施設に入院していたが、おむつ代と部屋代は本人負担だったものの、医療費も食事代も被ばく者手帳によって国から出た。金銭的負担が少ないのはほんとうにありがたかった。

二〇〇五年一〇月八日の新聞に、高裁判決を受けて「在外被ばく者の健康管理手当申請が来日しなくても在外公館で申請できることになった」と出ていた。在外被ばく者とは、戦時中に朝鮮から日本に連れてこられ、広島、長崎で被爆しながらも九死に一生をえて、戦後故国に帰った人たちだ。同じ被ばく者なのに、しかもその時広島に、長崎にいたのには経緯があったのに、何ら補償がされていなかったことを知り、申し訳なく思った。父は他界し、私は保育士の仕事を六〇歳まで続け定年退職した。

これからの人生何をしようと考えた時、ピースボートで世界中の戦跡を訪ねることにした。第八〇回ピースボートにも九人の被爆証言者が乗り込んでいた。二〇カ国を巡り、一五カ国で証言をされた。船内でも証言されたが、その折は「おりづるプロジェクト」でサポーターが募集され、お手伝いをした。途中で体調を崩され下船された方だったが、フランスで若者を対象に証言された時の気迫には驚嘆させられた。

半年の船旅で呉に帰ってきた。さあ、何をするか。目標が固まらないままに「日韓クルーズ」に参加した。日本人五〇〇人、韓国人五〇〇人が乗り込んでの一〇日間のクルーズだ。福岡大刀洗平和祈念館を訪ねた時、零戦の展示物を前に、ガイドさんが「この方たちの犠牲の上に、今の日本の繁栄がある」と説明した。すると、韓国人の若い男性が、「それでは、ここから飛び立った飛行機がどれだけの人を殺したか？」と問いかけた。ガイドさんは「この頃の飛行機は一騎打ちで…」と答えた。私は思わず「日本は重慶など、無差別爆撃している。ここには、いろんな方が見学に来る。加害と被害の両面を伝えることが大事だ」と言ってしまった。私は「大和ミュージアム」のボランティアガイドをすることにした。

「呉海事歴史科学館（大和ミュージアム）」は「呉の歴史を通して日本の近代史を学ぶ」「大和の乗組員、市民の戦争体験などから戦争の悲惨さ、平和の大切さを伝える」ことを目的に二〇〇五年にオープンした。年間一〇〇万人も来館者がある。来館者は、年齢・性別を問わず、海外からもたくさんの方がいろんな思いをもって訪れる。大和ミュージアムの理念に沿ってガイドする。事実のみを語る。しかし、時には対話しながらこちらが学ばせてもらうことも多い。生きた事実の伝承だ。

そして私はガイドの最後に必ず一言添える。「見ていただいたように、呉の歴史は日本の歴史です。前半の七〇年間は戦争、戦争の時代。それから後の七三年は戦争で死んだ人はいません。この平和が続くようにと思いガイドをさせてもらってます」と。

呉には海上自衛隊はじめ、米軍の基地・弾薬庫がある。岩国は極東一の基地になり、山口県にはイージスアショアが配置されようとしている。日本が戦争に突入していった過去、それは徐々に進行していき、ある日突然（一九四一年一二月八日）暴発した。この事実を忘れまい。「平和のバトン」をつなげよう。

東日本大震災で甦った父の恐怖

日下邦子

私は、一九四七年八月に生を受けました。一九四五年八月一五日に第二次世界大戦が終わり、平和と民主主義を謳った平和憲法が制定され、その下で教育をうけ育ってきた「戦争を知らないこどもたち」の一人です。

しかし、母は、私と弟に、戦争中の食糧難の話や鉄の徴収で家業の織機も供出させられたこと、仙台空襲で北の空が真っ赤に見えたこと、蔵王の麓に米軍機が墜落したことなど、折々に語ってくれ、戦争の惨めさを焼き付けて育ちました。高齢になってからの母が、テレビに空爆のニュースが流れると「また戦争になるの？　いやだねぇ」と不安そうに言っていたのも忘れられません。

父は自分から戦争中の話をすることはありませんでしたが、酒を飲んだときなどに、軍隊の話をちょっとして、軍歌を歌ったりもしていました。私から見ても要領がいいとは言えない父は、上官や仲間からどやされたり殴られたりしていたのではないか、と大人になってから思うようになりました。

子どもの頃で覚えているのは、麦だらけのご飯や、うどんの切れ端を細かくして混ぜたご飯だったことです。五円か一〇円持って、パンの耳を買いに行き、ジャムやクリームがちょっぴりついているととても嬉しかったものです。そして、洋服もほとんどが親戚からのお下がりでした。

職場に入ってまもなく、広島や長崎の原爆記念日行事に参加する機会を得て、よく分らないままに行動していましたが、身が引き締まる思いがしたことで、戦争のない世界への思いを強くしたように思います。

母は九七歳で、父は一〇〇歳でこの世を去りました。

父は、ショートステイに向かう私の車の中で東日本大震災にあいました。地震の恐怖が戦争中のことを思い出させたのか、その晩、少し凶暴になったと、施設から連絡がありました。翌朝駆けつけた私の手を摑んで、父は「兵隊さんがワラに火をつけに来たんだ」と訴えるのでした。その恐怖に満ちた表情に、父の心の奥に残されていたものの大きさを見たのでした。それからまもなく亡くなりました。

今七一歳を迎えた私は、貧しいながらも戦後の長い平和を体感しながら生きてきました。しかし、ここ数年、戦争に向かうのではないかという恐怖を感じています。安保法制が国民の反対の声を無視して強行採決、言論統制や権利の制限が声高になっていることが恐ろしいのです。再び戦争が起こらないように、「戦争反対」「平和憲法を守れ」と運動してきましたが、これからそういうことが出来なくなるのではないか…と不安が募ります。

私の誕生日は世界平和記念日

日下弘子

私は一九四六年一一月一一日千葉県成田に生まれ、成田山新勝寺のそばで育ちました。

毎年お正月、参拝客で賑わう門前には、傷痍軍人の人たちがアコーデオンを弾き募金をしていました。両手両足のない傷痍軍人がゴザの上にうつ伏せになり、また手、腕、片足のない傷痍軍人が無言で立っていました。通学路を通る度になんとも言えない気持でした。両手両足のない傷痍軍人は、トイレはどうしているのだろう、大変だなあ、戦争は嫌だなあと思いました。

戦後一〇年頃（一九五五年）だと思いますが、アウシュビッツの悲惨なパネルを参道一面に展示してあったのを思い出します。通学路を怖くて下を向いて通学していたのを覚えています。

また、小学校の図書室の閲覧棚に、黄色表紙で百科事典位の厚さの原爆の写真集が置いてあり、開いて見てショックだった記憶があります。

小学校では、毎年原爆の日に向けて、各クラス全体で折り鶴を折り千羽鶴にして送りました。平和のカンパとして鉛筆の申込書が各自に配布され、各自カンパをして平和の鉛筆で勉強をしました。

中学校では、社会科の試験は憲法の前文を暗記し先生の前で言うことでしたので、みんな必死に暗記したのを覚えています。

父は、海軍志願兵で戦争に行きました。私が小学校高学年から中学校頃まで毎晩のように晩酌をしながら、戦争の話をしていました。「戦争反対などと言うが、戦争に行ったものしかわからない」というのが口癖でした。

「朝みんなで朝飯を食べ、排便を必ず済ませ（排便しないと急上昇した時腹痛が起きる）戦闘機に乗り、戦闘から帰って夕飯時には朝隣にいた人がいない」

「死んだ人を火葬にした」

「船中で腸ねん転の手術を麻酔なしで受けた」

「マラリアにかかり死にかけた」

「爆風で足と手に傷がある」

子ども心に「どうして生きて帰ってこられたの」と聞くと、「『上官が右に行け』との指示に〔左へ〕、「上昇」の指示に〔下降〕へと」と、時には冗談まじりに言っていました。

長崎に原爆が落とされた後、後始末に行って被ばくした話は、子どもに影響がなかったためか、だいぶ年月が経過してから聞きました。

近所のおじさんは、満州に戦争に行き、残虐な行為をしたのか「今でも、夢を見てうなされて起きてしまう」と言っていました。父と同年代の人たちが集まると戦争の話ばかりでした。青春が戦争だったんです。なんと悲惨な青春だったんでしょう。

戦争に行き、仲間が死んで神も仏もないとのことで実家には、神棚も仏壇もありませんでした。また勲章や表彰状など戦争関係のものは飾らなかったです。

このような環境の中で育ったので、戦争は嫌だという思いが強く、親が平和のたいせつさを身をもって教えてくれたことを貫いていきたい。

保育士として保育の現場で「おこりじぞう」「かわいそうなぞう」など絵本の読み聞かせ、素話（すばなし）を取り入れ、平和のたいせつさを微力ながら伝えてきたと思います。

安保法制が違法に通ってしまったことを、父が生きていたらどんなに怒ったことでしょう。戦争体験を親やそのほかの人に、子どものころから聞き、平和が一番だと思います。私の誕生日が一一月一一日世界平和記念日なので、さらにその思いが強いのです。

安保法制は戦争への道へとつながります。平和への願いを信念として生きることが親の遺言です。安保法制を認めたら、親の遺言を守ることができません。

戦争は負けると思っていた母

末永節子

私は一九四六年、長野県の松本市浅間温泉で四人姉弟の二番目に生まれました。実家は温泉旅館を営み、当時創業百年を超えていました。空襲もあまりなく、住むところも衣服も食事も充分にあり、両親健在で、姉弟仲も良く、楽しい子ども時代を過ごしました。

母は六人兄妹の長女で、四人の兄とは父親が違います。実の子である母が総領のため、父親（私の祖父）から、旅館を含む家督を相続しました。母の兄たちは大学を出て就職し、家を離れました。

母は好きな男性がいたのに、気が進まないまま「跡継ぎ」を得るため親の勧める結婚をしました。婿入りした父は母とは価値観が違い、母は子どもを得た後「価値観の違う親が育てると子どもが混乱する」と、父に離婚を迫りました。父の反対で離婚裁判になり、別居することで和解しました。父はかなりのものを受け取って東京に引っ越しますが、事業に失敗すると戻ってくることを数回繰り返し、結局旅館の敷地の中に住み、売店を経営して生涯を過ごしました。私たちは母のもとで育ち、父とは会いたいときにはいつでも出入り可能な状態でした。

母は、ＰＴＡ役員、同窓会役員を務めるなど、自由に社会活動をし、自分の判断で処分できるお金や、好きに使える時間と家がありました。その分二人分の責任で子どもを育てていると自覚し、母なりに勉強して試行錯誤したようです。従業員やその家族を差別することは絶対だめと、厳しく言われました。また母は従業員には、私たちを甘やかさないで、転んでも手を貸して起こさないで、お嬢さんと絶対に呼ばないで、と繰り返し頼んでいたようですが、ずいぶん大事にされて育ったと思います。

商売は景気に左右され、旅館は繰り返し建て替えして、周りに遅れないよう維持していきます。そのたびに大きな借金をし、まるで銀行の為に働いているようだと母は嘆いていました。枕元に帳簿を置いて、資金繰りを考えながら寝ていたのを覚えています。子育てに忙しい時期、途中から母の次兄が経営に参画するようになり、相談相手ができて少しほっとしたのではないでしょうか。

戦争を意識したのは、伯父たちの心配からです。母の長兄は憲兵として満州で敗戦を迎えました。次兄は将校でやはり中国大陸で敗戦になりました。三兄は満州で結婚し敗戦直前に招集されました。いずれも永い間消息不明でした。ＮＨＫラジオの夕方の番組「尋ね人の時間」を必ず一家で聞き、伯父家族の名前が出てこないか、子どもも静かにして聞いていました。

次兄が心臓に病気を抱えて帰国、長兄の家族が引き揚げ、三兄の家族が引き揚げ、長兄が脳梗塞で生死が危ぶまれる状態で帰国しました。しかし、三兄は未だに消息が分かりません。父方の弟も満州少年義勇兵として行き、戦後何年もして命からがら帰国しました。長兄、三兄の家族は子ども連れでぼろぼろになって帰国しましたが、亡くなるまで引き揚げ中のことは一言も話しませんでした。この家族やそのほか親戚関係にある人たちが、戦前も戦中も旅館で働き、従業員宿舎に住んでいました。家族も家も荷物も人間関係もすべてを失って逃げ帰ってきた人たちです。ぎすぎすしたり、喧嘩もありました。家族に会えないまま、生涯を終わる人もいて、私は子どもの頃たくさんのお葬式を経験しました。戦後二〇年くらいまではこんな状態が続きました。

母は「戦争は必ず負ける」と思っていたそうです。陸軍松本連隊長、裁判所所長、富士電機工場長などの宿舎に旅館が使われ、比較的正確な情報を得ていたのです。戦争が終わったときには、うれしくてたまらなかったそうです。母親大会、婦人有権者同盟、原水禁大会にも積極的に参加し、私たち子どもも母親大会報告会の会場の椅子並べや看板たてを手伝いました。そのせいか今でも姉弟（弟は残念ですが若くして亡くなりました）は、社会的なことに関わっています。

私は、三人の子も孫も戦場で殺されたくない。優しくあれと育てた彼らが、人を殺す羽目に陥るのはもっといやです。殺し殺されることを望む親はいません。始めた戦争を止めるためには外交的手段や困難が伴います。その困難を思えば、戦争を始めずに問題解決をする交渉で乗り越えられるはずです。

平和の大切さと戦争の悲惨をどう若い世代に伝えていくのかが問われます。結婚してずっと福岡市に住み、女性のネットワーク組織「福岡女性団体交流会」のメンバーとして、福岡大空襲の体験を語り継ぐ集いを毎年実施、今年で三七回目になります。福岡大空襲は資料が余り残っておらず、語り継ぎやフィールドワークを若い人としながら記録を残しています。戦争はいやだという気持ちが記憶に残るにはどうしたら良いのか、迷いながら進めています。またジェンダー平等実現には、平和が何よりも大事な土台だと考え、平和に関わることは私たちが言い出すことにしています。

安保法制により戦争のできる国に変えていくことは、私が心血を注いでいるこのような活動の成果を無にしてしまうものです。憲法を変え、戦後民主主義を否定し、戦前のように戦争で物事を解決できる国に変えるなどは、とうてい許すことは出来ません。戦争を被害者として継承するのみで、私たちが加害者であったことを隠す、歴史教育も許せません。アジアの多くの国に多大な被害を及ぼし、それでもまた日本がアジアの一員として存立を許されているのは、平和憲法で二度と無謀な侵略戦争をしないと、宣言しているからです。戦争をする国日本の再来になる憲法改正、戦争法は憲法違反です。どうか子どもたちに人殺しをさせないよう、判断をお願いします。

被爆体験を生きた私と家族

高瀬多佳子

「ピカーッて、ものすごか光やったねー。そいから、何秒か、ようわからんけど、ドカーン、ってものすごか音ね。近くに爆弾が落ちたと思うて、机ん下に入ったと。頭ば抱えて。何分たったかわからんけど、一応おさまって這い出してみたら、ちょうど一週間くらい前まで座っとった所に、窓ガラスの破片が、いーっぱい刺さっとったっさ。あそこにずっとおったら死んどったやろうね」これは、私の義母の話です。

原爆が落とされた時、義母は長崎市の繁華街にあるビル二階の貯金局で事務作業をしていました。一週間前に空襲があり、窓際は危険だと机を廊下側へと移動したばかりで、義母の命の糸はかろうじてつながったのです。当時一六歳の義母は全身に強い放射線を浴び、後に「被爆者」の認定を受け、現在も長崎市に暮らしています。

一九四五年八月六日広島に原子爆弾が落とされ、わずか三日後の八月九日に長崎にも落とされました。広島に落とされたのはウラニウムを原料とする原子爆弾。長崎に落とされたのはプルトニウムを原料とする原子爆弾で、広島のものより爆発の威力が強力でした。二種類の原子爆弾を使用し実験する狙いもあったといわれます。長崎に生まれ、心に刻まれた被爆体験が、人間の恣意による人々を実験の対象としたものであると思い知らされ、戦争を二度と繰り返してはならないと強く思いました。

核爆弾の恐ろしさは、落とされた後からもやってきます。長崎の三菱重工業㈱に勤めていた義父は原爆投下の日、佐賀県の三菱重工の工場にいました。敗戦直前は作る船もなく、飛行機の部品を作っていました。原爆が投下されて八日目に、会社の要請で長崎市に入り、街中に横たわる遺体を運んだり、掘り起こす作業を、爆心地から五〇〇メートルの城山町で二日間行いました。地面から放たれる強い放射線を浴びながらの作業、その後も暮らしていたため「入市被爆者」となりました（二〇一五年一二月に他界）。

義母の母親は、原子爆弾の熱線を顔面に受け、被爆から二十数年後に鼻の奥に癌ができ、亡くなるときは顔が激しく変形していたそうです。

一方、私の実家の墓石には、一九四五年八月の僅か一二日の間に三人の名前が刻まれています。父の母と姉妹たちです。父の両親と姉妹たちは爆心地に近い町で暮らしていました。気づいたときには町は焼きつくされ、生き地獄を目の当たりにし、自らの焼けただれた身体に苦しみ、何が起きたのかわからないまま、数日の間に次々と死んでいきました。あちらこちらに死体が積み上げられ、どこからか手に入れた重油をかけ、火をつけ、真夏の町じゅうが火葬場と化し、異臭が立ち込め、三人を火葬にした祖父は、なかなか燃えないので大変だったと言っていたそうです。

この時父は、三菱重工業㈱の技術者養成の学校を卒業したばかりで、軍から臨時召集を受け香川県の部隊にいて原爆の直接被爆は免れました。長崎、広島が大変と聞き、帰りたいと申し出ましたが、上官にいま長崎へ行くのは危険と引き留められ、九月にやっと長崎へ帰り着きました。途中広島にも寄り、惨状を見ました。その後は長崎市で暮らしました。当時被爆者の認定は、八月九日から二週間後までに長崎の一定のエリア内に居た人でした。父が長崎市に帰って来たのは、九月に入ってからでした。父は被爆申請をしたそうですが、被爆の可能性はあっても法による線引きのため「被爆者」にはならず「原爆手帳」は持っていません。原爆手帳を持つ人は終身医療費が免除され、被爆手当ても支給されます。原爆手帳をもつ義父母は「原爆手帳の話は人前ではできないよ、嫌味を言う人もいるしね」と話していました。原爆手帳の有無は老後の生活に大きな違いをもたらします。私が幼児のころ祖父も原爆症で入院しており、末期には赤い斑点が身体にできていました。

私の母は原子爆弾が落とされたとき、島原半島南端の加津佐町（現）に住んでいて、立ち上がる原子雲を見たそうです。数年後に長崎に出て働き、父と結婚後も長崎市に暮らし続け、二〇一六年二月他界しました。

夫は、被爆二世です。私は被爆二世との結婚に何のためらいもありませんでした。しかし子どもが生まれる時、「健康であれば…」に加え、原爆の影響は…との不安がよぎりました。幸いに長女は元気に育ち、成人していきます。次に妊娠した子どもは妊娠一〇カ月目の定期検診で医師から、胎児の心音が聞こえないと言われました。それまで何の異常もなく「健康優良妊婦」のような私で、身体には何の痛みも違和感もありませんでした。里帰り出産の長崎へ、東京で勤務する夫が駆けつけ、翌日、陣痛促進剤により普通分娩で生まれたのは、二七〇〇グラム、男子。産声のない静かな出産でした。その後も子どもが欲しくて二回妊娠しましたがいずれも切迫流産で、結局子どもは娘一人です。

二〇〇六年、人間ドックで甲状腺の腫れがみつかり、検査の結果、癌の疑いもありとのことで手術を決断。甲状腺右半分の摘出手術を行い、幸いに陰性でした。甲状腺の異常も何故私に起きたのか、被爆の影響ではないのか。いつも気になり、私や娘、孫が生まれればその子に影響が出ないか、不安が離れません。

娘は自由教育を謳う小中高一貫教育の私立に入学しました。それは私たち親の選択でした。社会の授業に憲法前文の暗唱があり、学童保育所から帰ると、夕食の支度をする私の傍らで、大声で暗唱していました。幼い子どもの口から繰返される憲法前文を聴き、その授業に感謝しました。平和だからこそ憲法を意識しないで暮らしてきたことに私自身が気づき、平和憲法の存在意義を感じ、親子で教育を受けた思いがします。

安保関連法制により核兵器（原爆）の危険や、遺伝子破壊の不安が現実になってきました。ヒロシマ・ナガサキの原爆や、福島の原発事故による教訓が生かされず、放射能被害の危険を高めていることが、苦痛です。国会の審議で被害が議論されても、前線で戦闘行為に巻き込まれる自衛隊員に焦点があたり、女性、子ども、障害者、老人など、一般の国民への影響は全く議論されませんでした。私が経験させられてきたことを直視し、一人ひとりが危機に直面させられていることを理解いただきたいと思います。国家の戦争権限を認め、否応なく戦争に加担させられたくありません。日本国の主権者である国民の一人として、七一年間守られてきた憲法を守りたいと切実に思います。平和憲法を失っていること、それが私の大きな損害です。

親の台湾観に違和感

徳永恭子

私は一九四六年に熊本県で生まれました。父と母は、ともに台湾の師範学校、女学校を卒業、両親とも台湾で国民学校の教師をしていました。両親ともまさに植民地政策の一翼を担って、台湾の子どもたちに日本語を教え、日本語使用を強制し、台湾の人々の言葉と歴史と思想を剝奪するために働いていました。父は、台湾の子どもたちに日本語を教えて感謝されていたと生涯思い込まされていたように思います。私たち子どもにも台湾の教員時代の話をしたり、写真を見せたりしましたし、台湾当時の教員仲間と定期的に会って懐かしがっていました。それぞれの出身地を巡って全国規模で毎年同窓会をしていました。元教員の方々が日本での再会に躊躇がないばかりか、むしろ感慨に浸り懐かしく思うというのは、戦争で果たした自分たちの役割に自責感情はないのだなと驚きました。同時に、その連帯感は何によってつくられているのかと疑問に思ったことを覚えています。そして正確な情報が隠された中で生活すると、真実を見る力が曇っていくと実感しました。両親は直接的には戦争の悲惨さや苦悩を語ったことはあまりありませんが、間接的に戦争は人間の意識や考えに強く影響を与え、結果的に自己正当化の意識を作ると思いました。

両親は戦争終結とともに父の実家があった熊本に引き揚げ、母方の親戚たちは新潟県に引き揚げました。一九四六年八月の引き揚げ後、十月に私が誕生、両親は、生活の困難、食料不足、日用品の不足、言葉や風習の違い、失業、働いても楽にならないという戦後の厳しい生活を送りました。混乱と無我夢中の生活を私はつぶさに見、特に母の大変さを感じ、愚痴を聞きながら成長しました。台湾からの引き揚げ時、全家族は千円ずつ与えられ、代わりにすべての財産や荷物は置き去りにしてきたそうです。行李に入るだけの荷物を持ち台湾を出国した母は妊娠中で、船の中でとても苦しかったこと、貨物船での食事を全然とれず、与えられた毛布一枚にごろ寝状態で和歌山県の港に着いたと言います。そこから列車で熊本までたどり着いた時、駅に元同僚の出迎えを受けた嬉しさと途中の苦しさを、母は、苦々しそうに、ある意味感慨を籠めてドラマの一コマのように語っていました。過酷な中で帰国した後、私が熊本県で無事に誕生したことが奇跡のようにも思えました。

両親が戦争の悲惨さをじかに経験し、苦労したにもかかわらず、政府の説明を信じていたのは、私にとっては驚きでした。皇化政策は「台湾の人の役に立った」と信じていました。だから両親は、初の海外旅行の行き先に台湾を選びました。私が「台湾の人に石をぶつけられるのでないの？」と疑問を口に出すと大変怒り、「感謝されることはあっても、文句を言われることはない。」と反論しました。そしてたくさんのお土産を持ち、楽し気に台湾旅行に出発しました。確かに元教え子には歓迎されたようですが、台湾旅行を計画したことを私はどうしても納得できなかったのです。自分たちの行為を正当化したい、苦労を無にしたくない気持ちがあったとは思いますが、当時の日本政府の台湾政策が歴史に残した植民地支配が消えるものではありません。

引き揚げ後、父は熊本で大学に行きなおして日本の教員免許を取り、教職に就きました。穏やかに暮らし、生徒からも教員仲間からも慕われる生活をしていたと思います。私たちには戦争中の生活を全然語りませんでしたが、教え子には防空壕の生活や塹壕に隠れていたことなどを語っていたようです。戦後二〇年たっても、父は、「軍隊慰安婦の人は軍票でお金儲けをしていた」とも信じていました。私は大学時代から、戦争の歴史や戦争の犯罪性や日本軍「慰安婦」の存在などを学んできました。両親に「軍票はただの紙切れだった。」「女性たちが強制的に人さらいのように戦地に連れて行かれた」と説明すると、両親は信じられないという表情をしていました。以後、戦争に関する話は、父と交わした記憶はありません。植民地政策の中で、台湾の犠牲の上で悠々と生活していたことは許されないと思います。しかし、戦争で両親は激動の生活を送らざるをえませんでした。戦争は、人の一生を変貌させ、苦悩の中に落とし込むのです。戦争の時代を生きてきた人に、どれだけ動揺、驚愕、絶望、悲惨な結果を生むか、歴史から学ぶべきだと思います。

安全、平和に、平穏に生きることが人としての一番の権利であると考えています。しかし安保法制が、人間として安全に生きる権利を根底から覆します。今の国際情勢では、集団的自衛権がいつ行使されるか心配です。戦争できる国をめざして、今の日本政府が秘密保護法、共謀罪など様々の法律を整備してきていることは、とても恐怖に思えます。さらに「婚活」活動が推進され、家族のきずなが声高に叫ばれ、家庭教育の基盤充実が喧伝され、道徳教育が教科にされと、私たちの生活は、窮屈で息苦しいものになっています。少子化が問題にされ、「産めよ、増やせよ」という風潮が出る中、働きたくても働くことができない女性たちがいます。貧困は若者や年配者を脅かしています。政策のひずみは顕著です。

私は長い教員生活の中で、「子どもの人権を守る」「二度とふたたび戦場に教え子を送ってはならない」ということを信念としてきました。いじめも、女性差別も、セクシュアルハラスメント、ジェンダーハラスメントも、人権侵害です。人権を尊重するということはどういうことかを、教員生活を送る中で追求してきました。人権侵害の最大のものは、戦争だと思います。戦火のもとに、戦争の恐怖のもとに、子どもを、女性を、そしてすべての人を巻き込むことは最大の人権侵害です。過去も現在もそして世界中で、戦争下に過ごさざるを得ない女性や子どもがどれだけ性暴力の被害者になってきたか、歴史が示しています。戦争と性暴力はセットになっています。私がこれまで、信念として子どもたちに伝えてきた、「戦争は悪である」「人権は尊重しなければならない」「性暴力は人権侵害である」という認識を、この安保法は、真っ向から否定し、私の人生そのものを侵害するものです。子どもの人権も女性の人権も侵害され、私自身の尊厳も侵害されていく、戦争を推進する法律そのものです。歴史の過ちを度々繰り返してはいけないと強く思います。

立法府の暴挙をくいとめ、司法の力で平和を維持することを宣言してほしいと思っています。平和を望む国民の希望をくみ取る判断をしていただきたいと願います。

戦争の傷と被爆の影を超えて

中尾泰美

私の父は一九一八年、広島県因島（現・尾道市）で生を受けたが、早くに父親を亡くし、一〇代半ばから京都のクリーニング店で見習いとして働き、中国戦線に徴兵されました。

私は中学時代、父から従軍の話を聞いて育ちました。日中戦争初期、中国大陸で「慰安所」へ切符と「突撃一番」をもって列に並んだ話、軍馬と将校の世話係として従軍中、地雷を踏んで両目の視力と右脚を膝下から失ったこと、野戦病院の医師が鋸のようなもので脚を切り落とす音が聞こえたという話などです。父の話からは、自身の被害以外「悲惨」な調子は感じられず、私は「おもしろおかしく」聞いていましたが、一九九三年、大阪のシンポジウムで、「軍隊慰安婦」にされた朝鮮半島の女性の話を聞いて愕然としました。涙が止まりませんでした。「父がしたことを許してください。それを、おもしろおかしく聞いていた自分の傲慢さを許してください」という思いでいっぱいでした。父についての「厳しい、怖い」私の記憶は、寝転がって観ていたテレビの相撲番組が「君が代」を流した際「きちんと座れ」と怒鳴られた時ぐらいです。後年、「国のために従軍し、障がいを得たのになんで『君が代』に敬意を表するのか」という憤りすら覚えました。

母は一九二四年、料理屋に生まれました。勝気で、「中国大陸へ行って従軍看護師になる」つもりだったのが、障がいを得て広島の盲学校へ通っていた父との縁談が持ち上がり、親から「お国のためにけがをした人の世話をせんといけん」と言われ、結婚式の日に初めて顔を合わせたそうです。親、大姑のいる大家族で、米をとぐときに生米をすすったこともあったと言います。

一九四五年三月、日立造船のある因島は、空襲を受けました。父は知り合いが連れて避難しましたが、母は首が座らない長姉を胸にくくりつけて、姑の手を引いて逃げ惑ったといいます。焼けただれたおびただしい遺体を爆弾投下後の大きな穴に投げ入れ焼却した惨状を、のちに「広島の原爆と同じだ」と言っていました。

戦後は、戦傷した父の「恩給」では、四人の子を食べさせていくにはぎりぎりで、結婚の時もってきた着物や帯をお米に変えた「タケノコ生活」でした。

こうした戦中戦後の話を聞きながら育った私は、労働運動を経験するようになって、「どうして戦争反対と言わんかったんねえ」と母に聞いたことがあります。「あのころはそんなこと言えるもんじゃなかった」と返されましたが、先般戦争法が強行採決されたとき、こんどは私が未来世代にそう言わせてはならないと思いました。昭和初期、海岸線を走る列車に憲兵が乗っていて、窓外をみることが禁じられたと母から聞きましたが、後に大久野島の毒ガス製造を知って母の話とつながり、私は、「大久野島ガイド」をするようになりました。両親の体験が私のルーツであり反面教師でもあります。

広島に育った私は、原爆の怖さを知っています。広島の盲学校へ行っていた父が被爆する可能性もあったし、被爆二世や被爆二世と結婚した友人もたくさんいます。彼らは自身の健康不安に加え、三世四世の誕生では、「内臓の左右逆転による死産」「多指」「突然の高熱による知的障がい」「心臓疾患」などを経験、「被爆の影響」を思い、不安を抱えたまま生きています。核に対する憤りは心を突き刺します。

被爆五〇年の年、親族五人の五〇回忌を行いました。義父の兄は軍人で原爆投下一週間前広島へ転属、遺骨さえ見つからないまま消えてしまいました。義父は毎年八月六日早朝、広島へ向かい、あたかも巡礼をするように広島駅から徒歩で広島城へ、そして平和公園へ向かい追悼式に参列します。広島の地に生まれ育った私たちは「ヒロシマ」と切り離しては生きていけません。「こんな思いを誰にもさせたくない」、被爆者の人たちの思いを共有して生きています。

私は一九五二年、瀬戸内海沿いの小さな港町で生まれ、女は結婚し子どもが生まれたら仕事をやめ、夫と暮らすのがあたりまえという未来設計がインプットされていました。それでも、姉たちの結婚を見ながら、私は、自分で生きていこうという思いがあり、一九七一年から日本電信電話公社（現・NTT）で電話交換手として働きました。職場は、管理職の男性以外すべて女性、しかも大半が既婚でした。子どもを育て、中には老親の看護もしながら、「早出・夜勤・泊まり」勤務をこなしている姿をみて、「やめんでもええんじゃ」と思いました。高度経済成長期の繁忙の中、頸肩腕症候群に罹りましたが、休まず働き続けました。当時は、労働運動の高揚期でもあり、組合運動にかかわるようになり、『痛い』と言える職場にしよう」「職業病のない職場に変える」と職場の民主主義や労働者の安全のために「変えること」を学びました。そして同じ電話局で労働運動をしていた人と結婚、男子を産み「役目を果たした」と思ったことも事実です。

一九八一年に中曽根首相の改憲策動に対して各地で「憲法改悪阻止」のうねりが広がっていました。民営化後の職場は合理化・統廃合が進み、集約化に抗する運動を経て、私は市議会議員の選挙に出、一九九四年に竹原市議会初の女性議員になり、兼職議員として三期一二年務めました。幼い時から「女だから」であきらめてきたことがたくさんありました。社会人になってもあきらめることが多かったのですが、I女性会議の運動を知って「変えようと思ったら、変わる」と知りました。それからは、ひとりの人間として、周囲と意見を交換し、相談し合い、受け止めて前へ進むことができたと思っています。

このような私の日常は、安保法制の制定により大きく捻じ曲げられようとしています。

今も関わっている民主主義を基本としたまちづくりの活動や男女共同参画の推進などは平和でなければ続けることができません。平和を脅かす安保法制を廃止して欲しいと強く願っています。

第二章　軍隊による暴力

国会で議論をしたかった

池田恵理子

私は一九五〇年、大空襲で多数の犠牲者を出した東京・江東区に生まれ育ち、高校時代にはベトナム戦争での惨たらしい戦場報道に接して戦争は絶対嫌だと思ってきました。中国に出征した父に戦争体験を聞いても、住民虐殺や強かんには沈黙するだけだったので、「加害兵士の娘である私」を自覚するようにもなりました。一九七三年にNHKのディレクターになってからは、大空襲や原爆、中国残留孤児など、戦争体験を語り継ぐ番組を数多く作りました。「慰安婦」の番組も一九九一年から九六年までに八本は作りましたが、九七年以降は企画が全く通らなくなったため、一市民として「慰安婦」被害者や元兵士の証言を記録する活動を始めました。「慰安婦」制度を裁いた二〇〇〇年の女性国際戦犯法廷には主催団体の一員として取り組み、二〇一〇年にNHKを定年退職した後は、日本で唯一の「慰安婦」資料館、アクティブ・ミュージアム「女たちの戦争と平和資料館」（wam）の館長となって今に至っています。

こうした経験から、「憲法改正はライフワーク」と公言する安倍晋三首相が、日本を「普通に戦争ができる国」にしようと強行した安保法制の制定・施行を許すことができません。首相はこの二〇年余り、「慰安婦」の記録と記憶を抹殺しようと躍起になってきました。これは、戦争と性暴力をなくすために勇気をふるって凄惨な被害体験を語ってくれた女性たちを再び傷つけるものです。

日本軍は戦争中、アジア各地に慰安所を作りましたが、そのきっかけは南京大虐殺の時に頻発した日本兵の強かんを防止するためでした。慰安所は強かん防止と性病予防のため中国各地に設置され、戦域が東南アジアに広がると、現地女性を拉致・監禁・輪かんする「強かん所」も増え続けました。しかし厳しい報道規制によって慰安所の存在は国民には知らされず、敗戦直前には戦犯裁判を恐れた軍上層部が関連文書を焼却させました。

「慰安婦」制度が性奴隷制であり、女性への人権侵害で重大な戦争犯罪だと知られるようになったのは、一九九一年に韓国の金学順さんが名乗り出てからです。彼女は日本政府が「慰安婦は民間業者が連れ歩いた」と答弁したことに憤り、立ちあがりました。それを機に、韓国、フィリピン、中国、台湾、オランダなど各国の被害女性が名乗り出て、日本政府に謝罪と賠償を求める裁判を起こしました。これら一〇件の裁判は最高裁で原告敗訴となりましたが、八件の裁判では事実認定がされています。また審理過程で綿密な聞き取りや資料発掘が行われ、「慰安婦」制度の実態と全貌がわかってきました。

この事実は国際社会に大きな衝撃を与えます。一九九〇年代は旧ユーゴやルワンダでの集団強かんが問題となった時代でした。一九九三年の国連の世界人権会議は「女性に対する暴力は人権侵害」と決議し、国連総会では「女性への暴力撤廃宣言」を採択しました。

対応を迫られた日本政府は「慰安婦」調査を行い、九三年には河野官房長官が「慰安婦」の強制を認めてお詫びと反省を発表しました。しかし政府は「法的責任はない」として「賠償」は行わず、国民から募金を募って「女性のためのアジア平和国民基金」を推進したので、被害女性からは批判や受け取り拒否が起こりました。

こうした国内外の動きに危機感をつのらせたのが、歴史修正主義の政治家やメディアでした。彼らは「慰安婦」を〝戦場の売春婦〟として、九〇年代後半から激しいバッシングに乗り出します。一九九七年度版の中学歴史教科書の全てに「慰安婦」が記述されたために教科書会社への攻撃が始まり、やがて教科書から「慰安婦」は削除され、二〇一二年度版では遂にゼロになってしまいました。

報道現場でも、九〇年代後半から「慰安婦」報道を抑える動きが強まりました。「慰安婦」制度を裁いた「女性国際戦犯法廷」は右翼の猛攻撃を受けながら二〇〇〇年一二月に東京で開催されましたが、各国から被害女性六四人が参加、海外メディアは九五社、二〇〇名が取材に訪れて報道し、今では現代史に残る出来事となっています。ところが国内での報道は低調で、とりわけＮＨＫが放送した「女性法廷」の番組は異常でした。法廷の起訴状も判決も主催団体もカットされ、出演者のコメントは脈絡なく編集され、「女性法廷」を否定するトーンになっていたのです。あまりのことに主催団体はＮＨＫや制作会社を提訴したところ、その審理中にNHK職員の内部告発によって、安倍晋三官房副長官（当時）ら自民党の政治家たちの介入で、放送直前に番組が改竄されたことが明らかになりました。東京高裁では政治による番組改竄を認めて原告は勝訴、被告NHKらに二〇〇万円の賠償支払いを命じました。これは報道への政治介入が克明に暴かれた、放送史上稀にみる事件になりました。

ここまで徹底して「慰安婦」を抹殺しようとするのは何故か。安倍首相は一九九三年に国会議員になってから一貫して、あの戦争は「アジア解放の聖戦だ」と言っています。しかし女性たちを性奴隷にした「慰安婦」制度は明らかな戦争犯罪であり、「聖戦」とは相いれません。そこで「慰安婦」は民間業者が連れ歩いたもので、日本軍に責任はなかったことにしたい…つまり日本軍の戦争犯罪と日本の法的責任を認めたくないのです。

安倍首相は第一次安倍政権の時から「慰安婦の強制の証拠はない」と主張し続け、メディアは政権に同調して「慰安婦」を否定するか、報道を自粛してタブー扱いしてきました。二〇一五年一二月末に日韓両政府が「慰安婦」問題は「最終的・不可逆的解決」に達したとする日韓「合意」を発表し、日本のメディアの多くが「一件落着」と報じ、大方の世論もそう受け止めました。ところが、韓国の被害女性も世論も日本とは真逆で、日韓両政府への批判を強めており、この落差は大きくなるばかりです。このような日本国内の世論形成は、安倍首相たちが二〇年余りかけて「慰安婦」の報道と教育を管理・統制してきた結果だと言えましょう。

昨年五月末には日本を含むアジア八カ国の民間団体がユネスコの世界記憶遺産に「日本軍『慰安婦』の声」の登録を共同申請しました。右派のメディアや日本政府はこの登録を阻止しようと、官「民」一体で取り組んでいます。日本の登録団体の中心にいるwamへの攻撃は激化し、爆破予告の脅迫状まで送られてきました。こうした不穏な動きは、安保法制下での出来事です。「慰安婦」問題を訴える輩は〝敵〟として攻撃してもいいのだ…と思う者たちがうごめき出したのです。

安保法案をめぐる国会審議では、「慰安婦」制度に関する国連の勧告も、南スーダンやアフガニスタン、イラクなど紛争下での戦時性暴力についても、何ひとつ取り上げませんでした。私に参考人として意見を述べたり、公聴会で発言する機会を与えてほしかったと痛切に思います。国会審議で戦争遂行の装置だった「慰安婦」問題を議論できず、法案を廃案にできなかったことは、日本人としての戦後責任を果たせなかったという点で、慚愧の念に堪えません。「慰安婦」問題の真の解決を目指してきた被害女性や国内外の女たちの努力を無にすることだからです。

私はジャーナリストとしての仕事も、「慰安婦」支援や資料館の運営に取り組んできたこれまでの人生も全て否定されたような衝撃と苦痛に襲われています。安保法制は、加害国だった日本がやってはならないことなのです。戦争と性暴力のない世界を築くためにも、違憲である安保法制を何としても廃止しなければなりません。

「愛の母子像」をめぐる私の体験

伊藤充子

横浜の「港の見える丘公園」のふらんす丘という所に行った時、女の人が中央に座り、両脇から二人の幼児が膝にもたれている像がありました。幼児二人の頭には赤と緑のニット帽がかぶせてあり、像の前には「愛の母子像」という銘がありました。

こんなところになぜこんなものが？と思って碑銘を読んでびっくりしてしまいました。それは横浜市に米軍ジェット機が墜落した時の犠牲者の像だったのです。なぜびっくりしたかというと、私はこの事件をリアルに体験していたからです。

一九七七年九月二七日のこと。当時私は川崎市多摩区（現・麻生区）の団地に夫と長女・長男の四人で住んでいました。道路一つ挟んだ向こうは横浜市で、長女は横浜市の保育園にスクールバスで通っていました。団地から車で行けば一〇分くらいの場所でしたが、まだ今のように宅地開発はされておらず、畑や野原の広がるのんびりした場所に保育園は建っていました。

その日はいいお天気で、長女は元気に友だちと一緒に保育園に行き、私は朝からあれこれ家事をこなすという、いつものように平穏な日を過ごしていました。午後二時頃だったでしょうか、気持ちよく乾いた洗濯物を取り入れてベランダに面した部屋でたたんでいました。傍らには長男が昼寝をしていました。

突然、高いところから下に向かってすごいスピードで耳をつんざく轟音が落ちてきました。その間、多分三〇秒もなかったと思います。私はその時、瞬間的に「飛行機が墜落した！」と分かりました。思ったのではなくて「分かった」のです。飛行機の墜落なんて全く経験したことはないのに、それでも瞬間的に墜落だと分かりました。空から轟音が落ちてきたのですから。その時間に団地にいた誰もが、いえ、周辺地域の住民全員が同じことを思ったにちがいありません。しかも音が落ちていったのは長女の保育園のある方向でした。

私はすぐに長男を抱いて、団地内の同じ保育園に子どもを通わせている親たちと声をかけあい、タクシーに分乗して保育園へ向かいました。タクシーの中でみんなが「自分たちの子どもの保育園にジェット機が落ちた、保育園でなくても近くに落ちてあたりは火の海になっているだろう」と言葉には出さずに確信していました。みんな半泣き状態で、私も長男を抱きながら気が狂いそうになっていました。

けれど、幸いなことに保育園は何事もなく建っており、子どもたちも無事でした。それでも子どもたちはもちろん先生たちもあの轟音を聞いて、「何か起きた」と恐怖におののいていました。

我が子の無事にほっとしながら帰宅して、テレビをつけたら「米軍厚木基地のジェット機が横浜市の民家に墜落、民家に住む母親と二人の子どもが大やけどで病院に運ばれた」という速報が流れていました。その横浜市の民家がある場所は長女の保育園から三〇キロくらいのところでした。ジェット機で三〇キロなんてほんの数秒のことですから、保育園に墜落していてもおかしくはなく、大やけどを負って苦しんでいるのは我が娘や友だちだったかもしれませんでした。我が娘が怪我一つなかったことを何度も何度も喜びながら「もしかしたら」という思いで怖くてたまりませんでした。そして重体を伝えられている母子三人が助かりますようにと祈りました。

しかし、翌朝のニュースは子どもたち二人が息を引き取ったと伝えました。たった三歳と一歳の男の子たちは「ママ、ママ」と母親を求めながら亡くなったとのことで、私とほぼ同じ年齢の母親は子どもの死を知らず重体でベッドの上だとのことでした。

保育園のスクールバスに子どもを乗せて見送ってから、自分たちの子どもがすんでのことで助かったことや亡くなった二人の男の子のこと、重体の母親のことを話してお母さんたちと皆で泣きました。亡くなったのは私たちの子どもだったかもしれないし、重体で横たわっているのは私たちだったかもしれないと、皆がそのことを痛切に感じながら涙を流したのでした。

墜落事故以来、被害者への対応、病院との交渉、事務処理などは防衛庁（現・防衛省）の下部組織である横浜防衛施設局が一括して行っていました。子どもたちの死は夫の判断で母親には知らされませんでした。母親は「早く良くなって子どもたちに会いに行きたい」とただその思いだけで過酷な治療に耐えました。それは硝酸銀の全身浴でその度に悲鳴を上げるほどのつらい治療でした。けれど子どもたちの死をいつまでも隠し通すことはできず、事故から一年四カ月後に子どもたちの死が母親に知らされました。母親は一時は、きついリハビリができる程度に、また仮退院もできる程度に回復していましたが、それを知ったショックは大きく、子どもたちの死を隠していた夫とはついに離婚に至り、だんだん精神のバランスを崩していきました。母親は横浜防衛施設局に毎日何度も電話をかけるようになりました。米軍が事故の責任をとらず、横浜防衛施設局が母親への対応に当たることになっていたのですから、母親の行為は当然です。けれどもなぜか電話はつながらなくなってしまいました。

その上、今まで入院治療していた大学付属の総合病院から、精神科だけの単科病院の国立武蔵療養所（現・国立精神・神経センター武蔵病院）に転院させられました。そして事故から四年四カ月後に「心因性の呼吸不全」で亡くなったのです。

母親の願いはただ一つ、「もう一度子どもたちをこの腕に抱きたい」ということでした。それで遺族は、悲惨な事故を風化させないためにも母子像を「国の事故で命を奪われたのだから公の場所に」建てることを決意しました。

そして賠償交渉開始の席で「防衛庁の敷地」に建立することを提示しました。しかし、それは「防衛庁の敷地は、日本の防衛のために使うものだから」という理由で断られました。遺族にとっては賠償金よりも母子像の建立の方が大事なことでした。国有地であるというだけの理由で山奥の、こんなところに母子像を建てて何の意味があるかと思われるような土地を紹介されたり、一時は実家の庭に建立せざるを得ないかというところまで追い詰められました。

紆余曲折の末、最終的に決まったのが横浜市緑政局公園緑地部の管轄になる港の見える丘公園でした。

そして、その日、私はあの「愛の母子像」に巡り合ったわけです。

中国山西省の被害女性との出会いから

川見公子

私は「山西省における日本軍性暴力の実態を明らかにし、大娘（ダーニャン）たちと共に歩む会（略称：山西省・明らかにする会）」の事務局メンバーとして活動しています。

「山西省・明らかにする会」は、中国人女性として初めて名乗り出た万愛花さんの訴えを受けて、九六年秋から山西省現地での調査を開始しました。この時一人の被害女性が、挨拶に立った日本人男性弁護士の声を聞いて震えだし、「こんな話をしたら、また日本人にひどい目に遭わされるのではないか」と言ったそうです。彼女にとっては五五年ぶりに聞く日本人男性の怖い言葉だったのでしょう。以来、被害女性からの証言の聞き取りは女性メンバーが行っています。

二年後の九八年夏に私は初めて聞き取りに同席しました。Yさんは部屋に入ってくるなり「ここが痛い。塊がある」と右胸の下を押さえながら苦しそうに訴えます。翌日、急変して病院に直行しましたが、末期の肝臓癌でした。そんな状態で、しかも家族が「恥をさらしてほしくない」と反対する中、彼女は「今話さなかったら何もなかったことになる」と、聞き取りに応じたのでした。Yさんの実家は、日本軍が拠点を築いた小高い山のふもとの村にありました。出産後に実家に帰っていた時期に悲劇がおこります。村を支配していた日本軍兵士は村内を荒らし、強かんを繰り返しました。Yさんは最初、被害は一度だけと証言しました。しかし話を聞くたびに「二～三度」、「十数度…」と変わるのです。両親や弟たちの命を守るために、日本兵の暴力から家族を守るために、彼女は「数はよく分からない」ほど蹂躙され犠牲になったことがわかりました。

Yさんの証言は、死を意識した彼女の「このままでは死んでも死にきれない」「裁判で事実を認めてほしい。日本政府に謝ってほしい」との遺言だったのです。

この時来られた被害女性は六人ですが、それぞれに皆被害の在り様が違いました。性暴力が常態化した村の住民だった故に自宅や日本軍拠点で強かんされた人、日本軍の掃討作戦で「戦利品」として連行され被害に遭った人、抗日軍の協力者と目を付けられて捕まり拷問と性暴力を受けた人、人身御供として提供され下士官の専用とされた人など……。しかし、彼女たちに共通することは、自分の身に起きたことしか語らない、語れないということでした。彼女たちが暮らす地域は、広い中国の中でも纏足の習慣が最後まで残っていた地域です。纏足を施されているために逃げられず日本軍に捕まった人もいます。纏足は、女性を家の中に閉じ込め、行動範囲を制限します。彼女たちは読み書きできないし、村人から知識や情報を得るということもありません。客観的な事実、例えば西暦での生年月日、被害の年月日や場所、何日間監禁されたかなどの事柄を聞いても答えられないのです。生年は干支を聞き、被害の季節は着ていた服を聞き、場所は閉じ込められた所の状態を聞くなどしました。一方で被害の村で出会った同年代の男性の証言は、自分の体験だけでなく当時の村の被害全体を整理して語ってくれるのでした。男性と女性の目線の違い、情報量と知識の差は歴然でした。

女性の貞操を強いる地域で、被害後も蔑みや差別を受けながら同じ村で暮らすしか選択肢がなかった被害女性たち。産む機能を失い離縁を強いられた大娘、後遺症に苦しみ自殺した女性、神経を病んだ大娘、物乞いや裁縫で何とか生き延びた大娘。日本軍性暴力は被害女性の尊厳を踏みにじっただけでなく人生そのものを破壊しました。そんな苦しみの中から立ち上がった被害女性の勇気を支え共に歩みたいと、私は心の底から思ったのです。

彼女たちは裁判を闘う中で互いに交流し、前向きになり笑顔を取り戻していきました。どの被害者も同じ願いを語ります。「二度と自分と同じ被害が起きないように、戦争のない平和な時代が続いてほしい」と。

私が寄り添い支えてきた被害女性の願いは私の願いでもあります。日本政府の謝罪を得ることなく無念のうちに亡くなった大娘たちの声が私の背を押します。戦争が起きれば、必ず性暴力犯罪が起こされる、戦争はダメだと。

安保法制は日本が再び戦争に向かう戦力をつけるための法律と、中国でも受け止められており、私たちの中国での調査活動の大きな弊害になっています。

また、私たちは加害の側に立った日本軍兵士からの話を聞きたいと考えていました。そんな頃、ある冊子に文章を寄せた元日本軍兵士Kさんにめぐり合いました。Kさんは一九四一年~四四年夏まで中国戦線に派兵され、その後沖縄に転戦、最後は米軍の捕虜となり四六年に帰還しました。「山西省・明らかにする会」のメンバーと共に一〇回近く山西省の現地訪問に同行されました。彼の証言もまた、私の心を揺さぶりました。

中国戦線で行った残虐行為について「百年謝っても謝りきれないことを私たちは犯したのです」と苦しそうに語ります。討伐作戦で捕らえた女性を部隊が輪かんした事、別の中隊が若い母親と赤子を捕まえて裸体のまま共に行軍させ、休憩中に兵士が母親から赤子を奪い谷底に投げた、それを見た母親があとを追って身を投げるという目の前で起きた光景。初年兵での刺突訓練や教官による中国人の首切り実演、三八式歩兵銃が何人を貫通するかという試し撃ちで、捕まえた中国人一〇名を重ね並べて殺すなど、自分の体験した「戦争」にこだわり、誠実に向き合おうとするKさんの苦悩に接する時、「戦争」がもたらした残忍さに胸をかきむしられる思いでした。

戦争がもたらす悲劇は加害者と被害者の精神や人生を破壊するだけにとどまりません。子の代、孫の代まで影響を及ぼしていることを被害女性の子の世代と交流するなかで知りました。被害女性や元日本兵と出会い、証言を聞き共に歩む活動から、私も「戦争に繋がるすべてのことに反対する」生き方を貫こうと思いました。安保法制違憲訴訟の原告になったのも、戦争に繋がる全てのことに反対し平和を願う為です。

注：大娘（ダーニャン）とは高齢の女性を親しみをこめて呼ぶ「おばあちゃん」の意。

沖縄への旅で

近藤美恵子

私は一九四六年この世に生を受けました。四〇歳までが兵役義務で、三四歳の父にきた赤紙の召集日は、敗戦日だったそうです。国は多大な被害が出ていた一九四五年八月になっても、召集令状を出し続けていたのです。敗戦になり「戦場には行かずに済んだ」と、父は国に対して勝利者のごとく誇らしげに話していたのを鮮明に覚えています。私が聞いた父の言葉は、お上は信用してはならぬ。実に紙一重で助かった命で、戦争はいかに生活を破壊するものであるかという事などです。両親たちが戦争を嫌悪していることが、私にも薄々伝わっていました。

非軍事化された戦後の日本で育った私が、徴兵制などありえないと思ってきたのは、戦後憲法の平和主義の理念によるものです。

明治憲法は国民皆兵で兵役の義務を国民に課し、成人男子は兵役を拒否できませんでした。兵役は一九四三年までは二〇歳からであったものが、法改定で一九四三年に一九歳へ、一九四四年改正で一七歳へと切り下げたのです。時の政府により、意のままに変えていった徴兵制度。今回の安保関連法の強行採決をみて、いつ徴兵されるかわからないと、子どもたちの将来、この国の将来に不安を覚えます。

実際に七三年前の沖縄戦では、その兵力として住民を根こそぎ動員したのです。一九四五年二月国土防衛義勇隊が編成され、男性は一七歳から四〇歳が現地召集の対象とされ、実際には一五歳以下の子どもや六〇歳以上の老人もふくまれ、男子学生は「鉄血勤皇隊」や「通信隊」などに、女子学生は「従軍看護隊」として学徒隊に編成されました。わずかな訓練を受けただけで、アメリカ軍上陸直前の三月下旬に沖縄守備軍に配属され、一九四五年四月一日沖縄本島に上陸した米軍との闘いで、沖縄の学徒動員は半数以上が犠牲になりました。

「国民義勇兵役法」は男子一五歳から六〇歳まで、女子一七歳から四〇歳まで徴兵できる法律で一九四五年沖縄戦の終盤に制定され、一五歳以上の男子と女子青年を中心に義勇隊が組織され戦場に動員されました。志願が建前でしたが、軍と県の取り決めで有無を言わせない体制でした。本土決戦を一日でも遅らせるための持久作戦で、沖縄の住民たちは絶望と恐怖の戦場を逃げまどい、日本兵を上回る死者を出していったのです。

沖縄の嘉手納基地は一九四四年日本陸軍航空本部中飛行場として開設したものですが、一九四五年四月、沖縄に上陸した米軍は直ちにその飛行場を占領し、住民を強制収容所に送り、広大な土地を軍用地として接収しました。

一九六五年にベトナム戦争でアメリカの空爆が開始されると、嘉手納基地が「出撃基地」となったのです。

私は沖縄返還後に沖縄に行った時、案内してくれた平和バスガイドの先駆けで現参議院議員の糸数慶子さんから話を聞きました。糸数さんは「ここから飛び立った米軍の飛行機がベトナムの子どもたちを殺しているんだ」と「ベトナムの人は沖縄を『悪魔の島』と呼んだ」と話され、胸が締め付けられる思いで聞きました。沖縄戦・米軍の施政権下における沖縄の人々への人権無視の数々。徐々に平和な道へと進んでいく日本本土を尻目に沖縄では連日、爆撃のために飛び立っていく戦闘機。住民の怒りが徐々に増していくのは当然です。

現在、政府が強行している辺野古の基地建設は新たな基地建設で、長年にわたって強いてきた沖縄への加重な基地負担の軽減策では決してありません。またもや、沖縄の人々の民意を踏みにじっています。日本政府は辺野古基地建設の工事はすぐ止めてください。

私は出産後再就職し一九七四年に認可保育園で保母（保育士）として働き始めていました。ベトナム戦争が一九七五年サイゴン陥落で終結し、暫くたってからの事です。保育士としての仕事は、子どもたちの未来の基礎を培うもので魅力的な仕事です。そんな仕事の中で、園長から「子どもがお父さんに殴られる」と在日の母親から相談があったと聞きました。「子どもの父（保育園児の保護者）は一九歳の時、韓国兵としてベトナム戦争に行き凄惨な体験をし、その時受けた心身の傷が影響し、自分の子どもに暴力を振るっている」というものでした。親が子どもに暴力を振るう事があってはならないと衝撃をうけました。戦争は戦場だけでなく、戦争終了後も、自分の子どもさえ、悲惨な状態にさせるのです。子ども自身は避けることもできない状況で、戦争下でもないのにその子にとっては戦争状態なのです。親が国から人を殺すことを強制させられた結果、守ってもらえるはずの親から暴力をふるわれるという、あってはならないことが起きるのです。

二〇一六年街頭で安保関連法反対の署名活動を見かけた時、小学四年の男の孫が「何だろう？」と興味を示すと、中学二年生の姉が「君が兵隊に行かされることになるかも」と署名活動の内容を伝えると、即刻「俺は行かねーよ」ときっぱりと意思表示しました。子どもたちの将来を守り、夢と希望が打ち砕かれないようにしなくてはと、心に刻み込みました。

今回の安全保障関連法は安倍政権がごり押ししました。戦争の放棄、戦力の不保持を謳った憲法九条が危うくなってきています。国の基本にも関わることを、充分な論議もなく、最終的にはその時の国会の議員数で決めてしまおうという、この様なやり方は戦時体制下の「時の政府が出来ると言ったら、なんでも武力行使ができる」状態を彷彿とさせます。民主主義を尊重している私にとってとても許し難く、耐えがたいことです。

基地・軍隊を許さない―沖縄から

高里鈴代

私は、一九四〇年に台湾で生まれました。父は東京農大卒業と同時に、台湾総督府農林省に勤務しました。私の家族は、米軍の爆撃を避けて防空壕で終戦を迎え、終戦の混乱の中をかいくぐって郷里の沖縄・宮古島に引き揚げてきました。そのとき私は五歳でした。

私が小学校四年生の二学期に父の転職で那覇市に移りました。家庭の経済は、宮古島でそうであったように、那覇でも厳しく、母親の着物は下駄の鼻緒となって売られました。

私は沖縄の短大卒業後、フィリピン・マニラにあるハリス・メモリアル・大学へ留学しました。そこでの二年間が私の生き方を方向づけました。

第一は、アジア・太平洋戦争で日本軍がフィリピンの人々への残忍な戦争行為をした事実とそれが犠牲者に深い痛みをもたらしていたことを、現地の人々の口から繰り返し聞いて知ったことでした。

もう一つは、クリスマス休暇で訪ねた友人の住んでいる町が、実は米軍基地の町であったことの衝撃でした。友人の街は、沖縄のコザに来ているのかと錯覚するほど、沖縄の基地の街そのものの姿でした。その街は、アジア最大の米海軍スービック基地のオロンガポ市でした。沖縄に基地があるのではなく、基地の一部に沖縄があると強く実感しました。

本土では、一九五六年に売春防止法が制定されていたのですが、沖縄にはありませんでした。一九六七年に、本土で売防法制定のために奔走していた矯風会の高橋喜久江さんが、沖縄での売防法成立の遅れを調査するために、来沖されました。私は高橋さんに同行し、沖縄の現状を学びました。立法院議会へ再三の立法要請がなされても、法律が成立しなかったのには二つ理由がありました。

第一は、もし、売防法が成立したら、米軍兵士たちの暴力のはけ口は、かつてのようにまた地域社会に戻って来るのではないかという恐れが、議員たち及び地域社会の中に強くあったということでした。軍事支配を背景に、そこでは圧倒的なむき出しの暴力が日常的に存在していたのです。日本の敗戦により、沖縄の女性の身体は米軍兵士たちに文字通り踏み荒らされ続けてきたのです。米兵の容赦ない暴力から一般の人が逃れるために、沖縄に集娼地区が作られたのです。これが廃止されると、それ以前のように米兵が民家に踏み込んだり、歩いている女性を摑まえたりして手当たり次第に強姦をするようになるという心配でした。

もう一つは、売防法が成立すると、女性たちが米兵から日々稼ぐドルはどこへ行ってしまうのかという心配でした。当時の沖縄の女性たちは、厳しい強制管理売春の中で生きて、沖縄経済を支えるドルをかせいでいたのです。私は、この女性の状況と彼女たちの心身をむさぼりつくすとでもいうしかない売買春の実態に触れて、女性の人権侵害であると強く思いました。

そのような状況の中で、施行は二年後の復帰時として、一九七〇年には売防法が成立しましたが、その同じ日にもうひとつの決議があります。それは当時前原高校三年の女子生徒がレイプの被害から逃れるために抵抗し体中をナイフで切られ重傷を負う事件を受けてのものです。沖縄は米兵からの暴力を防ぐための集娼地帯のはずだったのですが、実際はそういうものを越えて暴力が起こり続けていたわけです。七〇年の売防法制定日には、この女子高校生の被害に対する抗議声明が出されたのです。

ベトナム戦争中、米兵は沖縄から出撃し、休暇になれば沖縄に戻ってきました。ベトナムに送られれば命の保障はないことを米兵たちは知っていましたし、殺戮の現場から戻ってきた兵隊は荒れており、売春女性たちが彼らの不安や怒りなどの受け皿とされていました。

私は高橋さんに同行しての見聞で、沖縄の女性の問題に深く関わりたいと考え、その後は、まず、売春に関する新聞資料の収集を始め、売防法の問題に関心を持つようになっていきました。

私は、婦人相談員の仕事を知って勉強をし直して、一九七七年四月、東京都婦人相談センターの電話相談員第一号に採用され、女性が女性であるが故に受ける暴力、理不尽な差別扱いなどの相談に携わるようになりました。一九八一年四月に沖縄へ帰り、一年間うるま婦人寮（婦人保護施設）でボランティアの後、那覇市の婦人相談員として一九八二年から七年間働きました。

私は、一九八九年、那覇市議会議員へ立候補し当選しました。以後、市議会議員を四期務めました。婦人相談員としての仕事は、女性の人権回復を支援する意義ある仕事だと思っていましたが、婦人相談員の仕事と司法の限界を思い知らされ、社会の性差別意識を変えたいという思いから選挙に出ることを決意し、女性たちと共に当選を勝ち取ったのです。

日本への復帰後も米軍の削減はなく、米軍の演習による事故・事件は続き、女性に対する暴力も後を絶ちませんでした。一九九五年、国連の世界女性会議（北京会議）への参加準備の中で、沖縄は直接の紛争状態の中にあるのではないけれども、戦後から五〇年にわたり、大規模の米軍が駐留し、人権侵害、生命の危機、暴力が起こり続けており、「長期軍隊駐留下における性暴力」を戦争犯罪として捉えるべきではないかと考え、「軍隊・その構造的暴力と女性」のワークショップを北京会議の一角で開きました。

北京会議のさなか、一九九五年九月に起こった三米兵による少女強姦事件は、復帰後の米軍人の特徴を現した事件です。事件に抗議する県民大会には、沖縄の人々の積年の怒り、痛み、そしてこれ以上の人権侵害を許さないと八万五〇〇〇人の県民が結集しました。

この県民大会の会場で、私は、女性たちと一緒に立ち上げた「強姦救援センター・沖縄、ＲＥＩＣＯ」を一〇月二五日に開設するとのチラシを配り続けていました。性暴力相談活動は、今も継続しています。

同時にその県民大会直後に結成されたのが、女性たちによる「基地・軍隊を許さない行動する女たちの会」です。早速に政府に対して、日米地位協定を北京行動綱領（日本政府は署名しています）の精神に則して改正することを求めました。

私は、沖縄で米兵による女性の人権侵害をつぶさに近距離でみてきました。沖縄は七一年間軍隊の支配下にあります。

婦人相談員として、あるいは那覇市の市議会議員として、常に女性たちの苦しい現実に寄り添い、解決に力を尽くしてきました。沖縄ではいまも毎日軍隊との共存を強いられているのです。軍隊が女性にとってどのようなものであるかを身に沁みて知りました。

軍隊の本質は、家父長制に基づく力による支配を強行する組織です。沖縄では特に、米軍人の女性に対するレイプ、絞殺事件は、九カ月の乳児から五歳の幼児を含めあらゆる年齢に及んでおり、ベトナム戦当時には、年間二〜四人の女性が絞殺されました。

沖縄の戦後七一年を軍隊の女性への性暴力、殺害などを通して振り返る中で、その人権侵害性を声を大にして訴えます。軍隊の駐留によってもたらされる暴力、それによって傷つき、苦しむ女性たちの存在、その回復支援に取り組んできた者として、訴えます。

私は、少しでも性差別のない、暴力のない社会を作ろうと働いてきました。沈黙を強いられている女性たちと共に、暴力の元凶である米軍の撤退、削減を求め、声を上げてきました。しかし、安保法制法は、その全く真逆なところにあり、私の、私たちの声を完全にかき消すものです。戦後七一年経って、再び振り出しに押し戻されたような屈辱感と怒りを強く感じます。私は、安保法制法の撤回を求めます。

＊安保法制違憲訴訟の会編『私たちは戦争を許さない―安保法制の憲法違反を訴える』岩波書店、二〇一七年、一四三～一四七頁より転載。転載にあたり、改題・若干の修正をほどこした。

女性自衛官に人権の保障はないの？

七尾寿子

私は、一九五三年に北海道江別市に生まれ、両親とも樺太出身です。父は敗戦時捕虜になり中国からシベリヤに抑留され、六年後に帰国して母と結婚しました。私は一九七五年から二〇〇四年まで札幌市の小学校教員となり、日教組女性部や女子教育問題委員会（現・両性の平等教育問題委員会）の活動に従事、その間、さっぽろ自由学校「遊」の活動に携わるようになり、共同代表として団体の運営にもかかわりました。

北海道は、自衛隊員とその家族が住民に占める割合が多く、私の知り合いにもいて、自衛隊関係者であろうとなかろうと、この世界に生まれてきた大切な人間であることを教育実践のなかで実感しながら、「ほっかいどうピースネット」の活動にもかかわるようになりました。男女平等は平和なくしては実現できないと同時に、平和の礎です。女性に対する暴力をなくす取り組みは、平和をつくる礎になると理解しています。イラクで人質として日本人が拘束されたときには、高遠菜穂子さんが北海道出身だということもあって、支援活動にかかわり、イラクの子どもたちや難民女性の医療支援活動を続けています。

そして、自衛隊イラク派遣差し止め北海道訴訟の原告となり、女性自衛官に対する自衛隊内部での虐め・セクシュアルハラスメントと闘う女性自衛官と知り合いました。私は、この国の歴史をふりかえったとき、自衛官に人権を保障することは、この国の平和と民主主義にとって不可欠の課題であると考え、女性自衛官の支援に力を注ぎました。この問題は戦時性暴力に対する責任と被害者救済にも通底することですが、「日本軍『慰安婦』問題の解決をめざす北海道の会」や「植村裁判を支える市民の会」の事務局長も務めました。私は、これらの活動は、平和を構築することに向けて、どれも不可分で一貫した課題を追及するものであると認識しています。とくに、日本軍が犯した間違いが歴史的に明らかになっている事実さえ歪曲されています。歴史に背を向けて日本軍を免責し、美化するために多くの犠牲を「利用する」歴史修正主義の動きが強まるなかで、私は、自分自身の責任として、戦争責任の何であるかを行動するなかでつかみ、社会に明らかにしてこれを教訓とすることが、日本国憲法を活かすこと、平和を構築することだと考えて活動してきました。

日本軍が行った教育は、武器弾薬などの軍事力では著しく劣勢にあるなかで人間である兵士を武器弾薬と同じ道具にすることを徹底するものでした。そして、日本軍上層部が犯した戦争の記録を抹殺し、自分本位の出世や汚い責任の擦り付け合いを繰り返すなかで、末端の兵士に精神主義を強要して道具として死ぬことを強要することになったこの体質は、一貫して男性中心の集団主義や立身出世主義として、その後の経済社会にも定着させられ、根強い女性差別と暴力の土壌になり、警察予備隊・自衛隊にもひきつがれました。

日本の自衛隊が、そうした教訓に立って、自衛官を人間として大事にする教育を行ってきたかというとそれは違います。防衛大学校のなかでは、戦慄すべき虐め・嫌がらせの実態があることが報告されていますが、そのなかで育って卒業までこぎつけた幹部が、部下の隊員を訓練し、自衛隊の体質ができあがっていきます。私が支援した被害者の隊員はそうした組織の理不尽さを一身に受けていました。そして私は、その現実のなかで傷ついてきた個人と体験を共有し、ともに泣き苦しんできました。それは戦争の体験と同じでした。

司法に訴えた具体例を挙げます。

・二〇〇八年、日本で初めて現職女性自衛官が、セクシュアルハラスメント、パワーハラスメントを訴えた。北海道内の基地で二〇〇人中五人の女性自衛官が起居を共にする中で上官から性暴力を受けたが、医療を受けさせない、警務隊通報をさせない、外出を禁じるなどの挙句、退職を強要した。彼女の浴びた暴言は、差別の二重性を表している。原告は、生活自立と通信大学卒業をめざして自衛官を辞めなかったのだが、防衛省は裁判途中で任用打ち切りという手段に訴えた。卑劣だ。しかし、札幌地裁の判決は、原告の主張をほぼ全面的に認める画期的なものだった。

・命の雫裁判は、二〇〇六年、基地内での徒手格闘訓練中に沖縄出身の一等陸士島袋英吉さんが、死亡した事件である。二〇一三年の地裁判決は、立ち合い上官と指導上官の過失を認めて遺族に六五〇〇万円の支払いを命じ、上告無しで確定した。

・真駒内基地の女性自衛官人権裁判
陸上自衛隊真駒内基地でパワーハラスメントの退職強要を訴えた裁判。これは、原告が敗訴、上告せずに確定。先輩自衛官の事件に不利な証言を口裏合わせするように上官から言われ、応じなかったために周囲から無視、排斥されて休職、その後退職を強要されたもの。本人と訴訟を支えた母親が体調を崩したために上告しなかった。

平時においてすら自衛隊の中で女性自衛官や、若い自衛官が憲法で謳われた生命尊重と、個人の自立が守られない時、憲法と齟齬をきたしている自衛隊を基盤とする国家安全とは何なのでしょうか。さらに、軍事力を強化し、私たちの日常の暮らしをおびやかしてテロの不安をあおって戦争化している安保法制は、明らかに憲法違反です。

アメリカで体験した「戦場」

渡邉文恵

私は一九五二年に山口県で生まれました。伯父二人が戦死しているとはいえ、戦争下の生活や敗戦直後の食糧難を実感することはなく、貧しくとも空腹感を味わうことなく育ちました。

侵略戦争の反省から平和を求める国へと再出発し、社会は民主的な良いものになっていくという希望を持ちましたが、憲法や民法は変わっても、社会や人々の意識の中の家制度は強く残りました。男尊女卑思想の強い山口県の農村出の家族の中で育った私は、男女の性別分業を当然と考える家族や地域社会の中で、女として差別されることに怒りをもち、自由と平等な社会を強く望みながら成長しました。

大学入学以後は現代日本の社会問題について様々な情報を得て学び、問題を抱えていても、国の基本的な体制は民主的な国家であり、そのルールに基づき良くしていける近代国家であることへの信頼が私にはありました。

三〇歳頃に渡米し、アジアからの移民として働きつつ、子育てをして一四年近く暮らしました。職場の上司と部下の関係は、対等に話しあうことに驚きました。大人と子どもの関係もしかりです。八〇年代に入ったアメリカでは、女性が尊重され評価される社会で、それでも差別がありガラスの天井があると言われていましたが、女性差別は許されない、克服されるべきだという社会の認識があり、日本との違いに驚きました。

アメリカは、進んだ人権意識がありながら、一面ではとても暴力的な社会でした。先住民を追い払い虐殺し土地を奪っていった植民時代から今まで、常に戦争をしてきました。世界の警察を自負し、世界中に基地を持ち兵士を派遣し、社会主義国や共産主義国と対峙してきました。資本主義経済の利益を追い求め、企業利益・国家利益を守るためです。

そのため、常に海外に駐在か出撃していく軍人が多数存在してきたのです。殺し殺される戦場にいることは兵士に大きな負担であり心も体も病む可能性が大ですが、ベトナム戦争のように、正義の戦争だと思えない戦場に行く兵士の精神的ダメージは酷いものでした。イラク戦争でも、大量破壊兵器は発見されませんでした。そういう戦場から帰ってきた退役軍人は、全員とはいいませんが、心に傷を抱え、また暴力的な対処方法を社会に持ち込む可能性があります。戦場の経験で精神的に傷ついた退役軍人には家族と平和的で愛情深い関係が持てなくなる人もでてきます。アメリカには知的で良心的な平和主義の人々も、もちろん多くいますが、社会の中の暴力的な要素が上昇してしまいます。日米安保条約が新たな段階に入り、こういう影響が日本にも起こることが予想されます。

二〇〇六年女性自衛官への強かん致傷という性暴力事件で、被害者は裁判に訴え勝訴するまでに三年以上大変な苦痛と日々の職場での闘いを経験しました。性被害を訴えると被害者が攻撃され支援を受けることが困難な日本社会の現状です。性被害を受けたと実名で社会に訴えた伊藤詩織さんが、日本に住めずにヨーロッパに活動拠点を移す程、非難・攻撃された例からもわかります。自衛隊では、一般社会よりも個人の権利よりも全体の利益や規律を優先する傾向があり、それが今後更に強化されることも危惧します。

アメリカでBlack Lives Matterという運動があります。「アフリカ系アメリカ人（黒人）の命を大切に」という運動です。警察に殺されるアフリカ系アメリカ人が増えています。交通規制で、免許証をポケットから出そうとした瞬間や、職務質問されスマホに触ろうと手を動かした瞬間に撃ち殺されたケースが続きます。警官の過剰警備で武器を持たない容疑者が何発も打たれ死亡するなどです。白人がアフリカ系アメリカ人を差別し、怖れるゆえに起こることではないのです。撃った警官も半分以上がアフリカ系です。人を殺す訓練を受け戦場で先に撃たなければ殺されるというような経験を積んできた兵士が退役し警備兵や警官として働いているとき、緊張した場面で戦場の反応が出るのだと聞きました。それは、白人でもアフリカ系アメリカ人の警官でも同じことなのです。

日本の若者が他国の戦争のために人を殺したり、殺されたり、負傷したり、ＰＴＳＤを抱えることも大きな問題ですが、戦場から帰国した元自衛隊員が、日本社会の暴力的な傾向を強くする影響も考えられます。また、日本国内が標的になり戦場になる可能性も考えられます。自衛隊がアメリカ軍に指揮される有色人種の部隊として機能する事態も来ないとは言えません。アメリカの公民権運動の指導者ジェシー・ジャクソン氏の八〇年代のスピーチの中で、アメリカが核兵器実験をしたがった第二次世界大戦の末期にドイツでもなくイタリアでもなく日本を選んだのは、日本が有色人種の国だからだという発言を聞きました。

また原子力発電所は攻撃されたら莫大な被害をもたらす使用済み燃料を抱えています。日本が米軍の戦争に参戦する可能性があり、日本への報復攻撃がどんな形でもたらされるか、今でも地震や津波などの天災の心配を抱えながら生活していますが、それだけでなく、今後の生活が平和なものではなくなる不安も感じます。

二〇一五年九月一九日に安保関連法案が参議院本会議で強行採決されました。議会で十分議論をつくさず、憲法学者や弁護士らの法案を違憲とする意見に耳を傾けることなく、国民の反対意見は無視し強行採決する様子は、日本の民主主義が侮辱される現場であり、私は衝撃を持ってそれを目撃しました。

安保法制はその決め方が民主的でないだけでなく、暴力による解決を良とし、戦争に出かけ勝つことや、武器を売ることや武器のための技術開発を良とする価値観を肯定するものです。社会が暴力的になり、一人暮らしの女性が安心して暮らせる環境が損なわれ、人権が守られる平和な社会から遠ざかる不安を感じます。もはや自衛隊は災害時に助けてくれる頼もしい救助部隊ではなく、戦場で人を殺す軍隊に変貌するのです。軍隊に税金を多く使う社会になれば、ますます福祉に予算を回さないようになることも、高齢化していく私の将来の生活がどうなるかに不安を感じます。

海外に闘いに行っても、国内が攻撃を受けても、憲法二五条で保証された私の生存権が脅かされる可能性が増え、安心して暮らすことができなくなりました。外交により平和を追求して国民の生存権を守るよう政府と国会に求めてきた私たちに、司法の力を発揮して公平な判決をお願い致します。

安保法制は「敵」を作り暴力を増長させる

渡辺美奈

私は、日本軍性奴隷制を中心に戦時性暴力の被害と加害を伝える資料館、アクティブ・ミュージアム「女たちの戦争と平和資料館」（ｗａｍ）を運営して、今年で一三年目になります。新安保法制の成立によって、女性の人権をまもりアジアの人々との信頼を築きたいと活動する私たちへの脅威が増していることを陳述します。

私が女性の人権に焦点を当てて活動するようになったのは、一九九〇年代半ばからでした。一九九四年に開かれた「第一回東アジア女性フォーラム」の準備に関わったことをきっかけに、私は元朝日新聞記者の松井やよりさんのもとで働き始めました。翌一九九五年は、敗戦から五〇年の節目で、国連世界女性会議がアジアで初めて開かれ、沖縄で少女が三人の米兵から性暴力を受けた年でした。女性の権利について学び始めた二〇代の私は、日本軍の「慰安婦」にされた女性たちや沖縄での性暴力被害を聞き、日本の女性の重たい責任に気づかされました。

一九九〇年代はまた、世界中で女性に対する暴力根絶にむけた大きなうねりがおこったときでした。冷戦後の紛争でも強かんが戦争の手段として使われましたが、それは戦時の強かんを裁いてこなかった不処罰の歴史が原因であるとの認識から、一九九八年に合意された国際刑事裁判所のローマ規定には、強かんや性奴隷が戦争犯罪・人道に対する犯罪として定められました。このプロセスで、「慰安婦」にされた女性たちの証言は大きな貢献をしたといいますが、日本軍性奴隷制の加害者は裁かれないままでした。

松井やよりさんは、グローバル市民社会による民衆法廷を提案し、二〇〇〇年に東京で「日本軍性奴隷制を裁く女性国際戦犯法廷」が開かれました。「法は市民社会の道具である」と位置づけたこの法廷は、戦後の東京裁判で裁かれなかった日本軍性奴隷制に関して、証拠を調べ、認定された事実に当時の国際法の原則を適用しました。私はこのとき、インドネシア検事団のための調査支援を担いました。二〇〇一年一二月にハーグでくだされた最終判決では、天皇裕仁を含む一〇人の軍高官が日本軍性奴隷制の設置に責任があるとして有罪を認定されました。女性国際戦犯法廷のジェンダー正義の思想を引き継ぎ、次世代への教育と活動の拠点として二〇〇五年に設立したのがｗａｍでした。

「現代の紛争では兵士であるよりも女性であるほうが危険である」と言われるように、紛争下の女性に対する暴力は、国際安全保障の問題であるとの認識はさらに高まっています。国連安全保障理事会は二〇〇〇年に「女性・平和・安全保障」に関する一三二五決議を採択しましたが、この決議を実施するための「国別行動計画」策定に日本政府がようやく着手したのは二〇一三年でした。私は、この策定に市民社会側から参加するチャンスを得て「東アジア・序文」と名付けられた小グループ長を担い、二〇一三年から二〇一五年にかけて一二回あった会議のほとんどに出席しました。会議で私は、日本政府がこの行動計画に取り組む、その背景と意志を示す序文で、日本軍性奴隷制という重大な人権侵害をおかした過去を位置づけることを求め続けました。最後に議論した際の文言は、「戦争を含む過去の歴史の中で、女性の名誉と尊厳が深く傷付けられ、多くの女性に対する暴力が引き起こされた。日本は、これを真摯に受け止め、その反省に立って……」というものでした。一見、「慰安婦」という言葉も入らず、女性を傷つけた主語もありませんが、「日本は、これを真摯に受け止め、その反省に立って」と外務省が残したのはギリギリの努力だと思いました。しかし、約八カ月後の二〇一五年九月二九日に安倍首相が国連で発表した行動計画からは、上記の文言はすべて消えていました。「二一世紀こそ、女性の人権が蹂躙されない時代に」との安倍首相の演説は空虚に響き、日本軍性奴隷制の被害者も、沖縄の女性も、日本政府にとって安全保障の対象ではないことを明確にしました。それは奇しくも二〇一五年九月一九日に新安保法制を強行採決したわずか一〇日後のことでした。

二〇〇五年にオープンしたwamには、攻撃的なメールや電話は日常的にあり、「放火すればすぐ燃える」とネット上の掲示板に書かれたり、「在日特権を許さない市民の会」等を名乗る者、二十数名がwamに押しかけてきて、妨害行為をしたこともありました。しかし新安保法制が強行採決された二〇一五年九月一九日以降、攻撃はより犯罪性が高いものになっています。

二〇一六年一〇月五日、「朝日赤報隊」を名乗る者から、「爆破する　戦争展示物を撤去せよ」と書かれたはがきが届きました。wamでは戸塚警察署に被害届を出し、「言論を暴力に結びつけない社会を」と題した呼びかけ文を新聞・通信各社に送付しました。この事件の二日前に産経新聞に掲載された櫻井よしこ氏の「日本の敵は日本人なのか」と題した記事のなかで、wamと私の名前が明記され、文脈上、私は「日本の敵」と名指しされていたからです。

翌二〇一七年の五月三日、ちょうど朝日新聞記者に対する赤報隊テロ事件から三〇年目の日に、またもや同様の爆破予告の書簡が届き、今度は封筒に黒い粉が入っていました。戸塚警察署に被害届を出し、この黒い粉を鑑定してほしいと伝えましたが、警察署はゴールデンウィーク中だから鑑定できないと言いました。再三の確認にも返答はなく、この黒い粉が火薬であることを知らされたのは一〇月のことでした。

二〇一八年二月二三日、朝鮮総連本部に砲弾が撃ち込まれた事件がありましたが、その容疑者の一人である桂田智司氏は、二〇一七年四月一日にwamが主催した「第一回日本軍『慰安婦』博物館会議」の際に、会場前でヘイト・スピーチを繰り返した一人でした。拳銃を入手できる者が、私たちへのヘイト行動を行っていることを実感させた出来事でした。二〇一八年三月九日、衆議院内閣委員会において、自民党の杉田水脈議員は、前述した女性国際戦犯裁判について「天皇陛下とかを不敬なことに裁いて」とし、私の名前を名指ししました。事実誤認もはなはだしい杉田水脈議員の発言はツイッターで流され、流通しています。

ドイツに事実上「亡命」した辛淑玉さんは、「極右テロは、メディアがまずターゲットを指さし、極右のならず者が引き金を引く形で連携的に起こる」と語っています。このような事件を列記するだけでも、新安保法制の強行採決以降、多様な意見を認めず、旧日本軍の残虐行為に向き合う活動や、日本に住む外国籍の人々の人権を守る活動を「反日」と名指し、国家の方針に反するので攻撃していいとのメッセージが強まっていると思います。新安保法制は、「敵」を作りだし、その「敵」に対して暴力を問題解決の手段として行使することを正当化しました。このような軍事化に反対して活動する私は「反日」として名指しされ、実際に攻撃対象にされています。裁判所は、新安保法制を違憲と判断し、法の番人としての役割を果たすべきです。

第三章　女性に対する暴力を許さない

ジェンダー法学の成果を無にしないで

浅倉むつ子

私は一九四八年一〇月生まれです。戦争を体験したわけではありませんが、戦争が終わり平和な国に生まれたことの幸せは、幼い頃から身にしみて感じていました。家の周りには、防空壕のあとや空襲によって破壊された建物の残骸などがそのまま残っていましたし、幼い頃には、祖父母から、戦争の悲惨さをよく聞かされて育ちました。

私は小学校時代から、国語や社会という科目が好きで、比較的、社会の動きには敏感に反応していました。「死や戦争」といった事柄について考えることが多く、中学校時代の出来事として、世界を揺るがせた一〇日余りの「キューバ危機」を鮮明に覚えています。核戦争の悲惨さに思いが至ったとき、自分が生きて安心して勉学に励むためには、平和がなくてはならないものだと心の底から感じ取りました。平和であるという安心感は、子どもが勉強に身を入れるための最低条件です。これは、すべての子どもたちにも、今なお共通する思いだと考えます。

高校では、後藤昌次郎著『誤った裁判』（岩波新書）を読み、この世の中に「冤罪」という理不尽なことがあるのは許せないという思いから、法律を勉強したいと考えて、大学は法学部に入学しました。学部時代には、結婚退職制をめぐる住友セメント事件東京地裁判決に興味を引かれて労働法を勉強し始め、大学院に進学しました。その後、国際婦人年、女性差別撤廃条約、諸外国の雇用平等法、女性労働者の保護と平等をめぐる議論など、次々に新たな研究課題が登場し、私も、論文を途切れることなく発表するようになりました。一九八八年に国連の女性差別撤廃委員会で日本政府レポートが初めて審査されたときに、これを傍聴したという経験から、女性差別を撤廃するためには社会における性別役割分業の変革が必要であるという強いメッセージをうけました。初の著作『男女雇用平等法論―日本とイギリス』(一九九一年、ドメス出版)で第一一回山川菊栄賞を受賞し、その頃から、労働法のジェンダー分析を中心的な研究課題としてきました。

私の研究関心は、その後、労働法分野のみではなく、ジェンダー法というより幅広い分野に広がっていきました。日弁連は、二〇〇二年の定期総会で「司法の判断が…ジェンダー・バイアスを再生産してしまうこと、…司法を利用する人々が…いわば二次的被害さえ生じていること、などを見逃すわけにはいかない」という決議を採択しました。法曹界からのこのような問題提起が、法学研究者の問題意識と呼応して、二〇〇三年一二月に、実務と研究の架橋の必要性を強く意識する学会として、ジェンダー法学会が創設されました。私もその創設メンバーの一人です。

創立から一二年が経過して、ジェンダー法学は法学の一分野としての位置を占め、私たちの学生時代には存在しなかった「ジェンダー法」と名づけられる講義科目も、いまや多くの法学部やロースクールにおいて開講されるようになっています。

私は、労働法学会とジェンダー法学会の両方に研究上の足場をおき、労働法学会代表理事(二〇〇三年～〇五年)とジェンダー法学会理事長(二〇〇七年～〇九年)も務めました。自分が勤務する大学では、法学部、研究者大学院(法学研究科)、ロースクール(法務研究科)のそれぞれで、教育活動として、労働法とジェンダー法の講義をすることに心血を注いできました。

ところが、大学でこれら法学を教えている者にとって、安全保障関連法をめぐり、今回、安倍政権が行ったことは、研究教育そのものに対するあからさまな挑戦だと考えざるをえません。この政権は、立憲主義や法の支配といった法学の基本原理をないがしろにしたからです。立憲主義という基本原理の尊重なくして、法学は成り立ちません。

それだけではありません。ジェンダー法学の重要テーマの中には「女性に対する暴力」という分野があります。「女性に対する暴力」概念自体が新しいものですが、一九六〇年代の欧米諸国における反強姦、反ポルノ運動を契機として、この問題は女性の人権課題として幅広い関心をよびました。一九八〇年代以降は国連も、女性に対する暴力に関する国際基準を設定するなど、本格的な取組みに乗りだしましたが、いまなお暴力は後を絶たず、世界的な規模で、国々は、常時、暴力防止と法整備のためにたゆまぬ努力を続けています。

現代社会に生起するさまざまな暴力の中でも、戦時性暴力問題は、もっとも深刻で解決が難しい問題とされています。平時の場合に比較して戦時の性暴力は、単なる個人の欲望の発現としてではなく、軍隊の構造的暴力として分析されなければその本質を把握できません。それゆえ、一九九〇年代以降に次々と日本の裁判所に提起されたいわゆる「慰安婦」訴訟についても、私のジェンダー法講義では、ときに重要テーマとしてとりあげています。

「慰安婦」訴訟は、第二次大戦中にいかなる性暴力被害が生じ、それについてどのような法的救済が可能なのかを問いかけるものです。しかし、ジェンダー法学は、過去の被害者救済の問題としてのみこれに関心を払っているわけではありません。戦時性暴力問題から目をそらさず、そこにいかなる構造的問題があり、どのような解決が可能なのかをさぐることは、単に過去に生じた悲惨な事件への国家責任を問うだけではなく、世界各地で今もなお発生している戦時性暴力を防止する方策をさぐるうえで、きわめて重要であるからです。

日本には、この問題について、民衆法廷という貴重な経験があります。日本の民間女性たちが中心になって、一九九七年から国際戦犯法廷を立ち上げ、国際実行委員会を組織して、二〇〇一年一二月四日に、世界の国際法学者による最高水準の理論構築を実現したハーグ判決を生み出したという経験です。たしかに民衆法廷には強制力はありません。しかし、人権をめぐる規範内容を権威と説得力をもって語ることは、けっして国家が作った裁判所だけができるわけではありません。そのことを、私たちは身をもって知っています。

安倍政権は、安全保障関連法を強行可決することによって、日本がこれまで維持してきた平和を危ういものにしてしまいました。戦争になれば、女性に対する暴力の最たるもの、戦時性暴力が、再び生じることでしょう。ジェンダー法学を専攻する私たち研究者は、戦時性暴力を根絶することに心血を注いできましたが、その努力を無にする行為が安全保障関連法の制定でした。平和を脅かし、私たちの研究・教育活動を無にするようなこの暴挙によって、私は、心の底から、深く傷ついております。

シェルター活動を続けて二〇年

梅林智子

私は、一九五五年に鳥取県で生まれました。一九七四年より一九八二年まで、大阪府警察で警察官として主に覚せい剤事件・少年犯罪捜査の仕事をしておりました。私が警察官になりたいと思ったのは、一言で言えば困っている人々の力になり、社会を少しでも明るく住みやすいものにすることに尽くしたいということでした。この願いが、警察官としての八年間の仕事を通じてそれなりに生かされたのではないかと思っています。

第一子誕生を機に退職し、故郷でのんびり子育てしようと思っていた矢先、児童虐待やDVの被害者が自宅に駆け込んでくるようになりました。当時社会的に問題になってきたDV被害女性の支援がいかに立ち遅れていたのか気づかされ、この方たちの命を懸けた闘いを支えていこうと決意しました。

次々に持ち込まれるDV被害は、百人百様で警察官の知識と経験だけでは全く足らず、まだ根拠法もなく、悔し涙に暮れながら、個人的に密かな活動に賛同してくださる方々に支えられての闘いでした。女性の置かれている様々な困難な状況を思い知るにつけ、女性たちの為に学ぶ機会を探し、東京のNPO法人「女性の安全と健康のための支援教育センター」の立ち上げの講座から参加しました。そこで様々なことを学び、それは私が性暴力やDVなどの被害に遭っている女性たちの支援をするうえで最も大きな力になりました。知識だけではなく、女性に対する暴力がどのように生まれるのか、それが社会で許容されてきているのはなぜなのかということも学びました。その学びと研修に参加していた全国各地の女性たちとの交流で知ったことも、私が暴力の被害に遭っている女性たちを支援し、少しでも暴力のない社会を目指す力を与えてくれました。これは、個人の問題ではなく、社会の問題なのだと。

シェルター活動は山陰で初めてのことであり、頼りにされてきたと思っています。シェルター活動は、個人・団体の会員、もちろん多くの男性も含めてたくさんの援助を頂き、シェルターから出てめきめきと元気になって行く女性たち・子どもたちに拍手を送れることが、この上なく大きな喜びです。

シェルター活動には鳥取県から補助金を頂いておりますが、人件費は一切なく、病院でカウンセラー等をしながら生活を支え、シェルター活動が中心という生き方を続けて二〇年になります。現在は年金生活です。

私の住んでいる山陰は、経済的には豊かではありません。そのためか、女性たちの働く場所も乏しく、経済的に行き詰ると、いわゆる風俗で日銭を稼ごうとして業者の餌食にされる女性が後を絶ちません。鳥取、島根の山陰両県で三〇〇軒を下らない業者があります。届出をするだけで細かなチェックが入るわけではなく、警察の届け出場所への立ち入りも年一回程度で、実態を十分把握しているわけではなく、名義貸しが禁止されていないので、実際の営業には暴力団の関係者が深くかかわっていました。とんでもなく理不尽な契約書にサインさせられ、何かあれば、脅迫監禁の暴力です。非常に多くの女性がこの産業で被害にあいながら働いています。いわゆるデリバリヘルスで働く女性の多くが、採用されたお店の姉妹店等で別の源氏名で出ていますから、その実数はつかめません。女性たちの証言から、客となる普通の人の中に、原発・自衛隊・消防関係などの客が多く、出張者も含め多くの男性労働者が利用するようです。建物が目立つソープランドよりもデリヘルが暴力団の主要資金源だと実感しています。このような状況が性暴力犯罪やＤＶによる被害にも深い影響を与えていると思います。

二人目の子どもを妊娠した障がいのある女性から、障がい者の支援をする公的立場にある人たちから中絶を強制されている、助けてほしいと相談がありました。私は、その女性をその家族とともに支え、子どもは児相から乳児院に入れるという役人たちから母子を守り、出産後すぐにシェルターに引き取り親子の面倒を見ました。その子は今では小学生になっており、親子四人で楽しく生きています。障がい者差別もなくしていくことは容易ではありません。

私が最初に支援したＤＶ被害者は、フィリピン人女性でした。外国人花嫁もまたＤＶ被害をうけることがあり、韓国人・中国人・タイ人・インドネシア人・ロシア人等事情は異なっても、日本で女性の地位の低さに晒される体験は同じです。

かつての戦争で日本軍から親族が殺害されたり強姦されたり、略奪されたりした経験が語り継がれ、再び日本軍が武力をもって侵略を企てるかもと思われていることに愕然としました。やっぱり日本人は酷い！　国の家族たちからも共通して聞かされる言葉でした。戦争はしない国になって、憲法九条があるから日本は過ちを繰り返しません、私は彼女たちにも家族にもそう言えました。

安保法制法は、戦争をすることを正面から認める法律であり、大変ショックでした。私は、被害者女性の傍にいて彼女たちがより良く生きることができるようにと働いてきました。紛争を力で、暴力で、解決することを当たり前とする風潮が以前にも増して感じられます。その風潮はじわじわと社会に浸透してきて、普通の人々の生活を困難なものにしてきていると感じております。

私は、おおよそ二〇年に亘り、暴力被害を経験させられた女性の傍で彼女たちを支えて共に生きてきて、その成果を実感しています。しかし、安保法制法は、それらを否定し、ぶち壊す働きをしていると感じています。そのことは、私の後半生の生き方を否定するものであり、人生の後半に来てこのような悲しく、つらい思いが待っているとは思ってもみませんでした。

女性の「性」と「生」を奪わないで

大木清子

わたしは一九四九年川崎市で生まれました。「戦争を知らない世代」と言われますが、生活のそこここに戦争の傷跡が見える時代でした。空襲により家屋を焼失した人々、引き揚げ者、京浜工業地帯へと職を求めて上京した人々が無断で住みついた空き家となっていた軍需工場の社宅、引揚者住宅、駅前で物乞いをする傷痍軍人の姿も身近な風景でした。日本国憲法のもと、人々はやっと取り戻した平和の中で、貧しいながらも懸命に働いて生活していました。

立川、府中等の米軍基地と川崎を結ぶ南武線の沿線では、子どもながらに、「パンパン」と呼ばれる女性たちを目にすることがありました。それが何なのか、幼い頃には分かりませんでしたが、次第に理解できるようになってきました。戦時には多くの日本の女性たちが、「お国のため」「死んだら靖国へ」と、公娼制の借金から逃れるため、また貧しい農村・漁村の口減らしとして、軍や業者に集められ、占領地・戦地へと送られ、「慰安婦」とさせられました。しかし、女性への国家による暴力は、敗戦で終わるものではありませんでした。敗戦三日後の一八日、内務省警保局長橋本より各府県長官宛に打電、国務大臣近衛文麿が「婦女子を性に飢えた米兵から守ることについて、この対策は緊急を要する」と警視総監に要請。占領軍のための性的慰安施設を設けることについての通牒を出し、八月二六日には株式会社ＲＡＡ社という特殊慰安施設協会が、一億円の出資のもとに結成されました。声明書には「大和撫子の純潔を守るため」「昭和のお吉幾千人かの人柱の上に、狂爛を阻む防波堤を築き……」と公然と言い、女性たちを「国体護持」の人柱にするとは恐ろしいことです。

敗戦後の食糧難・貧困の中で生き延びるため、最盛時には七万人の女性たちがＲＡＡで働かされることになりました。ＲＡＡは七カ月で閉鎖となり、公娼制も廃止となりました。職を失った女性たちは、街娼となり、「夜の女」「パンパン」と呼ばれました。女性たちは、人びとの差別や非難の対象となり、環境の浄化、社会秩序の維持のためとして一九五六年売春防止法が制定されました。ザル法と言われる売春防止法では売春をする女性が処罰の対象とされ、買春者は非処罰。女性は執行猶予であっても婦人補導院に収容され、一九六〇年（昭和三五年）に最大で四〇八名もの収容がなされたのです。

私の母は、母子家庭で育ち、弟たちを学校に行かせるため、女学校を出てからデパートの店員・宣伝部・教員等様々な職業につきながら三〇歳過ぎる迄働き続けて来ました。母は、実家では収入だけを求められ、家事は苦手でした。父は、「家のこともきちんとできない程疲れるような仕事は辞めろ！」と祖母と一緒になって母を責め、辞めさせました。

父は母を大声で怒鳴りつけ、人格を否定するようなことを言い続けます。母からその愚痴を聞くのが私の役割となりました。「おかあさん、あんなに酷いことを言われてまでこの家にいるの！　一緒に家を出よう！」と私は言いましたが、母は「暮していけないから……」と答えました。この頃はDVという言葉もありませんでしたが、典型的なDV被害者の反応です。「一人で働いて食べて行けるようになりたい。」と私は思いました。

大学を中退しアルバイトをしていた私は、当時不足していた保母の資格を取り保育園に就職しました。エリート女性が遅くまで働ける条件を得るのではなく、〝長時間保育反対〟、〝男女とも必要な育児時間をかちとろう〟という、誰もが短時間勤務で、男女共に子育てを取り戻す運動に魅力を感じ、「保育労働者交流会」の活動にも参加しました。女が人間である前に〝母〟として存在させられ、同じように〝母性〟を要求されながら過酷な労働を強いられる保育労働の問題も訴えてきました。

組合や地域の運動で一緒だった男性と結婚し一九七五年に第一子、一九七七年に第二子を出産。保育労働者自身が子育てしながら働き続けられるように、労働条件の改善や職業病の認定闘争も闘いました。一九九〇年、四一歳のとき、頸腕・腰痛の症状も酷く疲れ切っていました。夫は家事を引き受けるのではなく、「もう食べては行けるだけの収入はある」と仕事を辞めるように言いました。私も一度は〝専業主婦〟となりましたが、耐えられず、さまざまな仕事を経て、知人が施設長をしている「母子寮」（一九九八年から「母子生活支援施設」）に母子指導員（現在母子支援員）として一九九五年四五歳のときに就職しました。

私が就職した頃、DV被害、虐待や精神的な課題、外国人などさまざまな課題を抱えた利用者が圧倒的に多くなっていました。生活保護を受給している方が半数以上、売買春を経験して来た女性、一〇代で出産し子育てをしている若年女性も多く暮らしていました。私は、利用者との関わりと痛みを通して、女性への構造的差別を、身を持って学び、五〇歳で社会福祉士を、その後精神保健福祉士も取得しました。その後も、生活保護法単身女性更生施設の職員、婦人相談員などを経て、男女共同参画の電話相談員など、女性支援の仕事を続けて来ました。しかし、現在も女性支援の唯一の公的な法である売春防止法は、「要保護女子の保護更生」のために設けられたゆえの差別性・反人権性、性の二重規範を内包したままとなっています。

安保法制は、わたしたち女性から安心・安全に暮らしていくことができる生活の基盤を奪い、暴力により絶え間なく生命・尊厳を脅かされる恐怖の中におくものです。憲法にある、「すべて国民は、個人として尊重される。生命、自由および幸福追求に対する国民の権利」を回復するため、被った損害の一部を請求し、安保法制を廃止するよう訴えたいと思っております。

性暴力の研究と実践を重ねて

戒能民江

私は、一九四四年に中国東北部の瀋陽（旧奉天）で生まれ、母と祖母、きょうだいとともに日本へ引き揚げてきた。父は南満州鉄道（満鉄）の技師であり、遅れて帰国した。一度だけ、母が引き揚げの時のことを私に語ってくれたことがある。祖母が一緒だったとはいえ、乳飲み子の私とまだ小さい子ども二人を抱えての女だけの逃避行がどれだけ大変だったか、怖かったか、母が亡くなった今も、その声は鮮烈によみがえる。とりわけ、ロシア軍に見つからないように女たちが必死に身を潜めていたことやぎゅう詰めの車内で赤ん坊が泣かないように苦労したことなど、当時の緊迫した状況での緊張感が伝わってきた。

大学の法学部では法社会学研究会に入り、そこで、基地問題と出会った。大学院時代には北富士演習場がある山梨県忍野村に何度か足を運び、調査を行った。北富士演習場の入会権をめぐる忍野村の人たちの闘いにふれて、今まで遠い存在であった戦争を身近なものとして意識するようになった。岩手県北部で起きた「こつなぎ事件」にも関心を持ち、山村に生きる農民の入会権をめぐる五〇年にわたる裁判闘争を支援する「学生こつなぎの会」の活動に加わった。明治維新後の地租改正で、すべての土地の所有権が確定し、その結果登場した地主から山への立ち入りを禁止された農民たちが大正初期以来、戦前戦後を通じて、入会権の存在を争ったのがこつなぎ事件である。一九五五年、山に入った農民たちが、一五〇名

も の武装警官に急襲され逮捕される事件が起きた。一九六六年の最高裁判決により、窃盗および森林法違反有罪が確定している。

私たちは、こつなぎ裁判を支援するために、毎年夏には各地の大学生がこつなぎに集まって合宿し、援農や子ども会活動、調査などを行った。私たちはこの合宿を「こつなぎ学校」と呼んでいた。何の力も持たない学生の私たちでさえ、小繋駅を降りたとたん監視され、後をつけられたくらい、村内の対立はすさまじかった。しかし、学習会などを積み重ねていくうちに、こつなぎの人たちは、「暴力はいけない」「おどしはいけない」という気持ちを持つようになり、暴力否定の考えは、地主派の人たちをも包み込んでいったという。権利は自分で守らなければならない、自分の権利を守るのは自分自身であると確信し、むき出しの暴力で向かってくる相手に対して力で対抗するのではなく、非暴力で闘うのだというこつなぎの人たちの揺るぎない姿勢は、日本国憲法の平和主義と戦争放棄および人間の尊厳の尊重と男女平等から導き出されたものであることは間違いない。このことは、「こつなぎ学校」が私に与えてくれた大事な贈り物であり、その後の私の研究生活の支柱となった。

私が最初にドメスティック・バイオレンス問題に出会ったのは、一九七〇年代半ばのイギリスである。ロンドンの書店で手にしたペンギン・ブックのエリン・ピゼイ著『静かに叫びなさい、さもないと隣に聞こえてしまうから』がきっかけである。一九七一年にロンドン郊外に設置されたDVシェルター開設の経緯とすさまじいDVの実態、社会運動の展開について書かれていた。イギリスでは、その数年後には、国会で法案の検討が開始され、一九七六年にイギリス初のDV法が制定されるというスピーディな展開をみせた。私は文献を収集し、女性たちの集会に参加するなかで、何の迷いもなく、研究の中心にDVを置くことを決めた。私の感じる生きにくさの正体がそこにあることを直感したからだと思う。

一九九二年、日本で初めてのDV全国アンケート調査が実施され、DVの実態とその影響が日本社会に提示された。およそ八〇〇通の回答が返ってきたが、どれもびっしりと書き込まれていた。これは、私を含め民間の八名の女性による日本初のDV実態調査であった。この調査で、初めて日本のDVの深刻さが明らかになったと言える。本調査を通じて、日本にDV概念が導入され、社会的解決が求められる女性の人権問題であることが認識されるきっかけとなった。

女性に対する暴力撤廃の動きは、一九九三年の国連「女性に対する暴力撤廃宣言」、一九九五年北京世界女性会議「行動綱領」へと、女性に対する暴力撤廃をめざしたグローバル・スタンダードが形成されていくこととなる。この間の国際社会の動向で特徴的なことは二つある。第一に、従来、深く潜在化してきたDVや子どもへの性虐待など、私的領域における暴力が課題として焦点化された。第二に、従軍慰安婦問題とともに、ボスニア・ヘルツェゴビナなどの武力紛争における組織的強姦、いいかえれば「武器としての強姦」の問題化である。ベルリンの壁崩壊後も民族紛争は激化の一途をたどり、戦場での強姦や強制妊娠など熾烈を極めた。「戦争の武器」としての強姦は、一九九〇年代に入り、国際人道法上、「拷問」の一形態であると明確に定義されるようになった。ルワンダの強姦加害行為は、旧ユーゴスラビア紛争と同時に設置された国際刑事法廷で加害者個人の刑事責任が問われた。しかし、最近の報道によれば、刑期を終えた強姦加害者の出所時期を迎え、被害から二〇年を経て新たに、被害者は不安や恐怖を覚えているという。被害はいまも継続している。

このような国内外の動きを受けて、二〇〇一年DV法が成立した。超党派女性議員の手による議員立法であったからこそ、政治からもっとも遠いものと考えられてきたDVの政治課題化に成功したと言える。女性たちは、女性や子どもへの暴力の根絶をめざし、性差別撤廃と人権保障の立場から、女性のニーズに応えられるような政策を実現するために、地道な努力を積み重ねてきた。その結果、必ずしも十分ではないが、一つ一つ壁を切り崩し、女性や子どもの人権保障のために必要な立法や施策の改善を着実に行ってきた。

私自身も、一方では、学術の世界における根強い女性差別と女性に対する暴力研究の周縁化や軽視に抗する闘いを余儀なくされてきた。だが、私自身とすべての女性たちの人間の尊厳が守られる社会を形成するという目的に少しでも近づくために、日本国憲法の自由と平等の価値観に支えられながら、DVや性暴力、セクシュアルハラスメントなどの女性に対する暴力に関する研究と実践を粘り強く続けてきた。

しかし、戦争という暴力を肯定することで、日常的にも暴力による家父長的支配の強化をもたらす安保法制＝戦争法の成立によって、自分自身の反暴力の歩みそのものが根底から否定された思いであり、耐え難い精神的苦痛を覚える。

共謀罪は女性に対する暴力と無縁ではない。共謀罪の対象となる重大犯罪二七七の条文の一つとして、刑法の強制わいせつ、強姦、準強制わいせつ、準強姦、売春防止法が含まれている。重大なことは、やっとあげられるようになった被害当事者の声が再び封印されてしまうおそれが大きいことである。暴力は殴る、蹴るという目に見えるものだけではない。言動を監視し、恐怖と不安を与えて、相手の言動や思想をもコントロールするのが強者からの暴力である。力の支配を正当化することは、DVや性暴力の正当化につながりかねない。まさに、DV国家をめざしているのではないだろうか。

アベ政治が「DV国家」をつくる

近藤恵子

私は、一九九三年、札幌に女性の人権ネットワーク「女のスペース・おん」を立ち上げました。そこから暴力被害者支援の仕事が始まりました。「おんな」から「な」をとって、「おん」。無名の、どこにでもいる、ふつうの、女たちの連帯と支えあいが世の中を変えるのだという志が、この名前にこめられています。現在も私は、「NPO法人全国女性シェルターネット」の理事として、DV・性暴力・性虐待など、暴力の被害当事者である女性や子どもの回復支援にかかわる現場で活動しています。

また、「女性と人権全国ネットワーク」というNGOの共同代表も務めています。これは、女性や社会的マイノリティ自身の手で、当事者が参画しやすい社会を作っていこうとする取り組みを全国規模で進めているネットワークです。

DV防止法制定から一七年近くが経過したにもかかわらず、女性・子ども・マイノリティに対する暴力はひどくなり、深刻になってきております。二〇一一年の東日本大震災以降、被災地のみならず、日本社会全域で、女性や子どもへの暴力が激しくなっているというのが、支援現場の実感です。日本社会の暴力化傾向は、安倍政権による安保関連法制の強行採決によって、さらにその勢いを強めています。安保関連法制は集団的自衛権の行使を認めるものであり、支配の手段としての暴力が法律によって容認され続けることになり、女性や子どもに対する暴力を増加させているのです。被害者はまるで戦争前夜ともいうべき危険の中を生き延びているのです。

日本という「国家」は、女性が自立できないように、女性がものをいわないように、女性が抵抗しないように、女性が性的に従順なモノとなるように、さまざまな政策を行っているように思われてなりません。女性から力を奪い、家に閉じ込め、男性のいいなりになるように支配する、いまの日本はまさに「DV国家」です。

それは、じわじわと支援現場に影響をもたらします。各都道府県に必ず設置することになっているDV支援センターの受け入れ件数が減り続けていることも、保護命令が発令されにくくなっていることも、DV被害者の生活保護受給手続きが難しくなっていることも、マイナンバーカードの導入等により、被害者の安全が確保されにくくなっていることも、離婚調停やＤＶ裁判での安全が脅かされていることも、子どものケアが放置されていることも、支援機関での二次加害・三次加害がふえていることも、すべてが、第二次安倍政権の発足以降、顕著になってきたことです。

女性・子どもへの暴力被害の実態からみると、被災地や沖縄だけではなく、日本全土が紛争下にあるといっても言い過ぎではありません。

災害と戦争は同じ構造を抱えています。災害時に明らかになった問題は、戦時・戦地でより明らかになります。東日本大震災の被害が明らかにしたとおり、非常時には性暴力の土壌が強化され、家父長制の縛りがきつくなり、弱者に対するあらゆる暴力を防止することが不可能になります。

職業軍人として中国大陸を転戦した私の父の口癖は「女はつまらん」というものでした。「女はつまらん」価値のない存在にされてきたことの核心が、「暴力」という被害実態にあることを、毎日毎日、被害当事者と出逢い、支援に駆けずり回りながら確信を深めました。

私は、暴力のただなかから立ち上がろうとする無数の当事者にであい、その声を聴きながら、「痛いのは私だ、つらい、苦しい、悔しいのはこの私だ」と感じてきました。「何万回も死にたいと思った。そして何万回も生きたいと思った」ぎりぎりの命の瀬戸際から生還した被害当事者の叫びを思うたび、実際に胸がつまり、動悸が激しくなり、怒りで体が震えます。力と支配に押さえつけられてきた女性たちは、権力のかわりに、言語、感情、しぐさ、さまざまな表現による関係調整能力を駆使して生き延びてきました。

八〇年代後半から、ＤＶ・セクハラ・レイプ等々、暴力の発見からその根絶に向けて、被害当事者を中心につながれた女性たちの支援ネットワークは、草の根のシェルターを立ち上げ、法の制定・改正に取り組み、暴力根絶施策の推進に貢献し、様々な領域の制度運用改善をなしとげ、この社会を少しずつではありますが、確実に変化させてきました。

安保関連法制が動き出すことによって、痛みを共にする女たちの支えあいの力でお互いの命をつないできた、日本中の当事者・女たちの努力が無駄になるかもしれない状況がつくられようとしています。

軍事力の合法化、暴力の容認と拡大によって、女たちの、私の、尊厳と誇りが打ち砕かれてしまいます。戦後七二年、平和憲法をよりどころに、ようやくここまでたどりついた女性支援の実績が跡形もなく崩されてしまうのを黙って見過ごすことはできません。女たちにとっての安全保障は、女たちの日常から暴力をなくすことです。

レイプ・虐待の容認放置は軍事力の行使そのものです。
いま、ここで、暴力被害にあい、命を脅かされている当事者は、声をあげることができません。そして、日々理不尽に傷つけられ、命を脅かされているのは、この私でもあります。女性に対する暴力の、その痛みを共にするものとして、私は原告のひとりとなりました。何万回も死にたいと思い、何万回も生きたいと願った日本中の、いえ、世界中の女性たちとともに、安保関連法制が憲法違反であることを、強く主張いたします。

五〇年前のフラッシュバック

竹森茂子

私は一九四六年京都で生まれ、踊りや芝居が大好きで、三歳で日舞、小学三年生からクラシックバレー、中学に入りピアノを習った。母は敷地内にアトリエを構えて洋裁学院を開き、私が小学生の頃は生徒数が一五〇人は常時おり、朝の部、昼の部、働く人のための夜の部と一日中忙しくしていたが、同じ敷地内だから寂しくはなかった。父は戦争がなければ一三代目の地主だったが、京都府の職員となった。両親とも大正デモクラシーの影響を受けた自由な気風の家庭で、四歳ずつ離れた姉と弟がいる。

家から歩いて二五分くらいのところに、国立京都学芸大学（現京都教育大学）があった。夏に小学生向けの夏季講習があり、優秀な学生が勉強を教えるといわれ、忙しくても子どもの教育に熱心な母は、私も参加するように言った。講習三日目ぐらいの昼前、若い男の教育実習の先生が「今から短い映画を他のクラスも一緒に観ますから、講堂に行きなさい」と言った。行こうとする私に先生は「君は残るように」と言い、みんなが出て行くと、私を自分の膝に座らせた。私の記憶はそこから先が途切れている。小学五年生の夏のことだ。

高校三年生の時仲良しだったボーイフレンドを、私の親友が好きになって付き合うようになり激しいショックを受け、人間不信に陥った。演劇好きな私は、月に一度京都の中心地に芝居を観に行っていた。帰りに繁華な通りを駅まで歩いていると、男性に声を掛けられ、クラブに行かないかと誘われた。断ると「一人やと怖いんか?」と笑われ、つい「別に、一時間くらいなら付き合ってもどうって事ないし…」と悪ぶった。クラブで、トイレに行って戻ると「スクリュードライバー頼んだで、殆どジュースや」。甘くてほんのりお酒の匂いがした。二、三口飲んで、その後の記憶が無い。意識を取り戻したところはホテルだった。何があったか理解はできた。高校卒業間際の冬のことだ。

女子短大に入ったが一年も行かずに辞め、演劇を学ぶため東京に行った。二年後、劇団に入りそれなりの役を貰い、沢山の芝居に出演し、主役もした。恋もした。でも一五〇人ほどの小さなグループの中での人間関係は疲れる。一〇年経ったころ姉の影響でウーマンリブに出会い、半同棲していた演出家と意見が食い違い、私は別の人と付き合い、妊娠した。

劇団を離れ出産。結婚という制度に疑問があり議論したが、私の理論が追いつかず、結婚届を出した。何故私が苗字を変えなくてはならないのか？　彼が長男だから？　家父長制の亡霊に出会った。戦後の平和で平等な憲法は家族法では、どちらかの姓を名乗る自由はあるが、夫婦別姓は認めていない。初めて、憲法について意識化させられた。

結婚後、彼は私に命令調で話す事が増え、私が仕事に復帰することは良いが、私の時間や誰と会ったか、毎日何をしていたかしきりに管理しようとした。子どもが一歳半くらいになった頃、口喧嘩の末暴力を振るった。二度目の暴力があった時、離婚届を置いて息子と家を出た。正式に離婚するまで、一年以上かかったが、フェミニストの女たちに助けられた。シスターズフッドは、それまでの私の苦しさを受け止め、目から鱗が落ち、心が晴れ、生きる力を与えてくれた。

演劇を続けながら、子どもを育てていくため、収入に繋がる技術を身につけたかった。住宅金融公庫でお金を借りて医療専門学校に入り、早朝アルバイトをしながら、昼間は勉強に子育て、夜はヨガサークルで講師。すごく忙しかったけれど、楽しかった。

そんな中、在日の女性たちと出会い「女性への暴力とサバイバル」を学び、カウンセリングを学んだ。それぞれの悩みを話し合い、助けられることも多かった。彼女たちを通し、改めて「従軍慰安婦」問題を認識し、私自身が受けた性暴力と重なった。

演劇という表現活動を経て、結婚、離婚、子育て、経済的自立を求めた私の生き方は、「個人的なことは政治的なこと」というウーマンリブの原点を実感させてくれた。女性が自分自身のからだを知り大切にすることは、女性のライフステージ全般にわたる自己のからだの健康面での管理とその自己決定権。その大切さや必要性を伝えるために「女性のからだのための自立教室」を仕事とし、小さなグループや女性センターに講師としていくようになり三三年余り経った。

二年前（二〇一六年）事件が起こった。安倍総理に近いジャーナリストから性暴力をうけた伊藤詩織さんの告発をTVで見ていた私に、フラッシュバックが起きたのだ。一八歳の時に受けた睡眠剤を利用したあの事件。長い間ずっと誰にも話せなかった、話さなかった強姦のこと。自分が悪いと思い込んでいた事件。今七二歳になった私に、五〇年以上も前の出来事のフラッシュバックが起きたのだ。それほど、性暴力のトラウマは深く長い期間に及ぶものなのだ。

安保条約について知ったのは一九六〇年の一五歳。樺美智子さんが亡くなったのをテレビで見て激しく泣いた。次は反対運動の中にいた一九七〇年。そして二〇一五年の安保法制関連法成立。その成立過程を見るにつけ、からだがこわばり怒りで震えた。法の成立で、戦争に加担する事になる可能性が生まれる。

女のからだの自己決定の大切さを仕事にしてきた私が、五〇年余り誰にも言えなかった性暴力。戦争とは暴力そのものだ。だからこそいま、声を大きくして言いたい。そんな事は許さない！　私のからだの自己決定権を、政府に、国に、奪う権利はない。奪おうとする現政権を、私は許せない。だから、私は訴えているのです。

性暴力被害者支援に取り組んで

田辺久子

私は一九四七年戦後のベビーブームに生まれた新憲法世代です。先人たちが自由も民主主義も奪われた戦中から、敗戦を経て新憲法の「平和と民主主義」社会を作ろうとした機運を受け育ちました。その中で男女平等と謳われながら、女性への偏見や差別が蔓延していることにも気づかされ、私の闘いは、経済的自立と家庭の中で対等な関係を築くことでした。女性が働き続けられるよう「薬剤師」の資格を取るため、大学受験をして合格。大学闘争が華やかな時代でしたが、退学せずに卒業し、東京都庁に就職しました。労働組合の役員になり、青年部、女性部の活動を担ってきました。

社会変革の同志として、またパートナーとして共に歩ける夫に出会い、結婚。出産、子育てしながら働き活動する多忙な日々の中で、家庭内の対等な関係は二人の努力だけでは成立し得ないことを実感しました。家事育児の分担は平等にと努力しても、女性の負担が重くなります。仕事と子育ての両立はもちろん、労働組合などの活動も担うことは体がいくつあっても足りず、苦しい思いをしました。

こうした中で「フェミニズム」に出会い、女性を蔑視し差別する根源に、性的支配があると考えるようになりました。戦時性暴力の日本軍「慰安婦」制度を知り、現在も社会に蔓延する性暴力を根絶するための活動に軸足を据えるようになりました。

二〇一〇年、最初のワンストップセンター「性暴力救援センター大阪」（ＳＡＣＨＩＣＯ）が設立。性暴力被害者が二四時間いつでも相談でき、医療的ケアを受けることができるセンターの活動が始まり、大きな成果を挙げていきました。私は東京にも作ろうと準備会から関わり、二〇一二年六月「性暴力救援センター・東京」（ＳＡＲＣ東京）を発足しました。いま、ＳＡＲＣで個別具体的な支援を行うとともに、「性暴力被害者支援法」「性暴力禁止法」の制定を目指し、国会議員や政府関係省等への働きかけも行い、少しずつ前進しています。

　被害を受けた女性たちが二四時間ホットラインにつながり、安心して医療機関でのケアを受けられるケースも増えています。同時に支援者として、一人ひとりに寄り添う過程で多くの壁に阻まれていると改めて実感します。被害を届けても女性への偏見により、受理しない警察の対応、事情聴取の過程での二次被害、強姦罪の暴行脅迫要件に合わないと立件できない法律の壁。なによりも被害者を苦しめているのは、「強姦神話」により作られている社会通念や秩序です。支援活動は、被害直後のからだのケア、心のケア、法的なサポート等々を進めています。早期に適切なケアにつながった被害者は「心的外傷後ストレス障害」（ＰＴＳＤと略）を発症しても、比較的早く回復できることが実証されています。一方、長い間沈黙を強いられてきた被害者（特に幼児期の性的虐待）は、被害を語り始めるや深刻なフラッシュバックやＰＴＳＤに苦しむことになり、長い回復の道のりを歩むことも実証されてきました。

　性暴力は被害者の安全安心感を奪い、人間不信を募らせ、無力感に陥らせます。私たち支援者は「あなたは悪くない」と伝え、ぬくもりと安心できる支援を行い、医療や精神的なケアを提供します。

　「安保法制」は戦争に備えることを人々に強制し、被害者により一層の不安と恐怖を与え、回復へのプロセスの前提を崩すものです。私たちの活動の根底を揺るがし、根絶しようと日夜努力してきた性暴力をなくすどころか増大させ、活動を無きにするものです。「安保法制」は、私が積み上げてきた努力を根底から脅かし、敵対する攻撃であり、到底認めることはできません。

　いま全世界の紛争地では、空爆や殺戮とともに強かんなどの性暴力が増発しています。戦争で犠牲になるのは、女性や子どもたちです。一旦戦争が始まれば、私たちの地道な活動などは何の役にも立たなくなってしまいます。すべての暴力は私たちの「安心・安全」を脅かしますが、その最たるものが「戦争」です。

　「安保法制」を強行採決し、「戦争ができる国」づくりを国内のみならず全世界に宣言した安倍政権は、すでに諸外国の脅威となり、緊張を増大させ、いつテロの標的になってもおかしくない状況を作り出しています。安倍首相の不用意な言葉が、海外で働く日本人の生命を脅かしてきたことは明らかです。二〇一六年七月一日にバングラデッシュの首都ダッカで起きたレストラン襲撃事件で、外国人一七名が殺害され、そのうち七名が日本人でした。新幹線をつくる事業で派遣されていた人々でした。日本人がテロの標的になる危険性は増しています。

安保法制で自衛隊の駆けつけ警護が認められ、その訓練が始まるというニュースを聞いて、私は恐怖で身が震えました。着々と戦争準備が行われているのです。私はすべての女性や子どもたちが安全に安心して暮らせる社会を目指して、奮闘して来ました。安保法制成立後の日本は、その土台を揺るがされていると日々感じています。シリア難民の男性が「知らない間に戦争に巻き込まれていた。小競り合いや銃撃はすぐに止むものと期待していたが、それは違っていた」と話していました。

ワイマール憲法下でファシズムに突き進んでいったドイツの教訓を踏まえ、「日本国憲法」下で、戦争が準備、始まることを阻止せねばなりません。安保法制は明らかに違憲です。この暴挙をとどめる力は司法です。司法が機能しなくなったとき民主主義は死滅します。司法の場で、安倍政権が行おうとしている憲法違反の政治をストップさせ、女性や子どもたちが安全に安心して暮らせる権利を回復してくださるのを心から期待します。

いのちを惜しむということ

徳田敬子

私は昭和三六年生まれ、会計事務所で働いて一〇年目になりますが、職場が渋谷なので、先日の伊勢・志摩サミットの期間は、かなり不安な気持ちで過ごしました。駅前のデパートなど、人の集まるソフトターゲットには行かないようにしていましたが、駅を使わないわけにはいかず、不安でした。安倍首相のせいで日本は集団的自衛権を行使できる国になってしまったので、アメリカと同じ軍事大国に思われて、テロリストに狙われやすくなったのではないでしょうか。でも、私は今自分が生きていることが楽しいので、テロに遭って死にたくないのです。平和を愛し専守防衛に徹するはずの日本が、外国まで出かけて戦争ができる国になってしまったなんて、まるで悪夢のようで、今でも何かの間違いだといいのにと思わずにはいられません。

私は、鳥取市郊外の兼業農家で生まれ育ちました。谷の入り口に近い山のふもとの五〇軒ほどの村でした。昭和六年生まれで軍国少年だったと言っていた父から子どもの頃に聞いた話です。中国に出征した村のおじいさんたちが寄合や会合の後、女性たちが食事の支度をして帰った後の飲み会で語りだした思い出話を、父は「ひどいことをしていた。」と言っていました。私は、どんなひどいことをしたのか怖くて、何も尋ねませんでしたし、父も具体的な話はしませんでした。おそらく子どもの、それもとても女の子に話せるようなことではないと思ったのではないでしょうか。日本では、自分の妻子にも話さずに胸の奥深くにしまわれていたことは、夜更けの男だけの飲み会でやっと語られるのに対して、被害者側の中国で、声高に被害が語り伝えられているのは無理もありません。

村の老人たちを非難していた父も、母にはひどいことをしていました。私は三歳年上の姉との二人姉妹ですが、私が二十歳のとき、その姉が職場で刃物を持ち出す騒ぎを起こし、父と伯父が隣の倉吉市の精神病院に入院させました。そのショックで母が、宗教活動に熱心だった義姉の勧めで、七回も中絶した水子供養をすると言いだしたので、その事実を初めて知ったのです。そのとき母は「男の人はケモノみたいなものだから…」と言ったので、暴力があったことは明らかです。殴る蹴るの暴力は無かったのですが、父の女性を見下して母を馬鹿にしていた言動や、子どもの頃の両親のピリピリした緊張感など、同じ屋根の下で暴力の気配を幼い私も感じていました。

進学を機に家を出た私が帰省したとき、母から、父が農協のタイ視察ツアーで買春していたと聞かされました。小学校の教員でもあった父は、相手の女性を自分の娘や教え子だったらと考えなかったのだろうかという疑問から、私は女性学を学びましたが、自分の妻に七回も中絶させるのだから、外国の女性に対して何の想像力も働かなかったのも当然だと思わざるをえませんでした。日本人男性の性行動には、この買春ツアーのように団体で行われるという特徴を感じます。このようなことが戦後五〇年経っても続いていたのです。

その後、平成二三年に私は胸のしこりに気づき、乳がんと診断されました。ガンと言われて自身が死の恐怖に直面して気付いたことがあります。以前、安倍首相や地元の自民党議員は「日本人だけが血を流さなくていいのか」と言いましたが、日本が勇ましい国だと自分が得意になりたいために、自衛隊員という他人の血を流させようとするずるい人たちだと、私は以前思っていました。でもおそらく彼らは、自分は議員なので危険な場所には行く必要がないが、自分が自衛隊員ならば命を惜しむことなどないと固く信じ込んでいるのだろうと気づいたのです。命が惜しいことに気づかないからこそ、簡単に血を流せと言えたのだと思われます。

翌年に無事手術を終えて健康を回復し、私がやっと手に入れたこの穏やかな幸せが、安倍首相のせいで危険なことに巻き込まれてしまうのではないかと、私は恐れています。安倍首相は、首相を二人も出すような名門の一族に生まれて、特別な子どもとして育ってきた人です。それは特別扱いされたという意味ではなく、周囲も皆特別な家庭の子どもだという見方をするし、本人も一族の価値観にふさわしくなることだけを基準にして育つので、みんなのなかの一人という感覚が育っていないのではないかと思います。たぶん孤独な少年だっただろう安倍首相が、戦車や戦闘機に乗って嬉しそうにしている映像を見ると、私にはおもちゃの武器が大好きな少年に見えます。安倍首相自身は軍事力を過信し、軍備増強を好む軍事主義者だと思いますが、そういうパワーへの渇望は、私には生贄が必要だった父と同質のものを連想させます。父は、戦前は地主のお坊ちゃま扱いされていたので、おそらくそんな家族神話に囚われた自意識が残っていて、プライドが傷つくと母の体をはけ口にする必要があったのだと思います。戦争に近づくことは、男性たちの気分がむやみに高揚したり、逆にすさんだりして女の体がはけ口にされ易くなるということだと、私には家族の体験から身にしみてわかっているのです。

そういう安倍首相のような男性たちを支える女性たちがいることを、腹立たしく思わずにはいられませんが、なぜそういう女性が次々に出現するのか、結局女性の地位が一一〇位（二〇一八年時）と低い日本では、男性社会に過剰適応した挙句に、むしろ権力のある男性の気に入ることを先回りして言ったりしたりするようになっているのです。

戦時中の鳥取県では軍の施設があった米子市は爆撃され、なかった鳥取市には空襲はなかったそうです。だから私は沖縄の辺野古基地反対の人たちがいうように、基地があるほうが危険だというのも本当だと思います。

安倍首相と自民党の改憲案が私たち国民に与えようとしているのは、国の役に立たなければ保護してやらないという厳しい条件付の愛です。それは愛ではなくただの支配です。これからも、残りの自分の人生と、この国で生を受けた人たちに平和な日常が続くことへ、祈りのような願いを込めてこの陳述書を記します。

医師の目で見る暴力

長井チヱ子

私は内科・心療内科・小児科のクリニックをやっている。患者さんの年齢も〇歳から一〇七歳と幅広いことからわかるように、いわゆる町医者である。従って、患者さんとの会話も病気のことだけではなく、家族のこと趣味のことなどその人の人生と関わることが多い。

二、三年前に一〇四歳で亡くなったMさん。彼女の長男は、学徒動員で召集され南方で戦死した。学業半ばで死地へ赴かなければならない無念を綴った家族への手紙は、「きけわだつみの声」に収録されている。戦死公報を受け取った後も、それを受け入れられなかったMさんは、戦後何年も帰還船が着くたびに馳せ参じ、息子の姿を探し求めた。経済的にも家族にも恵まれ、亡くなる一カ月前まで自分の口で食べるなど健康にも恵まれていた。晩年は少し物忘れがあったが、戦争の話になるとキッと眼を見開き、「私のような母親をつくってはいけません」としっかり語った。

今年一〇七歳になるYさん。さすがに自力で歩くことはできないが、認知症もなく、日々俳句を作ったり、習字をしたりと退屈する暇がないという。Yさんの一〇四歳の誕生日の時、「今までで、一番うれしかったことは何ですか?」と聞いてみた。眼を輝かせて、即座に返ってきた返事は「そりゃ、あなた、戦争が終わって灯火管制がとれて明るい電灯の下で縫物ができるようになったことですよ」だった。当時を振り返るように「もう二度とあんなことは嫌ですね」といった。

一世紀を生きぬいてきた女性の願いである。私はこれを受け継ぎたいと思っている。今回の戦争法案はこれを踏みにじるものであり、到底許せない。

私は四〇歳を過ぎてから医師への道を目指した。その理由の一つは性暴力被害に苦しむ女性のサポートを医療面からできればということであった。被害にあった当事者・支援者の力で、ゆっくりではあるが、強姦・DV・セクシュアルハラスメントなどの性暴力被害については少しずつ社会的にも認識されるようになった。二〇一六年三月に、私が関わった薬物を利用したと思われる性暴力事件では、被害者の主張を全面的に認める画期的判決が出された。その判決では、被害者の心情もくみ取り、「被害を訴え出た経緯、その後の心境も含めて、実際に性的被害を受けた被害者でなければ供述しえないような具体性、臨場感、迫真性を備えている。その供述には欠落や曖昧に見える部分もないではないが、酩酊、意識や記憶の喪失、覚醒直後、衝撃的かつ思い出すのも苦痛となる性的被害の体験といった事情を考えれば、そのような部分が存在することはむしろ当然で、不自然とみることはできない」と述べている。つまり「あなたは悪くない」という被害者に一番必要なメッセージが込められている。性暴力事件にありがちな「被害者にも落ち度があった」「普段の素行が問題」という内容は一切なかった。また、加害者が法廷で述べた陳述は「不合理な弁解を弄して、自己の卑劣な行為の正当化を図って、原告の人格を否定し、心情を傷つける二次被害である」とはっきり断定している。これまで、多くの性暴力事件で認められなかった大きな壁がやっと今、打ち破られたのである。

　しかし、これを勝ち取るために被害者は四年半もの歳月を費やし、その間に心身の健康、友人、婚約者、仕事、将来への夢など大切なものを失った。ＤＶやストーカー被害では何人もの女性の命が失われている。こうした代償の上に勝ち取られた歴史である。私は、性暴力被害者の「許せない」という気持ちは、従軍慰安婦の方たちの「許せない」という気持ちとつながると思っている。

　戦争は一言でいえば「普通の世の中であればやってはいけないことが、大規模に制限なく何の罰も受けることなくまかり通る状態である」。略奪・放火・殺人・強姦、何でもありである。これは歴史が証明している。日本は従軍慰安婦の問題をきちんと解決しないまま、再び戦争への道を歩み始めている。これは性暴力と闘い、一歩でも二歩でも前進させてきた歴史を逆戻りさせるものであり、許せない。

　三・一一をはじめとして、毎年日本は大規模自然災害に見舞われている。これからも確実に自然災害は起こるし、現在の人間の力では防げない。それに比し、いつ起こるかわからない、かつ人間の英知で防ぐことのできる戦争に備えるためとして膨大な人材・装備・軍事費が使われている。これらは災害救助にこそ向けられるべきである。三・一一から五年たった今も復興は充分になされていない。三・一一も今年の熊本地震でも自衛隊は出動したが、日数も短くとても充分に機能したとは言えない。自衛隊の重機は戦争を目的にして作られているため、災害復興には役に立たないそうである。憲法九条を守るなら、自衛隊は災害から国民生活を守る災害復興援助隊に改編すべきであると思う。これは三・一一の被災者で東京に避難してきた人を何人か治療している私の切実な実感である。

憲法と教育基本法は私の誇り

丹羽雅代

七〇歳となる今、かつてない怖さを感じています。戦争や安全保障という問題がとても身近になっていると感じます。私は数年前に健康を害し、病院と縁の切れない身体になってから、自分に何がいつまでできるかわからない心もとなさに付きまとわれていますが、不安から脱皮する思いで、原告になりました。ここに安全保障法制は私の何を奪ったのかを述べます。

　私は一九四七年三月三一日、名古屋市に生まれました。この日は教育基本法が生まれた日です。のちに教職に就いた私の精神的支柱は憲法と教育基本法でした。特に教育基本法と誕生日が同じであることは、長い間私の誇りでした。教育基本法には、「日本国憲法と手を携えて民主的で文化的な国家を建設して、世界の平和と人類の福祉に貢献しようとする決意を示した」と書かれています。学問の自由は尊重され、自発的に、自他の敬愛と協力によってはかられ、教育上、人種、信条、性別、社会的身分、経済的地位または門地による差別は一切されないことなど、掲げられた内容は、何度読んでも心躍るものでした。

小中学校時代は、まだ貧困の影も色濃く、名古屋駅周辺は、「在日朝鮮人」「浮浪児」「傷病元兵士」「赤線地帯で生きる人々」など、社会の底辺に追いやられて暮らす人の姿が日常的に見られました。目に焼き付いているこれらの人々と共に生きることのできる社会や暮らしへの道を探し続け、行動し続けることは、私の一生の課題となりました。

戦時中、名古屋も焼け野原となって、祖母が営んでいた下宿屋も小さな食堂も消失してしまったそうです。私の父は体が弱く、祖母の精魂を傾けた養育によって、健康を回復、結核罹患歴のために徴兵を免れ、軍需工場で木工製品を作っていたと言います。それは飛行機の木製オイルタンクで、これを作りながら父は敗戦を確信していたとのことでした。戦後すぐに木工機械の払い下げを受け、名古屋の下町で仲間と木工所を開所しました。面倒見のよい優しい働き者の父で、私は男権主義を感じたことはありませんでした。

家の中心は祖母でした。息子の妻（母）も祖母が決めました。兄二人に続いて、私も当然、県外への進学を望みました。父や祖母の反対を憲法と教育基本法を据えて説得、自己主張をしない母が積極的に賛成して、女子大ならばと折り合いました。大学では、本当に女しかいないことに不思議な感覚を覚えました。男がリーダーシップをとらない空間は心地よかったのですが、入学とほぼ同時に学生運動と出会い、勉強は二の次で日韓条約反対運動やベトナム反戦などに参加しました。そして在学中に連れ合いと共同生活を始め、卒業の二カ月後に子どもを産みました。子育ては楽しい経験でしたが、すぐに取り残され感が強くなり、なんとかしなくてはという気持ちが募り、一九七〇年、二三歳の時に子どもを近所の保育ママさんに預けて、大阪府枚方市の小学校の産休代替教員、のちに正規の中学校教員になりました。これが私の、中断を挟みながら二〇年に及ぶ教員生活の出発点でした。

大阪では、同和教育に出会いました。それは憲法や教育基本法を実践する平等教育で、部落差別だけでなく在日韓国・朝鮮人の子どもたちや障害児への差別からの解放をめざす教育でした。また、障害児を「養護学校」や「養護学級」でなく、普通学級に戻す取り組みもあり、複数担任制の教育実践をめざしました。そのころ住んでいた公務員宿舎の集会室に共同保育所を作る運動にも取り組み、実現しました。これが私の女性たちとの運動の実質的な始まりになりました。

一九七八年、東京に転居、再び産休代替教員として高校に就職、のちに都立養護学校に移り、一〇年余り勤務しました。大阪では公立の普通学校に障害児も在日の子もいる学校が多数でしたが、東京では、民族学校、普通学校、養護学校、養護学校の中でも知的障害児、身体障害児、盲学校、聾学校等と分けられているのに驚き、試行錯誤の一〇年を過ぎて重症の腰椎すべり症を発症、退職を余儀なくされました。

一九八二年頃から、東京三多摩地域の女性たちといっしょに、優生保護法改悪に反対する運動や、「雇用平等法」を作ろうという運動に取り組み、その中から生まれた「働くことと性差別を考える三多摩の会」は、日本に初めてセクシュアルハラスメントという言葉を持ち込み、女性たちの間に燎原の火のようにひろがりました。先発のアメリカ女性の活動パンフレットの自費出版は、女性たちの一万人アンケート調査を経て『働く女の胸のうち女六五〇〇人の証言』に実りました。一九八七年から八九年ごろのことです。その後、次々と裁判が続き、今では、セクシュアルハラスメントの言葉は社会に定着し、人権侵害であるという認識も徐々に広まっています。男女で規範が異なる「性の二重基準」への告発でもありました。

一九九〇年代、私は性暴力被害者支援の女性相談室の相談員（東京都の非正規職員）、東京都ウィメンズ・プラザの相談員、二〇〇三年からは大学のハラスメント相談室のアドバイザー兼相談員として非常勤で働きました。現在、公職は退きましたが、二つのＮＰＯ法人で、専門的な性暴力被害者支援員の養成と、被害者救援の支援員として活動しています。

さらに朝日新聞記者だった故松井やよりさんとの出会いから、「アジア女性資料センター」の運営メンバーになり、二〇〇〇年一二月の女性国際戦犯法廷という大きな成果の支え手になりました。その後も、被害女性たちが存命のうちになんとしても日本政府が公式に謝罪し、戦争責任を認め、補償することを実現したいと活動していますが、安倍政権が歴史的事実をなかったことにして、「日本軍慰安婦性奴隷制」に対する国の責任を認めず、その上、ふたたび自衛隊を海外の軍事行動に派遣するという暴挙を目の当たりにして、被害女性をはじめとするアジアの人々に申し訳ない気持ちで一杯です。

その後、札幌自衛隊セクシュアルハラスメント裁判の支援に関わるなど、試行錯誤しながらも差別や暴力とたたかい、人間一人ひとりが大切にされる社会をめざして働き活動し、生きてきました。それができたのは、憲法や教育基本法に支えられた戦後の民主主義社会だったからです。しかし、安倍政権による集団的自衛権の行使容認—安保法制法の制定は、私がめざしてきた民主主義社会の実現とは全く逆の方向に日本を導くものです。女性に戦時性暴力の恐怖を味わわせ、日常生活を暴力が支配するかつての戦前型社会に引き戻すものです。その空気感は私の健康と平穏な日常を蝕んでいます。これまでの努力を水泡に帰し、私に無力感を味わわせ、生きる気力を奪っています。安保法制によって私が失ったものをこの裁判を通じて償って頂きたいと思います。

暴力の被害者の傍らに居続ける

野村羊子

私は、一九五七年八月二八日生まれです。

私の父は、一九二七年生まれ、終戦の一九四五年は高校に在学し、調布飛行場の造成作業等に動員されたと聞きます。父は戦後、キリスト教に出会い、牧師になりました。「神の前では皆平等」と民主主義と平等の基本原則の根拠を神におき、実践してきました。「人は皆平等であり、尊重されるものだ」という基本的人権の理念を私が持っているのは、父の影響だと思っています。

私の母は、一九三一年生まれ。東京山の手空襲で被災。一九四八年にキリスト教と出会いたくて東京女子大学に進学したそうです。結婚後、札幌でキリスト者平和の会をつくり、道内の様々な組織・団体が集会を開く際のつなぎ役としての役割を果たしてきました。

私の両親にとって、日本の平和憲法の非戦の誓い、基本的人権の遵守は、運動の根幹にあるものです。ふたりにとって、生きることの礎はキリスト教にありますが、その生き方を保障するものが日本国憲法なのです。

私は、一九八八年、「働くことと性差別を考える三多摩の会」に参加し、全国で初めてのセクシュアルハラスメント調査に関わりました。その結果は『働く女の胸の内』（学陽書房）として出版されました。その時、性暴力被害は、忘れることのできないほど人の心を深く傷つけるものだと思い知りました。アンケート用紙の自由記述欄の中には、直近のセクハラだけではない様々な性暴力被害体験、学生の頃の痴漢被害、子どもの頃の性虐待被害等、何十年も前の経験が綴られているものが数多くありました。心をえぐられるような記述が多く、私たちは調査結果を読む作業を仲間と共にすることで乗り切ったのでした。

一九九三年からはこの時の仲間を中心に「女のホットライン」を立ち上げ、女性たちからの相談を受ける電話相談スタッフになりました。ＤＶという言葉が市民権を得始めた頃で、つらさの体験を伺う中でＤＶだとわかるもの、職場のいじめ・村八分の発端がセクハラだとわかるものなどが多々ありました。「あなたが悪いのではない。暴力を振るっていい理由などはない」ということを言い続けていました。

私にできることは、隣にいること。できうる限り傍らに居続けることでしかありませんでした。私自身は、幸いなことに基本的な人間への信頼感を持ち得ているからこそ、それを被害回復の途上での支えとして提供できたらと思ったのです。しかしそれも、支援し合う仲間がいればこそできることだと痛感しています。人ひとりの命の重さはひとりでは支えきれません。何人もで支えるしかないのです。私たちの社会は、互いに支え合うことで成り立っていると、私は性暴力の裁判支援、被害者支援の中で実感しています。

二〇〇七年から、私は三鷹市議会議員を務めていますが、暴力被害を受ける女性や子どもたちの支援体制がいかに不十分であるかを実感しています。手続きの問題、狭間に陥る若年女性、ボーダーライン上の障がいを抱える若者たち等々、様々な困難があります。

一般的に、多くの加害者は被害者でもあることがわかってきています。暴力をふるう加害者の成長過程の中に被害体験があることが多いのです。人との関係性の持ち方の中に暴力が当たり前になっていたり、「やられる前にやってしまう」ことで自分を保とうとする、そんな心理が働いているようにも思います。

そうではない、人は信頼に足るものだということを提示し、被害を受けた人の中にある生きる力に寄り添い、自分自身を信頼し、人を信頼しようとする過程に寄り添う。私にできることは今でもそういう支援でしかありません。

そのためにも、人が信頼できる社会でなければならないのです。暴力が是認されてはならないのです。戦争という暴力を行なえるようにする安保法制は、信頼する社会の形成を阻むものでしかありません。安保法制が可決されてから、不寛容、憎悪、暴力へと振れている社会状況は、被害体験がある人をより不安に陥れています。このような被害者支援の根幹を揺るがす事態を看過するわけにはいきません。

日本の社会では、暴力、ＤＶ、セクハラ、いじめ、虐待が横行しています。その原因は、戦争体験のＰＴＳＤと、その連鎖にあると私は思っています。

だからこそ、憲法によって「二度と」戦争をしないと誓った、そのことは、私たちの暮らしが暴力によってこれ以上悪化することを防いできたのです。暴力による被害体験は、なかなか癒えるものではないことは、私自身の支援の体験の中で実感しています。しかも、再度被害を被るかもしれないという恐怖は、緊張感を高め、被害からの回復を遅らせます。平和憲法は、多くの日本国民＝戦争の被害体験者にとって、戦争のない平和な未来を約束し、二度と被害にあわないことを保障するものだったのです。

安保法制によって、非戦平和の未来そのものが脅かされることは、被害体験を持つ人々の恐怖と不安を惹起し、暴力の連鎖を再生しかねず、社会そのものが不安定な状態になりかねません。被害者支援は信頼の上に成り立っています。多くの人々の手によって築かれてきた支援体制が、被害回復過程が、砂上の楼閣になってしまう。今回の安保法制の強行採決は、私を震撼させるものでした。

暴力による恐怖によって社会が成り立つとしたら、そのしわ寄せは女性、子ども、障がい者といった力の弱いものに向かいます。子どもたちの間でいじめの連鎖が起きています。それは大人の社会を映したものなのです。

まして、暴力によって成立させられた法律等というものは、民主国家にあってはなりません。民主主義を標榜する国家としての信頼を揺るがすことであり、今回の安保法制の強行採決は、その一員としての誇りを傷つけられました。

何より憲法違反を政府が犯すことができるという事実に打ちのめされます。日本は独裁専制国家になってしまうのかという恐怖に脅かされています。

ぜひ、この国が立憲民主主義の国であって、平和憲法は守られている。私たちは全世界を信頼し、人間関係を構築し、平和な未来を築き得るのだという確信を取り戻し、安心して日々の暮らしが営めるよう、公正な司法の判断をしていただきたいと思います。

戦争や紛争で利用される女性の「性」

牧田真由美

私は一九四九年に東京で生まれた。家の近くの国鉄（現・JR）駅前には裸電球を灯しただけのうす暗い闇市が残り、新宿駅前には傷痍軍人と呼ばれていた男性数人が松葉杖や腕に添え木を当てた姿で立っているのをよく見かけた。男性の全身から立ち上る得体のしれないものに怯え、見かける度に逃げ出したくなった。

一九六四年、米国が介入して始まったベトナム戦争は、在日米軍基地や沖縄の基地を利用し、日本が武器供与したという噂も流れた。こういう形で日本が戦争に加担していることを、遅ればせながら目の前に突き付けられ、憲法があるから平和でいられると享受している状況ではないと頭の隅で警告音が鳴った。何か騒然とした社会の中で、足元の大学から運動が起きていた。ベトナム反戦運動が世界規模で広がり、呼応するように各地の大学でも改革を求める運動が起こり、全共闘運動として集約されていった。私はその中に身を置きながら、改革を唱えているのに、女性は食事の世話やケガ人の手当てばかりをしなくてはいけないのか疑問が膨らんでいった。ゲバルトにも大きな違和感があった。そんなときに出会ったのがウーマンリブだった。日本では女性解放運動と訳されることが多いが、私は、家父長制と差別・支配の構造を身近な事柄から追及し、自らの立ち位置を振り返りながら女性であることを肯定した活動と捉えてきた。当時（いまも）、女性たちは性差別的待遇や賃金で働かされ、一方で結婚、出産、育児は女性の生きる道などという性別役割分業が根強くはびこっていたので、リブの主張は私自身の思いと重なった。以来、何者でもない、ありのままの「わたし＝女性」を肯定するということを学んできた。学生時代の友人たちは「男性に生まれたかった」という話をよくしていたが、私は、結婚、離婚、母子家庭という生活をおくる中で、「社会」という壁にガッチリ囲まれて息が詰まりそうになり、女性であることから起きる問題に「NO！」と声をあげることに迷いはなかった。当時母子家庭は「欠損家庭」とも呼ばれ、社会の受け入れ態勢は薄く、ならばと、住んでいた地域で、母子家庭の母の自助グループのようなものを作って支え合ってきた。

八〇年代後半、大阪御堂筋事件、女子高生コンクリート詰め事件、幼女連続殺人事件など女性をターゲットにした性暴力事件が相次いだ。クチコミやこれまでの繋がりの中で集まった女性たちが「性暴力と闘う女たちの連絡会」（STON90'）を結成し、私も加わった。女性を蔑ろにする性差別、性暴力をなくそう！を目指し、「痴漢はやめろ」「強姦するな」と渋谷駅周辺をコールしながらデモンストレーションなどを行った。反性暴力という視点でサブカルチュアー創設の兆しもあったが、残念ながら立ち消えてしまった。その後メンバーは、セクシュアルハラスメントやDVアンケート調査などそれぞれに直面する問題に力を入れ始めたこともあり、連絡会は終結した。

二〇〇〇年に開催された女性国際戦犯法廷にほんの一部分、ボランティアとして関わった。「法廷」では日本軍性奴隷制の罪と責任が裁かれ、賠償責任があるという「判決」が出た。日本、アジア、世界の女性たちの望む思い、「正義」が通った「法廷」だった。しかし、女性に対する暴力により、加害者が必ず罰せられるとは決して言えない現状は、悔しいけれどいまも続いている。

父母から断片的に聞かされた戦争の経験、学校で学んだ憲法、戦争は嫌、起きてほしくないという漠然とした反戦への思い。それは「法廷」に関わった経験を経て、軍事主義・戦争は、女性に対する暴力が一体化し、組み込まれた構造的暴力なのだと、女性に対する暴力の一直線上にあるのだと、はっきり繋がった瞬間でもあった。亡くなった松井やよりさんが身体を張って訴えてきた「戦争と女性に対する暴力」について、女性国際戦犯法廷は大きな意味を投げかけた。私にとっても、捉え直しの機会を与えてくれた「法廷」を忘れることはできない。

「法廷」が開かれた二〇〇〇年は、「DV防止法」が制定される直前でもあった。私は民間のDVシェルターの運営・スタッフに就く機会を得て、現在も、DVや性暴力被害の相談、ステップハウス運営に携わっている。

シェルターでは保護命令を地方裁判所に申請することや家庭裁判所で離婚調停を起こす支援なども行った。女性たちは夫について必ず、「裁判所から連絡が行っても出てくるような人ではない」と終始気をもんでいた。しかしそのような心配は無用だった。妻や交際相手には脅しや暴力、日常的な暴言で屈服させていた夫が、自分より強い者や権力にはスゴスゴ従っていた。いかに夫が妻をコントロールしていたか、毎回、愕然とするばかりだった。夫について女性たちからヒアリングをするとき、夫の両親についても触れると、「DV家庭のようだった」「夫も義父から抑えつけられて育ったと言っていた」などの言葉が少なからず返ってきた。

暴力の被害にあった女性がその刃を自身に向けてしまうこともしばしばある。「もっと妻として努力できたのではないか」「自分が至らなかったせいかもしれない」「自分のせいで夫を怒らせてしまった」という自責に苛まれる。暴力から脱出できてなお、夫の支配から逃れるには多くの時間が必要とされる。家父長制や差別構造が女性の力を奪い取ってしまう現実を目の当たりにして、支配は暴力であり、暴力は支配であることを実感させられた。

安保法制は、女性の声を聞かずに無視し、もう一方で女性と子どもを守るという安倍政権の女性を二極化した姿勢が暴露された。日常にある暴力は、戦争という究極の暴力によってエスカレートする。戦争や紛争の中で、女性の性が必ず利用されてきたことは、日本をはじめ世界の歴史が明らかにしている。

安保法制は暴力支配の総仕上げ

松島多恵子

私は一九六四年生まれです。

縁あって、一九九〇年代に南アフリカ共和国（以下南ア）に六年余り家族と生活し、また現地のNGOなどと交流しながら南ア情勢の記事を書く機会がありました。

一九九一年に諸法律が撤廃されるまで、南アは国連から人類への犯罪（crime against humanity）と非難されたアパルトヘイト（人種隔離）政策で悪名高い差別国家でした。全人種参加の初の総選挙が行われるという歴史的転換期を目の当たりにした経験は、今も鮮やかに私の記憶に刻印されています。一九九六年、南アでは故ネルソン・マンデラ大統領の呼びかけにより「真実と和解の委員会」が設立されました。過去、アパルトヘイト政策によって行われた人権蹂躙について被害者が証言し、調査を通じて事実認定を行い、補償する…というプロセスを経るものでした。

犯罪（暴力）被害について振り返る作業は苦痛を伴います。精神的バランスを大きく崩し、日常生活が困難になることもしばしばあります。しかし、「なかったこととして腫れ物に触らず」「早く忘れて新しい社会をつくろう」、ではなく悲劇の連続だった歴史を直視し、共有しようとしたこの国の人々に私は敬意を抱きます。

私自身は戦争体験がありません。しかし、実体験はなくとも知ることはできます。一九八〇年前後に、ＮＨＫで日本軍の侵略行為の実映像が放送されたのを見ました。穴に埋められた中国人にシャベルで上から土を放り込むのです。中国人たちは命乞いをして叫んでいました。それを、高校の「政経」の授業で先生が生徒に見せました。また、当時11ＰＭという民放の番組があり、そこではドラマ仕立ての慰安婦の報道がありました。それも録画して先生がクラスで見せました。このような生々しい映像を、現在の日本の地上波で流すでしょうか。日本兵が中国人を銃殺・刺殺し、強姦した女性と記念にとったという「不許可」写真などを放映することができるでしょうか。侵略否定派・戦争推進派からの脅迫に耐えうるわけがありません。そして、事実であるにもかかわらずそれはさておき矮小化され、反論ばかりがヒステリックに取り上げられるでしょう。

あとになって、先生は学校から圧力を受けはしなかっただろうかとふと思いました。

私は現在、社会福祉士として精神障碍者の生活支援にかかわっていますが、それ以前は福祉施設でＤＶ・虐待を受けた女性や児童などの支援に長年従事しました。近年、脳科学の進歩によって、幼少時の虐待・ネグレクト体験は脳に深刻なダメージを与えることがあることがわかってきています。知的発達が妨げられ、自分の意志で判断する力を奪われることもあります（不可逆的とは断定されていません）。このように、長年にわたり辱められた経験が内在化された子どもの中には、コミュニケーションによる対話が困難なため、問題が生じるとまず暴力に訴えてしまう傾向が見られたり、更に、そうした症状は成人しても継続される場合があります。

暴力は世代間連鎖しやすく、家族外へも飛び火します。ヒトラーは被虐待児だったといわれ、絶対的支配者の父親から殴られても、母親に喜びいっぱいの顔で、「お父さんに殴ってもらったよ！」などといったという記録も残っています。そうすることでのみ自分を守れたのです。ヒトラーの父親もまた、幼いころから出自による差別や屈辱を経験しています。物心ついたころから暴力を受け続けてもそれを「感じないように」封印し、父親を理想化せざるを得なかった精神的抑圧の積み重ねが、実にユダヤ人大虐殺への下準備と言われています。

大人が大人を殴れば犯罪です。家庭内で親が子どもを殴るのは、今でこそ児童虐待防止法というものがありますが、かつては躾として容認されていました。しかし子どもはまだまだ親の所有物と見なされ、人格を持った一個の人間であるとは通念として成立していません。国内では犯罪となることが、国同士の戦争となればこちらも正当化されます。戦争も人間ひとりひとりを人格があるなどとは認めません。そして兵力安定のために女性の性的搾取が生まれる、というサイクルが必ず繰り返されるのは、歴史が証明しています。児童書『みどりのゆび』では、主人公チトがこう言います。「わかった、戦争ってこういうんだ！　説明を聞いてみて、意見を言うだろ、するとパン！だ。ほっぺをたたかれる。…」まさしく、その通りのことが起こっています。状況は異なるとはいえ、この暴力支配の構造の何と酷似していることか。

子どもは、国会や社会での出来事などわかっていないと政治家や世の指導者はお思いなのだろうか。子どもたちは、障碍者や中国・朝鮮が標的になるようなニュースが伝わることなどがあれば、スポンジのごとく憎しみや嫌悪の部分だけを吸収してしまいます。瀬戸際に置かれた子どもや女性の人格を守るためにささやかな努力を繰り返しつつ、このような日本で一体何ができるのだろうと、悩みが尽きません。毎日が苦しい。徒労感なしに私自身の人格をも信じながら生きたい、それを阻害する権化が安保法制だと感じています。

日本は自国の歴史からさえも学ぼうとする態度がとぼしく、認めるべき過誤を認めようとしないという、まるで嗜癖にも似た宿病を抱えてしまっています。加えて戦争を直接体験していない世代は当然ながら戦争に対する心理的バリアが低い。安保法制の強行採決、増えている偽情報の流布による混乱等で閉塞しています。一五年戦争の開戦前は、「いっそもう始まってほしい！」と多くが感じていたと言います。決して繰り返してはならない現在の逆行の流れを止めるため、私は安保法制違憲訴訟に参加しつづけます。

暴力を容認する社会を国が正当化する安保法制は、暴力に苦しんできた女性や子どもを鞭打つようなものです。その傍らで、理不尽な社会にあっても彼らにとって少しでも生きやすくしようとする私の努力が裏切られていく、それは私にとって重大な人権侵害であり、生きるさまたげとなるのです。

大災害後と安保法制におけるリスクは共通

湯前知子

私は現在、東日本大震災の被災者支援を行っているNPO法人フォトボイス・プロジェクトの共同代表の一人を務めております。このNPOでは、被災した女性たちが、被災の経験とその後の地域社会の課題を写真に撮り、写真を持ち寄ってグループで同じメンバーが継続的に写真について語り合います。また写真と共に社会に発信したい「声」（メッセージ）をつくります。写真と「声」のパネルの各地での展示会や、被災者である撮影者が被災経験や地域社会の課題を報告し、来場者と防災・復興について意見交換する会も開催しています。

プロジェクトへの現在の参加メンバーは約四五名です。私は郡山市と福島市のグループを担当しており、東京に避難した女性たちのグループにも関わっています。

また、災害発生後まもなく、開発援助団体オックスファム・ジャパンの支援によって発足した「東日本大震災女性支援ネットワーク」の調査チームメンバーとして、「災害・復興時における女性と子どもへの暴力」調査を実施しました。今回はその調査結果との関わりを通して、災害・復興時における女性への暴力の問題と安保法制との関わりについて述べます。

私は一九八〇年代後半から、性暴力に反対する運動に様々な形で関わっていました。日本での初めてのセクシュアルハラスメントのアンケート運動やドメスティックバイオレンスの実態調査にも関わってきました。それぞれの結果は出版され、その後の運動や政策を大きく進めるのに役立っています。私はその後も自治体等の調査企画や実施に参加してきており、その傍ら、複数の大学で非常勤講師として、女性に対する暴力や女性の人権などの現状や政策・課題などについて講義していました。

二〇一四年七月一日の閣議決定による集団的自衛権の行使容認には恐怖を覚えました。集団的自衛権行使の決定を、主権者である私たちへ問うこともなしに行う暴挙でした。これは、独裁ではないかと強く思い、衝撃を受けました。一度、このような暴挙が行われれば、今後も、国民生活に重大な影響のあることや日本の行く末に関わるようなことが、このような非民主的な方法で決められていくのではないか、今後日本はどうなるのか、それらは私の生活に関わってくる重大なことです。この暴挙は、私が民主主義的体制のもとで平穏に暮らす権利を侵害したのです。

また、Ｊアラートによる避難訓練のニュースは、福島原発事故を目の当たりにして調査にあたってきた私に、いいしれない恐怖を再体験させるものでした。避難所などが設置される事態になれば、女性に対する暴力などさまざまなことが想起され、その事にも恐怖を覚えました。例えば、明日をも知れぬ不安と混乱の避難所においてシングルマザーに対して救援物資と引き換えに性行為の強要が行われていました。また単身女性にも年齢にかかわらず拒否しにくい状況の中で性行為が強要されていました。

災害時と戦時体制は「非常時」ということでは同じです。「非常時」になると、脆弱性のある女性や子どもに暴力や性暴力被害が加えられるということ、安保法制はそのような危険な状況を呼び起こすものであることを、私が関わった前述の調査結果が示しています。調査結果は、震災後や復興時に女性と子どもに対する多様な暴力がふるわれていたことを明らかにしています。

災害時の暴力の加害・被害の構造や根本原因は平常時と共通する部分が多いのです。日本社会には、災害以前から賃金、雇用、政治参画、性別役割分業などの様々な男女間格差に基づく女性の脆弱性がありますが、災害によってその格差が拡大し強まりました。その中で、より脆弱な立場に置かれた女性たちが、生活環境の変化なども相まって暴力の標的にされやすくなったのです。これらを背後で支えるのが暴力を容認する社会意識です。暴力を容認・黙認する社会的意識は災害時にも平常時と同じか、あるいはそれ以上に強固に存在し続けているのです。

災害時の性暴力については、二〇一六年三月の熊本地震でも、避難所やその周辺での強姦や強制わいせつ事件などが約一〇件起きたことを熊本県警が把握していますが、全容はわかっていません。

この調査で明らかになったような暴力被害は戦時体制になった時、十分起こり得ます。アメリカが他国を攻撃した場合、日本が集団的自衛権を行使し、報復として日本が攻撃された時、非常時体制がとられ、女性や子どもに何が起こるのか、東日本大震災後および熊本地震後の状況はそれを示唆しています。避難所が設けられ一定期間そこで生活するなどになると、どういうことになるかと想像するだけで戦慄を覚えます。

安保法制は日本が戦争当事国になるリスクを飛躍的に拡大させました。私は、そのリスクが女性や子どもにもたらす被害の諸相を東日本大震災後の調査の過程と結果、ならびに被災者支援によって知り、間接的に経験することになりました。安保法制によって、私が平穏に暮らす権利は奪われ、人権が保障されることで得られる精神的安定を脅かされています。

もっと生きづらくするアベ政治

伊藤葉子

私は一九五五年に生まれ、大学を卒業後、高校の教師になりました。職場は待遇の面では男女の差はありませんでしたが、一部の男性教師による男女の不平等は厳然としてあり、役職や仕事内容など男女の不平等は厳然としてあり、セクシュアルハラスメントも横行していました。嫌がらせやからかいの対象とされ、たまには体に触れようとする男性もいました。しかし男性教師は私が傷ついていたなんて想像もしていなかったと思います。その非常に不愉快な行為を誰かに訴えて理解してもらうこともできず、また、自分自身でも恥ずかしいことのように感じていました。

しかし、本当につらかったのは結婚してからです。就職後二年で職場結婚しましたが、結婚してからは家庭内での男女不平等に苦しめられました。外で同じ仕事をしていても、家事・育児・家庭内の雑事は全て女がするもの、女がするのが当たり前のこととされました。一方で家庭内の意思決定は男がすることでした。私は夫も妻も当然人として対等だと思っていたわけですから、そのような性別の役割分業には必死で抵抗しました。しかし、夫の意識は変わりません。何よりつらかったのは、家庭内では女は男の所有物だと見なされていたことです。

職場での男女不平等と家庭での男女不平等に苦しみ、結婚後五年で退職しました。うつの状態になっていました。今振り返ればそうわかりますが、当時はそのようなこともわからず、怠け者になってしまった自分を責め続けて過ごしました。もちろん夫にも責められ続けました。

不調を抱えながらも、子育ても一段落した四四歳の時、大学院に入学、体験から女性学を学びたいという思いを持つようになったのです。ジェンダー問題は、私の身の回りにあるような問題だけではなく、この社会の中で実に多岐にわたっていることを知り、社会を変えるには、法律や制度と人々の意識は車の両輪のようなもので、両方が揃って回らなければ動かないということも学びました。大学院での二年間は、大変でしたが楽しく充実していました。

DVは以前から知っていましたが、大学院でもその根深い構造的な問題を知り、特に関心を持ちました。大学院修了二年後、同じ志を持つ仲間と出会い、DV被害者支援のボランティアグループを立ち上げ、数年間活動を続けました。DVはほとんどの場合、加害者は男性、被害者は女性です。男女差別の意識、暴力容認、力による支配という意識が加害男性の中にあるために起こります。罪の意識がないどころか、自分が加害者であるということにすら気づかない加害者も多くいます。しかしこれは、女性への重大な人権侵害です。そこからの縁で、県の嘱託職員としてＤＶ相談員となり約三年間勤めました。

ここ数年、私は安倍首相の政治手法を目の当たりにして、まるでＤＶ被害を受けているような圧迫感と抑圧感を感じ、再びうつ状態に陥りそうです。

「アンダーコントロール」―安倍首相がオリンピックを東京に招致するために、福島第一原発の汚染水について述べた言葉です。安倍首相の「事実ではない」発言や、約束したことを守らなかったことは数多くあります。様々な法律を成立させるために強行採決を繰り返し、後日「やり方が乱暴だった。これから法律について国民に丁寧に説明する。」と発言したこともたびたびありました。しかし、安倍首相が国民に丁寧に説明したのを聞いたことはありません。

「安保法制」においても安倍首相の不誠実な態度は変わりませんでした。最も印象に残っているのは、記者会見での説明です。お母さんが子どもを抱いている絵を見せて、朝鮮半島の有事の際には、アメリカの艦船が救出してくれるので、それを自衛隊が護衛をするためには、この法律が必要なのだというのです。これは全く非現実的な話です。アメリカの艦船が一隻で行動することはなく、何の武器の装備もなく紛争地に出向くことも考えられません。自衛隊が警護しなければ邦人を帰国させることはできないのでしょうか。韓国には二〇万人のアメリカ人がいます。アメリカ軍の救出の優先順位第一位はアメリカ人です。国民を欺くような説明です。

安保法制の一つ「武力攻撃事態法」では、密接な関係にある他国が武力攻撃され、日本の存立が脅かされ、国民の権利が根底から覆される明白な危険があるとき、自衛隊を海外に派遣することができると規定されています。安倍首相は安保法制を日本の平和と安全を保つ法律と説明していました。本当にそうでしょうか。自衛隊は外国から見れば軍隊です。アメリカの仲間と見なされ、これまで日本と良好な関係を築いてきた国々からも敵と見られ、自衛隊員は危険にさらされます。人道支援活動をしているＮＰＯの人たちも敵国人と見なされ危険です。安倍首相の言う「平和・安全」とは正反対です。

憲法九条による国際紛争解決の手段として武力を使わないということは、外交力で解決していくということです。したたかさや駆け引き、高度な政治手腕が必要となります。能力のない政治家には難しいのでしょう。だからといって武力に頼る政治を認めるわけにはいきません。憲法尊重擁護義務を負っている国務大臣が憲法を破ることを、許すわけにはいきません。

安保法制は、二〇一四年七月閣議決定の集団的自衛権の行使容認とともに、国の安全保障のあり方を根本から変えてしまうものであり、明らかに憲法の理念とは相いれないものです。武力に頼る政治は、とりもなおさず力による支配であり、DV加害者の意識構造と通じるものがあります。長い間女性の生きづらさの原因となっていたものです。

憲法九条のおかげで戦争のない平和な社会だからこそ、女性たちは安心して子どもを産み育てていくことができます。それが安保法制のために崩されようとしています。安保法制は、私が平和な社会で安心して生きていく権利を奪っています。

私は一人の日本国民として、一人の女として、一人の母親として、一人の祖母として、戦争のできる国を次の世代に残すわけにはいきません。

第四章　働き続けていま

紙芝居で平和を訴える

池田登美子

一九四〇年（昭和一五年）一一月に千葉県匝瑳郡平和村に四人兄弟の二番目、長女として生まれた。

父と母はとても仲良く、父はなんでも母の手伝いをしていた。

父が戦争にいつ行き、いつ帰ってきたかは覚えていない。

一九四五年二月に妹が生まれ、勝子と命名。

庭を畑にするのに兄と本家に鍬を借りに行った。一・五キロぐらいの帰り道、鍬を担いで歌をうたいながら歩いていたら、米軍機にねらわれてダ・ダ・ダ・ダ……と撃たれた。とっさに兄が「伏せろ！」と叫び、田んぼの畔に連れ込まれた。

九十九里からアメリカ兵が来るのだと聞いていたある日、東の空が真っ赤に染まり、「やっつけた！　やっつけた！」とみんなで大騒ぎをして喜んだが、それは成東の駅がやられた時で、一九四五年八月一三日のことだった。

一五年位前、近所の人たちと自転車で千葉のポートタワーまで花火を見に行った。間近で見る光、腹の底に響く音に、胸が苦しくなってきた。ドーンという地の底からの響きがトラウマになっていたのだろうか、七五歳過ぎる今でも……。

病弱の傷痍軍人とされた父のかわりに母が近所から頼まれた仕立て物で家計を立てていた。貧乏のどん底で学校へ弁当を持って行ったことがなく、家に帰って芋を食べてまた学校へ行った。

高校に行けないことがすごくさびしく、同級生が受験勉強で遅く学校から帰るのを子守りしながら遠くから眺めていた。私は中学を卒業すると個人病院に住み込みで就職。世の中が、皇太子の結婚に浮かれていた年だった。兄と弟は高校へ行ったが、妹もまた東京へ住み込み就職をした。「女は口減らしか！」と思った。

働きながら午後から看護婦学校に行き、一九六一年に看護師の資格を取り、千葉市にあった郵政省管轄の簡易保険診療所に就職。看護婦だけが非正規だったが、一九六二年三月初め、私たちは正規職員になった。そしてその三月末、全員が退職し、簡易保険郵便年金福祉事業団に正規職員として任用された。千葉県に事業団の施設が、診療所一カ所（現在廃止）、保養センター二カ所、加入者ホームが一カ所できた。

職場での不満がたくさん出され、一九七五年に労働組合を結成した。センター、ホームは職員の五二％が女性なのに、女性問題が取り上げられなかった。結婚退職は当たり前、妊娠すると「みっともないからお客様の前に出るな！」などのセクハラ、パワハラは日常茶飯事。

一九七七年に婦人部を立ち上げ、私たちは夜、仕事が終わってから会議をし、子どもを連れて泊まり込みでの会議にも行った。「今年は二人正規職員になった。つぎは三人を目指そう」「分勤をなくそう」「産前産後休暇をとろう」「妊婦の軽減勤務をかちとろう」と目標をたて、かちとっていった。結婚して辞める人はいなくなった。生理休暇も少しだが取れるようになった。とにかく安心して定年まで働けるよう頑張ろうと誓いあった！

簡易保険福祉事業団として、まだ住民の健康管理がされない時期に、健康診断を始めていた。無料で病気を発見し治療に導いていく、予防医学だ。一年に一度の健診は、何処へ行っても有難がられた。働く人間にとっては、特に家庭を持つ者にはきつい勤務だったが、私たちは任務を優先させた。

千葉では、茨城県南部と千葉県内各地に無料の巡回診療車を回していた。月曜に出て金曜に帰ってくる行程を一週間おきに行った。泊りの出張の度に実家から母に来てもらってどうにか乗り切った。一九八一年頃から始まった臨調行革により一九九四年に診療所が三六年の幕を下ろしたのは悔しい限りだ。

今、保育園不足で待機児が問題になっているが、私の子育て時代は、保育園がほとんどなく働き続けられるかどうかは、「運」のようなものだった。第一子を身ごもり市役所に保育所の申し込みに行った時、「ちゃんと生まれてから来てください、無事に生まれるかどうかわからないから」と言われ、ショックだった。それが、一生懸命生まれようとがんばっているおなかの子に、産もうとがんばっている母親にかける言葉か？「私は絶対に元気な子を産むぞ！」と思った。

子どもが元気に成長したのは、組合の仲間に、女性会議の仲間に助けられてのことで、仲間に育てられたと思っている。


一九八一〜八三年頃、郵便局主催の巡回診療で、沖縄に半月ずつ二回行った。沖縄には簡保の医療施設がないこともあって、九州方面の診療所と千葉診療所が引きうけたのだ。X線診療車に薬、医療器材などをのせて出かけた。一回目は本島のコザを拠点に、読谷、石川、北谷、浦添、与那城など、日帰りできる所に出向いた。糸満では、映画「ひめゆりの塔」の撮影部隊と遭遇し、水の中のシーンで疲れ切っていた栗原小巻さんに栄養剤の注射をしてあげたこともあった。嘉手納の基地はその道路の脇からすぐ見え、広大な基地の中では芝生に水撒きをしている。沖縄は水不足だといって、宿では風呂にも入れずシャワーだけで我慢しているのに、腹がたった！

どこの村に行っても医者に診てもらうことに馴れていないのか、人々は恐る恐る来ていた。小さな村ほど言葉が分からず、郵便局員が通訳しながらの診療だった。

米兵が上陸した津堅島からきたという方に戦争のときの話を聞いてみたが、話してはもらえなかった。「痛い」といっていた腕、千葉に帰って現像したX線フィルムには銃弾が写っていた。

退職後の今は、毎日のように、紙芝居を持って小学校、子どもルーム、子育て支援施設、老健施設等などでボランティアを行っている。紙芝居には民話、童話、いのち・生きる・楽しい話、など、たくさんあるが、平和を訴えることに力を入れている。紙芝居を見てくれたたくさんの子どもたち、これからも見てくれる子どもたち、この子たちに自分が体験した戦後の生活をさせてはならない、戦場に送ってはならない、戦争への道を許してはいけないと強く強く思いながら、私は今日も紙芝居を持って出かける。

仕事を続けながら職業病を治す

池田

私は先の大戦で片足を負傷し松葉杖をついた父と母の間の長女として生まれました。妹と弟がいます。貧乏だけどひもじい思いをしたことはありません。

小学校時代は勉強より大縄跳びをしに通学していました。また学校から帰ると、家にランドセルをポーンと投げて、そのまま友達と秘密基地を作るなどして、よく遊びました。今にして思えば、「平和なればこそ」だったのだと分りますが、当時はただ無邪気に遊びほうけていたのでした。

高校受験で学校を決める際は、家が貧しいので大学には行かせられない、就職に有利な高校にしろと言われました。私自身は、ぼんやりとした希望だったのですが、大学か写真の専門学校に行きたかったのですが、諦めました。

高校三年生の時、日本電信電話公社（現ＮＴＴ）が電話交換手を募集しているので受けないかと言われ、母の熱心な後押しで受験し採用されました。当時の電電公社は電話工事者と電話交換手を大量募集している時代で、県内でも市町村ごとに勤務場所があり同僚もたくさんいました。

とにかく「仕事に慣れる・人間関係に慣れる」と思って、一生懸命働いていているうちに、頸肩腕症候群という職業病にかかってしまいました。それは、採用から二年たった頃でした。とにかく「手が上がらない」ので、病院に行きましたが、ブロック注射で痛みを麻痺させる治療しかしてくれませんでした。これでは何の解決にもなりません。あとでわかったことですが、ケイワンになると、自律神経失調症も併発するのです。

当時、私の職場では労働組合が身近な存在で、体調を崩すと一人ひとりに寄り添ってくれ、交代勤務から外して軽作業をしながら通院できる環境を作ってくれました。

自分が体験している「働きながら通院できる職場環境」を広げたいと思い、労働組合の青年部の役員・婦人部（現女性部）の役員になりました。労働組合活動をすることには批判が多く、職業病の患者が治療に専念せず、組合活動ばかりしていると批判されました。しかし、批判されても、「頸肩腕症候群の病名を知って欲しい」「仕事をしながら治療してほしい」との気持ちが強く、気になりませんでした。

また、職業病にかかる理由も学ぶところとなりました。当時のコンピューターシステムは熱に弱いため、室温が低く設定されていて、一日仕事をすると、身体がこわばってしまうのでした。また、レシーバーが重く、首に負担がかかり、ジャックの接続はひっきりなしで、両腕を常に肩まで持ち上げた状態が続きました。機器の改善（軽量化）も要求しましたし、適切な休憩時間＝要員増の要求も行いました。

私の職場に労働者に寄り添う労働組合の分会があったおかげで、治療は長くかかりましたが、やがて快方に向かいました。転勤・結婚と進み、子どもを産んでも仕事を続けられました。健康になったことと職場環境が良かったおかげで定年まで仕事を続けられました。

職場は育児休職制度、子どもが小学六年生まで（当時）短時間勤務ができる等々、労働条件が整っていました。すべて私たちの先輩が勝ち取った労働条件です。新幹線通勤ができるようにさせたのは、私たちのときですが、労働組合の役員の時に学んだ、働くものの立場に立った物の見方・考え方があったおかげだと思っています。

しかし、やがて労働組合本体は「合理化」に協力するようになり経営側の経費削減方針を受入れ、職業病を過去のこととして、今は何も問題がないかのように振る舞うようになりました。これでは罹患者は職場に残れず退職する人も増えました。そうこうする中で正社員より派遣社員のほうが多い職場になってしまいました。

こういった職場環境になってしまっても、まだ正社員は先輩が勝ち取った労働協約に守られている面がありますから、労働組合があり、それが労働者を守る盾になっていたことは大事なことだと思います。

私は二人目の育児休職の時、労働組合の役員つながりでI女性会議に誘われました。誘われるままに入会し、仕事・子育てを優先する活動を始めました。自分ができることから始めようというスタンスは、私にとって居心地が良く、会員と話し合うと「そういう考え方もあるのか」と感心することもたびたびあり、目からうろこのことばかりでした。日本全国にいる会員たちが、その持ち場持ち場で、気づきを運動にしているからだと思います。

東日本大震災があり福島原発事故がおこりました。ショックでした。反対運動をしてきた仲間たちがいたのに、私は自分のことになっていなかったのです。便利さに慣らされ、「原発は安全」だと言われ続けていることに何も反論せず生活していた自分に腹が立ちました。

まもなく戦争法が強行採決されました。戦争法が国会に提出された時、怖くなりました。大半の憲法学者が違憲といい国会審議の中でも数々の矛盾点を指摘されているにもかかわらず、強行採決した安倍政権。国民多数の反対を無視した安倍政権。国民は「安保法制廃止」を求める行動を全国各地でしています。

私には八歳・四歳・一歳半の孫がいます。この孫たちを戦争に行かせたくない。私の子ども時代のように平和で無邪気に遊べる暮らしを、そして一人ひとりが安心・安全に暮らしていけるようにしたいと思っています。

戦争は父を奪い、私の夢を奪った

岡田淑枝

私は一九三八年、埼玉県吉川市に生まれました。戦時中のかすかな記憶は、六歳だった一九四五年三月一〇日、東京大空襲で南の空が真っ赤だったこと、B29がものすごい音をたてて飛んでいたこと、防空頭巾を持って学校に通ったこと、各家庭に防空壕があり警戒警報がなると防空壕に入ったことなどです。

一九四五年七月一日、私の七歳の誕生日に父はフィリピンのレイテ島で戦死しました。父は私が四歳、一番下の弟はまだ生まれる前の一九四二年、三五歳の時に召集され、衛生兵として内地から満州へ、さらにフィリピン・レイテ島へと転戦したそうです。戦争が終わって、家族（祖父、祖母、母、兄、私、弟二人）は、父がいつ帰るかと八幡様にお百度参りをしながら待っていましたが、父は帰ってきませんでした。

父の戦死を知らされたのは一年以上も経った一九四六年の秋でした。小さな木の箱の中に髪の毛と爪が入っていたそうです。どんなところで何を思って死んでいったのか、さぞ悔しかっただろうと思うと、今でも涙が出てしまいます。

祖父は父の戦死を知らされたその日から体調を崩し、これといった病気を患ったわけでもないのに翌年三月に他界しました。私の父を失う前にすでに、次男である私の叔父と次女の夫も戦争で失っており、三人の戦死に耐えられなかったのでしょう、急に老け込んでいった姿がまぶたに浮かびます。

母は祖父の死後、脳梗塞の祖母を看ながら田んぼ一町、畑三反を耕し、小学校五年の兄、二年の私、六歳、三歳の弟を育てていかなければならず、愚痴もこぼさず働き通しで、手はゴツゴツ、顔は真っ黒、冬はあかぎれで血が出て痛々しかったです。「女世帯だから馬鹿にされないように」と、自分にも私たちにも言い聞かせていました。

兄は父親代わりで親戚付き合いや近所の付き合い、税金のことなどを一手に引き受け、私たち弟妹の面倒をみてくれました。私たちも農繁期には学校を早退して田の草取りや稲刈りを手伝いました。いくら手伝っても子どもの力はか弱く、田んぼは水がかからず、土は固まり、草が生え、稲穂はよく実らない。やっと収穫したコメは供出に出してしまって残らず、芋や大根に梅干しの弁当でした。年一回のコメの供出の時しか収入がないので、学校の集金や学用品の購入に本当に困りました。友だちに借りたり、もらったり、母のモンペや地下足袋を履いていってからかわれたこともありました。

私が一番つらかったことは、高校進学を諦めたことでした。友だちが課外授業を受けて帰るのを、畑から取ってきた野菜で雑炊を作りながら、羨ましく見ていたことを思い出します。他の家庭は、出征した人も帰ってきているのにうちはどうして?と、戦争を恨んで恨んで生きてきました。戦後の食糧難や着の身着のままの生活は誰もが味わいましたが、父を失った私の家はそれが長く続いたのです。私は音楽学校へ行きたかった。

私の夢を奪った戦争が心底憎らしかったです。だから、私は戦争の映画を観ることも軍歌を聞くことも大嫌いです。

中学を卒業した私は、一五歳で野田醤油株式会社（キッコーマン）に入社しました。家の中で私が一番最初に働きに出て、現金収入が入るようになりました。二年後にすぐ下の弟もキッコーマンに入社、兄も農業をしていましたが、町役場に入り、一番下の弟も働き出し、やっと家に月々の収入が入るようになりました。

私は、昼間は重労働で疲れ果てていましたが、夜は約七キロの道を定時制高校に通いました。父が戦死しなければ、昼間の高校、大学にも行けたろうにと、戦争で自分の夢が奪われたことを忘れることはできませんでした。けれども、定時制高校で四年間、みんなで苦労して共に学んだことは、その後の生き方にプラスになりました。

キッコーマンでの私の仕事は、諸味（もろみ）という醤油になる直前の味噌状のものを圧搾機で絞る仕事でした。諸味は、炒った麦と蒸した大豆と塩にキッコーマン菌を混ぜて発酵させるために麹室に入れ、三日間毎日かき混ぜながら麹を作ります。それを直径二メートルの樽に入れて塩水を足し、常温で一年かけて発酵させてできるのです。男も女もない重労働で、塩で手は荒れて痛くて血が出る事もありました。この仕事を一五歳から四二歳までやりました。

四三歳からは、詰場に移り、びん詰めの流れ作業から、資材（カートン、ボトル、びん、キャップ）の受け入れ作業、フォークリフトの運転もし、六〇歳定年まで勤めました。

在職中の一九八三年にI女性会議に入会し、平和問題に力を入れるようになりました。戦争体験記を発行することになり一部は会員や会員の友人の体験、もう一部は、実際戦地での体験者の聞き取り編で、「子や孫に語りつなげよう」と題しました。

高校の授業に呼ばれて、生徒たちに戦争体験を語る語り部の活動を続けています。

私は、世界に誇る平和憲法の下で健康で心豊かな生活を送りたいです。子や孫に平和な社会を引き継ぎたいです。私がこれまで働きながら子どもを育て、労働組合運動を通じて女性の権利を向上させ、定年まで働き続け、退職後も平和を語り継ぐ活動ができているのも、平和な社会だったからです。男女平等の権利が憲法で認められていたからです。もし私がもう少し早く生まれていたら、こんな生き方はできなかったでしょう。

安保法制の成立は、私に、戦争で父を奪われ、夢を奪われ、貧しく苦しかった子ども時代を思い出させます。同じような経験を子や孫にさせるのかと思うととても心配で、私は平穏な日々を送ることができません。

貧しかった戦後──働き続けていま

桑原輝子

私の両親は明治生まれで、父は小さな農家の男三人女一人の四人兄弟の次男でした。長男は農家を継がずほかに所帯を持ち、その息子（第一子＝従兄）は一九四五年六月、ラバウルで戦死、壕の中で無線を打電中に背中に爆撃を受け、それでも無線を続け、上官の命令で病院に運ばれ亡くなったそうです。一九歳でした。第二子（従兄）は満州へ義勇軍として出征、かろうじて復員しました。それも村から義勇軍を二人出すために校長から説得されていやいや応じたとのことです。ソ連との国境近くで斥候の仕事をしていたそうです。

次男である私の父は、体が弱かったため兵役は免れ、東京で町工場に働き、電機工場で働く妹とともに暮らしていました。やがて母と結婚し、私と弟二人が生まれました。叔母もずっと一緒に住んでいましたが、東京の街も暮らしにくくなり、一九四四年にみんなで成田の実家に戻りました。三男である叔父がビルマの兵役から復員し、農家を継ぎました。母の弟も一人兵役で中国に行きましたが、無事復員できました。私の廻りで戦争（兵役）に関連した人は四人です。

父は東京から戻り、村役場に勤めましたが、私（昭和一三年生まれ）をかしらに六人の子沢山で、戦後の生活は思い出したくもないほど悲惨でした。母は茨城の出身で一二人兄弟の長女、小学校四年を終えると製糸工場の女工として働いていましたが、父と結婚。子沢山でしたから、戦後は農家の手伝いや佃煮売りの行商、失業対策事業（いわゆるニコヨン）に出たりしていました。子どもたちも畑の草取り、新聞配達、袋貼りの内職などあらゆることをやりましたが、今思えばよく生きていたと思います。農村地帯でも配給生活者でしたから、常に食べるものが不足していた状態です。

私が中学生のころ、父は坐骨神経痛がひどくなって歩くことも出来ず、役場を辞めました。病院にいくということも経済的にあきらめていたと思います。私たち子どもがかわるがわる父の脚にもぐさのお灸をすえました。

私は高校に進学することはあきらめていましたが、試験だけ受けさせてと受験しました。どんな話し合いがあったのか忘れましたが、ひとまず入学することが出来ました。でも制服も買えず、以前叔母に買ってもらった紺色のセーターを着て高校に通いました。バスと電車の定期代もかかります。幸い日本育英会の資金を借りることが出来、月謝は助かりました。夏、冬、春休みはすべてアルバイトです。今のように職種が多いわけでなく田舎のことですから、田畑の草取り、お茶摘み、店員、清涼飲料水工場のびん洗いなどでした。

こういう暮らしで大学進学などはじめから無理と思い、早く社会に出て働きたいと考えていました。

弟四人はすべて中卒で社会に出ました。長男と次男は都内のクリーニング店に住み込みで働き、技術を身に着け、のちに実家で開業しました。三男と四男も苦労しつつ自活の道を見出しました。一番末の妹はみんなの援助で高校に行くことができ、会社員になりました。

八月からやっと都内の特定郵便局に採用されました。朝五時半の一番バスで出勤、夜九時終バスで帰宅という勤務でした。一八歳とはいえハードな通勤状況を見かねて転勤の労をとってくださる方があり、半年で千葉の中央局に転勤することができました。

以来定年まで郵便局一筋に働いてきました。職場の同僚女性たちは、結婚しても辞めずに、子育てをしながら働き続ける人が多かったです。お互い助け合い、励ましあいながら働き続けることが出来ました。それは正規職員だったから出来たことだと思います。また、労働組合もしっかりしていました。婦人部の活動のなかで、生理休暇、育児時間の取得から育児・介護休業へと権利も拡大し、年休の消化など働く条件を向上させる活動にとりくみました。

いま、非正規で働く女性たちをみると、結婚し、子育てをしながら、働き続けられるだろうかと心配です。女性が輝く社会とは具体的にどういう社会なのか示してほしいです。

私は年金生活者ですが、退職金も住宅ローンの返済などがあり、老後のたくわえもなく、細々と暮らしています。私の弟たちは自営業だったので、年金も少なく、晩年は生活保護以下のくらしでした。弟三人は六〇歳代で亡くなりました。今一人の弟は白血病で闘病中です。過労で病気になったと思っています。

長年働く中で、生活が向上しないのはなぜか、豊かな老後が保障されないのはなぜか、学んできました。まさに税金の使い道につきます。

もっともムダなものは防衛費です。武器・弾薬は使い捨てるばかり、なにも生産しません。人殺しのための武器・弾薬は絶対に要りません。先進国といわれる日本で、いま子どもの貧困率が一六％といわれています。七〇年も前、超ど級の貧乏暮らしを経験した私は、今の子どもたちにその体験をさせたくありません。当時は戦後の時代であったかもしれませんが、今は政治の責任だと思います。

安倍首相は外国訪問すれば援助金をばら撒き、日本企業は空前の内部留保を抱え、防衛予算は増えても、国民の生活は社会保障費を削り、自国民に冷たい政権です。利益を享受している大企業の法人税を下げ、消費税を上げようとしている安倍政権は日本の国を豊かさとは真逆の国にしたいのでしょうか。

二〇一五年九月一九日の採決と言えない混乱状態のなかで進められた国会運営にとても心が傷つきました。丁寧な説明（口だけ）もなく、国会の状況を見て唖然とするばかりでした。誰が賛成し、誰が反対しているのかもわからず、国の最高決議機関がこんな状態でとてもまっとうな成立と言えません。一人の人間としてとても息苦しく、ああ、日本はダメになる！と落ち込みました。許しがたいと思いました。絶対に許してはいけない。私の生きてきた七八年の人生に再び戦争への道を許したくない。

看護師四二年、命と健康を守って

纐纈明子

私は子ども四人を育て、四二年間、看護師として日赤病院で働いてきました。

私は醸造業・醤油屋の四女として一九四八年に生まれました。幼少の頃は醤油を配達する車があり、人の出入りも多く、賑やかでした。一九六〇年代に倒産し、醤油を作る幾つもの大きな樽が売られ、家の周りに植えてあった幹囲二メートル近い欅の木が切り倒され売られてゆきました。その後父は、保険代理店をしながら、私たちを育てました。

祖母の兄は早稲田大学三年の時「お国のため」と海軍に入隊し、日露戦争で主計中尉として戦艦「速鳥」に乗船、旅順で一九〇四年（明治三七年）九月三日戦死しました。父の弟は太平洋戦争で一九四二年（昭和一七年）三月一九日戦死しました。

醸造業だった大きな家には佐倉連隊の将校たちが泊まっていたそうで、当時家で作成した日の丸とナチスドイツの印のある灰皿が残っています。

一九六八年成田赤十字病院に就職し、定年まで働きました。病院は新築増床のため、大変忙しく、夜勤では患者さん五一名を二人の看護師でみていました。「夜、廊下を走る人がいてうるさくて眠れません」と患者さんから苦情がきたことがありましたが、走っているのは看護師でした。妊婦さんも月一〇回の夜勤をしていました。産後八週で復帰後の免除もありませんでした。初任給四万二〇〇〇円。手術室の夜ひと晩待機が一〇〇円。有給休暇を「賜暇」と言っていました。病棟勤務は二四時間三交代制。

大変な勤務は、日勤をして深夜に入る日勤深夜勤務です。八時三〇分から一六時三〇分までの勤務の後、申し送りが一七時～一八時に終了、帰宅し、夕食を作り、入浴、洗濯物の片付けと明朝の準備をし、出来るだけ二一時には就寝。二三時三〇分に起きて、〇時三〇分からの深夜勤務にはいります。八時半に勤務終了ですが、引き継ぎが終わるのは九時、一〇時です。仮眠時間はありませんでした。もう一つの勤務は一六時三〇分から〇時三〇分の準夜後申し送りをして一時～二時に終わり、帰宅し、入浴、就寝し六時には起き家族の朝の支度、家事をし、八時三〇分からの日勤をする準夜日勤勤務です。「夢の中でもう仕事をしていたので、目が覚めなかった」と遅刻した人もいました。深夜入りの目覚ましが鳴ると「なんでこんな時間におきなくてはいけないのだろう」と思い、深夜明けの夜は「今日は朝まで眠れる」と思いました。

「人間として当たり前に生き、健康で働き、丈夫な子を産み育てる」を目標に労働組合運動をしてきました。前提は「平和」です。

一九七五年、大きなお腹を抱え「赤ちゃんごめんなさい」と夜の廊下を走って仕事をしていました。夜勤免除を申し出て職場の仲間の支えもあり、産休一カ月前の夜勤免除になりました。「前例がないからね、あなたにあげて、他の人も欲しいって言ったら困るのよ」と看護部長は言いました。産休に入りましたが、死産でした。その時は「貴方は、生理休暇も取っていたし、夜勤も免除したのにね」と言われました。今では妊産婦の夜勤免除、育児休暇制度や育児期間の時間短縮勤務があり、子育て世代には育てやすい環境になってきていますが、そこを補うフル勤務の人材確保が充分でなく、荷重負担がでていると現役世代がいっています。病院の対応で言えば、薬局の人員不足で、頸肩腕症候群で体が不自由になった人への労災認定交渉にも「あなたはここで働いてる人の三百分の一、だから認めるわけにはいかない」と当初拒まれたことを思い出します。

あけび書房・野村拓監修・赤十字共同研究プロジェクト著『日本赤十字の素顔・あなたはご存知ですか』に、

戦地での厳しい、辛い証言が載せられています。

元日赤臨時救護看護婦の津村さんの証言です。四人姉妹の一番下で、末の弟は幼く戦地には行くことはできません。その頃は軍国主義一色の世相で、人が訪ねてきてはお国のために奉公に出ている者がいることを自慢げに話すのが常でした。その都度父は「女の子はこんな大事な時に役に立たん」と力なく応えていたのです。それを聞くにつけ、女だってお国のために働く道があると、日赤の臨時救護看護婦になる決意をしたのです。

元日赤甲種救護看護婦肥後さんの証言です。二人姉妹で「あなたの家には男の子がいないから、戦死に心配がなくていいね」と言われる度に、母が肩身の狭い思いをしていたのを知っていましたから、母のためにも、召集令状をもらって出征できる日赤看護婦になろうと思いました。一九四四年応召、大連、興城陸軍病院に配属。興城病院は関東軍では大きな病院でしたが、バラック建てで節穴から星がみえるような建物でした。夜勤の時重症の患者さんが壁の節穴を指していうのです。「看護婦殿、あそこからお母さんが来る、きれいな橋がかかって、お母さんとお姉さんが来る。早く、こっちへきて…」。いよいよ最後になると「お母さん」と言って私の手を握って死んでいきました。

日赤の公式発表によると、第二次世界大戦で派遣された従軍看護婦（日赤が派遣した救護員）は三万五七八五人。うち死亡が確認されているのは、一九四七年時点で一一一八人に達していました。

人を殺すために、殺されるために、産み育てたのではありません。映像で見た雨の神宮外苑の学徒出陣式。知覧に残る「手記」。何の為に、産み、育て、子どもたちは夢を持って学んできたのでしょう。

私が若かりし頃、近所のおばさんが「息子は戦争で死にました。あの頃は教育がそうでしたから、お国のために…」と話していたのを忘れることはできません。子ども達が死んでゆくことを許すわけにはゆきません。暴力を暴力で制しても平和は生まれません。私が一生をかけてきた「命」を「健康」を守る仕事、また子を育てることは、平和な社会でなければ成り立ちません。

安保法制は、日本を再び「戦前」に投げ込みました。日本を暴力に暴力で対抗することをよしとする国にしてしまいました。私の一生をかけた平和への願いは無残にも踏みにじられました。

シングルマザー、区議、障がい者として

酒井和子

私の実家では比較的戦争の被害が少なかったようですが、それでも母から「戦争は嫌だ、嫌だ」という言葉を繰り返し何度も聞いていました。私の名前は「和子」です。女の子の名前なら母がつけてもよいと言われていたので、女の子だったら早く戦争が終わって平和が来るようにとの思いをこめて「和子」とつけようと考えていたと聞きました。一九四七年に私が生まれて、母はやっと「和子」と命名することができました。私と同年代の女性には、「和子」という名前が圧倒的に多いのですが、戦争が終わった安心感や解放された母親たちの思いがこの名前にはこもっているのだと思い、私はこの名前が好きです。戦争が終わって、母は、家父長制度からも解放されたようです。

私は、一九六五年に東京の大学に入学、家族制度に対する反発が強かったため、結婚や離婚も形式だけで、ほとんど一人で働きながら二人の子どもを育ててきました。保育園の運動にかかわった延長で、一九八三年に豊島区で革新無所属の区議会議員になりました。区議会議員としての私の仕事は、戦争への道を許さない、子どもたちに平和な未来を、という地域に根づいた平和への取組と、女性の人権、とりわけシングルマザーやパートタイマーで働く女性など法的に弱い立場におかれた女性たちの人権を訴えることでした。

働く女性からの相談では、パートタイマーの女性が有給休暇を要求したら解雇されたという事件がありました。当時はパートタイマーの組織化や時給をあげるとか、有給休暇など当然の権利について取り組んでいる労働組合は少なかったのです。正社員と同じ仕事をフルタイムで働いているのにパートと呼ばれ、雇用保険にも加入していない女性パートが多く、雇用機会均等法が施行されても正社員の女性が中心でパートの女性には関係がないと思われていました。子育てや介護など家族の世話をすることによって働く時間が短くなったり、フルタイムで働いても半人前の労働力とみなされパートは安く買いたたかれていました。生活・労働相談を受ける中で、女性パートには家族制度が重くのしかかっていることを感じました。女性パートは世帯主ではなく家計補助のために働いているのだから賃金は安くて当たり前というのが企業の論理です。労働組合も春闘では「母ちゃんが働かなくても食える賃金を」というスローガンが当たり前のように使われていました。私は、女性パートの労働権を確

立することが女性労働の根幹にあると考え、一九九三年のパート労働法施行をきっかけに「女性のワーキングライフを考えるパート研究会」を立ち上げ、労働相談や法改正等の運動に取り組んできました。

私自身、中小企業で正社員として産休明けからフルタイムで働き、シングルマザーとして二人の子供を無認可保育園、保育ママ、公立保育園、二重保育などを綱渡りしながら働いてきましたが、子どもと三人で生活できるだけの給料を得ることは困難でした。フルタイムで働いても最低の生活保障が得られない労働法は何だろうと悔しい思いをしました。児童扶養手当の支給などで給料の少ない部分を補いましたが、児童扶養手当は福祉としての制度であって、労働の価値を評価されたわけではなく、女性だから、子どもがいるから労働の価値が低いとみなされたことは、生活が困難になるという実害とともに労働者としての自尊心をいたく傷つけられてきました。

一九八〇年代の半ばから、中曽根内閣による留学生一〇万人計画によって日本語学校が乱立し、豊島区ではアジアからの就学生が急増して、様々な相談が持ち込まれるようになりました。日本語学校に通う就学生はほとんどの学生がアルバイトをしているので、アルバイト先でのトラブル、賃金未払い、解雇、アルバイトの紹介、アパート探し、賃貸契約のトラブル、入管でのビザ更新、病気や事故による怪我など多岐にわたる相談が持ち込まれました。

中国や台湾、韓国、マレーシア、ミャンマー、ベトナム、タイ、ネパール、南米コロンビアの女性やアフリカの男性など様々な国々の人たちと労働相談・生活相談をきっかけとして交流を重ねてきました。私も機会を見つけて彼女や彼たちの国を訪れてきました。アジアではどの国も日本の侵略や戦争を経験しているので、その跡を必ず訪れるようにしています。韓国や台湾の留学生とはいまでも家族ぐるみの交流が続いていますが、二〇一一年の原発事故の直後には、「東京にいると危ないから早く逃げておいで」と避難を勧める電話がありました。

憲法九条を自分の生活に活かすということは、私にとって日本で知り合った学生たちの暮らしてきた故国の歴史と文化を知り、お互いの理解を深めることであり、友人付き合いを続けることです。安保法制の成立によって私は、アジアの友人たちとの友情にくさびを打ち込まれたような苦痛を感じ、彼女や彼たちに顔向けができない気持ちを持ち続けています。

私は六一歳の時、脳出血で入院して右上下肢機能障害が残り、身体障害六級と認定され、現在杖歩行をしています。日常的には都立障害者スポーツセンターに通って筋トレやストレッチのリハビリをしています。

安保法制が戦争への道に踏み出したいま、障がい者が感じているのは、自分の存在そのものが脅かされているということです。国家からの圧力だけではなく、自分が生活している地域や身近に接している人々からも、役に立たないお荷物という視線や無言の圧力を感じさせられているのです。特に一人暮らしの高齢女性障がい者は、日本に住んでいるのが怖くなってきた、いまは障がい者に親切そうに見えてもいつ邪魔者扱いされるか不安だと言います。

憲法九条に反し戦争に道を開く安保法制は、私が安全に安心して生きることを脅かしているのです。

民間航空機が危ない！

鈴木圭子

私は日本航空の客室乗務員でしたが、二〇一〇年日本航空が経営破綻した時に整理解雇されました。しかしこれは必要のない不当解雇であると、解雇撤回をめざし闘っています。

安保関連法は、日本が米国と戦争をする国から敵国扱いされテロや報復攻撃の対象となる危険性を高め、私たちの職場である航空機の安全運航を阻害し、安心して働くことができなくさせます。また航空機を利用して旅行をする旅客が激減し、航空会社として存続することにも影響を与えかねません。

航空機は国際法上「民間航空機」と「国の航空機」とに大別され、「民間航空機」は国際民間航空条約（ICAO条約）によって保護されています。一方「国の航空機」は軍や警察などの業務に用いる航空機で、条約は適用されません。ICAO条約は「民間航空の濫用は航空安全に対する脅威」として、軍事目的の民間航空機の利用を禁止しています。

しかし日本の民間機を軍事利用する動きが、一九九六年の日米安保共同宣言を受けた翌九七年の日米（新）ガイドライン以降から強まってきました。九七年六月には全日空機が米軍にチャーターされ、嘉手納基地から横田基地へ海兵隊の輸送が行われました。この運航を知った労働組合や市民団体は強く抗議をし、その結果、帰路に予定されていた日本エアシステム機での海兵隊の輸送は取り止めとなり、代わって米国コンチネンタル航空が利用されました。

またこの頃から、陸上自衛隊員が迷彩服（戦闘服）で民間の定期便に搭乗する姿が目立つようになりました。毎年夏に北海道矢臼別で行われる陸上自衛隊の演習に参加する隊員が、仙台や山形などから迷彩服を着て移動するのです。日本航空では労働組合が迷彩服での搭乗を断るよう会社に申し入れましたが、会社側は「商行為の一つ」「学生服と同じ」などと強弁しました。しかし旅客から「不安を感じる」などの苦情が出され、日本航空が防衛庁（当時）に迷彩服での搭乗自粛を要請し、それは一時無くなりました。

全日空機の海兵隊輸送問題は、後日国会で取り上げられました。その結果、当該運航は「日米地位協定五条（合衆国管理下の運航）に該当する運航であった」、つまり「〝米軍機扱い〟であったので、ＩＣＡＯ条約に反しない」と政府見解が出ました。条約に違反しないとしても、日本の民間機が「米軍機扱い」とされた初のケースで、大きな問題です。

日本の航空法には、日本の民間機が軍需品を輸送する規定はありません。その理由は憲法九条があるため、軍需品の輸送を想定していないからです。そのために軍需品の輸送を行なってきませんでした。ところが政府は、一九九九年の国会で「軍需品も危険物輸送扱いで輸送できる」と言い出しました。しかし今日まで、日本の民間機が武器・弾薬を輸送したことはありません。それは現場労働者の強い反対で、航空会社が受け入れていないからです。民間航空が軍事利用されれば、相手国の標的とされるばかりか、テロの対象となることを会社側も認識しているからです。しかし現在特定秘密保護法が施行され、民間航空機の機長に知らせることなく、密かに軍需品を輸送されることも可能となっています。

航空経営者団体の定期航空協会は一九九九年五月の周辺事態法成立時に、民間機の運航協力について①法令を順守すること、②安全性が確保されること、③相手側に敵視されないこと、の三原則を政府に要望しました。これは事実上、軍事協力を拒むもので、航空労働者の反対運動の成果です。この三原則は二〇〇三年の有事関連法成立で、民間航空が「指定公共機関」に指定されても変えていません。

ところが二〇一〇年に米国防総省が、防衛施設庁（当時）を通し日本の航空会社に「米軍輸送資格」の取得要請をしていることが明るみに出ました。航空各社は定期航空協会を通じて受け入れを拒否していますが、政府は各社から個別に回答がないとして、現在も要請を続けています。「米軍輸送資格」を取得することは、政府も認めるように日米地位協定上の米軍機扱いで、航空法が適用除外の運航です。安保関連法は自衛隊の後方支援（兵站）で武器・弾薬輸送が可能とされていますが、民間機についても「米軍輸送資格」を取得すれば、米軍の支配下に置かれて無条件に武器・弾薬輸送を求められることになります。「米軍輸送資格」の取得は、民間航空にとっては自殺行為です。

二〇一六年五月に沖縄で米軍属による女性殺人事件が

発覚しました。事件や事故が起こるたびに日米地位協定の問題が指摘されてきましたが、日本政府は米国に綱紀粛正と再発防止の徹底を申し入れるだけで、警察権や裁判権といった日本の主権にかかわる問題には言及しません。日米地位協定問題は沖縄に限ったことではなく、地位協定により日本の空は米軍機が好き勝手に飛行できることになっています。「航空法の特例」が定められ、最低飛行高度や粗暴な操縦、飛行禁止区域、編隊飛行など、米軍機は航空法の適用がほとんど除外されています。そのため全国各地から、米軍の低空飛行による被害報告があります。一九九四年、高知県の早明浦（さめうら）ダムに米軍機が低空飛行で墜落。二〇一〇年には広島県で一四七九件の低空飛行の報告。県は外務省や防衛省に低空飛行の中止を申し入れていますが、政府は米軍に対し運用の改善を要望するだけでお茶を濁しています。

かつて世界最大の航空会社であったパンアメリカン航空は、一九九一年に経営破綻しました。「戦争をする国」米国の象徴的存在であったパンナムは、報復テロの格好の標的となり、パレスチナのテログループによるハイジャックや、リビアのテロリストの爆破攻撃で、旅客が激減したことが破綻の原因でした。民間航空は平和産業です。戦争のない平和な社会でなければ、安心して航空機を利用することはできず、健全な発展は望めません。利用者が安心して航空機を利用でき、私たち航空労働者の安全と職場を守るため、民間航空の安全を脅かす憲法違反の安全保障関連法（戦争法）は直ちに廃止すべきです。

電車の家

園田雅子

私は一九四二年生まれです。東京大空襲の前日、三月九日に家族全員で新潟の親戚を頼って疎開しました。母は臨月のお腹を抱え（妹を三月二七日に出産）家族各々が持てるだけの荷物を背負っての疎開でした。受け入れ先の親戚も生活が厳しく、その後群馬へ移りました。

戦後、父と長兄は千葉で仕事を探し、母と五人のきょうだいは群馬で、という二重生活が続きました。母は知り合いのいない群馬での生活は大変だったようで、よく叱られて泣いたことを覚えています。一九五二年三月、ようやく家族全員が千葉で生活できるようになりました。しかし普通の家ではなく、使われなくなった電車で暮らしました。家族全員そろって、しかも電車の家、楽しかった思い出です。

私は郵便局で三五年間働きました。一九六二年第一子出産。一九七一年第二子を出産。当時乳児を預かる保育所は、わずかでした。長女は千葉市の「家庭保育ママさん」制度を利用しました。それは、①子どものために一室あること、②子育ての経験があること、③三人まで預かれること、④費用は市と親が負担する、というものでした。次女は職場の近くで預かって下さる人にお願いし、バスと電車（満員のラッシュ時）を乗り継ぎ、親子でつぶされそうになりながら通勤しました。育児時間（仕事の前後四五分ずつ）も許可されず、仕事と通勤で母乳はすぐ止まってしまいました。保育所へ入所出来るまでの待機期間は、長女で一年五カ月、次女は八カ月間でした。

子育てと同時期に、夫の母の入院、その後父の入院と続きました。夫の姉妹たちと、日程の調整をしながら乗り越えましたが、介護生活は一五年ほど続きました。一時期、有給休暇もなくなり、欠勤（賃金カット）の年もありました。

一九九一年八月には、職場廃止という合理化がありました。長年働き続けた職場がなくなり、全く違う職種を一から覚えるということは、大変な負担でした。新しい職場で三年が経過した頃、微熱が続き、体中の関節に痛みが出始め、短期の入退院を繰り返しました。二〇〇〇年九月症状が悪化し、自宅近くの病院に急きょ入院、三カ月間の闘病生活をしました。薬剤の副作用で骨がもろくなり、腰椎圧迫骨折で歩行困難になり、翌年三月、五八歳で退職せざるを得ませんでした。

友人たちに支えられながらリハビリを経て、今ようやく歩けるようになりました。労働組合活動や平和運動に参加してきたおかげで、たくさんの友人がおり、その人たちが支えてくれました。私が労働組合運動や平和運動に参加することができたのは、憲法で基本的人権が認められていたからです。私のこれまでは憲法に支えられ、さまざまな困難を乗り越えてくることができたのだと思います。

きびしい条件の中で仕事を続けてきたのは、生活のためでもありますが、大きくは長兄の死があります。一九五一年一月長兄は二一歳の時、会社の命令で北九州の八幡製鉄（当時）に行かされ、事故死しました。同じ事故が繰り返されていたと聞きました。現在も自殺に追い込まれるような働き方など、昔も今も人の命が軽視されています。働くすべての人々が大切にされる社会であって欲しい。人の命を軽視する最大のものは、戦争です。戦争だけは何があってもしてはならないと思い、生きてきました。

それなのに二〇一五年九月、安保法制が強行採決されました。日本を戦争のできる国にする安保法制は、私が望み、めざした社会、これからの人生を安心して暮らせる社会とは逆方向をめざすもので、決して許すことは出来ません。世界の多くの人々とともに平和に暮らしたいという私の願いを踏みにじり、私の平和に暮らす権利が侵害されました。公正な裁判を切に望みます。

なんで女だけ辞めんなんがけ!

高木睦子

私は一九四三年生まれ、敗戦時二歳で、戦争の記憶はありませんが、バケツを持ちジャガイモの配給に並んだことをかすかに覚えています。四~五歳だったと思います。

父は軍隊で何をしていたか判りませんが、白馬にまたがった笑顔の写真が何枚もあり、年齢も三〇歳近く、それなりの任にあったと想像できます。しかし無事還ってきても、思うような仕事には就けず、仕事の無い父と、洋裁をしていた母。母の着物と食料を交換する筍生活でした。父には時間があり、賭け事に走ってしまいました。物ごころついた私に、母は幾度となく「あんな者戦争で死ねば良かった。今頃軍人恩給で生活できた」と愚痴りました。幼い頃の思い出したくない光景の一つは、プラッと出て行き、夕食時に帰ってきた父の「ちゃぶ台返し」です。

四歳違いの弟は疫痢に罹り、一晩で亡くなりました。小学三年生の時、妹が生まれました。母は生活苦がたたって結核に罹患し、妹も小児結核で遠く離れた結核療養所に長期入院しました。時を同じくし父がどんな罪か知りませんが、受刑者になりました。

五年生の私は、母方の叔父宅で中学二年生までの四年間、養ってもらいました。今なら児童養護施設に入所でしょうが、当時は親戚で面倒を見るのが当たり前でした。食べ盛りの子を引き取り、三人の子どもがいた叔父一家も大変だったと思います。私は心身とも急成長する思春期で、女親が居ないことは、今思い出しても辛いものがありました。

父が刑を終えて戻り、小学校へ入るため妹が退院してきました。突然、主婦代わりをすることになった私は、石油コンロも洗濯機もない時代で、思い出すのは、お釜を真っ黒焦げにしたこと、雪の降る夜にタライで父のゴワゴワの作業服を洗ったこと。日々どう過ごしたか思い出せません。まだまだ甘えたい妹は、学校帰りに暗くなるまで駅で、帰ってくる当てのない母を毎日待ち続けていました。今思い出しても胸が詰まります。

間もなく母が退院してきましたが、左肺を切除し内部障がい者になっていました。その後、両親は「離婚」し、私たちは母と暮らすことになりました。自宅を売り払い、お金を折半しても、子どもの養育費など一切ありませんでした。六〇年以上前で「離婚」自体があまりないことでしたが、母にとっては「やっと」「ようやく」自由になった思いだったようです。親子三人は母子寮に入居し、母は近くのメリヤス工場で軽易な仕事に就くことができました。しかし母の収入だけではとても生活できず、私も工場の製品を内職する家々に配達して完成品を集めるアルバイトをしました。生活保護も受給していました。

母子家庭では高校進学などもってのほかと、陰で色々言われたようですが、母の強い意志で進学することができました。当時の民法は離婚したら旧姓に戻るので、受験時は父方の姓、入学後は母方の姓となり、興味本位の噂をされ、父への嫌悪感はさらに大きくなりました。病弱な母はしょっちゅう具合が悪くなって寝込み、私は高校の三年間も呉服屋でアルバイトをして生活を補っていました。

当時は、六〇年安保をめぐって世の中は騒然としていたはずですが、その日を生きるのに必死だった私は、新聞を読むこともなく、社会の動きに関心を持つ機会もなく、しっかり勉強した記憶もありません。卒業したらとにかく働き、母と妹の面倒を見るのが運命と思っていましたが、就職するのが大変でした。学校は、片親家庭の子どもはどこの企業も推薦できないから、自分で見つけなさいと言うのです。「差別」されることの理不尽を、つくづく感じました。他に選択肢はなく、公務員試験を受けることにしましたが、公務員の賃金は銀行員の三分の一、他の民間企業と比しても六割くらいでした。

差別のない職場を思い描き県庁で働き始めましたが、朝、一〇時、三時のお茶だしに加え、他課の職員が来るたびのお茶だしで、何のために県庁に来ているのかと、情けなく悔しい日々でした。当時は、結婚退職が当たり前、産前休暇はあっても出産直前まで働くのが当たり前の職場で、三〇人くらいの女性同期生が、数年後には半数以下になりました。子どもを育てながら働き続ける女性は数えるほどしかいません。頑張って働いても夫が管理職になることと引き換えの円満退職も当たり前でした。

お茶汲みに始まる女性差別を「おかしい」と思いながら働いて三年目、当局が「三〇歳以上の女性」「働いて一〇年以上の女性」「子どものいる女性」に対し、「退職勧奨」を提案しました。トンデモない提案に、本庁婦人部の全員集会が開かれ、数日で産休に入る予定の部員が「子どもを産んだら駄目だと言うがけ！　なんで女だけ辞めんなんがけ！」と言うのを皮切りに、怒りの発言が続き！「明日から、人事課の前に座り込もう」と決まりました。女性たちの怒り、組織を挙げての闘いが組まれた結果、座り込みをすることなく提案が撤回されました。しかしこれは、自治体が財政危機の度に繰り返されました。

婦人部本庁の一幹事でしかなかった私が、差別的な女性退職勧奨反対、人事院勧告完全実施の闘いでストライキを敢行、などの闘いが契機となり、富山県職員組合婦人部長や上部団体の役員を担い、差別の構造や貧困の必然性などを学び、社会を見る目が開かれました。

「日本婦人会議」が、〝女性解放〟を目的としていることに魅力を覚え、加入したのもこの頃です。山川菊栄さんの母性保護論争での鋭い指摘や評論集と出会い、女性学に出会いました。平和な社会でなければ、民主主義も個人の権利も弱者も護れないと実感しました。これまで、父への母の一方的な思いや感情しか聞かず、父を恨んできましたが、必ずしも父だけの責任ではないことや、世の中の仕組みを理解し、解き放たれるようでした。

為政者によって始められた戦争は、「国民一人ひとりの命を守る」ということとは真逆だったことが、先の大戦で実証されたことも知りました。

安保関連法は戦争への道を導く法律です。私が一生をかけて実現しようとしてきた「女性が一人の人間として働いて生きることが当たり前の社会」は、平和でなければ実現できません。それは歴史や父母たちの苦しかった人生が教えてくれています。安保関連法制は「生きることは闘うこと」だった私の人生を無にし、人生を全うする権利への侵害です。私は闘い続けます。

子どもが平和に暮らしてほしいだけ

高村裕子

私が原告になった理由は、子どもが親よりもっと人間らしい生活を送ってほしい、それだけです。

私は一九五〇年、北海道で生まれました。男女差別があることの意識もなく過ごし、学生結婚で大学を一年休学して出産。就職活動は子持ちのハンディがあり、既婚で子持ちの学生を受け入れる企業はありませんでした。たまたま信金の募集があると耳にして、直接面談で「子どもは親と同居してみてもらう。第二子は当分の間作らない」と約束しやっと就職し、親に北海道から来てもらいました。今考えると親の人生も振り回したと悔やまれます。

就職した信金はお金が一円でも合わないと、合うまで全員残業で、毎日二~三時間の無給残業がありました。一九七〇年代は春闘のストライキが頻繁にある時代で、電車が止まって出勤出来ない職員には職場近くのホテルに泊まり込みの指示が出ました。賃金も仕事も確かに男女差は見えませんでしたが、この勤務では、女性は子育てどころか家庭を保つことも出来ないと実感しました。

親にこれ以上負担をかけないため、地方自治体の試験をいくつか受けました。公務員試験は誰にも門戸開放し受けるのは自由、だけど採用は男女の違いが歴然とあり、ようやく合格したのは、ベビーブームで急増していた小中学校の学校事務でした。少しは子育てにゆとりが出来るのかと思いましたが、学校事務は一人のため、子どもが熱をだし保育園にいけないときが仕事の給料日と重なると、車に布団を敷き子どもを寝かせて様子をみながら仕事をしました。

北海道から子育て援助のため呼び寄せた母は、慣れない土地で体調を壊して癌にかかり入院し、夫の母も癌で入院、夫は週末釧路と千葉を往復の日々がしばらく続きました。子育て、看護をしながら仕事をする私を支えたのは、職場の仲間たちでした。子どもの運動会に参加したいと年休申請をだし管理職とけんかする仲間、定時に帰ろうと声かけあう仲間、そんな仲間に支えられました。

学校事務を続けるなかで、教員には育児休業があるのに、学校事務、栄養職員にはなぜないのだろうと、労働組合にはいりました。産前産後の休暇、育児休暇、介護休暇、制度を利用できる職場環境を作らなければ、絵に描いた餅になってしまう。私たち女性が働ける環境は、男性にとっても誰にとっても必要なもの、これからの人たちが少しでも良い環境で働いてほしいと、組合運動を続けてきました。

癌で入院していた母を看るため、当時できたばかりの介護休暇制度を初めて申請し医者の診断書、住民票、戸籍抄本等手続きをしている間に母は亡くなりました。夫の母もやはり間に合いませんでした。その後介護休暇制度も利用しやすくなり、働き続けるための改善に繋がっています。一人では何もできないけれど、働く仲間と相談し、協力し助け合っていくと少しずつ変わっていくことを実感しました。

私は自分の体験から、憲法で謳われる男女平等と現実の社会の隔たりを実感し、労働組合運動をして、育児をしながら安心して働ける社会を目指しました。そしてわかったのは、家事、育児、介護は女性だけではなく、男性が担うのも当たり前の社会でなければいけないということです。そう思いつつ現実は私が大半を担った生活でした。夫は四三歳で亡くなりましたが、最後まで仕事の事が気がかりだったようです。

今回の安保法制により、子どもたちが戦争に巻き込まれる危険を考えると憤りを感じます。人生の大半をかけて子どもを育ててきたのは、戦争に向かわせるためではありません。子どもたちには、親の私たちよりずっと暮らしやすい社会で、幸せに生きてほしいと思います。戦争への道を辿っているような安保法制は、私の平和に生きる権利をどれだけ脅かすものかはかり知れません。そのような不安に怯えている今現在、安保法制は私の心の安寧を奪っているのです。

数の暴力を目の当たりにして

滝　桂子

二〇一五年私は安保法制を採決させないため、強行採決後は廃止をもとめ、連日国会前に行きました。採決のひと月前の八月、娘から子どもができたと知らせがありました。孫が生まれると聞けば大喜びのはずですが、その時私は漠然とした将来への不安から素直に喜べませんでした。今可愛い孫の顔を見る度に、この子を守るため諦めてはいられない、戦争する国に絶対してはいけない。今まで以上に色々な活動に足を運ぶようになりました。

私が恐怖を覚えたのは、安保関連法特別委員会の強行採決時の数による暴力を目の当たりにした時です。それはかつて経験した私が所属する組合員への、会社と第二組合によるすさまじい暴力を思い起こさせたのです。

私は一九七四年シェル石油に入社しました。一九七〇年代の多くの企業では女性がお茶くみをしていましたが、外資系のためそんな慣習はなく、給茶サービスの人がしていました。残業もほとんどなく、終業時間の五時半には皆一斉に職場を去りそれぞれの時間を楽しみ、夜学に通う社員もいて、会社も通学する社員をサポートしていました。

当時は全国的に労働組合運動が活発で、私も事務部門の社員が皆入っているシェル労組に入りました。一方組合活動が強いのは経営者にとって不都合と、私が入社した年に、生産性向上運動等で会社に協力し、敵対する組合を弱体化するため事務部門にも第二組合がつくられました。管理職の介入で、昇格や転勤を餌に多くの人が第二組合に移っていき、あっという間に私たち第一組合は少数派になりました。

一九八五年の昭和石油との合併を前に、第一組合を潰そうとした会社と第二組合は、本社の入る霞が関ビルのエレベーターホールや職場で、暴力を振るいました。第二組合員は武闘訓練を行い、暴力で第一組合員が何針も縫う怪我や鼻骨陥没などの傷害事件が起き、ワイシャツがビリビリになるのは日常茶飯事でした。暴力だけでなく、村八分もおきました。第二組合幹部は、第一組合員の親が亡くなっても葬式に参列するな、職場で口をきくな、挨拶するなと強要し、第一組合員は過激派だと宣伝しました。親しくしていた人もよそよそしくなり、良識ある人も口出しできない雰囲気で、職場の管理も厳しくなり、トイレ等の離席も全て管理職が分刻みでメモし、離席が多いと叱責する嫌がらせもありました。

このような弾圧を受けたことで、あらゆる場で差別される側に立ち考えることができるようになりました。身近な家事育児や食、水俣病や薬害、核や国際問題、中東戦争やパレスチナの難民問題など、全て強者が弱者を差別し、人の不幸を顧みず富を得ようとして生じることがわかりました。少数派になったことでの、発見でした。

組合大会で「男性は会社や組合で立派なことを言うが、家事育児をしないのはおかしい」という小さい子どもをもつ女性組合員の発言をきっかけに、男性も家事育児をという運動が生まれ、一九八〇年代に組合は「男も女も一日二時間の育児時間を求めて」の要求を掲げ、男性組合員も育児時間を求めてストライキに入りました。また地域の仲間の応援を得て昼休みに霞が関界隈のデモも行いました。「女性が働きやすい職場は男性も高齢者も働きやすい」をスローガンに掲げた取り組みの結果、育児・介護休業制度や短時間勤務制度が法制化の前から実現したのです。

二〇〇四年一二月に男女賃金差別是正を求め、私も含め一二名の女性組合員が裁判に立ち上がりました。私は提訴により上司から、当時担当だった取引先との価格交渉等の職務をはずされ、雑務を担当させられる等の嫌がらせを受けましたが、自分は間違っていないとの思いや弁護士たちが私たちの為に取り組む姿を見て頑張ることができました。私は法廷で、男性と変わらず対外折衝を行い、実績をあげたことを証言しました。会社は、上司の陳述書や証言で私の仕事を貶めましたが、反対尋問で証拠を示し反論できました。

地裁の判決は一部勝訴、その後控訴審中の二〇一〇年一二月、四〇年間の労使紛争に対し会社との和解が成立して一括解決となりました。組合員への差別是正だけでなく、女性の昇格に積極的に取り組むことを確認しました。現在の会社は女性にとても働きやすい会社となり、その価値は会社が一番実感していると思います。

それでも会社で経験した、瞬く間に人が変わり暴力化したことを思い出すと、戦争前夜もこうだったのかと想像し、同じ状況を現政権が作り出すのではと怯えてしまいます。

子どもたちのことを思うととても不安です。娘はSNS上で政治のことをつぶやくと、周囲から仕事に差し障るから止めた方がいいと言われるようです。それでも何とか発信しようとしています。娘も子どもを持ち、安保関連法をとても不安に思っています。

湾岸戦争が起きた一九九〇年、私はパレスチナの子どもの里親をしていて、当時爆撃の弾が里子のキャンプに落ちるのではないかと不安な日々でした。

今、安保関連法が廃止にならない限り、子どもや孫が被害者だけではなく加害者になる可能性があると思うと本当に苦しくなります。安保関連法は、私の「生命、自由および幸福追求に対する権利」を奪っています。違憲であり、即廃止すべきです。

「な」と「か」一字の違いだけれど

竹内勝子

日本が戦争のできる国に変わってきている。それはこの国で七三年生きてきた私にとって思いもよらない事であり、あってはいけないことだ。

一九四五年、私は敗戦の約ひと月前の七月一三日に横浜で生まれた。

その約一カ月半前の五月二九日の横浜大空襲で、B29爆撃機五一七機、P51戦闘機一〇一機による焼夷弾攻撃で約八〇〇〇から一万人の死者を出したというのだから、奇跡的に生まれてきたようなものだ。

母は身重な身体で故郷の山梨に疎開していたが、何故か横浜に戻って私を産んだ。私の記憶では、横浜大空襲を聞いて戻ったということだったのだが、後年、一一歳上の姉に聞いたところ、何か居づらいことがあったのではないかという。子ども三人を連れて身重な体で行ったのだから、いろいろあったのではないかと姉は言う。

そんな時代に生を受け、私は勝子と名付けられた。後に母から「夏子」とつけたかったと聞いて、私もそれが良かったなと思った記憶がある。戦争による被害の一つといえるだろうか。

戦況を知らず勝っていると思い、いい気になってつけたのか、それとも戦況が危ういことを知り、祈るような気持ちでつけたのか、父親存命の折に聞いておけばよかったと、今、思う。

高校卒業後、外資系の石油会社に就職し、六〇歳の定年まで働き続けた。当初社風になじめないと思った時期もあったが、その後、先輩女性たちとの活動や、労働組合役員として活動する中で、生理休暇取得や住宅手当の女性への差別（既婚男性は第一ランク、既婚女性は単身独立者よりも低位の単身親許と同じ第三ランク）撤廃、産前産後休暇、育児時短、育児休職等々、女性も定年まで働き続けよう、子育てしながらでも働きやすい職場作りをめざして改革してきた。

その過程で、組合の分裂や組合役員の逮捕・解雇などがあったが、一二年間の闘いで、一九八八年に職場復帰を勝ち取ったのは嬉しい記憶だ。

およそ六〇年前、小学生の私が、そしてそれ以降ずっと誇りに思ってきた戦争をしない国が、今回の安全保障関連法（戦争法）で壊されようとしている。それも、一票の格差が違憲状態と最高裁で認定された選挙で選ばれた議員たち、議員としての正当性さえ危うい議員たちの手によってである。そのうえ、どさくさ紛れの何の記録も残っていない「決議」によってである。

私が定年まで勤務していたグローバル企業では、各部門の業務は厳しく監査される社風であった。国を超えて担当者が決められ極めて厳しく監査され、作業や決定の過程の記録のないもの、あいまいなものは大きな問題とされ、その追跡と改善策の提出が厳しく求められた。

一私企業で行われていることが、国家という圧倒的な権力を有する所で実行されない。それも、「安全保障関連法（戦争法）」という国民の意見が分かれる重要な法律についてである。これは大変恐ろしいことだ。

この国の有り様が信じられない程変質してきていることが恐ろしい。「戦争しない国」と胸を張って生きてきた私の中の幼い頃からの思いが壊されていく。

敗戦の余韻がまだ残る昭和三〇年頃、東海道線の線路に沿った通学路を鼻歌交じりに草履袋をクルクル振り回しながら通っていた私は、日本は永久に戦争を放棄した、もう二度と戦争をしない国になったのだと明るい気持ちでいた。今では侵略とその戦闘中の数々の行為の象徴としてアジアの国々から疎まれていると知った日の丸でさえ、当時は祝日になると父と共に、清々しい思いで揚げていた。

街角では傷痍軍人が傷を負った脚を見せて立っていたり、四つん這いになった姿勢でカンパを求めていたことも、そしてそのような時に「誰か故郷を思わざる」が流れていたが、それは戦後のいつ頃までの事だったろうか。銭湯で会う母娘が中学校へ続く丘の中腹の防空壕に長らく住んでいたことや、その面影は今でも覚えている。

その頃は、強制的に連れ去られて慰安婦にされた女性たちのことなど全く知らずにいた。長じて日本軍のしてきたこと、被害を訴える女性たちのこと、その女性たちに謝罪も賠償もしていないことを知り、大変なショックを受けた。韓国訪問では、ナヌムの家を訪ね夜更けまで彼女たちの話を聴き、謝罪と被害の回復、それも一日でも早いことを願ったが、それから一〇年以上たったというのに未だなされていない。

その様な被害をもたらした戦争への道をひらく安保関連法案（戦争法）の強行成立により、幼い頃から誇りに思ってきた憲法九条が壊され、平和が脅かされようとしている事が私を怖れさせる。戦争とその戦時中の残虐行為を反省して戦争放棄の憲法を掲げることで得てきた、他の国々からの信頼が危うくなることが悔しい。

海外で現地の支持を得ながら活動しているペシャワー

ル会をささやかながら支援しているが、彼らの活動が危うくなることはないか、その他、紛争地で活動されている方々の活動がやりにくくなるのではないかという危惧を感じる。

更に危惧するのは、赤川次郎氏の「東京零年」という作品に描かれたような、情報、個人情報が国に管理、操作され、増大した権力が、それを行使して市民をコントロールするという状況につながりかねないことだ。創作上のことではなく、現実味を帯びてくることが恐ろしい。

私には子どもはいないが、姪が共働きで育てている三人の子ども達が愛おしい。この子たちに戦争を経験させるなどということは絶対にできない。被害者にも加害者にもしてはならない。

さらに、今回、政治・政権のルールを無視した暴挙が若者たちに、「おのれの正義のため」「目的のため」には何をやっても良いという誤った考えを植え付けることを怖れている。相模原でおきた障害者抹殺の犯意にそんな兆しが見えて怖い。

女性自身が労働三権を駆使する闘い

谷 恵子

私は、女性による女性のための労働組合を一九九五年に立ち上げて、女性が誇りをもって働き、自分の人生の主人公として生きることができるために活動してきました。しかし、安保法制が成立し戦争ができる国になったことによって、私のこれまでの活動と目的は否定されました。私が受けている被害を陳述します。

私は、女性が自らの手で生計を確保することなしに、自分の人生を選択して生きることが困難だと強く思ってきました。生計を確保すると言っても、私が社会に出たのは均等法制定以前の時代、男女別賃金表が当たり前の低賃金、生きていくために様々な仕事をしてきた私は、自らの事として女性運動、労働運動に取り組みながら、労働と人権、平和を結び付けて考えてきました。

私は、労働環境の改善や女性労働の向上のために、地域の合同労組で活動してきました。男女雇用機会均等法は男女差別を明確に禁止する法律にはなりませんでした。成立後もコース別人事管理や派遣法に見るように、労働現場での男女差別は根強いものでした。転職を余儀なくされても、子供がいる私には再就職は厳しく、面接のたびに、特別のスキルは不要と言われたり、露骨に「もっと若ければ」と言われたりもしました。ようやく得た仕事も、その賃金の低さに、突き返したい衝動を覚えたことは数知れません。

このように女性が扱われるのは、日本の企業社会では男性が稼ぎ手であり、女性はその男性を支える役割であること、さらにパート労働のように、たとえ主力労働を担っても現場では家計補助労働として位置づけられることを、体験してきました。主たる生計者でも、日本の企業社会で女性は家計補助労働者としてしか位置づけられません。だから、スキルよりも「若く」「従順な」人材としての女性が求められるのです。こうした状況を変えるためには、何よりも当事者女性たちが声をあげ、力を合わせることが必要でした。

バブルがはじけ、リストラが多発し、組合には女性の労働相談が増えてきました。また、女子学生には就職氷河期にあたり、「働く女性のための弁護団」が一九九四年に発足しました。女性ユニオン結成が一九九五年三月に報道されるや、全国一般の事務所には電話が殺到したのです。内容は相談だけでなく、女性のためのユニオンを待っていた、手伝いたい、という嬉しい連絡も多く、結成への大きな力となりました。

女性のための、女性による、女性のユニオンとして、これまでの労働組合のあり方を見直して、自らの手で労働環境を改善し、問題解決する力を持つ、当事者がエンパワメントするために必要なことを掲げました。当事者の意思を尊重する、当事者とサポートするユニオンメンバーは対等な仲間、当事者の力を発揮できるようにサポートし寄り添う、相談する側とされる側との「力関係」の発生を防ぐ、相談や解決への取組には複数のユニオンメンバーが力を合わせる、またフラットで風通しのいいユニオン運営を目指してきました。こうしたことは、女性が自らの手で労働三権を駆使して、自分の労働人生の主人公であるためにみんなで考えてきたことです。女性によって、女性のために、女性の力を合わせることができる労働組合、女性には時間もお金も余裕がないからこそ、その力を合わせることに意義があるのです。私はこれこそが、民主主義の土台作りだと思っています。自らの労働の場を民主的に再編成する、そしてより多くの女性たちと連なっていくことで、日本企業社会に風穴をあけることを追求していきたいと考えてきたことが、安保法制によってその根幹から否定されているのです。

安保法制は、民主主義の対極にある「戦争」のための法制です。暴力の極限である戦争は、一人一人の平和的生存権に基づく民主主義を否定し、「敵」に勝つことが最優先されます。軍隊はタテ社会の権威主義で、女性ユニオン東京で掲げていることと真逆です。一人ひとりが自分の頭で考えてはならない、一人ひとりが声を出してはいけない、ましてや自らの意思で行動してはならない。「国民」は戦争遂行の「コマ」であって、「コマ」には基本的人権は不要なのです。

安倍政権は、経済力のために労働者を「人間」として扱わず、「コマ」としてしか扱っていません。それは、戦争法案の年に強行採決された「派遣法」の改悪や今年強行採決された「働き方改革関連法」にみてとれます。個人の人権ではなく、生産性のために「権利行使」は否定されます。この経済力のための「コマ」は戦争遂行の「コマ」につながっているのです。

「働き方改革関連法」の「高度プロフェッショナル制度」は一日八時間労働の規制を取り払いました。人を人扱いしていない。まして、家事・育児労働の大半を担う女性の労働はさらに低評価に固定されるでしょう。性別役割分業に根ざした世帯主義の下では、男性は家長として働き、男性基準のまま女性も男性並みに働く一方で、それができない女性は格差を当然とされて非正規が合理化されてしまいます。

戦場に行く男性を支える銃後の女性役割はそのまま安倍政権の「女性活躍」で、女性は、銃後と家庭を支え、就労し労働力不足を担うことが求められているのです。

軍隊的盲従、暴力的価値観が浸透しつつある現在、安保法制は女性労働を戦争に組み込み、命令に盲従するために労働者の権利を否定し、労働組合をなくすための先兵です。一人ひとりの当事者性を尊重し、労働すること、生きること、人としての営みを可能にすることは基本的人権であり、平和的生存権と一体です。平和的生存権を基にして、労働者の勤労権も団結権も存在します。当事者として自分の労働条件に関与し、人らしく働きたいという願いを声にして現実のものにする闘いは、今、ギリギリのところに置かれています。女性が自ら手にした労働三権を手放してはならない。それが私の闘いなのです。

国労家族会の先頭に立つ

玉木節子

私は一九五〇年、「また女か」の声とともに三女として誕生。父は大正七年、母は大正八年生まれですでに亡くなりましたが、その両親に、戦前、戦後の話をよく聞かされました。

父は頑健でした。中国に出征後、満蒙開拓団として満州のハルピンにいた時、看護婦（当時）として同地にいた母と結婚しました。当時、満州では日本兵と日本人が大手を振って生活していたそうです。しかし終戦で生活は一変、両親と祖母、ハルピンで生まれた姉たちの帰国までの悲惨な状況は、何度も私は聞かされました。

終戦まぎかのソ連軍侵攻に、真っ先に逃げ出したのが日本兵たちで、民間人は日本軍に守られることもなく、とくに女性や子どもたちは悲惨だったそうです。母はソ連兵の襲撃と蛮行の恐怖に日夜怯えて過ごし、多くの女性たちと同様、髪を剃り顔に灰や泥を塗って、帰国を待っていたといいます。飢えや病にも苦しみ、地獄のような日々だったので、「よく四人とも生きて帰ってこれたものだ」と最後には涙を流して語っていました。

父の弟は終戦まぎかに徴兵され、シベリアに抑留、帰還後は性格が変わってしまったとのことでした。母の弟は通信兵として従軍、病に倒れて異国で戦死、以来祖母は私たちと一緒に暮らしてきました。

帰国後は、父の故郷の埼玉県秩父に身を寄せ、二女、三女の私が生まれ、生活のため東京に移り、大井町にあった専売公社（現日本たばこ産業）に職を得て、工場敷地内に数年居住していました。昭和三〇年前後のその頃、東京駅や上野駅などの周辺には多くの白い服を着た元日本兵が物乞いに立っていました。後で傷痍軍人と知りましたが、幼い私は「あの人たちはどうしたの、何故片腕が、片足がないの？」と不思議でした。その後、目黒区大岡山の社宅に転居、東京オリンピックの開催が決まる前後から傷痍軍人の姿は見かけなくなりました。東京の暗部が隠されていったのです。

中学、高校と進むにつれ、私は社会科や歴史、政治経済などを学びました。

高校卒業後、大手化学会社に就職。高校時代の友人に誘われ、政治的な集会に行きました。就職先の組合は、ユニオンショップ制で社員イコール組合員でした。上部団体は合化労連（当時の委員長は太田薫）、友人たちに色々と教えられ、そして七〇年安保闘争、二〇歳の私は、反対闘争を目の当たりにしていました。学んで理解したいと、二四歳の時、大学二部に入学し、出産のため三回生で退学するまで仕事と両立させてきました。

その後、組合活動や日本婦人会議（現I女性会議）や革新団体の一員として多くの活動に参加してきました。その過程で、国会で審議され採決されてゆく様々な法律を知り、学び、その法律が自分たちを絡めとっていくことも経験しました。

国鉄の社員であった夫たちを心身ともに苦しめた国鉄改革法で国鉄が分割民営化され二〇年以上の闘争が始まりました。私は国労組合員の家族の組織、家族会の先頭に立って闘争を支えてきました。この闘争では多くの家族が辛く苦しい経験、夫や家族の自殺、離婚などを経験させられたのです。裁判では、半分勝訴したり全面敗訴したりを繰り返し、最後には和解となりましたが、人としての尊厳、人らしく生きる権利を最後まで訴え続けました。

三人の子どもたちが成人したころ、夫の母が要介護状態となりました。夫は止む無く早期退職、私も二年後には退職し夫の実家に同居、実家では、両親と未婚の叔父二人の四人の面倒を見ながら、仕事を続ける生活が一五年間続きました。

実家は山口県光市、岩国基地や上関原発建設など多くの政治的な問題を抱えたところです。土地柄も相当に保守的ではありますが、活動や運動をして生きてきた私はやがてこれらの問題に関わるようになりました。安保法制によって岩国基地はさらに拡大強化され、岩国市民の被る騒音問題やオスプレイなどの脅威が増しています。

二〇一五年九月一九日、安保法制が国会で強行採決されました。しかも国会では女性に関わる問題はいっさい審議されず、国会の参考人や公聴会での公述人に女性は一人もいなかったではありませんか。憲法によって戦争を放棄した日本は戦後七三年平和の歴史を紡ぎ、国際的に名誉ある地位を築いてきたのに、現政権は民主主義を破壊、多数決だけで独裁的に決めてしまいます。私は恐怖や絶望を感じます。

戦争への道に進むことに気付かないふりはできません。弾圧と統制の中、戦争を生き抜き私たちを残してくれた両親の人生を否定するものです。三人の子を産み育てながら、女性の人権と男女平等のために運動し、子どもたちに平和と平等と自由が守られる社会を残したいと活動してきた私の人生を否定するものです。二度と再び国家が不幸な道を進まないよう止められるのは司法しかありません。正しい判断をどうぞ宜しくお願い致します。

女性の人権はどこ？

中村 巧

私は一九五八年生まれ。我が家は八代続いた半農半漁の家で、一九二五年生まれの父は男子を待望していたが、私は三人姉妹の三女に生まれた。「巧」の名に男児を望んだ父の気持ちが反映されている。母は父親を戦争にとられた貧しい家庭の七人兄弟の長女でもあり、教育もまともに受けられず識字が弱い。父は達筆で文字に強く、社会状況も知り得て無口で几帳面だった。私が物心ついた時から、父が寝言でうなされるたびに母が声をかけていた。のちに母から戦時下での理不尽な経験のためだと聞いた。

当時、背負籠で衣類を売る人が各戸を訪れていた。私は金が配色されたオレンジのセーターを買ってもらい嬉しかった。その人が帰ったあと母が朝鮮人と言ったが、その時は何を意味するのか判らなかった。私は小学校入学時、集団生活に馴染めなくて登校を嫌がり、泣いて母を困らせた。そのたびに母は「お父さんに言いつける」と言い、そう言われることで「男は強い、怖いもの、だから言うことをききなさい」を注入された。

高校では日本国憲法の前文と九条を教わり、暗記するように言われた。前文は理解しにくかったが、九条の「戦争の放棄」は戦争を二度としないことと理解できた。

高校卒業前、働くことを考えた。女もこれからは手に職を付けないと生きていけないといわれ、人の役に立ちたいと、保母になることを決めた。憧れの東京にきて夜間の専門学校に通った。初めてピアノに触り、福祉論で一番ケ瀬康子氏を知り「ゆりかごから墓場まで」を学んだ。これから先、日本もその通り保障された社会に徐々になって行くと疑わなかった。しかし、三年後いざ就職となった時、保母で働いて生活することを本気で考えることができなかった。当時は女は嫁いで出産して夫の下で生活して生きて行くことが幸せとなっていたのだ。

そして、東葛飾郡浦安町の無認可保育園で働き始めた。高度経済成長で、女性の社会進出や共働きの増加、核家族化からニーズが高かったものの、行政が産休明け保育を実施していなかったこともあり、無認可保育園「ベビーホテル」が増えていた。報道特集がきっかけで厚生省が全国の五二三施設を一斉点検した結果、営利目的の無認可保育園の九四％が保健衛生や防災面で劣悪な状況だと判明した。

私が働き出した無認可保育園は夫婦経営で、今まで見たことがない二段ベッドを使用していた。ベッドに寝かせたまま乳児の顔を横向きにさせ、哺乳瓶をタオルで固定してミルクを飲ませていた。私が働く前にベッドから落ちた子どもが骨折する事故がおきたそうだが、保母との信頼関係があり、大事にはならず治まったと聞いた。しかし、経営者の男性が気に入った保母を誘ったり、尾行したりの行為等があり、間もなく労働組合を結成した。組合の「く」の字も知らない私だったが、全員が加入したので入った。働く者が経営者に意見を言う、上の者に文句を言うことなど初めてのことで、交渉の度に心臓が高鳴り顔を強ばらせうつむいていた。組合結成を先導した保母は自分の意見が言えると喜んでいた。その中で、「労使は対等」と組合法も学んだ。五カ月くらい闘い、一カ所（二カ所経営）の保育園を私たち労働組合の自主共同経営にすることができた。東京都並みの補助金を出させる運動を保護者と一緒に行政に求めたり、保育方針やこの先の運営について、社会問題についても学習した。しかし徐々に約九年間でそこは閉園した。

私は二年間別のところで働いた後、近隣市役所の労働組合の書記局に転職した。先に学んだことは仕事に欠かせないものとなった。賃金も八万円から倍になり労働金庫の一五歳上の夫と結婚、夫の忘れられない言葉がある。「家が汚いとお前が恥をかく」。忘年会など、職場の飲み会に私が参加することなど毛頭考えられなかった。子の保育園への送迎を恥ずかしいとも言った。こうした言動は、家父長制から来るものと知り、蔑視であり従属させられていると感じた。同様に働いて家事、育児は女性がやるのがあたりまえ、男性は仕事の後は飲みに行き、外で遅くまで仕事をしていると評価される身勝手な男性社会に怒りがわいた。私は夫との間に二児をもうけ、第二次臨時行政調査会が発足して、国鉄、電電公社民営化の次は、自治体職場と言われ、子ども連れで学習会や集会に参加した。

この間、公務職場は、三十数年前組合が要求して勝ち取った労働条件や賃金が崩されつつある。団塊世代と言われた職員の退職に伴い、「勤務評定」が導入された。勤務評定は職員同士が争い、負けた者を退職へと陥れる制度だ。定年退職者の補充は非正規職員で、残された正規職は仕事の責任を押し付けられて長時間労働になっている。いずれも労働の場で疲れ果てさせ、政治からは目を背けさせられる。

そのようななかで、一瞬で可決した安保法制。可決した後「国民に広く解りやすく丁寧に説明する」と言いながら、責任のない言葉で国民を愚弄している。

三四年間働いた労働組合を退職した後は、私の・女性の・娘の権利が蔑ろにされず次の世代にも保障されることを願って、Ｉ女性会議で活動している。戦後七二年、国民が求め続けて維持してきた真の平和社会を壊すことはしないでほしい。司法の見識と公正な判断を期待する。

平和でなければ物流は成り立たない

池田悦子

私は一九五六年生まれ、戦争の傷跡をほとんど目にすることなく育ちました。覚えているのは、幼い頃渋谷に買い物に行くと、当時は傷痍軍人が物乞いをしていたことです。

目黒区立の大規模小・中学校で学びましたが、校則も厳しくなく、中学校では一年に一度映画鑑賞会があり〝橋のない川〟や〝ネレトバの戦い〟などを鑑賞しました。差別の不条理さ、戦争の悲惨さを映画を通して学ばせてくれたのだと今は感じています。

一九七一年高校に入学、とても自由な校風で、入学式や卒業式での日の丸掲揚、君が代斉唱の記憶はありません。私はノンポリでしたが、先人達が築きあげてくれた自由な雰囲気を当然だと思い学生生活を楽しんでいました。

修学旅行で広島へ行き、広島平和記念資料館での衝撃は忘れることができません。戦争、原爆の恐ろしさを自分の目で見て心に焼き付ける平和教育の一環だったのでしょう。

就職した会社は商社、海外を相手に英語も使えて仕事もバリバリできてと夢膨らませて入社しました。二年目、組合東京支部副書記長をやらされることになりました。無理やり引きずりこまれた組合ですが、私の人生の転機はやはりこの組合活動だったのです。先輩方から多くのことを学びました。男女差別が歴然とあること、それを男性も当然とし、また女性も仕方ないと諦めていること。賃金の差だけでなく、手当、待遇でも大きな差があることに衝撃を受けました。学生時代はどちらかと言うと女性の方が成績優秀、中学校の生徒会では女性が生徒会長、高校では授業も、学園祭でのクラスの出し物でも女性がリーダー的存在でした。それなのに、会社はどうなっているの？　知ることの重要性を感じました。男女差別をなくすため、次期は組合本部の婦人部長になってしまったのです。女性の賃金を是正するべく会議でも発言しますが、男性が多くまったく相手にされず、男性は家族を養っているのだと攻撃される一方でした。だから私は絶対に会社を辞めないと決心し、結婚し子どもを三人産み、働き続けてきました。それでも私の賃金は定年まで働いても二七歳の男性の賃金を超えることはありませんでした。不条理だなと日々怒りを感じていました。

働きながら、子どもを産み育てることで、私の平和への思いはもっと強くなっていきます。一九八七年、長男の小学校入学式では日の丸の掲揚も国歌斉唱もなく、〝大きな栗の木の下で〟をみんなで歌って和やかな雰囲気で子どもたちも式を楽しんでいました。一九九〇年、長女の小学校入学式では日の丸掲揚、国歌斉唱がありましたが、保育園の同級生のお母さんが沖縄出身で、君が代は歌えないと言って起立せず一緒に座っていたのを覚えています。それがきっかけで、沖縄の戦争での惨状、沖縄のことも勉強するようになっていきました。

長女の通った高校は千葉県ではとても自由な校風で有名な高校でした。何を決めるのも生徒会が中心になり、もめることがあれば三者協議会（生徒、先生、ＰＴＡ）でお互いが平等な立場で協議する場がありました。生徒の自治が確立されている素晴らしい高校でした。入学式も卒業式も日の丸掲揚、君が代斉唱はありません。千葉の教育委員会はこういう学校が目の上のたんこぶだったのです。一九九八年、日の丸掲揚、君が代斉唱を絶対に導入するために、校長を送り込んできました。生徒の理論武装された意見に親の私たちの方が励まされ、この生徒の思いをつぶしてはいけないと、生徒会の圧力団体に成り下がっていたＰＴＡに反旗を翻し、二年目には有志で役員を構成することができました。校長も一年ごとに変わり、圧力は増すばかりでした。平和と人権教育という授業がなくなり、修学旅行は突然北海道に変更になりました。

二〇〇一年、長女の卒業式では生徒会、三者協議会でも反対が多かったにも関わらず、校長は強権発動で日の丸掲揚、君が代斉唱を卒業式に導入。卒業生は君が代斉唱後にブラスバンドの演奏で入場してくる奇策を取りました。PTA役員は壇上の来賓席から全員降り、斉唱を拒否しました。卒業式は多くの生徒が三年間の熱い思いを演説するのがこの高校の名物です。学校現場での日の丸掲揚や君が代斉唱の強制的な押し付けに、戦争への危機感が忍び寄っているのを肌で感じる瞬間でもありました。国歌・国旗法の制定、教育基本法の改悪、教科書への介入等、教育から手をつけていたのが今になってよくわかります。

安倍政権以後、人権無視、強権的、大嘘つきの発言には怒り心頭しています。今、安保法制に反対の声を上げないと、この国がまた平気で戦争に向かって行くという危機感しかありません。日本は九条により、武器を持たず、平和外交で世界の国々の仲介ができる唯一の国です。だから中東でもどこの国からも信用されて親日の国が多いのです。テロの危険に巻き込まれることもないのです。安保法制により、平和を脅かされること、日本が戦争に巻き込まれることは絶対に許せません。

戦争はいつの時代も女性や子どもやハンディキャップのある人など弱い立場の人が苦しみます。第二次世界大戦の後にどれだけの子どもが親を亡くして、路頭に迷い、死に至ったか。戦後築きあげてきた、女性の地位も一瞬にして地に落ちます。イージスアショア一台で年間維持費も含めたら六〇〇〇億かかると言われています。そのお金があれば災害給付金に回しましょう。学校にクーラーを設置しましょう。私たちが納税している税金が戦争に使われるのは許しがたいことです。

以前働いていた会社では豚肉の輸入業務に携わっていました。主にデンマーク、欧州、アメリカ、カナダから冷凍、チルドの豚肉を輸入していました。安全な航路が確保されていなければ、日々の貿易はストップしてしまいます。自給率が極端に低い日本にとって、日々我々が口にする食料も平和でなければ輸入できません。現在も零細企業ながら商社で働き続けています。商社は世界の平和があってこそ成り立っている職業だと日々痛感し、戦争ができる国になってしまったことによって、今は強い危機感と恐怖を感じるばかりです。

ひとたび戦争への道を突き進めば、大戦の時と同様、女性は今まで培ってきた権利はすべてないがしろにされ、お国のため、兵士のために身をささげ、選択肢のないただの産む機械、道具に成り下がります。安保法制は女性の立場から絶対に葬りさらなければならない法です。

男女賃金差別裁判の原告として

本間啓子

私は、男女賃金差別裁判（東和工業事件）の元原告です。二〇一一年一一月提訴し、二〇一七年五月最高裁で上告棄却となりました。会社の露骨な女性差別処遇により、経済的自立と仕事に誇りをもって働きたいという当たり前のことが妨げられ、「差別は許せない」と、提訴しました。

私の父は、昭和一九年、太平洋戦争最後の激戦地ボルネオ島パリックパパンで「第二十二特別根拠地隊」の一員として戦い、敗戦後捕虜となり、昭和二一年六月六日、名古屋港に生還した数少ない兵士の一人でした。私は、父の戦争体験から、子や孫の代に父が体験した「生き地獄」を味わわせたくない、二度と戦争をしてはいけないと強く思ってきました。そして、誰も戦争に巻き込まれたくないと思っているのに、自分の意思でもない戦争に行かなければならないのか、女性も戦争に巻き込まれて暴力を受けることになってきたのかを考えると、結局、時々の為政者たちから自分と同じ人間扱いされず道具として軽んじられてきたからだと痛感させられ、そういうことを許さないように責任をもって歩いていこうと自分自身に言い聞かせてきました。私が勇気を振り絞って賃金差別訴訟を提起したのも、そういう理由からです。

私は、安倍政権が、憲法解釈を勝手に戦争ができるように変えたことに衝撃を受けました。その時私は、憲法を礎に裁判に取り組んでいる真っ最中でしたが、こんなふうに平和と人権を踏みにじっていくやり方が平然と許されてしまうことを目の前にして絶望の境地に追いやられました。

私は一九五二年生まれ。手元に父の戦争体験が伝わる本があります。表紙に「鎮魂を込めて語りつぐ　第二十二特別根拠地隊」旧海軍少年練習兵　太田義一と書かれています。父と著者は舞鶴海兵隊入団から行動を共にし、父の名がT兵曹と語られています。冒頭に「凄惨な戦場のことが生々しく蘇ってくると感情が高ぶり、しかも戦死や戦傷病者のことが浮かんできて心の苛みに筆が運べず（敗残兵が今更何を……）と諦めていました。……最近、「語り継ごう」という声を聞いて……」と記されています。父が六九歳で病死したその数年後に母のもとに届けられました。

私は、父の生前、戦争体験についての話はほとんど聞いていません。オオタさんという「戦友」がいたこと、マラリヤに罹ったその人を助け「命の恩人」と言われていたこと、終戦後、日本に引き上げる前に、戦地で地元民から「首実験」が行われたことを聞いたくらいです。父に関わった戦争の実態をこの本で初めて知り、「生き地獄」と言わしめる戦争を二度と行ってはいけないと思いました。太田氏は郷里に帰った時の気持ちを「生き地獄のような殺戮の戦場、おどおどしい捕虜生活、もう弾丸も来ない、監視兵も追ってこない。両手を挙げて大声で叫びたい。」と書き、性暴力についても書かれています。日常のごくありふれた出来事のように記されていることに、戦時下の性暴力の異常さを感じました。それこそ、女性たちは「生き地獄」を強いられていたことでしょう。

この本は私にはとてもリアルなもので、父の体験は私の体験のように胸に痛く突き刺さりました。戦争から生還した父は、北海道の姉のところに滞在していました。「しばらくブラブラしていたようだ」と母から聞いたことがあります。戦場を生き延びた兵士が、心的外傷後ストレス障害に悩まされ社会復帰が難しいと聞きます。父もそうだったのではないかと思います。

父は私が小学校三年生の頃、目と耳に後遺症を抱えながらも親戚の仕事の手伝いなどを少ししていました。母は氷見商工会議所に臨時で集金係りとして勤めました。母からは「女性も技術を持ち、経済的にも自立して生きなさい」と教えられて育ちました。私には無理をしてでも勉強させたいと思っていたようです。地元の富山大学に進みました。数十年も経って母から、親戚が「下に弟もいることだし、女の子だから大学へ行かせなくていい」と反対したと聞きました。両親は、私が教師になることを望んでいました。教師にはなりませんでしたが、母の教えはしっかり身についていました。

東和工業に事務職として入社し、申し入れが認められて設計職に異動しました。異動が決まった喜びはひとしおでした。平日は帰宅後の自宅学習、休日は図書館通いで懸命に設計の基礎から勉強し、設計職に就いて一一年後、二級建築士の資格を取得しました。資格を持っていたのは設計部長だけでした。

二級建築士の資格取得の翌年、会社は、男女別のコース制を導入し、設計職で私だけ、一般職に振り分けられました。事務職の女性は一般職、男性は事務職も含め全員総合職としました。私に支給されていた設計技術手当五万五〇〇〇円も廃止となりました。上司に先駆けて資格を取っても、「女だから」と認められず、みじめでたまりませんでした。後年、パワハラを行っていた上司が設計部長となりました。私は、日常的なパワハラに随分苦しみ、「どうしてこんなにいじめるのですか」と抗議の気持ちと共に聞いたことがあります。「女の人が外で働くことは好きではない。だから、妻も結婚した際退職させた。まして、専門職に女の人が就くことは気にいらない。」との返事に、差別の根深さに驚きました。

女性の仕事が正しく評価され、一人一人が生きがいを持って働き続けることが、父や母が願った「平和な生活」であったと思います。そして私もそのことを痛感してきました。家父長制が戦前の富国強兵を支え、女性の選挙権も経済的な能力も否定してきたこと、そうした体制が無謀な戦争への道につながっていったことも、私の訴訟を支えてくれた夫婦別姓訴訟の当事者や支援者との交流の中で知りました。

安倍政権による二〇一四年七月一日の閣議決定は、私に強い衝撃を与え、どんなに努力しても平和への道が遠のいていくようで、無力感に襲われました。安保法制の強行採決には、戦争への不安が一挙に高まり恐怖を覚えました。それは、職場において私が受けてきた差別や嫌がらせを後押しするように思え、私たちの身の回りの平和がすでに侵されていることを痛感させられたからです。もはや、「戦前になった」と強い不安に襲われる毎日です。

司法は憲法を実現する最後の砦です。私の裁判では司法は応えることはありませんでした。安保法制違憲訴訟では、私が受けている被害を取り除くよう求めます。

おんな労働組合（関西）と平和

屋嘉比ふみ子

私は小中高時代に、ベトナム戦争や世界各国の植民地支配からの独立戦争などを見聞きして、平和の尊さ、基本的人権、平等、個人の尊重等を学びました。私は日本では憲法や労働法により、市民の人権や労働者の権利が守られると信じてきました。

中曽根政権による戦後政治の総決算として国労・総評の解体を意図した国家的不当労働行為により、一九八七年四月国鉄は分割民営化されました。民営化を進めるにあたって、国鉄の臨時職員六〇〇〇人の全員解雇が八三年に強行されました。解雇に対して一人の臨時職員女性が「不当解雇撤回」を求めて提訴しました。七〇年代から徐々に増えていた女性の非正規労働者の闘いが全国的に広がった貴重な歴史があります。当時関西では、三大臨職闘争として、公務現場における臨時職員の不当解雇撤回を求める裁判闘争が闘われ、全国の公務臨時職員の働かされ方がクローズアップされていました。近年「官製ワーキングプア」という名称で社会問題化されていますが、公務臨職の不安定雇用は七〇年代から続いてきたものであり、差別を許さない果敢な争議が全国各地で闘われたのです。

一九八〇年代は、総評労働運動の解体により、労働組合運動全体が労使協調路線に舵を切り、新自由主義に傾いた時代です。ジェンダー視点のない男性本工主義の労働運動は、女性たちの労働実態に目を向けることはなく、女性たちは労働運動から疎外されていました。私たちは、男女平等法とはほど遠い男女雇用機会均等法や労働者派遣法が成立していく中で、女性労働の在り方について議論を積み上げました。その結果「労働運動を女性の手に取り戻そう」と党派を超えて結集した仲間たちによって、一九八七年、おんな労働組合(関西)結成が実現しました。この間、全国に地域合同労組(コミュニティ・ユニオン)が次々に結成され、九〇年代以降は女性ユニオンも全国各地に広がりました。大組織の既得権を守る運動だけでは、未組織の労働者は救われません。コミュニティ・ユニオンの存在は大きく、人権擁護と労働権獲得のために様々な課題に取り組んでいます。

私は一九八一年、大阪ガス関連会社のガス配管工事会社㈱京ガスに入社しました。京ガスは建設業のため、九五%を占める腕力のある男性たちが牛耳り、女性の発言権は全く認められない典型的な男性中心主義の職場でした。入社当初から、私はあらゆる性差別に対して異議申し立てを続け、入社三年後の不当な指名解雇を一人で撤回させ、長年にわたる組織的な嫌がらせを耐え忍んで、最後の倒産争議で解雇されるまで二六年間、休むことなく闘い続けました。

一九九四年より、男女賃金差別の是正を求め、おんな労働組合(関西)で団体交渉を開始しましたが、不誠実団交であったため、九五年五月大阪府労働委員会に不当労働行為救済申立てをしました。九七年一二月まで労働委員会で一三回の証人尋問を続け結審しましたが、会社は解決しようとせず、私は九八年四月、男女賃金差別是正を求めて京都地裁に提訴しました。

京ガス事件は、男性監督職と女性事務職という異なる男女の職務内容について、ＩＬＯ一〇〇号条約の国際基準に則った職務評価を実践し、同一価値労働同一賃金原則を問う裁判でした。二〇〇一年九月二〇日の一審判決は、「原告と男性監督職の各職務を、知識・技能、責任、精神的な負担と疲労度を比較項目として検討すれば、その各職務の価値に差はない。労基法四条違反で違法、女性差別である」と明言し、日本で初めて同一価値労働同一賃金原則を実質的に認めた画期的な内容でした。大阪高裁の控訴審を経て〇五年一二月、勝利的和解で解決しました。

裁判で国際基準の職務評価を直接取り上げた先例がないため、周囲の理解を得ることも困難でしたが、私は、同じ時代を生きる欧米各国で実践できている同一価値労働同一賃金を、日本で実現できないはずはないと思い続けました。運動は全国の仲間の支援を得て勝利しました。その後、様々な男女賃金差別裁判で職務評価の手法が使われ、差別を認める判決や和解結果が出ています。

同一価値労働同一賃金原則は、第三次、第四次男女共同参画基本計画で明記されていますが、「働き方改革関連法案要綱」の同一労働同一賃金には「職務の価値評価」という考え方は微塵もなく、経団連の考え方である「日本型同一労働同一賃金」を踏襲するものです。性別や雇用形態による格差を是正し、均等待遇を実現していくには、国際基準に基づく性に中立な職務評価が必須です。身分差別が生涯続くような制度を撤廃し、均等待遇を前提とする「ジェンダー平等視点の働き方改革」を確立しなければならないと思います。

日本では、一九六〇年代から半世紀以上、女性の労働権確立や男女平等社会を実現するために、全国の仲間たちが裁判闘争に立ち上がり、勝利判決または勝利的和解で解決してきました。しかし、その成果は労働現場に反映されず、根強い性差別は続いています。自ら研鑽を積み、男性と遜色無い仕事をやりこなしても、女性であることを理由に使用者はその価値を認めようとしません。これは国際条約はじめ憲法や労働基準法に違反する性差別です。日本政府は、ＩＬＯや国連女性差別撤廃委員会から、法制度の整備や女性労働政策の抜本的改革を何度も勧告されています。

性別役割分業を基盤とした賃金差別は、女性たちの生涯を通しての経済的自立を疎外し、人格権を侵し、人間としての尊厳を奪うものです。女性の経済的自立を阻む男性中心主義社会であるため、性暴力やＤＶ、また職場でのセクシュアルハラスメントなどが蔓延しています。

女性たちが様々な裁判闘争を闘う中で糧にしてきたものは「憲法の理念」です。第一三条の「個人の尊重、幸福追求権」、第一四条の「法の下の平等」、二四条の「個人の尊厳と両性の本質的平等」など、市民一人一人が享受できるはずの権利を取り戻す闘いでした。性差別等あらゆる差別をなくす闘いは、誰もが平和に生きられる社会を希求することであり、人間としての尊厳を守ることにつながります。

私は憲法九条による平和主義を基本として、全国の仲間たちとともに運動を続けてきました。集団的自衛権容認の安保法制は平和主義を覆し、様々な暴力を容認し、家父長制を復活させるなど、女性の権利をさらに後退させます。国際社会から求められているジェンダー平等社会の実現とは逆行することです。私たちがこれまで努力して積み上げてきたものを反故にし、私たちの人生を踏みにじる結果をもたらすことは、甚大な被害です。

平和とは戦争がないだけではなく、憲法の理念が日常の隅々にまで浸透し、誰も差別せず、誰にも差別されず、すべての人が安心して共生できる社会です。「世界に誇れる憲法」の意義を問い直し、立法、司法、行政の三権が、私たち労働者や市民と手を携え合い、真の民主主義の確立に本気で取り組んで欲しいと心から願います。憲法九条に違反する安全保障法制は絶対に認めることはできません。将来の社会を担う次世代の人たちに対する私たちの責任であると考えています。

ハケン差別と平和

渡辺照子

私は二〇一七年末に、それまで約一七年勤務していた派遣先企業から一方的に雇い止めを通告されました。一七年もの長期の勤務なのに派遣労働者のため、退職金は一銭ももらえません。派遣先企業で働く間も、手当・賞与の類は一切なく、交通費すらも払ってもらえませんでした。労働契約法が定めた無期雇用に転換できる時期である二〇一八年四月の前倒しによるものです。有期雇用労働者の無期転換を回避する企業の雇い止めは私だけではなく、実に多くの有期雇用労働者が遭遇する理不尽な問題です。

日本の雇用市場は正規・非正規労働者間に著しく且つ不当な格差があり、それでいて非正規雇用の労働者にも正規労働者と同様の業務を行わせています。今や人件費を抑制するために低賃金で雇える非正規雇用の労働者の存在は企業にとっては必要不可欠となり、雇用の調整弁として安く使われ、使い捨てされる存在です。派遣労働者は年を重ねるたびに雇用市場では不利になり、派遣元会社は派遣先をなかなか紹介してくれません。二五歳の時に二人の幼子を抱えて働き通してきたのに、この年になってもまだ休むことはできません。

女性は家庭に戻れば、家事・育児・介護というケア労働を担い、国の福祉政策を肩代わりさせられ、無償でこなす役割を押し付けられます。ここに至って日本の女性には新たな性別役割分業が課せられることになりました。「産めよ育てよ働けよ介護せよ」です。それができなければ「生産性がない」と存在を否定されるような社会になってしまいました。人間を徹底して道具としかとらえていない時代の到来です。既に戦争前夜の状況なのです。

社会保障制度の拡充を求めると必ず言われるのは「財源がない」ということ。しかし、防衛予算は年々増大し、私たち働く者の生活よりも軍備優先の国家であることを痛感します。

私は、非正規雇用の労働者、女性の差別・貧困・格差の問題を解決すべく活動をしています。自分自身が抱える問題は自分だけのものではない、社会の構造的な問題であり個人の努力だけでは解決できない、雇用の問題は「自己責任」として片づけられるものではないこと、等を訴えています。特に昨今は、女性差別・女性蔑視の発言や問題が増加しています。少子化を食い止めるために「三人以上産め」発言に代表される舌禍事件、女性受験者の点数を減らす東京医大問題、財務省事務次官のセクシュアルハラスメント問題等が明るみになり、女性の地位向上や人権の状況も改善しているとは言い難いです。現政権になってから日本のジェンダー指数はさらに低下しています。「女性活躍」「一億総活躍」を標榜する政策がその看板とは食い違い、実効性のないことが示されていると思います。

私は六〇歳まぢかになって雇い止めを受け、職を失いました。生存ギリギリの暮らしを余儀なくされるでしょう。そうであっても、平和を維持するために自分ができることに精一杯取り組もうと思います。平和でなければこれまで述べてきたような問題を克服する活動に取り組むことはできないからです。

貧困と格差が年々ひどくなるのは、政府の無為無策と企業の搾取によるものであり、貧困は意図的に作られているのではないでしょうか。仕事を選択できず、戦争に関わる産業に従事せざるを得ない状況に追い込もうとしているのだと思います。ですから、貧困と格差を是正する活動にいそしむと同時に、貧困を利用する戦争もなんとしても食い止めることが自分に課せられた使命だと思っています。

現在、私は八九歳の母を介護しながら暮らしています。母は一九二九年生まれ。「一度しかない青春は軍国主義教育により奪われた」とことあるごとに嘆いています。「そんなに嫌な戦争をなぜ一般国民は反対しなかったのだ」と聞くと烈火の如く怒り「そんなことを言えば特高に逮捕される。」と何度も言っていたことを今でも鮮烈に覚えています。言論弾圧の息苦しさも辛い経験だったのです。

「戦争が終わった時、日本が負けた悔しさより、毎晩、空襲におびえることなく安心して眠ることができる、灯火管制をしなくて済む普通の生活が送れるようになったことが何よりうれしかった。」というのが両親の当時の本心だったようです。

私は「政府や軍隊に騙されたとしても、中国や朝鮮を侵略し、虐殺した加害国だとの自覚を持つ必要があるのではないか。被害者の面ばかりを訴えても、もっと大変な目に合った人たちがいたのだから」と意見をし、喧嘩もしました。母はその後、私の意見を自分なりに考えたのでしょう。満州の残留婦人の日本帰国に必要な身元保証人になるなどして、自分なりの戦争責任を果たそうとしたのです。「自分と同年代の女性が満州に行き、過酷な運命を辿った。たまたま自分は満州に行かずに済み、そのような経験をしないでこれまで生きてきただけなのだ。」というのが動機のようです。今度は私が、子どもの世代から同じことを問われる番になりました。私も母のように、責任を全うし、次世代に平和な社会を手渡さなければなりません。

広島、長崎の原爆、いくつもの都市を襲った大空襲、数々の無為な作戦。侵略行為による大虐殺。「思想犯」への残忍な拷問。父母の話、映画、ドラマ、小説、テレビのドキュメンタリー等で、アジア・太平洋戦争の悲惨さと残酷さを幼い頃から知らされてきた私にとって、戦後七三年の平和な日本は宝物です。日本国内のみならず、中国・韓国、アジア等の多くの人たちの人生を狂わせ、尊い生命が無残に奪われてきたことを思うと、なんとしてもこの平和を守りたい。その思いで一杯です。

私はこの日本国憲法の条文を読むといつもこみ上げるものがあります。二度とあのようなむごい戦争が起こらないように平和を維持し、創り、次世代に送り渡すことが責務なのです。でも戦争法である安保関連法が制定されてしまいました。韓国人を激しく攻撃するヘイト・スピーチが何回も行われ、なかなか沈静化しない状況が、その悪法を後押ししています。政権に対する批判も、逆にバッシングの理由とされてしまう現代版治安維持法的な状況が迫ってきています。戦争前夜との危機意識を強く持たざるを得ないのです。

戦争を始めることは簡単ですが、止めることは極めて難しいことを歴史から学ばねばなりません。戦争は憎くもない見知らぬ人を殺すことです。平時であれば死刑の理由にもなり得る殺人が、国家の名のもとに使命とされるのです。しかし、私は殺しも殺されもしたくありません。国家権力の暴走を食い止める日本国憲法に違反する安保法制をくつがえしたい。今後も永久に戦争をしない国、日本であり続けたい。強くそう考えています。

第五章　教育の軍事化

「教え子を戦場に送るな」

朝倉泰子

私は東京都の公立中学校で、非常勤講師として四年、専任教員として三〇年、退職後の非常勤教員として三年間、計三七年間、社会科の教員を務めました。社会科の教員として非常に大切に思っていたのは、日本国憲法の授業です。特に、国民主権・基本的人権の尊重・平和主義の三原則と、その基盤となる立憲主義は大切に生徒に伝えようとしてきました。

日本国憲法第九九条の授業では、「（　　）は、この憲法を尊重し遵守する義務を負ふ」というプリントを配ったり黒板に大きな紙を貼って示し、「（　　）に何が入るか？」と問うと、日本国憲法について学びつつある生徒のほとんどが、ためらいなく「すべて国民！」と答えたものでした。

それを、「実は」と言って「天皇　摂政　国務大臣　国会議員　裁判官　その他の公務員」と正解を示したときの生徒の驚き。そして「国民の基本的人権を守るためには、政治権力を持つ人たちがこの憲法を守らなければならない」「私も地方公務員なので、教員になるときには『日本国憲法を尊重し遵守します』という誓約書を書いて教員になった」「それは先生が生徒に対して一種の権力を持っているものだから」「これが立憲主義」と話した時の生徒の生き生きした反応は忘れることができません。

二〇一五年九月一九日、自公両党の国会議員たちは、「安全保障関連法」を強行可決させてしまいました。その時私は「これから、小学校・中学校の教員は、社会科の日本国憲法の授業をするときに、内閣総理大臣の憲法違反を教えなければならないのだから、どんなに苦しむことだろうか」と胸が痛みました。

その後、二〇一八年から小学校で道徳が「特別の教科」として開始され、二〇一九年からは中学校でも開始されます。私は小学校の道徳教科書をつぶさに調べ、その内容が安保法制と一体化した人づくり政策に貫かれていることに大きな危惧を覚えました。それは恐ろしいことです。

私は教員になって間もなく、「教え子を戦場に送るな」という言葉を知りました。これは日教組が、一九五〇年朝鮮戦争の勃発に際して中央委員会で掲げたスローガンです。その背景には、アジア太平洋戦争で、ほとんどの教員たちが、児童・生徒たちに、「お国のために死ね」と教えた歴史を、戦後の教員たちが苦しみを持って振り返ったことがあります。

高知県の教員、竹本源治は一九五二年に「戦死せる教え児よ」という詩を発表しました。

「逝いて還らぬ教え児よ
私の手は血まみれだ！
君を縊ったその綱の
端を私も持っていた
しかも人の子の師の名において
嗚呼！
『お互いだまされていた』の言訳が
なんでできよう
慙愧、悔恨、懺悔を重ねても
それが何の償いになろう
逝った君はもう帰らない
今ぞ私は汚濁の手をすすぎ
涙をはらって君の墓標に誓う
『繰り返さぬぞ絶対に』！」

この詩や、戦中の学校教育の実態を読むにつけ、「教え子を戦場に送るな」は教員にとって本当に大切な言葉だと思うようになりました。天皇を神と教え、教科書には「日本良い国　清い国　世界に一つの神の国」とあり、「天皇のために死ぬことが正しいこと」と教えたのですから。勿論、「わが子もよその子も戦場に送らない」は誰にとっても大切な言葉です。しかし教員にとっては、戦後七〇年経っても、戦前の教育の反省は忘れてはならないことだと思います。

私は一九四七年の生まれで、戦後世代です。小さいときから母親や祖母から、戦争の悲惨さを事あるごとに聞いて育ちました。成長するにつれ、私は戦争の二面性、つまり日本の大衆の被害者としての面と、アジアの人々に対して果たした加害者の面を両方見なければならないと思うようになりました。

例えば、私は一九八九年にマレーシアとシンガポールに行き、アジア太平洋戦争の跡をたどり、いくつもの中国系マレーシア人の慰霊碑を訪ねました。偶然、私たちを案内してくれたマレーシア人の青年ガイドも中国系で、旅をするにつれ「私の祖父もアジア太平洋戦争で日本軍に殺されました」と語りました。シンガポールで孫文記念館「晩晴園」を訪ねたとき、二階には日本軍に殺された中国系住民のめがねや帽子などの遺品と並んで、いくつもの写真のパネルがありました。その写真には、軍服を着て白馬にまたがった昭和天皇＝大元帥の姿があり、日本軍により殺された人々の写真があり、最後は原爆のきのこ雲の写真で締めくくられていました。その時のショックを忘れることはできません。原爆＝核兵器の被害がどんなに悲惨なものであるかは、アメリカやアジアの人々にもくりかえし訴えていかねばなりません。しかし、同時に「あんなにひどかった日本の侵略を終わらせた原爆」という人々の認識も、私たちが決して忘れてはならないものだと思います。

私はどんな立場からしても絶対に戦争はいけない。戦争は単に負けるから悲惨なのではない、たとえ勝つ側にいても、相手に対して殺したり暴力を振るったり無残な仕打ちを行ってしまう。また逆に、人を殺したり暴力を振るわなければならない兵士の中にも、傷つき、中には命を絶つ人さえもいる。戦争は決してやってはいけないことだと思うようになりました。そして苦しむのは兵士を含む庶民であり、とりわけ女性と子どもであると強く思います。

これまで日本は、日本国憲法第九条のもとで、米軍の基地提供、朝鮮戦争の兵站協力からイラク戦争への自衛隊派遣という支援まで、実質的には戦争協力を行ってきたと思います。しかし、最後の最後、「日本が実際に戦争をする」という一線だけは、何とか踏みとどまってきました。それを越えてしまったのが、「安全保障関連法」です。これはどこから見ても憲法第九条違反であり、憲法前文に言う「平和のうちに暮らす権利」を踏みにじるものです。私は「平和のうちに暮らす権利」が踏みにじられていると、不安な思いを止めることができません。

生徒の声は活きている

根津公子

安倍政権が安保法制を「成立」させ、戦争のできる国にしたこと、並行して学校教育を、国家思想を注入する場にしたことで、教員であった私が受けた被害、この政治が続けば更に受けるだろう被害について陳述します。

私は一八歳のときに書物を読み、侵略の実相に触れて、父が侵略した先の国々では、私と同じように生まれてくるはずだった子どもたちが生まれなかったのだと愕然とし、虐殺した側の日本兵であった父の子であることを自覚し、この事実と向き合って生きていこうと決意しました。同時に、こんなに大事な事実をなぜ学校教育は教えてくれなかったのかと思い、東京都の中学校の教員になりました。

ですから、私は事実の提示を教育活動の柱に据えて、仕事に当たってきました。「お国のために」死ぬことを美徳と教え込んだ戦前の教育はもちろんのこと、戦後もときの政府や大企業に都合が悪いことは隠して教えない、そのような教育には加担しないと心に誓い、事実をもとに生徒が自分の頭で考え判断し、行動できるよう、教育活動をしてきました。

その中から「日の丸・君が代」に絞って陳述します。

敗戦後、侵略の象徴であった「日の丸」と天皇の世を称える「君が代」は学校から姿を消しましたが、一九五八年告示の学習指導要領で復活。一九八九年告示の学習指導要領は「指導するものとする」と明記し、事実上の強制が始まりました。東京都教育委員会は二〇〇四年から、「君が代」不起立処分を始めました。

私が一九九〇年代に在職した八王子市の石川中学校では、一九九四年の卒業式についても、職員会議で「日の丸は掲揚しない」と決定していましたが、卒業式の朝、校長は大半の生徒たちが「校長先生揚げないで」「降ろして」と叫ぶ中を、その声が聞こえないかのように、「日の丸」を校庭のポールに揚げました。

当時東京の中学校で「日の丸」を掲揚していないのは石川中を含む二校でしたから、都教委の校長に対する圧力はすさまじいものでした。「七〇〇対一（七〇〇は生徒数）で『日の丸』を揚げるのはおかしい」と生徒たちから批判された校長は、「教育行政とはそういうものです。生徒会で決議しても揚げます。命令に従うのが校長の職務です」と生徒たちに向かって平然と言い放ちました。到底、教育に携わる者の言うべき言葉ではありませんが、指示命令に組み込まれると、思考力・判断力を失い、命令の遂行に突進します。これが指示命令の本質です。この校長だけでなく、全国の校長がそうですし、自分の仕事が、例えば、欠陥車の製造であるのを知りながら、企業組織の指示命令・秩序を優先し不正を放置する事例は、いくらでもあります。

話をもとに戻します。校長が揚げた「日の丸」を生徒たちは、「降ろそう」「根津先生、降ろして」と言い、また、降ろそうと校庭に出てくる生徒もいましたので、私は生徒に降ろさせてはいけないと考え、この手で「日の丸」を降ろしました。

中学生が「日の丸」の掲揚に反対するはずはない、と裁判官の皆様は思われるかもしれませんが、中学生も事実が提示されれば、考え判断します。石川中の教員たちは、とりわけ、私が所属した学年の教員集団は、生徒を管理や指示の対象としないと決め、自治の力を引き出す指導をしました。また、侵略や原爆、オキナワ、差別問題等、この国に住む者として知っておくべきことに、学年全体で取り組みました。「日の丸・君が代」についても、戦前の修身の教科書を使った学習から、生徒たちは「日の丸」は侵略に使った旗であり、「君が代」は国民主権の憲法に違反する歌と捉えていたと思います。また、校長一人の考えで皆の決めたことを反故にしてはならないと思っていました。だから、生徒たちは校長の掲揚行為を許さなかったのです。日本の中学生・高校生が黙っているのは、事実を知らない、学校が事実を知らせないからです。

私は石川中に一〇年在職し、一〇〇〇人の生徒と出会いましたが、小学校の早い段階から不登校だった一人を除いて、不登校はゼロでした。生徒たちの誰もが学校に居場所・活躍の場があったからだと思います。当時社会では、「キレる中学生」と言われていましたが、石川中には無縁のことでした。日本の子どもたちは自己肯定感が低いと言われますが、それも、指示に従うことばかりが求められ、自ら考え判断し、行動することが奪われているからにほかなりません。

私は二〇〇五年から二〇〇九年まで毎年「君が代」不起立処分を受けました。「三回不起立をしたら免職」と教育長が言いましたから、次は免職かとその度に怯え、覚悟しました。それでも「君が代」起立をしなかったのは、「日の丸・君が代」の意味や歴史を教えずに、「日の丸」に正対させ「君が代」を起立斉唱させることは、指示には考えずに従うものだと教え込むことであり、再び戦前のように兵士を育成することにつながると考えたからです。また、生徒たちに、指示命令に従わなくてもいいということを、私の行為を通して考えてほしいと思ったからでした。指示に従うことが習慣となれば、人は考えることを放棄します。そうなれば、理不尽な扱いをされても泣き寝入りするしかありません。戦争に行けと言われれば、行くことになります。生徒たちにこの先、そうした人生を歩んでほしくないと思ったのです。

文科省は二〇一四年、社会科の教科書検定基準に「政府見解」を記述することや「特定の事柄を強調し過ぎ」ないことを加えました。また、自民党は二〇一六年七月に、「政治的中立性」を逸脱する教員の密告を、インターネットを通じて呼びかけました。名古屋の中学校教員が、「与党の自民・公明が議席の三分の二を獲得すると、憲法改正の手続きを取ることも可能になる。そうなると、戦争になった時に行くことになるかもしれない」

と授業で言ったと密告され、自民党からそれを通知された教育委員会は、「政治的中立を逸脱している」としてその教員に謝罪させせました。こうした事例一つで、全国の教員は萎縮します。

教科書に記載がなくても子どもたちに必要と考えれば、それを授業等で取り上げてきた私が今、現役であったなら、教科書検定基準や密告によって、処分は必至だと思います。また、私の授業を受けてきた生徒（当時）たちの中には、根津の授業は偏向教育だったのかと疑念を持つ人も出るかとも思います。それは、教員として行ってきた私の仕事が全否定されることです。そして、これまで以上に子どもたちの知る権利・学ぶ権利が奪われることに、私は耐えられません。

安保法制に合わせるために改憲し、若い人たちが戦争に駆り出される危険を、私も感じています。先の侵略戦争突入について、当時の多くの人たちが「まさか戦争になるとは思いもしなかった」と言うのを聞きます。今も安保法制があっても、戦争に行かされることはない、と思っている人たちは少なくないと思います。しかし、戦争を発動するのは政府であり、改憲や法令を小さく生んで大きく利用するのは、権力者の常套手段です。安保法制を撤廃し、憲法九条を堅持しないかぎり、私の平和的生存権は脅かされ続けます。

生き方の根本としてきた憲法

森本孝子

私は中学生の時に社会科の授業で「日本国憲法」について学び、その素晴らしさに感動した。憲法の全ての条項をノートに書き写し、常時携帯するほど大事なものと思っていた。そして小学校教員を退職したのち、地域で「平和憲法を守る荒川の会」の立ち上げに参加し、共同代表として活動してきた。安倍政権による憲法無視の振る舞いは、私の生き方の根本を踏みにじるものであり到底容認できるものではない。

私は一九六九年から二〇〇七年まで小学校の教員として働いてきた。私の教育実践の根底にあったのは、憲法の平和主義であり、人権の尊重である。戦時に国策に従い多くの教え子を戦場に送り、「私のこの手は血にまみれている」と強く自分の行いを反省することから始まった教職員組合の「教え子を再び戦場に送るな」というスローガンに共感して、組合に入り、活動をしてきた。一昨年、教え子の二〇歳の祝いの席に招かれたときに、自衛隊に就職することになった青年がいた。サッカーが大好きで友達も多く正直で素直ないい子どもだった。その子が「ほんとは消防署員になりたかったけど、ダメだったので、自衛隊に入ることにした」と言った。彼は人のためになることを職業にしたかったのだ。しかし、家が豊かでなかったので、大学進学を諦め、自衛隊に入ることになったのだ。そのとき私は、「災害救助の時など、遺体を見たり、処理したりしなければならないなど辛いこともあると思うけど、頑張ってね」と声をかけた。その時はまだ集団的自衛権を含んだ安保法制が実現していなかったが、その後、安保法制の成立によって、彼はいつ、海外に派遣され、銃を持って殺し合う戦場に行かなければならないとも限らない状況が生まれた。

私の教え子の中にはほかにも自衛隊に就職している青年がいるかもしれないし、そうでなくてもたくさんの若者が自衛隊員として活動している。自衛隊入隊の時には、「日本国憲法を守る」という誓約書に署名することになっていると思うが、安倍内閣による憲法無視のこの法制によって、多くの若者が海外での戦争に従軍し、命の危険にさらされ、または敵とされる国の若者を殺さざるを得ないように命令される。アメリカではすでにベトナム戦争時に従来の徴兵制をやめて志願制度にしたと聞く。貧困層の若者を軍に誘導することで志願兵が調達できるのだ。貧困地域にある高校には軍のリクルーターが出向き、大学への学資を出すので軍隊に入るよう勧誘すると聞くが、日本でも今、経済格差が広がり、大学進学希望者で貧困家庭の若者は奨学金という借金を抱えることになってしまう。大学卒業までに利息を含めて数百万の借金を抱えてのスタートに堪えられない若者を軍に誘導する経済的徴兵制度は、経済界でも賛同する声が挙がっており、現実味を帯びている。また、高校生が自衛隊と合宿をしたり、災害時の訓練と称して共に救助活動したりするなど、若者を自衛隊に誘導するような活動が盛んに行われるようになってきている。私は「教え子を戦場に送らない」誓いを教育の原点にしてきた。こうした活動を根本から否定するのが安保法制である。

私が定年を迎えるまでの勤務期間に学校への政治圧力が強くなっていくことを実感し、現在もそれはさらに強まっていることを知った。教育はもとより、子どもたちが社会生活を営む上で大事な人間的素養を身に着けさせ、一人一人の個性を伸ばすことを目的にするもので、決して、国家や政治体制にとって都合の良い人間をつくることではない。かつて、戦争に向かっていた時代や戦争中には、お国のために役立つ人間を育てるということで、「教育勅語」を暗唱させたり、天皇を神とあがめ、その天皇の写真のある奉安殿に対して最敬礼させたりするような教育が行われていた。戦後の教育は、憲法の理念を活かすためには教育の力が大事だとして、「教育基本法」

が制定され、その第一〇条には、国家や政治権力などの教育への介入を違法とする規定があったのだが、安倍政権になってから、まずはこの教育基本法が改悪され、教育への介入の禁止の対象は国家や行政ではなく、一般的な団体等になった。この変更が最初に使用されたのが、「朝鮮学校」について無償化排除の理由として朝鮮総連との関係に問題ありとされたことである。また、この改定基本法では、道徳重視、愛国心や伝統重視なども盛り込まれた。

私には二人の娘がいる。すでに自立しそれぞれが生活を営んでいるが、今の日本社会の息苦しさの中で、犯罪被害者になる恐怖を常に実感している。必死に働き、疲れた身を短時間で回復させ、翌日の仕事をこなす毎日の中で、男性が起こす性犯罪の不安も身近に感じている。事実、見も知らない女性を襲って殺すような事件も起きている。日本中が戦争状態に近い不安社会になっているが、安保法制は少しも安全保障ではなく、戦争の危険を増し、命の危険を感じさせるものでしかない。本当の安全保障とは、戦争の元になる、貧困や抑圧、差別などの社会不安を政治の力で解消することではないか。安倍総理は「積極的平和主義」という言葉を使って軍事力増強による安全保障を整備しようとしているが、「積極的平和主義」という言葉を提唱した平和学の父と言われるガルトゥング博士は、安倍総理の使い方は間違っていると、来日して講演された。武力や暴力によって作られる平和などあり得ない。

ヒロシマ・ナガサキを語り継ぐ

加藤由美子

一九九七年一一月、茨城県西の小さな町の女性たちが中心となり、ヒロシマ・ナガサキの被爆体験手記を読み継ぐ朗読劇「この子たちの夏」の自主公演に取り組むために会を立ち上げました。翌一九九八年八月第一回公演を行ない、その後毎年夏、地元の若者たちと共に公演を続け、今年（二〇一八年）二一回目の公演となります。

広島・長崎から遠く離れた地に生れ育ち、また被爆者との関わりもなかった戦後生まれの私はヒロシマ・ナガサキに特別関心があったわけでもありませんでした。しかし、一九九七年夏、原爆で子を亡くした親の、親を失くした子の、手記や詩によって構成された朗読劇「この子たちの夏」との出会いが、現在の活動につながることになりました。

一発の原爆で広島を長崎を破壊し尽くしてしまったその威力については知っていましたが、原子雲の下で何が起ったのかは知りませんでした。しかし、朗読劇を通して原子雲の下で一人ひとりの生活がどのように壊され奪われ、そして殺されていったのかを初めて知り、衝撃を受けました。そして何よりヒロシマ・ナガサキを知らなかった、知ろうとしなかった自分自身にもまた衝撃を受けました。私はたまたまこの時代に生れこの地に住んでいるに過ぎず、あの時代に広島・長崎で暮らしていたら私も同じ体験をしたに違いない。だとしたら、ヒロシマ・ナガサキは被爆者だけの問題ではなく私たち一人ひとりの問題です。いやそれ以上に一人の人間としてヒロシマ・ナガサキに向き合わなければいけないと思いました。

ヒロシマ・ナガサキを自分自身の問題とするには、まず事実を知ることです。私は朗読劇を通して私の住む地域の人たちにヒロシマ・ナガサキを知ってもらうため、自主公演に取り組もうと早速仲間を募りました。これまで社会活動とは縁のなかった三〇代四〇代の女性たち二〇人ほどが集まりましたが、その多くは朗読に興味はありましたが、ヒロシマ・ナガサキにはあまり関心を持っていませんでした。しかし私はそのことには拘らず、活動の中で気づき学び彼女たち自身が変化していくことに期待しました。果して彼女たちもヒロシマ・ナガサキの実相を知り衝撃を受けました。朗読の練習中、子を亡くした親の思いを自身に重ね、涙が止まらず読み進むことが出来なくなることもたびたびでした。被爆者がどのような思いでこの文章を綴ったのか、思い出すことすら辛く心深く封印してしまいたかったであろう体験を、なぜあえて書き残そうとしたのかを思うとき、被爆者の心の底から絞り出した言葉を涙でかき消してはならない。練習で涙を出しきり、本番では被爆者の「二度と自分たちと同じ思いを誰にもさせてはいけない」という思いをしっかり伝えなければ、と確認し合いながら私たちは練習を続けました。

一九九八年八月地元の公民館で第一回公演終了後、仲間たちは「原爆の悲惨さをもっと多くの人に知ってもらいたい」「戦争で子どもたちを亡くしたくない」そのためにこれからもヒロシマ・ナガサキを語り伝えようと継続を決めました。

第一〇回朗読劇公演終了後の秋、これまで市民団体に台本を提供してくれた「地人会」の諸般の事情により、「この子たちの夏」の台本が使えなくなりました。今後どうしたらよいか仲間たちと話し合い「台本がなければ私たちでつくろう」と、オリジナルの台本でヒロシマ・ナガサキを語り伝えることにしました。

私は台本をつくるため被爆体験手記等を読み漁りました。しかし、被爆の悲惨さを伝えるだけでは、朗読劇を聞いた人たちが「可哀想だった」「大変だった」と泣き、感動するだけで終わってしまうのではないか、と思うようになりました。なぜ原爆が投下されたのか、なぜ戦争に至り戦場で何が起っていたのか、日本軍がアジア諸国そして沖縄で何をしたか、日本女性だけでない従軍慰安婦、中国残留婦人・孤児、戦争によって一人ひとりの人権がいかに蹂躙されたか、なぜ戦争責任がうやむやにされてしまい、国民はそれを受け入れてしまったのか、そしてそのことが現在の状況にどう影響しているのか。台本をつくる作業のなかで私は多くを学ぶことができました。

第一回公演から毎回地元の子どもたちが朗読に参加し、現在は小学生から七〇代までの幅広い年齢層が朗読劇に関わっています。まず若者に知ってもらう機会をと考え、積極的に地元の小学校、中学校、高校に出向き朗読者を募りました。もちろん子どもたちは、ヒロシマ・ナガサキの原子雲の下で何が起ったかを知りません。私は動機に拘らず参加したい子を受け入れました。一回の参加で終わる子もいます。小学生から参加し社会人となった現在も継続している若者もいます。彼は「正直、小学生の時はあまりよく意味も分からず文字を追っていたように思う。でも今はしっかり伝えていかなければと思っている。これからもずっと続ける」と言います。また、初めて台本を手にした時「怖くてガタガタ震えてしまった」と言っていた中学一年生の女子は、後に「子どもがこんな目にあうのは絶対嫌」と事実をしっかり受け止め向き合い、大学四年生まで被爆者の思いを伝え続けました。社会人となり地元を離れる若者もいますが、地元に残る多くは朗読を継続しています。

また、舞台を支えるスタッフとして参加する若者もいます。彼らも朗読劇に関わることでヒロシマ・ナガサキを疑似体験することになります。夏が近づくと「今年はいつですか、手伝いに行きます」と嬉しい声が届きます。友を誘い一人二人と関わる若者が増えています。

さらに自分たちで平和を守ろうとアクションを起こす若者たちも出てきました。その活動は徐々に広がりつつあります。種がこぼれ小さな芽が出てきたのです。

戦争がなければ広島・長崎はヒロシマ・ナガサキになりませんでした。突然有無を言わさず人生を捻じ曲げ、命を奪う権利は誰にもありません。殺し殺される、これが戦争です。そして殺し殺されるどちらにもそれぞれその死を悼み嘆く人々がいます。

私は仲間たちと二〇年間ヒロシマ・ナガサキを伝え続け、「平和」のバトンを若者へと手渡そうとしています。そしてバトンを受け取ろうとしている手が私の前に伸びています。私はその手をもぎ取ろうとする安保法制を断固拒否します。

「戦争さえなかったら…」もうこの言葉が誰からも発

せられることのないように…。

沖縄で学んだ責任をもって生きるということ

齋藤里香

私は昭和三九年の生まれで、祖父母や両親、親戚から戦争体験を聞いて育ち、人々の犠牲の上に現在の生活があること、「二度と戦争を起こしてはいけない」と教えられました。

大正生まれの伯母は当たり前のように「子どもがたくさん生める若いうちに」「自分の意思とは関係なく」「働き手」として農家に嫁ぎ、先夫との間に三人の子どもを設けた直後、夫を戦争に送り出しました。家長の命令で戦死した夫の弟と再婚。寡婦として一生を貫く自由も、拒否する言葉も出せなかったといいます。後夫との間に三人の子どもを生み育てました。二年前に亡くなった伯母は「平和な時代に生きている人たちが羨ましい。皆そうだったのだから仕方ないけれども。」といつも言っていました。

母も父も、終戦記念日が近くなると、戦争にかかわることは目を背けないよう、いろいろな情報を小さいころから私に与えてくれました。「国のために死ぬ必要はないからね」「女の子がモノをいうのは当然」とドキュメンタリーなどをみながら話をしてくれました。

私が入学した高校は「良妻賢母」が校是でしたが、以前から修学旅行先を沖縄としていました。二年生になると、「修学旅行」という教科の勉強が始まります。沖縄について生徒たち自身でグループに分かれて調査し、それを報告・ディスカッションを通じ調べたことを自分たちのものにしていきます。蛇皮線を習いながら文化を調べるクラスメートもいました。沖縄の地図・地形を調べるなかで、軍事基地に占拠された沖縄の実態を知ることになります。歴史も調べました。海洋国家として他国との交流と調和を追求して文化を育ててきたこと、そのなかで他者への思いやりを培ってきたこと、日本の支配下に置かれる琉球王国の苦悩や、アジア太平洋戦争では本土防衛の盾としてたくさんの人たちが命を落としていった様子も事前に学びました。調べたことを「しおり」にするのが夏の宿題になり、秋にはビデオ学習、意見交換を通じてそれぞれの考えを深め、そのうえで沖縄にいきました。

ひめゆりの塔や摩文仁の丘などの戦蹟を案内され、生き残った人たちから生々しい体験を聞いて沖縄に同化し入り込んでしまうような経験です。生き残った人たちから「二度と戦争は起こさないでね」という思いを聞いて、涙が止まりませんでした。この「修学旅行」という教科の経験は、私の考え方や生き方に大きな影響を与えたと思います。

父母の考え方もあって、高校に併設の短大で、幼稚園教諭、保育士か、養護教育に従事することを目標に勉強しました。就職は「総合職元年」の昭和六〇年、就職難で、ひょんなことで日本酸素労働組合の専従職として採用されました。最初の仕事がビラ造りとビラ配布でした。全く知らない世界でしたが、そこで「労働組合」を知りました。春闘時期には、ベースアップで男子モデル女子モデルがあることを知り、役員に「何で違うのか」と素朴に問いました。委員長は「それを男女一緒にしていかなければならない」と言ってましたが、職場に戻って人事の管理職になり、社長になりましたが、男女別の賃金は解消されませんでした。

結婚し、夫が商社勤務でクウェートに行く予定で退職。イラク戦争勃発で夫のクウェート赴任がなくなって悔しい思いをしました。その後派遣社員で働き、アボット・ジャパンで正社員への転換を受け入れられ二〇〇六年に正社員になりました。人事部で引き続き仕事をした二〇〇九年九月に、不当解雇処分を受けました。アボットは組合がなく、専従書記の経験から、「働くなら組合づくり」というのは当然の想いでした。懇親会やサークル活動を通じて職場を超えたつながりをつくり、その輪を広げて条件があれば労働組合の結成に話を進めることにしました。楽しく職場を超えたつながりをつくっていたさなか、人事部長からあらぬ嫌疑をかけられて自宅待機を命じられ、呼び出しを受けて詰問をされ、心身の健康を害されました。私は数名で個人加盟制の労働組合に加入、私だけ公然化して団体交渉で問題を解決しようとしました。会社の不当性を訴えるためにビラも配布、自宅待機撤回を求めるファックスも送信しました。会社は、私に解雇通告を送り付けてきました。

そのとき、自分のなかに教訓とした、責任をもって生きるということを貫かなければならないと思いました。ユニオンも解雇撤回と職場復帰は譲れない要求と位置づけ、裁判所や労働委員会での取り組みとあわせて粘り強く交渉しました。提案のあった復帰先は、本社から遠く離れた「倉庫」でのサプライチェーン（輸入製品購買業務）でした。人事部か本社に戻れなければ私の名誉は回復できないと思いましたが、倉庫から絶対本社に戻るという決意のもとに合意しました。その後本社でサプライチェーンマネジメントとロジスティクス担当者として働くようになりました。私は、いろいろな圧力があっても、それを恐れることなく、けれども慎重に、お互いを個人として尊重し、思いやりをもてるつながりを作っていく決意を新たにしました。

労働組合法と平和憲法は私の人生を支えてきたものであるといっても過言ではありません。力で脅しをかけて屈服させるというやり方を認める文化は、恐ろしいと直感します。私自身が職場で経験し、それに抵抗することの困難を実感させられてきたからです。それでも私は、自分の意思と責任のもとに生きようと思いますが、それがこれまで以上に困難な状況を強いられることになるのは間違いないことだと思います。ユニオンへの相談などを聞かされるたびにそのことを痛感させられています。

安保法制の強行採決後、私たちが、人権侵害と民主主義社会が崩壊する危険を負わされることを現実のものとして受け止めなければならなくなっています。修学旅行という平和教育のなかで取り組んでいたことや、その後いろいろなことにチャレンジしてきたころとは全く違って、この社会に生まれ、生きてきてよかったと幸せに感じることはなくなりました。それが私の損害です。

作られた意識、変わりうる意識

塩川希代子

私は、男女同一労働条件という動機で一九七七年に高校教員として働き始め、二〇一五年に定年を迎え、現在再任用教員として教職を続けています。

四〇年間の教員生活を振り返ると、社会には表の制度とは別に、その底流で表の制度や社会の常識と呼ばれるような考え方さえも変えてしまうような大きな力が存在し、それがこの社会を決定していることをはっきり感じるようになりました。

小学校に入ったとき私は出席番号五番でした。隣の席の角田君も五番でした。男女別の誕生日順で番号が振られ、男女で同じ番号の子がいたのです。学校生活の中で男子が先、女子が後にそれほど抵抗なく過ごしていました。教育や社会の慣行の中で最初から過ごしていれば、問題意識を持つこともないということです。

もう一つの記憶は、男子の五番角田君が優しいおとなしい子で、クラスの男子からは「男女（おとこおんな）」と呼ばれていたことでした。女の子のような優しい男の子ということを揶揄した言い方であったことは子ども心にも感じており、ちょっと嫌な感じがしていました。しかし男がたくましく、女が弱いという固定観念については、抵抗を感じてはいませんでした。

中学校は男子主導の体制で、女子は丁寧に扱われているというより対象にされていないという印象が強かったです。私は、担任（男性）から進学指導の際、「鶏口となるも牛後となるな」と女子校進学を勧められました。女子は進学校などへ行かなくていいという決めつけだということは透けて見えました。

教員になり一九九〇年頃に「二〇〇〇年までに混合名簿の実現を」という運動に出会いました。男子が先、女子が後という名簿の順番の固定化が男女の差別意識を作るからやめようという考え方によるものでした。私は「（たかが）名簿が差別なんだろうか」と、その運動に違和感を持っていました。しかし、そのことの意味を理解する機会を得た後、私は変わっていきました。一九九二年頃、教務部からの男女混合名簿提案に、女性教員が「そんな些末なこと」と反対したのに対抗して、それなら私は女子が先のクラス名簿を作りました。自分の経験から、一つでも考える契機を生徒に与えたいと思ったのでした。

また、教員仲間で取り組まれている「教科書に載る作品の主人公は男の子ばかりだという調査」の発表や、「歴史上の人物に女が除外されているから発掘しよう」などの動きにも、その後意識を持って見ていくようになりました。

このように、自分の中の固定観念が社会の中で形成される新しい考え方に影響されながら、自分が徐々に変わっていくことを感じました。

女である私が、このような変化を経験しつつ、それを生徒たちに明示暗示しながら教壇に立っていることは、何らかのメッセージになるだろうとは思い始めていました。

教員として二〇年が経つころ、私はマイラ・サドガー、デイビッド・サドガー著の『女の子は学校で作られる』という書物に出会い、まさに目から鱗が落ちたように感じました。その本で読んだ「隠れたカリキュラム」という視点は衝撃的でした。そこには「授業をビデオに撮って検証してみると、教員が最初に指名するのは男子だった」という指摘があり、まさに私がそうしていたのでした。

「隠れたカリキュラム」とは、教育する側が意図する、しないに関わらず、学校生活を営む中で、児童生徒自らが学び取っていく全ての事柄を指すものです。日本の学校教育の中では「女は二番手」という刷り込みが日々繰り返されていることがその例だと思います。私もそれを再生産していたのです。また、「男並みにやって初めて…」という発想も、男女の不平等が根底に置かれた発想だったことに気づきました。気づいた私は教員仲間とこの問題に必死で取り組んできました。子どもたちが平等で尊重され、平和の下で暮らせることができるためには、教員が敏感になってこその男女平等教育なのだと分かったからです。

『女の子は学校で作られる』という書物によって意識が変わり、「隠れたカリキュラム」によって教育の重要性に気づき、私は自分を卑下するような「どうせ～だから」という言葉に反応し、特に「どうせバカだから」は許さず、生徒を鼓舞しました。

私たちの活動は、憲法の中の「個人の尊重」や「平等原則」そして、何より平和な社会の中で生きることを現実のものにしようと取り組んだものであり、戦前戦中からの社会の構造（隣組、家制度、男尊女卑など）を変えていく地道なものでした。私たちは、社会の意識を決める個々人の考え方を、憲法を拠り所にして教育の場面で実践していったのです。

こういった教育の場での日々の変化は、確実に社会の底流に響いていったと確信しています。そして社会を憲法が予定しているように変えて行けたらいいと、その一心で人生を歩いてきたのだと振り返ることができるようになってきました。

小さな私の信念と活動は、同じ思いの教員たちと共に力を携えて、ちょうど大陸を動かすマントルのように、憲法に従った正義を実現させる方向に動かす力となっていったのだといえます。

しかし二〇〇六年からの安倍内閣により教育基本法改悪と、「壊憲」の動きが始まり、第二次安倍内閣ではとうとう安保法制が数の横暴で成立させられてしまいました。

個人の育成のための教育を、国のための人材開発に変質させ、行政の一環として戦争を視野に含めるという憲法破壊を、歴史、事実も学問的見地も顧みず断行していったのです。

憲法を実現するマントルのような教育の流れはせき止められ、逆流させられていることを感じます。子どもたちに「自分の言葉で話そう、ありきたりに流されず、お仕着せに安住せず、自分の気持ちにより添う表現を追求せよ」と伝えてきたことが反故にされる無念さは、教員としては耐え難いものです。安倍政権の歴史に逆行した方針は、十把一絡げの画一教育、男子優先の隠れたカリキュラムの復活、バックラッシュと歴史隠蔽による知識軽視、言葉の軽視を横行させてしまいました。

子どもの頃から学校の中で感じてきた矛盾と、教育の中で植え付けられた偏見、教員になって気づかされた憲法と教育のあり方とその実践の努力、これら全てが私の歴史であり、教員としての魂でした。それが打ち砕かれたのです。「二度と子どもたちを戦争に送り出さない」と誓った言葉さえもむなしくされ、格差が広がる一方のなか、学校に適応できなかった一人の生徒が、自ら選択したかのように自衛隊に入隊しました。彼が戦場に送り出されはしないかと、心配でなりません。

教え子に起きた不条理

羽山圭子

私は、二〇一四年三月に定年退職し、再任用ハーフタイム教諭として千葉県立国分高等学校教諭で勤務しています。

二〇一七年度、船橋北高校に勤務していた一年間、学校現場は戦争による非常事態を想定した訓練の空気の中にさらされました。四月上旬の火曜日朝唐突に一つの文書が配布されました。文書の扱いについて、教頭は「担任の先生に任せます。生徒に関わるところは、近くに爆弾が着弾したら、ガラスで怪我をしないように窓から離れるように、ということですかねえ…」といいました。「広島・長崎」を想定外にした、国民をだますような文書に愕然としました。五月一八日木曜日、一学期中間考査前の一限目数学Aの授業を始めたら、近くの自衛隊習志野基地からすごい爆音で自衛隊の飛行機が飛んできて、グランドの上空から船橋市の方へ旋回しました。その後四、五分おきに次々と飛んできて授業になりませんでした。

二学期の九月一日、「登下校時に弾道ミサイルの発射によるJアラートを受信した場合の対応」という文書を配布。また三学期末試験の当日朝、一一時に一斉にJアラートが鳴りますとの予告がありました。このときJアラートはなりませんでしたが、我が国は戦争状態に入っている、文科省がそれを各学校に通知したものなのだと、私はやるせない気持ちになりました。

二〇一八年五月一〇日の職員会議で、「平成三〇年度版危機管理対応マニュアル集」が配布され、その項目に「五.Jアラートを活用した緊急情報が配信された場合の対応」が追加されました。

軍拡ムードを醸成し、根付かせる非常事態の常態化を国民に無意識に植え付ける大きな力が働いていることを痛感しました。戦後の平和な暮らしと、社会の安定が根底から崩れさる、そして今、戦時中のストレスのようなものを常に抱えて、苦しい日々を送ることを強いられている気がします。

私が前年に市川東高校で担任をしていたM・A君が、二〇一二年二月、舞鶴市の海上保安庁の施設で自殺しました。彼は二〇一一年三月に卒業し、消防士を目指して大原専門学校で勉強しながら浪人しての公務員受験でした。二〇一一年一〇月を過ぎた頃、夜一一時過ぎにM君から携帯に電話がかかり、「Mです。海上保安庁が受かりました。それで、明日向こう（舞鶴）に立ちます。」とのことでした。「でもほかの自治体が一次は受かっているでしょ、それを待たないの？　来年の四月からじゃないの？」と聞いたら、「親は大原も卒業しろとかいうけど、すぐに来いと言われたので、決めました。」とのことでした。「受かってよかったね」というのが精一杯でした。数カ月後、彼のお兄さんからの電話があり、「Aが自殺した」という知らせでした。最後の電話の時に、もっと話していればよかったと、悔やんでも悔やみきれないものが今でもこみ上げてきます。全く納得がいきませんでした。ご家族とお会いして彼の書いた日誌を見せていただきました。遺書と日誌だけが海上保安庁から渡された唯一のものでした。それまでの健全なM君とは違って、教官から自分を社会的に通用しない人間と決めつけられて、どのように行動すべきかを見失った事が窺える暗い文章でした。M君は一生懸命謝っていました。同期の仲間と半年以上のハンディキャップを負った一九歳のM君に対して、存在を否定し続けたパワーハラスメントがあったことが窺われました。M君にとっては死の苦しみのほうが楽だということでした。そんな職場があっていいはずはありません。

二〇〇一年、娘が通う千葉県立国府台高校のPTA役員に立候補し、PTA文化委員会副委員長になりました。「PTA活動のしおり」には、「…国府台高校の伝統は『自主自立』『自由な校風』といわれています。事実、生徒たちはのびのびと学習や生徒会活動、部活動に取り組んでいます。この校風は『実行委員会方式』という、学校行事を生徒自らが企画、運営するやり方が伝統的に先輩たちから受け継がれた中で培われてきたことも一つの側面でしょう。球技祭や鴻陵祭の盛り上がりには驚かれるかもしれません。卒業式も卒業式実行委員会が中心となって、全校アンケートに基づいて企画立案し、職員会議にはかって運営しています」とありました。

PTA文化委員会は、二〇〇二年二月に『世界がもし百人の村だったら』という本で有名なダグラス・ラミスさんの講演会を開催しました。ラミスさんは「軍隊の訓練は、武器を扱えるようにすること以外に、『人を殺せない人間』から『人を殺せる人間』に作り替えなければならない。そのために、母親の権威、女性の権威を否定し、女性的なものを殺してはぎ取ってしまうことが重要であるのです。…マニュアルにはなくても基礎訓練を施す人は、ちゃんとわかっている」というのです。憲法九条は、「国家権力が戦争をしたい（他国の人間を殺す）

といっても、許さないものである。しかし、法律があるからといって安心はできない、平和は自ら行動して勝ち取らなければならないものである」とも。

その年、千葉県教委は、国旗・国歌なしの卒業式を生徒たちが企画していた学校の校長に対して、職務命令で国旗掲揚・国歌斉唱を強制し、国府台他二校の生徒一三人が千葉県教委を訪れ職務命令の撤回を求める請願書を提出しました。また、生徒は校長に配慮して譲歩案を提出し、職員会議では受け入れられましたが、校長が拒否しました。そして、一九七一年以来続いてきた卒業式は、校長が主催する卒業証書授与式に変りました。生徒の自治活動を見守っていた教員は数年でほとんど異動になり、卒業式だけではなく、あらゆる学校行事が「受験進学校」を目指して変えられていきました。私の娘たちは、在学中は勉強より行事に燃えていましたが、民主主義の何たるかを身に染みこませて卒業しました。このような学校はもう千葉県には存在しません。

また、「愛国心」が必修のカリキュラムとなりました。「テロとの戦争」という名目でじわじわと法改正がなされるなかで、たかが歌、たかが旗のことなのに「日の丸・君が代」の強制によって、学校現場は大きく様変わりしました。自由にものを考え、研究する、民主主義や基本的人権を学ぶ場ではなくなり、着実に学問の自由の場から遠のいていっています。それが普通のことと思う若者が教員として採用され、世代交代し始めています。

そして、安保法制によって、戦闘行為に日本が参加するという道が開かれました。私は旅行が好きですが、旧ユーゴスラビア諸国やベトナムなど、戦争を経験して立ち直ろうとしている国々では、日本人というだけで人々の親しみや好意の眼差しをむけられました。日本のように平和を目指したいということを感じさせるものでした。他国からの尊敬が得られなくなり、これまでの名誉ある地位を失うことは、私だけではなく国民全体の不利益に他なりません。

M君は新採用になった職場で、人間らしさをはぎ取る訓練に対応できずに死を選んだものと確信します。自衛隊が米国の行う戦争に武器を持って参加するためには、今後何人のM君がでるのでしょうか。

第六章　家父長制に抗って

シングルマザーへの差別と闘って

石原みき子

私は被曝二世です。広島で被爆した母は若い頃から幾多の病いを抱え、寝込んでいることが多くありました。戦後の貧しい時代が続くなか祖父母と共に三世代七人の大家族で、嫁である母は田舎者で要領が悪いというだけでなく、病気がちであることも責められて可哀想でした。父が「あーもらい損ねた、もらい損ねた」と母に言ったことを覚えています。

戦後の憲法で男女平等が謳われても、まだまだ人々の意識は男尊女卑、「おんなは半人前」とみなされた時代です。大家族の嫁は朝早くから夜遅くまで姑に仕えて、掃除機も洗濯機も無い時代、家事にあけくれるのが当たり前でした。

子どもであった私は、大きくなったらお嫁さんになるのだと教えられていましたが、母のように辛い思いはしたくないと思っていました。

学校時代も、女はどうせ嫁に行くし、頭が良くなると生意気になると言われ、良妻賢母を育てる教育が奨励されていました。社会人になる時も、学歴が同じであっても男女で給料に差があるのが当たり前でした。結婚したら退職するのも当たり前で、経済的に男性から扶養されなければ女性は生きていけなかったのです。男性が浮気をしようが暴力を振るおうが、離婚は悪であり悪いのは耐えることのできない女性とされていました。

私は離婚を選びましたが、これは私にとって大きな転機となりました。離婚はスティグマと貧困を覚悟することでしたが、児童扶養手当などの公的扶助の制度のおかげで、子どもとなんとか生きていける選択肢があった分、子どもを置いて婚家を追い出されていた前の時代の女性たちよりはましになっていました。私はシングルマザーの仲間と共に、「児童扶養手当の切り捨てを許さない連絡会」という当事者組織の中心的メンバーとして、児童扶養手当の充実を求める活動に精力的に関わりました。男性に扶養されなければ生きていけない存在ではなく、日本国憲法が定めるように、女性も人間としてひとりの個人として十全に生きて行ける時代を自ら作っている自負、それこそ不断の努力で自らの責務を果たしているとの自覚がありました。

自分たちの声を届けるべく、集会・署名集め・陳情、そして厚生省（当時）と何度も何度も交渉の場を持ちました。活動は全国へ広がり、新聞・雑誌なども好意的に取り上げましたが、政府の動きは鈍く、母子福祉の充実どころか、隙あらば削減しようとしているとしか思えないものでした。

そもそも児童扶養手当は、母子年金の受給要件に満たない母子家庭のための母子福祉年金に準ずるものとして一九六二年に立法化されました。「母子家庭として困難を抱えているのは生別も死別も同じ」という声と、その頃の国連の「児童権利宣言」やＩＬＯ一〇二号条約などが「子どもの養育の責任は社会にある」と打ち出しており、国際的な後押しもあってのことでした。

しかし政府の本音は当時も今も戦前の母子福祉、すなわち国家のため後顧の憂いなく戦死できるようにと、残された母子に用意されたそれへの回帰であろうと感じます。「教育勅語」を道徳の授業に使用することを容認する、という菅官房長官の発言がありました。本音がまさに現れています。

集団的自衛権を認める安保法制が施行されて以降、日本が戦争できる国になるための布石が次々と打たれています。その中の大きな動きが戦前の日本の美化、個人ではなく家族＝「家」を中心として国民を統合支配しようとするものであり、日本国憲法の精神から大きく逸脱するものです。母の時代のように、女性が家を守り家族をつなげる役割を求められて行くでしょう。最初はソフトに「家族を大切に」というような言葉で始まりますが、やがてそれは責務となるでしょう。既に二〇〇三年施行の「健康増進法」によって、健康という極めて個人的なことが国民の責務となっています。家族を単位とした国民支配は、国策に反対するような思想信条を持つ個人を封じ込める手段として、かつての戦時国家において大変有効でした。

戦後七〇年、女性もひとりの人間として尊重され、その人生を全うできる社会を求めて、あらゆる性差別に対し裁判を含めた様々な女性たちの闘いがありました。シングルマザーへの差別と闘ってきた私の活動もその中にあります。社会生活の中の性差別は、ひとつひとつ時間をかけて解消されて来て、人々の意識も変化し始めましたが、まだまだ政治・経済のメインストリームでは女性の地位が低く、国際社会の中でも日本の後進性が指摘されるなど道なかばです。

この長年の、私を含めた女性たちの努力を、安保法制と戦争に備える国づくりは、一気にひっくり返すものです。日本国憲法の精神を拠り所に主権者としてこの国を、この社会を、より良いものにするためのあらゆる努力を、私は踏み潰ぶされたと感じています。

ペテンに「女・子ども」を使うな

亀永能布子

私は一九四五年一一月、愛媛県で生まれました。母は戦後直後の一〇月ごろ、旧満州（中国東北部）から臨月のお腹を抱えて一人で引き揚げ、故郷にたどりついて私を産みました。父は私が二歳ころに帰ってきたようですが、幼少時の父の記憶はまるでありません。一九〇五年生まれの父は陸軍士官学校卒業の職業軍人でした。軍隊で父が何をしていたのか、私は知りません。父は一言も語らなかったし、私も訊ねないままに、私が二九歳の時に他界しました。一九五〇年日本に警察予備隊が発足する時、旧日本陸軍の将校だった父に警察予備隊に入らないかという誘いがあったけれども、父は、「世の中は変わった。そういう仕事に着くと子どもたちにつらい思いをさせる」と誘いを断ったと、父の死後に母から聞きました。父は故郷で土木作業員のようなことをしながら暮らし、やがて大阪の中小企業に職を得て、単身大阪へ出向いて行きました。

一九五二年に小学校に入学し、戦後民主教育の息吹の残る中で義務教育を受けました。平和と民主主義・男女平等は、私の骨肉となりました。大学入学後のベトナム反戦運動から始まり、平和を守ることと性差別とたたかうことが私の人生の大切な柱となりました。

二〇一四年五月一五日の記者会見において、安倍首相は、朝鮮半島近海と思われる海域でアメリカの軍艦に赤ちゃんを抱いた日本人女性と幼い女の子が乗り、アメリカ政府からこの輸送艦防護の要請があっても自衛隊は防護できないというパネルを示しました。しかし、この事例は現実にはありえないものであることが、国会審議の過程で明らかにされました。

安倍首相は、国民を騙すために「女・子ども」を利用したのです。米艦船に乗って逃げる日本人が、なぜ女性と子どもでなければならなかったのでしょうか？　なぜ母親でなければならなかったのでしょうか？　それは、国民の中に根強く残る女性＝母役割、母子＝弱いもの＝男が庇護する対象という、ステレオタイプの女性観に訴えて、集団的自衛権の行使を容認させるためであったと思えてなりません。家父長制的考え方に基づく女性の性役割は、一方で子どもを産み育てる母親であり、他方で男性の性的対象物として消費される「妻」あるいは「性売買の商品」です。どちらにおいても女性は、国家と男性中心社会にとって支配と自己の財産としての庇護の対象であり、戦時においては銃後を守る「妻」「母」です。

安倍首相が掲げたパネルにおける母と子どもの像はまさに、女性の社会的特性を母役割とし、その限りで庇護の対象とする性差別意識を浮き彫りにしたものでした。それは、女性に対する差別とたたかい、女性の人権を確立するためにたたかってきた私の人生を無にするものです。

二〇〇二年、私は一三一人の原告女性の一人として、石原慎太郎東京都知事（当時）を名誉棄損で訴えた経験があります。石原慎太郎東京都知事は、「文明がもたらしたもっとも悪しき有害なものはババア、なんだそうだ。女性が生殖能力を失っても生きているってのは無駄で罪です、って。男は八〇、九〇歳でも生殖能力があるけれど、女は閉経してしまったら子どもを産む力はない。そんな人間がきんさん、ぎんさんの歳まで生きるってのは、地球にとって非常に悪しき弊害だって」と発言しました。この発言は、女性の社会的役割を「産む」ことに特化し、産む能力のない女性・産まない女性は生きる価値がないと断言するものでした。

一審判決は、「このような女性の存在価値を生殖能力の面のみに着目して評価する見解は、個人の尊重、法の下の平等について規定する憲法、男女共同参画社会基本法その他の法令や国際人権B規約、女性差別撤廃条約その他の国際社会における取組の基本理念と相容れない」としましたが、名誉棄損や損害賠償請求については、発言は女性全般に対するものだから個々人の権利・利益に対する影響は、それだけ希薄化されたものになるという理由で棄却しました。控訴審判決も、都知事は個々人の権利を制約する権能をもっていないからという理由で権利侵害を否定しました。これらの判決は、公職にあるものの差別発言が社会に及ぼす差別扇動の影響の重大さを直視せず、原告個々人に与えた打撃の大きさを視ない不当な判決でしたが、石原発言が憲法や国際人権条約違反であることは明言したのです。

公人たる政治家が行った、社会の役に立たないものは生きている価値なしとして排除し、差別と暴力を煽る発言は、まさに私の命と暮らしの安全を脅かすものでした。

子どもを産まない人生を選択してきた私に、生きる価値がないという刃を突き付けるものでした。

同じことが今、安保法制によって国策として行われようとしています。

少子高齢化を国難と位置付ける安倍政権にとって、子どもを産まずに高齢者となった私は国家への貢献を果たしていない人間の部類に属するでしょう。そのような人間は、新安保法制による社会秩序の軍事化と人間の序列化・差別化の中で、どのように扱われていくのでしょうか？　排除・切り捨てという言葉が浮かびます。現に乏しい公的年金は年々切り下げられ、ゼロ金利政策で貯蓄の価値は下がり、高齢者の活用と言われなくてもいつまでも働き続けなければならないでしょう。平和のうちに、人間としての尊厳を持って働き続けられるならば、それは幸せなことです。しかし、私の目の前にある現実は違います。身の回りの社会の暴力化が激しく進んでいます。人と人とのかかわりが緊張をはらんでいます。まるで一触即発です。それは、新安保法制法をエポックとする国や社会のあり方の大転換が生み出している現実です。戦争のできる国づくり・社会秩序の軍事化と国家主義の強化、人間の序列化・格差貧困の激化により社会の安寧が奪われています。それは直接に私の日常を脅かしています。常に排除されかねない対象として緊張感を持ってストレスフルな生活を送らなければならないことは、私にとっての新安保法制法による被害です。

「女だから男だから」の押し付けの下で

河瀬郁恵

父は大工でした。戦時中は九州北部で、兵舎を建てることなどに従事していたそうです。建設現場に行く途中に踏切があり、毎日のようにそこに石灰が振ってあったと言いました。毎日各地から送られてくる特攻兵たちが、死の恐怖で何人も列車に身を投げたのだそうです。兵舎の建設現場で誰にあったとか、何をしたとかは、一切口にするなと言われていたそうで、そのせいか、誰が一緒だったのか記憶にないと言います。また、米軍の戦闘機による攻撃の際には、風に草木が揺れても攻撃されるので、微動もしないようじっと息をひそめて隠れていたと言っていました。

私は一九五五年に島根県で生まれました。実家は貧しく、父は大工として県内の現場を泊まり歩きながら仕事をし、母は祖母と僅かな田畑で米や野菜を作り、二〜三羽の鶏が生む卵や行商人から時々買う魚がごちそうという、ほぼ自給自足の暮らしでした。遠方での父の仕事が長くなったりすると、母が小さい私を連れて飯場に手伝いに行くこともありました。

私が六歳の頃、両親は実家を離れ、仕事が多いと見込んだ土地に住み着き、建築業を始めました。私と弟は両親と離れて祖父母と暮らすことになりました。父は月に一回、地域の集金常会の前にお金を持って帰り、母は農繁期に実家の田んぼの手伝いに帰ってくるという生活でした。その頃は税金や健康保険、年金など行政が徴収するものや神社仏閣費、町内会、学校の集金などをまとめて町内会で集金をするのが当たり前でした。毎月集金のための町内会が開かれており、そこで支払いができないと村八分になるからと、父は、月末に仕事の支払いや集金とあわせて、お金をかき集めてでも実家に持って帰ってきたのです。私と弟は普段の生活の中で両親と話すことはめったになく、学校の提出物や行事などもほとんど祖母がみてくれていました。

祖父も大工として実家周辺の現場に自転車で通い、わずかな収入を得て生活を維持しているという状態でした。祖父が仕事先で気に入らないことがあったりすると、祖母に対して暴力をふるう姿を見ましたが、祖母は黙って耐えていました。当時叔母がまだ学生で家にいましたが、叔母も、そして私たちも黙ってみているだけでした。

私が中学に入り、やっと両親と暮らすことができるようになりました。その頃は中卒で大工見習になる人たちが一緒に住んでいましたので、毎朝母は朝食の準備と弁当作り、夕方は夕食の準備、食事が終われば食器や弁当箱を洗い、明日のおかずの仕込みをしていました。さらに昼は父の仕事の事務作業をしていました。その一方、仕事に対して一切の妥協を許さない父は、見習の人の仕事に対して厳しく指導していました。母も含めて誰も父に対して不満があっても何も言えない雰囲気が、居住空間全体に漂っていました。

私が中学生の時に、母が短期入院をしました。理由は随分経ってから母から聞きましたが、妊娠に対して母の身体が弱く、今後妊娠しないようにするために卵管を止める手術だったそうです。父は何もしないで、母だけなぜそこまでしないといけないのか？と、不満とも疑問ともいえない感情を抱きました。

そんな生活の中で、一度だけ、母が家を飛び出したことがありました。でも、何時間後かに帰ってきて、「お金がなくて出て行っても生活ができない」とポツリと言ったことが記憶にあります。その後、住み込みの見習の人が少なくなり、少し時間の余裕ができた母は、パートで掃除の仕事に出ましたが、パートで得る収入は数万円にしかならず、「私が働いてもこんな収入にしかならない」と寂しそうに言っていました。

私は女で弟は男だから、私は高校を卒業して就職し、弟は大学を出て、できれば父の建築業を継いでほしいというのが両親の希望でした。私が普通高校に進学をしたいと言うと「普通高校に行っても就職だからな」という返事でした。高校卒業後の進路決定の時に「担任の先生も〇〇大学に入れると言われた」からと進学希望を話しても「女は大学など行かなくても、就職して結婚して子どもを産んで幸せになるのが一番いい」と言うのでした。

その一方で、弟にはなんとか大学に行かせようと家庭教師をつけて勉強させていました。弟は車が大好きで、高校卒業後は車の会社に入りたいというのが本音だったようですが、父親には逆らえず、勧められるまま進学しました。しかし、選んだ大学の専門が合わず、公務関係の職場に就職しました。この就職を決める際にも「跡継ぎだから転勤があるところはだめ」と本人の意向は反映されず、結局就いた職場にも馴染めず、精神を患い、自らの人生を閉じてしまった弟の人生は悲惨でした。

もし父に、「男だから女だから」「男は家を継ぐもの」などの家父長制に基づく性別役割分担の考え方がなければ、私も弟も自分の進みたい道に進むことができたと思いますし、弟も元気で生き続けることができたのではないかと思います。

私は公務関係の仕事に就き、女性自身が多くの困難を乗り越えて、一人の人間として尊重される社会の実現に近づけようと努力し、子や孫の人権を奪うようなことは決してあってはならないと、労働運動、平和運動を続けてきました。

安保法制が成立した今、人権を守るために積み上げてきた様々な努力や取り組みが壊されるのではないかという恐怖感をひしひしと感じています。「男性を戦争に送り、女性が銃後を守る」「当たり前の普通の生活ができない」「自分の意思を封印し、ただの国民として国に従う」「一人の人間として生きる権利が奪われる」そんな社会になれば、女性の人間としての権利など全くなくなり、国の道具として扱われるのは目に見えています。互いを一人の人間として尊重し、平和で安心して生きていける社会は、兵器で攻撃しあう中からは生まれてきません。

選択的夫婦別姓を求めて四半世紀

坂本洋子

私は、一九六二年に熊本と福岡の県境の小さな山間の町で生まれました。大恋愛の末に結婚した両親には三人の娘がいましたが、父から「好きな人ができたので別れてほしい」と言われた母は、五歳の姉と二歳の妹を婚家に置き、四歳の私の手を引いて家を出ました。五〇年以上前の田舎町で、離婚は珍しく、三人も子どもがありながら家を出た母は、「堪え性がない」とか、「子どもがかわいそう」という厳しい言葉を投げかけられたと言います。「なぜ、私だったのか」と尋ねると、姉は跡取り娘で「手放さない」と言われ、妹はまだ手がかかるため働くことができないから、私だけを連れて出たと聞かされました。

　大学を卒業後就職した町役場では、総務課で選挙の事務や公営住宅の管理などを担当し、辞める直前まで働いた部署が住民課の戸籍窓口でした。窓口では、出生、婚姻、離婚、死亡といった人生の節目の届け出に立ち会うことになりました。私は、婚姻届け出の方に対しては、どなたにも同じように「婚姻後の氏は夫か妻のどちらになりますか？」と質問をしました。すると、多くは「結婚したら旦那さんの名前になるんじゃないですか？」とか「戸籍筆頭者は男性なんでしょ？」という言葉が返ってきました。私が、「婚姻後の氏は、夫でも妻でも良く、氏を名乗る方が戸籍筆頭者になりますよ」と説明しても、「うちは養子じゃないので！」などと言われました。戦後、家制度が廃止されても、「結婚したら男性の名前に変わるもの」とか、「男性が名前を変えると養子になる」と思っている人が圧倒的に多いということを実感しました。

　二八歳の終わる頃に私は結婚しましたが、幸運なことに相手が同姓だったため、私は坂本を変える必要がありませんでした。戸籍筆頭者は夫でしたが、両親から「名前が変わらないから、嫁に行った感じがしなくて寂しくないね」と言われ、多くの女性の両親は寂しい思いをしているのだということも理解しました。

　一九九一年に結婚によって上京すると、多様な生き方や多様な価値観を持つ人が多い事に驚かされました。居住地の大宮で、女性問題や教育問題や平和問題など、さまざまな市民運動に関わることになりました。そのひとつが選択的夫婦別姓制を求める運動でした。一九九六年に法制審議会が選択的夫婦別姓導入の民法改正を答申したことで、多くの仲間たちが民法改正に期待をし、国会へのロビイングを活発に行いました。ロビー活動で知り合った女性議員から、「国会で働きませんか？」と声を掛けられ、国会議員秘書として働くことになり、議員立法案の提出や院内集会の開催など、選択的夫婦別姓運動に仕事としても関わるようになりました。

　秘書として働く傍ら、二〇〇〇年には「mネット・民法改正情報ネットワーク」を仲間と立ち上げ、二〇〇一年から情報発信をしてきました。二〇〇一年の政府の世論調査で、賛成が反対を大きく上回るころから、与党の中にも賛成する議員が増えて賛成派の会ができるなど、期待は最も膨らみました。

ところが、これに危機感を持った反対派が、選択的夫婦別姓反対署名運動を開始しました。

自民党憲法調査会の憲法改正プロジェクトチームが二〇〇四年六月一〇日、公表した「論点整理（案）」では、憲法二四条について、「婚姻・家族における両性平等の規定は、家族や共同体の価値を重視する観点から見直すべきである」と明記しました。家族の一人ひとりを大切にするのではなく、家族という枠組みを大切にするものでした。戦前の家制度を彷彿とさせる、戸籍筆頭者を頂点とするピラミッドの形の家族構造を維持したいと考えているようでした。国家元首を頂点とする国家と、その最小単位の家族。国家する装置として家族を活用したいという意図が見て取れます。支配する装置は、かつての戦争のときに最も活用されてきました。この憲法改正ＰＴの会議録には、「夫婦別姓が出てくるような日本になったということは大変情けないことで、家族が基本、家族を大切にして、家庭と家族を守っていくことが、この国を安泰に導いていくもとなんだということを、しっかりと憲法でも位置づけてもらわなければならない」とあり、選択的夫婦別姓が憲法二四条改正論議に深く関わっていることもわかりました。

最高裁大法廷は二〇一五年一二月一六日、夫婦同氏規定を合憲と判断しました。最高裁は、「この種の制度の在り方は、国会で論ぜられ、判断されるべき事柄である」と述べ、解決を国会に委ねました。しかし、国会では「合憲」判断以降、法改正に向けた議論はあまり行われなくなりました。最高裁が立法不作為を助長したとも言えます。私は、この判決の直前まで、違憲判断を信じて疑いませんでした。それは、法制審議会が二〇年も前に答申していたこと、寺田最高裁長官が法務省時代に法制審答申に関わり、保守派に阻まれ立法化されなかった経緯や、司法判断しなければ国会が動かない事を熟知していたこと、別姓訴訟判決の二年前、最高裁が婚外子相続分規定を違憲と判断した理由に、「婚姻や家族の在り方に対する国民意識の多様化」「差別を解消した諸外国の状況」「国連からの是正勧告」などを理由に挙げたことが、夫婦別姓訴訟でも当てはまると考えたからです。

四半世紀に及んで選択的夫婦別姓を求めて活動をしてきた私にとって、二〇一五年九月一九日の安保法制の強行採決は、戦前回帰へと向かうのではないか、多様な生き方や価値観が否定されるのではないか、という不安と危機感をもたらしました。その不安と危機感は日々、私を苛みます。

安倍政権は、ブレーンの一人が新聞紙上で、夫婦別姓訴訟で最高裁に釘を刺すような論考を臆面もなく行っていました。今年になって、第二次となる夫婦別姓訴訟をはじめ四件の裁判が提起されました。「選択的夫婦別姓の実現は、男女平等や少数者の人権が尊重される社会かどうかの試金石」だけでなく、「憲法から具体的権利を引き出す司法となるのかどうかの試金石」でもあります。過去の戦争で支配する装置として活用された「家族」が、再び利用されることのないよう、司法が「人権の砦」の役割を果たすことを切に期待しています。

日々息苦しさが押し寄せて

鈴木　都

私は一九五二年、三姉妹の末っ子として山形県米沢市で生まれました。中学生までは優等生でしたが、入学した県立高校は有数の進学校で、一挙に「落ちこぼれ」になりました。大学受験のための詰め込み教育を、おかしいと思い続けていました。新聞クラブで学校新聞に「差別・選別教育反対」の記事を載せて、教師の検閲を受けて黒塗りにされ、学校と衝突しました。不当性を必死で訴えても、クラスの生徒たちは無関心でした。高校では何を言ってもダメだと思った私は、校外のベトナム反戦運動の集会やデモに参加するようになりました。高校の教師が、デモの中に自校の生徒がいないか監視に来て捕まり、職員室で大喧嘩したり、親が呼び出されたりの日々でした。高校を卒業、東京の大学に入学しました。

学生時代、私は戦後の日本社会が犠牲にしてきた三つの重要な問題を知り、経験することになりました。まず一つは、在日朝鮮・韓国の人たちの運動や部落解放運動を知り、根強く残る差別問題を知ったことです。部落出身の無実の青年が、殺人犯にでっち上げられた狭山差別裁判へのかかわりを通し、部落出身というだけで結婚や就職差別が根強く残る現実を知り、また植民地政策で強制連行された在日の朝鮮・韓国の人たちは、戦後補償や選挙権すらなく、日々差別の中で暮らしている現実を知りました。

二つめは、アジアの人たちとの連帯を強く意識したことです。初めての海外旅行は、戦争終結直後のベトナムでした。あちこちに残る戦争の爪痕、枯葉剤で障害を負う子どもたちを治療する病院、米軍と闘い続けた地下塹壕の現場などを訪ね、元解放戦線の幹部の話を聞き感動しました。日本にアジア各国の青年を招く活動にも参加しました。アジアへの連帯の意識は、アメリカの戦争行為に反対する中で、自然と育まれたものでした。その後、韓国へのキーセン観光や、フィリピン、タイへの買春観光が、日本の経済成長とともに拡大していく姿を見て、侵略・戦争と性差別の問題を考えるようになりました。

三つめは、沖縄のことです。学生時代に本土復帰間もない沖縄へのスタディツアーに参加。晴海ふ頭から二四時間かけて船で沖縄に行き、日本軍による虐殺もあった久米島にもヤギや豚と一緒の生活船で渡りました。米兵が沖縄の女性を連れて我がもの顔で闊歩する国際通り。集団自決のひめゆりの塔や沖縄の歴史資料館。沖縄は本土決戦を避けるため、終戦直前に多大な犠牲にあったことも知りました。戦後七〇年、沖縄に「平和憲法」は存在しませんでした。米軍の施政権下だけでなく、一九七二年の本土復帰以後も、駐留米軍がそのまま沖縄には居座り、性暴力、治外法権などの植民地政策が続いています。

学生時代の体験が、「アジアや沖縄の人たちと共に」という私の思想の原点になり、特に戦後一貫して日本本土の犠牲になってきた沖縄の人々への思いは強く、いま、辺野古や高江の座り込みにも参加しています。

日本が平和と平等、基本的人権の保障を謳う憲法を持っていても、その理念が実現されていない現実はたくさんあります。その現実を知ることができるのも、憲法で基本的人権が保障され、戦前とは違い自由に考え、見、言うことができるからで、その大前提は平和です。でもいま私は、非常に恐怖心を抱いています。日本国憲法を改憲し、どんどん戦争できる体制を整え、それに反対する市民やメディアを特定秘密保護法によって言論統制し、基本的人権を制約する法律が矢継ぎ早に成立しています。戦前の戦争も、このような形で始まっていったのかとひしひしと感じる毎日です。息苦しさが押し寄せ、私の平穏な毎日が奪われていると声を大にして訴えたいです。

私は一〇年かけて、五〇歳で税理士資格を取得し開業しました。いまは以前のように、女性税理士だから嫌だという顧客もありません。数は圧倒的に男性が多い職業ですが、女性も資格さえあれば、自由に仕事ができる社会はうれしいことです。これも憲法が、男女平等、職業選択の自由など基本的人権を保障しているからです。私が所属している日本女性税理士連盟は、一貫して女性の働き方の足かせになっている「配偶者控除」の廃止と「基礎控除の引き上げ」を提唱しています。しかし現状は「男は外で働き、女は家で子育てと家事」という男女役割分担の根強い社会意識の下で、「専業主婦」を優遇する政策がとられています。税金だけではなくサラリーマンの妻を対象とした国民年金の「第三号被保険者」制度は、年金財源が不足している現在、即廃止すべきです。これは年金保険料を納めていない「専業主婦」層を優遇し「家制度」を守ろうとする意図です。憲法二四条は「個人の尊厳と両性の本質的平等」を定めています。夫婦は対等の立場で互いに協力して生活を営むものであり、一方が一方を扶養する関係ではありません。

「一億総活躍社会」、「家族愛を育む教育」、「家族介護の推進」、「結婚・出産奨励」など、まるで戦前の「生めよ、増やせよ」を彷彿とさせる安倍政権の政策には、女性を動員し国家を支える土台として、家父長制を強める一貫した思想を感じます。安保法制の制定による、戦争できる国づくりと一体の政策だと思います。自分の仕事がこのような政策に奉仕するものであってはいけない。大政翼賛に流されかねない怖さを感じるからこそ、そうさせない、そうならないために、異議申し立てする権利を主張したいのです。

私はホームページを開設し、折々に原発や沖縄に関することを書いています。しかし、知人から「ネットで叩かれるから、あまりそういうことは書かない方がいい」と忠告されました。自由に発言できないの？　今まで言えたことが、言えなくなる！　自己規制させられること の息苦しさ、生きづらさ。自由にものを言うことが必須条件だと思う私の生活が、制約を受けています。これは、安保法制がもたらしたものだと実感します。貧困が拡大し、弱い者へのいじめや、自分と違う者への排除が横行する社会は、戦争への道に繋がります。戦前の日本社会がそれを教えています。安保法制はその突破口となりました。

裁判長には、安保法制とそれによる憲法破壊、いろいろ制約によって、私の生活が変えられていること、生き難くなっていることをぜひわかって頂きたいと思います。

姓の平等にこだわって

茅野礼子

私は、一九四九年に東京都中野区に生まれました。空襲にも遭わず、二人の兄とともに育ちました。けれども本当は四人きょうだいで、私の上に一九四六年生まれの姉がいたのだと、五歳の頃からよく母に聞かされました。乳飲み子の姉は、母に負ぶわれて母の実家の山梨に買い出しに出かける途中で亡くなったのです。身動きもできない列車のぎゅう詰めの中で、圧死した姉の異常に気付かず、母は実家に着いて初めて気付いたと言います。「戦争さえなかったらこんなことにはならなかった」と、母は恨んでいました。のちに母の故郷に祀られた姉のお墓に参った時、母の悲しみや恨みがひしひしとわかるような気がしました。

母は活発なスポーツウーマンで、一八歳で日赤の看護婦になり、一九三九年から一九四〇年ごろまで従軍看護婦として中国に派遣されました。母に聞かされた戦争は、手足をもがれ血みどろになった兵士たち、周囲に転がっていた死体、看護婦たちも飢える悲惨な毎日、死を見つめた日々などで、母の体験が私の間接的な戦争体験になりました。望まない形で死を受け入れさせられる理不尽さに、子ども心に戦争は許せないと思ってきました。日本が再び「戦争のできる国」になっていくことなど母は絶対に望まないし、その思いは私の思いであり、私の人生の原点です。このたびの安保法制の強行は、私の人生の根底にある「戦争はイヤだ」という思いを打ち砕くもので、絶対に認めることはできません。

自立心の強い母は、一九四一年の太平洋戦争開戦直前に結婚したものの、専業主婦となった自分の立場にいつも理不尽さを感じていたようです。私だけには、結婚で仕事を辞めざるをえなかったのは男女不平等だと嘆いていました。母の言葉に、一人の人間として自立する権利が奪われたことへの怒りを感じました。

父は一九一四年北海道に生まれ、通信兵として戦地に行きましたが、通信傍受の仕事で戦場には出なかったそうです。若くして夫に先立たれた母一人に育てられた五人きょうだいの長男で、必死で生きる「寡婦」の母の下で、父は弟妹の面倒を見ながら「家長」意識を強く持たされて成長したようです。そんな祖母や父と自立心の強い母は折り合いが悪く、すさまじい「嫁姑」関係でした。父は私を溺愛しましたが、女は結婚して夫に内助の功を尽くすもので、「女に教育はいらない」と言っていました。高校時代から父とのバトルが絶えない私は、短大しか進学させないと言う父に逆らい、四年制大学の文学部に進学しました。

二八歳の時、私は、父に「結婚しないなら出て行け」と言われ、非正規職員の仕事を辞めて歴史専門の出版社の編集正規職に就きました。三一歳で結婚した時、姓を変えたくない私でしたが、夫の家族に押し切られ夫の姓になりました。そのとたんに私は自分のアイデンティティが奪われたと感じ、「××の奥さん」と呼ばれることに納得できませんでした。二人の子どもを産み、保育園に預けて仕事を続けました。会社では通称使用が認められたので「旧姓」で通しましたが、不便なことこの上なく、保育園から夫の姓で連絡があっても私につながりません。夫への愛情がなかったわけではなく、私の姓は私の生や人格と一体のもので、私は私でありたかっただけなのです。

三九歳の時、激務の出版社を辞め、中野区役所の非常勤職員に転職。区役所は戸籍名しか認めず、夫の姓が私に貼り付いた毎日は精神的に耐えがたく、ついに四〇歳の時、ペーパー離婚、事実婚になりました。それまで夫とは何度も話し合いましたが、別姓への夫の理解は得られませんでした。下の娘の卒園直後、置手紙を残して夫は家を出て行きました。私の行動で自分のプライドが傷つけられたというようなことが書かれていました。その時、子どもたちは六歳と九歳でした。

五年後、夫は再婚し、それを認めないのなら子らの養育費を打ち切ると言ってきました。上の娘は高校受験を控え、親の都合で子どもたちに不安な思いをさせること に申し訳ない気持ちで一杯でした。子どもの権利はどこにも保障されていないことに気付かされました。また、一方的に家を出て子どもの養育を私に任せてきた夫に対する怒りもありました。その後、夫とは家庭裁判所での調停や地裁での訴訟など泥沼のやり取りを経験、私は戸籍制度の理不尽さを痛感しました。戸籍と夫婦同氏を強制する法律が私たち家族を引き裂いたと感じました。また、裁判で断罪され、国家権力の恐ろしさを感じました。もし、男女平等を掲げる今の憲法がなかったら、私はもっと守られなかっただろうと思います。私が自由にものを考え表現できるのは、社会が平和で女性の権利が認められているからです。それは憲法があるからこそと思いました。

私は五一歳で日本語教師の資格を取り、中国で一年間教えました。中国では、日本人は人殺しだからと祖父母に日本語学習を反対されたという生徒もいました。日本語を使うなと殴られた生徒もいました。中国での一年間は日本の侵略戦争が今なお終わっていないことを痛感させられた日々でした。それから、ずっと英語専門学校や日本語学校で日本語教師をしています。あらゆる国の若い人が夢を抱いて日本にやってきます。イタリア、トルコ、アメリカ、中国、韓国、ネパール、ベトナム、ミャンマー、フィリピン、インドネシア、カナダ、チェコなどの留学生に日本語を教えてきました。留学生とはいえ働かなければ生活できない学生がほとんどです。母国で高校を卒業して来日した人は、最長二年間日本語学校に行かなければ日本の大学や専門学校に入れず、その間は身分の不安定な無権利状態です。名前は留学生でも「技能実習生」と同じような劣悪な労働条件で働かされています。給料も安く厳しいいわゆる三Kの仕事です。彼らを支えているのは、大学、大学院に入りたいという思いです。日本は、平和憲法があってどこの国とも戦争をせず、平和が保障されています。それが留学生たちにとってなによりも安心できる条件なのです。母国の厳しい状況と比べると、日本は少なくとも憲法のもとでのルールがあり、安全で平穏で公正な暮らしができると、留学生たちは体験的に語ります。日本の生活を体験してみて、はじめて憲法の持つ意味を知る留学生もいるのです。もし、日本が留学生の国と戦争を始めたら、日本にいる留学生は、勉強も仕事も出来ず、厳しい立場に置かれます。日本に来たいと思う人たちも断念せざるをえなくなるでしょう。

私は日本国憲法の平和と男女平等に支えられて生きてきました。その憲法が壊されることは、私の生きる土台が無くなることです。私は安保法制によって、私が守ってきた人間としての尊厳が奪われたと思っています。

婚外子とその母への差別と戦争を支える法

富澤由子

一九八三年、私は子どもを出産しました。憲法第二四条では婚姻は両性の合意のみで成立すると規程され、私と連れ合いは事実婚を選び、互いの姓を尊重しあうことを合意していました。しかし、子どもの出生届は、父欄に記入している事、子どもの姓が父と同じになっている事、嫡出子か否かの記入をしていない事を理由に不受理にされました。

婚姻していない母から生まれた子には、父はいないので書いてはいけないと区役所の戸籍課担当者から告げられ、その後東京法務局の戸籍課長にも面談し、届の受理を要請しましたが、不受理を告げられました。課長からは「あなたの子どもなんか、戸籍も住民票もないので、学校にも行けないからそのつもりでいなさい」と電話で宣告されました。不受理とした決定は憲法に反する行為であることを訴えて自治体の首長へ請願し、区や法務局への要請を続け、国会議員へも出生届の記載内容を含む戸籍法の改正、民法の婚外子相続分の差別の撤廃について要請を重ねました。

一九八五年に日本が女性差別撤廃条約を批准する前提として父系血統主義を両系に改正しました。これは女性の平等にとって画期的な改正です。この条約は明らかに婚外子とその母に差別を禁じていますが、批准に際して民法、戸籍法の改正が俎上にあげられなかったことは大変残念でした。

一九八八年、人権週間のただなかで日本の婚外子を差別する現行法は違憲であり、国際人権条約に違反すると指摘した文章を新聞に投稿し、掲載されました。それを読んだ同僚から、父は徴兵されたまま帰らず、自分は婚外子として生まれ、母がひとりで苦労しながら戦時中・戦後を育ててくれたことを打ち明けてくれました。その後も婚外子差別撤廃を求めるチラシを配っていると、それを見た人が婚外子の生い立ち、戦死して顔も知らない父の事、一生誰にも言えないと思ってきたが、差別の撤廃を主張してくれる人に会えるとは思わなかったと、駆け寄ってきてくれたことがありました。

家父長制下の婚姻制度に反対し、非婚で二人の子どもを出産した平塚らいてうさんは、息子が出征する際、婚外子として軍隊に入ると前線に送られるからとの理由で法的婚姻をし、戸籍上は奥村姓になりました。それは戦場に兵員として行かされる息子の安寧を願い、やむにやまれぬ決断だったと推測します。その背景には、軍隊内では婚外子だと知られると、理不尽な差別にさらされる可能性があり、前線への命令は「戦死」を意味することと考えただろうからです。

ベアテ・シロタ・ゴードンさんが来日され、憲法草案について講演をされた後の対話で、日本に住んでいた時、妻以外の女性とその子どもがとても差別されている事実を見聞して驚き、憲法での明記が不可欠と考えて憲法草案に婚外子差別の禁止を入れた事、その条文を含む条項案の多くが「個別法に委ねるべき」との理由で削除され、今日まで改正されてなかった日本の現状を知って、改めて残念に思うと語られました。

私は一九八九年に「出生差別の法改正を求める女たちの会」（以下「女たちの会」という）を発足させ、会の通信『女とこどもの人権通信』のタイトルの字を伊藤ルイさんに依頼しました。ルイさんは、母・伊藤野枝と父・大杉栄が法律婚を拒否し、生まれた娘の一人として、「私生児」として、「戸籍の続柄欄には長女、次女、三女と書かれず、戦後も数字だけが塗りつぶされて「女」の字だけが残されていたと語っています。父の名前も記載されない戸籍です。憲法発布後も戦前からの民法、戸籍法における婚外子差別が引き継がれたのです。「女たちの会」では毎月講演会や勉強会を開き、婚外子である当事者の女性が入会し、弁護団が結成され、違憲訴訟を起こしました。

Nさんの裁判では一九九三年東京高裁では初めて、民法の相続差別は憲法第一四条一項に違反するとの画期的な判決が出されました。私たちは最高裁で審議中のYさんの特別抗告の判断を期待を持って待ちました。こうした裁判への訴えと並行して行ったのが条約の批准活動です。

一九八九年国連総会は「子どもの権利条約」を採択し、翌九〇年九月に発効しました。私はこの条約を日本が批准する時こそ、婚外子差別の改正を実現させる契機としようと考え、批准とそれに際して、二条、七条で禁じている婚外子差別の法改正を求める活動に取り組みました。一九九四年に国会の承認を得て締約国となりました。しかし、この条約の批准に際しても、法改正は反対の声に打ち消されてしまったのです。差別を助長するような国会議員の多いこと、国会が良識の府として機能していないと認識させられました。

配偶者の相続の改正が法制審議会から答申され、国会に法案が上程された一九八〇年、答申の中に婚外子の相続差別の改正が入っていたにもかかわらず法案に盛り込まれませんでした。見送られた国会の審議の場において、全国母子寡婦福祉協議会の代表が参考人として戦死した夫の反対の意見を述べました。国のために戦って戦死した夫の母子家庭と、相手がどんな男か分からない女が生んだ子どもと同等の扱いをするべきでないという趣旨でした。戦後半世紀ちかくなっても、母子家庭の経済的な保障や支援を求めて活動していた女性の間にさえ、亡き夫が兵隊であったかどうかで母子を選り分け、差別する意識が強く保たれていたのです。この差別観は戦争が生み出したものだと思いました。

戦争は婚外子を生むと同時に、婚外子への差別をも生みだし、軍隊はそれを利用してきました。戦場や占領地で日本兵の「現地妻」となった女性たちの中には子どもを出産した人も数多くいます。また、徴兵された婚外子はどれほど過酷な待遇を受け、そして無念に「戦死」させられていったろうかと想像します。

「子どもの権利条約」の制定を主張し続けたのはポーランドで、ジェブさんと言う女性だったと言われています。彼女が主張した「子どもの平和的生存と発達保障」の精神は、条約に引き継がれていると理解しています。安保法制の成立は、子どもがこれまで日本が培ってきた平和主義、憲法の交戦権の放棄に基づく社会で生存する権利を侵害しています。安保法制が実行されたことで、女性や子ども、外国人、またすべての個人の尊厳が踏みにじられる状態が恒常化し、温存されてきた差別が増幅されていることに苦痛を感じています。治安法制が強行採決されるのを目の当たりにすると、安保法制に反対する者が伊藤野枝たちのように、災害時などに乗じて、抹殺されはしないかとの危惧さえ覚えています。

戸籍は婚外子差別を固定化しているだけでなく、続柄における長男、次男、三男の表記で子ども間の序列意識を固定化させてきました。家を継ぐ必要のない次男、三男は兵隊要員、との意識を醸成しました。戦闘要員に駆り立てる要因ともなった戸籍の続柄欄の廃止を私は求め、法改正の要望をしてきましたが、その実現は困難と法務省から回答されています。

旧態依然とした法制度の見直し、慣行に依存し差別に目を向けない政治の転換が求められています。しかし、政治が容易に変わることは見込めません。

この訴訟によって、私は司法の場がそうした政治状況に警笛を鳴らし、一人ひとりの尊厳を回復し、日本政府が憲法に依拠し、安保法制を破棄し、武力に拠らない外交政策で、朝鮮戦争の終結やアジアを中心にした民主化、人権の尊重を掲げ、真の平和の発展に貢献する政治へと転換することを願ってやみません。

自分の姓を取り戻す

埜田悦子

一九五八年富山の田舎で、サラリーマン家庭の次女として私は生まれた。両親共働きであり少々寂しい思いもしたが、近所の家に学校帰りに行き来したのどかな地方で育った。両親は私の希望を応援してくれ、望んだ四年制大学に進学できた。そして、弱者を支える仕事がしたいと障がい者施設に就職をした。

障がい者の方は何の落ち度もないが、ハンディを背負いいろんなことに不自由な思いをしている。私が仕事をした知的障がい者の施設の方は、自分が役に立つことがあると小さなことでも喜び、私が体調を悪くしていると家族以上に心配してくれるとても純粋な方々が多くいた。そこで一〇年以上の作業や食事、余暇などの生活をともにした時間は私にとって楽しい日々でした。その一方で施設は障がい者の人たちにとってあってよいものなのかという疑問をずっと持っていた。障がい者の自己決定・意思尊重とはかけ離れ、障がい者の意思表明ができないことをいいことに人らしい生活の権利を奪っているのではないだろうか。また、意思表示ができ、施設ではなく自分の家や地域で生活したいと望んでもそれはかなわず、初めから選択肢の中からなくしたり我慢や諦めを強いていた。

日本の福祉はどうしてこんな状況なのかと疑問を持ち、そしてそれは政治の問題ではと気付くことにもなった。障がい者の生活をよくするためには働く者の労働条件もよくしなければ改善はしない。仕事に余裕がなければ障がい者の支援にも余裕がなく温かく丁寧に接することができない。また、一人では力はないけれど、団結すれば力になることを学び、労働組合の中で皆と交渉し待遇改善や障がい者施策の改善を要求した。

仕事をして数年目で私は結婚した。しかし、そこで大きな悩みを背負った。私は姉と二人姉妹で、数年前に結婚した私の姉は結婚前の姓を名乗るべく結婚の準備を進めていたが、相手の両親の反対に遭いかなわなかった。私も結婚後も姓を変えたくないと強く思ったが、農家の長男である相手も姓を変える気など全くなかった。そんな思いから婚姻届を出すのをためらいながら、結婚式の後の休暇後職場に戻ったところ、職場では夫の姓になるのが当たり前と、私のロッカー・下足入れなどの名札がすでに夫の姓に変えられてあり、ショックを受けた。そして、二週間後仕方なく不本意ながら婚姻届を出し改姓をした。その後は自分の望まない名前で呼ばれるたびに違和感と苦痛が付きまとった。仕事上などの相手には改姓を伝える時、結婚という私的なことを公表しなければならず（改姓しない男性にはないこと）、銀行口座、運転免許証など変更手続きをしなければならなかった。これまでの愛着ある姓を望まないのに変えさせられ、対等だと思っていた夫婦関係も農家の長男の嫁として役割を求められ、男が大切にされ、お風呂も女が後に入るもので、家庭内での多くの家事は女がやるべきという男女差別の風習にも息苦しさを感じ悩んだ。日本は男女平等ではなかったのか？　近代に比べ男女差別は改善されたとはいえ、地域や家庭の風習は歴然と男女差別が残っていた。憲法が変わっても家父長制が残っていて、妻が夫の姓に変わることを当然としていることは女性が自分で姓を選ぶことを妨げていて、女性が男性の従属物の意識となることになる。それはいつの間にか自分でものを考えず、政治や平和ということも政府の言うことに疑問を持たなかったり異議を唱えることをしなくなるのではないだろうか？　それはいつの間にか戦争に進んだ戦前と同じことになるのではないだろうか。

自分の名前という極めて個人的なことが何故国に決められるのか、また国の法律が個人の幸せのためになっていないのはおかしいと強く思った。外国では当たり前の別姓が選べないことに私以外の女性も悩んでいることを知り、女性の人権のためにも選択的夫婦別姓制度のために民法改正が必要との思いを持った。

数年後ではあるが、職場では労働組合の要求で旧姓使用が可能になり、私は一日の大半を過ごす職場で自分の名前を取戻し、ようやく息ができる解放感に包まれた。しかし、私のような旧姓使用ができる職場は少なく、男性管理職の思い一つで旧姓使用は認められず悔しい思いをしている方が多くいることも別姓を求める活動の中で知った。また、旧姓使用では保険証や銀行口座など多くの場で使用できず、二つの名前を持つ煩雑さも体験した。そんな中、富山で私以上に長く改姓を強いられたことで苦しみ国会にも何度も要請した女性が、国会で法改正は望めないとして、選択的夫婦別姓制度が実現できないのは憲法違反だと裁判を起こした。私はその思いを全力で応援したく、他の人権や平和を求め活動してきた市民グループの方々と協力し、幅広く署名や街頭活動をして裁判を支援した。五年の裁判の間、世論は選択的別姓が当然と多くなっていたことを実感していたが、最高裁の判決は、私たちの思いを受け止めない司法の役割をなしていないものであったことは本当に悔しく、男女平等から遠のいたものであった。

結婚後の経験は、個人の思いが実現しない人権軽視の生きにくい社会に対しての疑問・不満となり、差別されてきた人々の思いに寄り添い、その問題を解決するためにできることをすることが私のライフワークになっていった。それは社会や政治に原因があると気付き、私たちが関心を持つ必要があること、そうしないと権力に都合のいいように変えられることになることに気付くことになった。

自国だけに目を向けるのでなく、相手を尊重する、違いを認める感性が人にも外交にも必要で、そこからしか平和な関係は作れない。

私はこの思いに逆行し不安を増強する安保法は、安心して暮らす私の権利を奪う重大な憲法違反の法律であると考える。

「生きることは行動すること」

船橋邦子

安保法制反対の国会前での示威行動に参加していた私は警察による厳しい規制が日々厳しくなることを身体を通して経験しました。地下鉄の出口も、歩く道、方向までも警察が決め、私の選択は認められないのです。さらに強行採決の歴史的瞬間を傍聴席で目撃しました。それは、議会制民主主義、立憲主義が崩壊していく恐ろしい光景でした。

安保法制は、強行に至る過程で、私の精神的、身体的自由を奪いました。また平和に安心して家族や、友人を愛し、幸せに生きる私の権利を侵害するものです。そのことを明らかにしたいと思います。

私は一九四四年生まれです。四〇年以上、女性差別をはじめとした差別撤廃を求める運動にかかわり、平等で平和な社会の実現を夢見て、国内に限らず、海外の女性たちと草の根の交流、顔の見える関係を築いてきました。それは、弱肉強食、競争原理の近代の男性中心社会にとってかわり、国家の枠にとらわれず一人の人間、地球市民として、地球規模で人権の保障された暴力のない持続可能な平和な社会の実現をめざす活動でした。

大学、大学院に私が在学した一九六〇年代半ばから一九七〇年は、既成のシステムや、価値への問い、異議申し立てが世界的に展開された時代でした。私も、そのなかに身をおきつつ、男性中心の運動に違和感を抱いていました。その意味で、一九七五年にメキシコで開催された国連主催の第一回世界女性会議及び並行して開催されたトリビューン（NGOフォーラム）の報道は衝撃でした。世界各国の女性たちが集い、女性差別について、国際女性年の三大テーマである「平等・開発・平和」について討議されたのです。

当時、私は三人の子育てと非常勤の仕事に追われていました。子どもの世話をしてくれる親もなく、子育てと仕事の両立を目ざす私を取り巻く環境は厳しいものでした。子どもか仕事かの二者択一を男性は迫られることなく、女性が両方を求めることに対して寛容でない社会の理不尽さに私は不満を抱いていました。それは私の母が経験した女性であることによって受けた不利益にも通じるものです。一九〇九（明治四二）年生まれの私の母は、写真一枚の見合い結婚で、京阪神地方で教師をしていた父の許に淡路島から出てきました。長男の嫁だった母は、九二歳で祖母が亡くなるまで姑に仕えました。六六歳で「嫁」から解放された後、忍耐の緒が切れたのか、急速に認知症が進み六年後の七二歳で他界しました。跡取りの男児を産めず五人の女児を産んだ母は産後のひだちが悪く、そんな母への姑の対応が厳しかったせいか、祖母といるときの母の表情は暗く厳しいものがありました。私は子ども心に、そんな母を見るのが辛かったのを覚えています。私の女性差別撤廃に向けた活動の原点には、この母の人生と私自身の女性であることによって受けた不利益があります。

私は、一九八〇年、デンマーク・コペンハーゲンで開催された国連主催の第二回世界女性会議のNGOフォーラムに参加する機会を得ました。そこで署名された女性差別撤廃条約と、海外の女性たちとの出会いが、その後の私の人生を決めることになったように思います。現在に至るまで、私は、アジアの女性たちとの交流及び情報の送受信をはじめ、男性中心の制度の変革を求める運動と地域でDV被害女性と子どもの支援をする運動を続けています。

しかし、安保法制の施行は、私が、暴力や貧困など、困難に直面する女性や子どもの一人ひとりと向かい合い、お互いにエンパワーしてきた活動やアジアの女性たちとの顔の見える関係の基礎にある人権の尊重を根こそぎに破壊するものです。私の四〇年以上に及ぶ人生の宝物が壊されていくことに耐え難い苦痛を感じ、将来への大きな不安を抱いています。

私は、「生きることは行動すること」をモットーにしてきました。それは、教員をしていた父の生き方への問いかけ、反発だったといえます。父は戦争で弟と義弟をなくしましたが、自分は教え子を疎開先に連れて行ったために戦地に行くことは免れたようです。教員として、校長としては生徒に慕われていたようですが、戦後の教育政策を含め、社会での自分の立つ位置をあいまいなまま評論家のように語る父の態度が許せず、喧嘩をしては母を困らせていました。

私は、大学の教員として女性学やジェンダー論、差別論などを担当してきました。

私にとって、女性学は、机上の学問ではなく、女性差別を解消するための「行動の学」であること、差別とは本人の努力ではどうにもできないことで社会的不利益を受けること、自分自身のなかにある差別や偏見を自問しながら、それらは無知から生まれること、あらゆる差別の実態を知るためにフィールドに行き、それらがどのように再生産されるかを学ぶことの重要さを学生に伝えることに努力してきました。

その結果、卒業後、国際協力NGOで活動している学生が、かなりいます。私の娘も女性のリプロダクティブヘルスの権利を保障するために、国際協力NGOの一員としてザンビアやケニヤでプロジェクトを担当しています。私も孫の世話のために、二〇一七年には一カ月ザンビアに滞在しました。そこで痛感したのは、日本人、日本への信頼は日本には平和主義を謳った憲法があり、戦争をしない国だということでした。

しかし安保法制で戦争の出来る国となった現在、憲法九条に支えられて途上国で活動している私の娘や孫や教え子たちは、未来を拓く希望のある活動をする権利が侵害されるだけでなく、いのちの危険にも直面することになります。

その意味でも安保法制は、憲法の保障する基本的人権を侵害するものであり違憲と言わざるをえません。

「少子化」を盾にした出産奨励に懸念

宮子あずさ

「安保関連法制」施行により、私が受けた損害とは、一言で言うなら、「憲法を遵守しない可能性がある政府のもとで生きる精神的苦痛」であり、具体的には、一．政府が下す政治決断に対する強い懸念と不安、二．両性の平等、個人の尊重という憲法の理念が実現されない可能性への絶望感の二点です。

安保法制違憲訴訟で、軍事化と女性の身体をテーマの一つとして女性たちの被害を主張してきております。「女性の身体が対象化・道具化・序列（選別）化されることが軍事化と不可分であり、それがこの法制によって被る被害の本質を表している」ことにつき、私が専門とする臨床看護及び看護学の立場より、社会保障制度維持を大義とした出産奨励に関する内容を述べます。

団塊の世代が後期高齢者になる二〇二五年に向けた社会保障費増大とそれに伴う制度の危機は、いわゆる「二〇二五年問題」として、多くの国民に認知され、不安を生じさせています。また、これをさらに深刻にするのが、社会保障制度を支える側の若年層が減り、利用する側の高齢者が増える「少子・高齢化問題」で、こうした問題が絶えず報道され、日本全体が老後の生活への予期不安に駆られているように見えます。

この不安は一九六三年生まれの私自身も抱えるものでありますが、この不安に乗じて、かつては個別性の尊重という日本国憲法の理念からも抑制されていた、出産への国家の介入が行われているように見えてなりません。

これは一見人口動態から見てやむを得ない状況に見えますが、日本が現在歩む安倍政権による軍事大国化により、拍車がかかっている面もあると考えます。なぜなら、社会保障費が増大する一方で、「安全保障環境の変化」を盾に、政府は過去最大の防衛予算を計上しています。今後、アメリカからの武器購入についても積極的に行われると予想され、防衛予算は青天井とも見えます。

このような予算のバランスを見た時、私には、政府が社会保障制度に対して真摯に対応しているようには見えません。それどころか政府は、社会保障制度の問題を「少子・高齢化」、特に「少子化」と関連づけ、とにかく人口を増やすことが急務と、出産奨励に舵を切ったように見えます。

卵子の老化を必要以上に宣伝する妊孕《にんよう》性教育はその最たる例ですが、かつては個人の選択に踏み込まない配慮をしていた領域に、政府がなりふり構わず踏み込んでくることに、大きな恐怖を感じています。

軍事大国化は、多くの人的資源を必要とし、必然的に「産めよ、増やせよ」の出産奨励が行われます。安保法制によって開かれた軍事大国化への道は、現在の出産奨励をさらに推し進め、リプロダクティブライツの否定につながりかねません。

安保法制は軍事大国化の肯定から、相対的に社会保障制度の軽視、リプロダクティブライツの軽視につながる危険がある点を、指摘したいと思います。

政府の出産介入についての具体的な例として以下をあげます。

＊

「女性手帳」（二〇一三年）―二〇一二年二月、NHKが「産みたいのに産めない　卵子老化の衝撃（クローズアップ現代）」を放映。これを皮切りに、国を挙げての〝「卵子の老化」キャンペーン〟が始まる。その翌年には安倍首相の肝いりで設置された「少子化危機突破タスクフォース」が「女性手帳」（正式名称は「生命と女性の手帳」）の配布を決定。「卵子は老化するから、若いうちに出産しよう」という内容に批判が起こり、頓挫した。

＊

政治家のヤジ―「（人口減少対策について質問した女性議員に対して）子どもを産まないとダメだ」（自民党・大西英男議員、二〇一四年四月、衆議院総務委員会）、「（晩婚化や晩産化対策について質問した女性都議に対して）「自分が早く結婚すればいいんじゃないか」など（自民党・鈴木章浩議員、二〇一四年六月、東京都議会）

＊政治家の不適切発言―「私は結婚式（の挨拶）では『ぜひとも三人以上、子どもを産み育ててほしい』という話をする。…子どもが生まれないと、人様の子どもの税金で老人ホームに行くことになる」（自民党・加藤寛治衆院議員、二〇一八年五月）

ここにあげた政治家の発言は、いずれも撤回、謝罪されています。しかし、一度出た政治家の言葉は人々の意識に強く残るものです。これまでなるべく踏み込まないよう気を遣うのが当然だった「子どもを持つ、持たないの選択」について、ずけずけ言ってもよい、との意識を作る懸念があります。

私自身は一九八七年から看護師として働き、今も働いております。一九九〇年に同い年の夫と結婚し、夫婦で話し合った上で、子どもは持ちませんでした。

子どもを持つ、持たないは極めて個人的な領域に属することですが、ここでは敢えてその理由を申し述べます。一番の理由は、今この社会において子どもを育てる場合、女性である私の負担が非常に大きくなることでした。私たち夫婦にとって、何より大事なのは平等だったのです。熟慮の結果、私たちは子どもを持たない人生を選びました。

私たち夫婦は自分たちの選択に納得し、子どもがいない人生に引け目はありません。一方で、上記にあげました子どもを持たない女性を貶めるような政治家の放言については、その存在を否定されたように、深く傷ついております。

一方で、私は看護師として働く中で、仕事を通してさまざまな理由から子どもを持たない人も多く見てきました。病気により生殖機能を失った人、出産が体力的に困難な人、また、親子関係が複雑な家庭に生まれ、子どもを持つ決意ができない人もいます。

この中には、強く子どもを育てたいと望みながら、叶わなかった人もいるでしょう。自ら望んだ子の無い人生でも、侮辱されるいわれはありません。しかし、選びようもなく子を持つことができなかった人であれば、さらに言葉が刺さると考えます。

平和だからこそ差別と闘えた

村藤美枝子

私は一九四九年七月、富山県の海沿いの地に生まれました。父は塩干物行商の仕事をしており、自転車で数十キロ離れた山里まで魚の干物や昆布、煮干しなどを売りに行き、お金をもらえない家では、米と交換したりして、その日暮らしの貧しい生活でした。

戦中・戦後の経済統制の中で、帰宅途中、何度も憲兵につかまって、大事な米をすべて奪われ、尋問、暴行を繰り返し受けたと、後に母から聞きました。父は次第に精神を病み、私が生まれて三日目に首つり自殺を図りました。

当時五歳の兄が、様子のおかしい父のあとをついていって、近くの納屋へ入ったきり出て来ない父を発見し、大声で近所の人を呼んだそうです。一命は取り留めたものの、脳に重い障害が残り、働けない身体になりました。

母はショックで乳がとまり、私は医者から「あと数日の命だろう」と言われていたそうです。今こうして健康で生きているのが不思議なくらいです。

父は七四歳で亡くなるまで、週二日ほど気分のいい日があるものの、あとの五日は寝ていました。私が記憶しているのは、絶えず自殺しようとして、目を離すと家を抜け出し射水線の線路で座り込んでいた父、布団の中で息を止めて恐ろしいほどの形相で油汗をかいていた父の顔です。そのため母は外で働けず、編み物の内職をし、私はその手伝いをしていました。母の内職収入はわずかであり、五人姉兄の末っ子だった私は、姉たちの稼ぎで育ったようなものです。

母は八三歳で亡くなるまで、父を看取り、二人の娘に先立たれ、晩年はお寺参り三昧の一生でした。

戦争は、戦地に行った人だけでなく、残された人にとっても地獄でした。女性や子ども、老人、障害者など、すべての人の人権を奪いました。私の家族の困窮と苦難は、父が戦時下と戦後の占領下での弾圧がもとで精神を病んだことから始まりました。私の家族が、戦争によって貧困の生活を余儀なくされ、姉たちが学びたくても学べなかった状況を思うにつけ、二度と戦争をしてはならないと強く思います。

憲法違反の安保法制は、戦争につながるものです。日本をふたたび戦争のできる国にするものです。反対の声をあんなに挙げたにもかかわらず強行に成立させられた安保法制は、私の戦争はいやだという切実な願いを打ち砕きました。

私は、貧しい生活の中で、「女性も経済的に自立しなければ」の思いを強くし、できれば教師になりたいと思っていました。しかし高校三年の二学期になって、母が申し訳なさそうに「就職してくれないか」と言ったのです。私は返済不要の特別奨学金の試験にも合格していましたし、アルバイトをして行くから進学させてほしいと言ったのですが、「あんたの収入がないと生活できない」との言葉にはっとしました。考えてみれば、私だけが昼間の高校へ行かせてもらい、姉たちは勉強したくてもできなかったのだと、進学を断念しました。

大学受験の滑り止めに、夏休みに受けていた公務員試験に合格していたので、「県庁に行きます」と担任に言ったら、「給料安いぞ。銀行か生命保険会社に知り合いがいるから、県庁はやめたほうがいい」と言われました。当時は公務員は安月給の代名詞でしたが私は県庁に就職を決めました。男女差別のない職場という漠然とした期待があったからです。

一九六八年四月に県庁に就職し、一カ月の研修期間の中で、国から天下りで来ていた人事課長は「女性でも試験を受ければ、課長にもなれる」と言いました。しかし現実は違っていました。研修のあと配属された職場では、八時三〇分始業の一時間前から出勤し、前日残業していた職員の煙草の吸い殻だらけの灰皿や湯飲み茶わんを集めて洗い、ゴミを集めて机を拭いて床をはき、お茶を沸かして出勤してきた職員にお茶を出すという、いわゆるお茶くみ雑用が女性の仕事となっており、一方、同期の大卒の男性は、私が掃除等で汗だくになっている傍らで、新聞や六法全書をひたすら読んで勉強していました。大学卒の上級行政職採用職員は主事で吏員、中級（短大卒）、初級（高校卒）採用職員は主事補で雇員、雇員は自分で起案しても、隣の主事の名前で起案し、印鑑を押して決済を受けるという吏雇員制度があり、吏員昇任試験で合格しないと昇格できず、賃金差別につながっていました。

差別がないと思って入った公務職場も、男女差別、学歴差別、さらには職種による差別など、多くの問題があることに気づき、組合運動に参加しました。二〇一〇年三月に退職するまで、四二年間の勤務の中で、女性部や基本組織の役員を担い、あらゆる差別を許さない闘いを追求してきました。多くの闘いの中で、女性の働き方も大きく変わり、今は上級行政職で女性が半数採用される状況ですが、差別をなくし、男女とも健康で働き続けられる職場づくりの運動は、ずっと続けられています。

私がこのように働き続けられたのも、さまざまな差別と闘い続けることができたのも、平和があったからです。憲法が保障する平和と基本的人権・男女平等が、私のこれまでの人生を支えてくれました。

退職後、県労働委員会の労働者委員に任命され、労働相談なども受けていますが、セクハラやパワハラの被害を訴える事例が増えています。非正規労働の増加による安易な解雇も多く、現行の憲法の理念である、「基本的人権の尊重」が形骸化されていると痛感しています。

今大切なのは、現行憲法の理念を生かし具体的な法整備をすることであり、決して憲法を変えることではありません。

安保法制は、私の、差別をなくし個人が尊重される平和な世界を築くための努力を無にしてしまいました。それは私の尊厳を踏みにじるものです。安保法制が廃止されなければ、私は安心して眠ることもできません。母や家族の苦難がこれから起こる現実となって、私を苦しめます。安保法制の廃止を切に求めます。

障害をもつ私の生命、生活、人権が奪われる

米津知子

大事なことは、自分たちで決めた約束事にもとづいて、自分と異なる意見にも耳を傾け、話し合って結論を出す。小学校の学級会でも国会でもそのようにするのだと、一九四八年生まれの私は学校で教わり、自分でも心がけてきました。それはときに面倒で努力と忍耐が必要ですが、それでも自分たちで決めた約束事を大事にすることが、自分の意見を大事にすることでもあると考えてきました。第二次大戦敗戦後、この国に住む市民は戦争への反省を込めて、日本国憲法をもとにして、自分たちで決めた約束事で政治と社会を運営する努力をしてきたと思います。

安全保障法制の内容と成立過程に、憲法違反のおそれがあることを私は強く感じました。見渡すと、多くの市民からも、憲法を専門とする研究者らからも、同じような声が挙がっていました。それにも関わらず、政府は法の成立を強行しました。

多数議席をもつ与党による強行はこれまでも見てきましたが、安全保障法制の成立過程ではさらに、憲法の解釈がゆがめられました。この政府の行為は、憲法をもとに自分たちで決めたルール、民主的な政治を破たんさせたということです。政府のこの行為によって、戦争への深い反省を込めて積み重ねた、日本国憲法にもとづく民主的な政治と社会運営への市民の努力が否定され、毀損されました。日本の政治に対する信頼が、国の内外で失われました。これは私自身にとっても大きな損失です。

同時に、安全保障法制の成立は、国際社会で「日本は『武力の放棄』を放棄した」と見なされるおそれが増大しました。日本に暮らす私が、決して望まない戦争にまき込まれる、あるいは荷担させられる可能性を増やしました。これは私にとってたいへんに不安であり苦痛です。

戦争は市民の生命と生活を奪いますが、障害をもつ者にとってその危険はいっそう大きいものになります。二〇一一年三月一一日の東日本大震災で、障害をもつ人の死亡率は、障害のない人の二倍だったといわれています。

聴覚障害や視覚障害をもつ人が身を守る情報を得られない、身体障害をもつ人が危険な場所から逃げる手立てがない、知的障害や精神障害をもつ人が安心して身をおける避難所がない。障害のない人との格差が、障害者の死亡率を高くしたのです。自然災害だけでなく、万が一にも戦争という状態に陥ったとき、同じことが起こるのは容易に想像できます。

二〇一六年七月二六日、相模原市の障害者福祉施設で障害者一九人が殺害され、二六人が重軽傷を負う事件が起りました。身体障害をもつ私も、言葉に表せない憤りとショックを受けています。加害者は「障害者は死んだ方がいい」と発言していたとの報道があります。日本社会に存在する障害者への一つの態度が加害者を通して具現化されたものと感じられ、いっそうの不安と憤りを覚えます。

事件に「障害のあるなしで命の重さに変わりはない」「障害があっても大切な存在」といった発言が相次いだことに慰められる一方、現実の社会を想起すれば、別な面も見えます。障害者が利用する施設の建設に近隣の理解が得られない、障害を理由に就職やアパートの入居を断られるなど、障害に対する偏見がもたらす困難は少なくなく、この偏見には、背景といえるものがあります。

日本には一九四八年から一九九六年まで、「優生保護法」があり、障害をもつ人を「不良な子孫」と言い表し、その「出生を防止する」ことを目的の一つとした法律です。もう一つの目的は「母性の生命健康を保護する」でした。この二つの目的の手段として、優生手術（優生上の見地から行う不妊手術）と人工妊娠中絶について規定しました。一九四八年は敗戦から三年目。政府は、戦中の人口増加政策から、人口を減らす政策へと転換しなければなりませんでした。この法律の真の目的は、生まれる子どもの数と質の調整です。中絶も優生手術も、許す条件の大半が優生上の見地にもとづいていました。とくに優生手術は、障害児を産む可能性があると見なされた人に、本人の同意がなくても強制することができました。その被害者は、記録にあるだけでも約一万六五〇〇人に上ります。子どもをもつかもたないかに関わる自己決定権は女性の人権の大切な一部であり、処罰されない安全な中絶が確保されたことは重要でした。しかし「優生保護法」は女性の人権の保障ではなく、女性の生殖を国が支配し、障害者を排除する道具にするものでした。女性と障害者、両方の人権を侵害する法律だったのです。

「優生保護法」は一九九六年に、優生上の見地から書かれた条文を削除して現在の「母体保護法」に改正されました。しかしそれまでの間に〝障害者は生まれてはいけない、産んではいけない〟という恐ろしい偏見が社会に浸透しました。政府は法律改正のときに、優生保護法とそれに基づく政策が間違いであったこと、障害者と女性の人権を侵害したことを、反省を込めて表明するべきでしたが、それをしていません。優生手術を強制された被害者が政府に、調査と謝罪、補償を求めてきましたが、「当時は合法であった」として、人権侵害の問題があったこと自体を認めていません。そのため、障害に対する社会的な偏見も消えていないのです。誰かが「障害者は死んだ方がいい」と考えたり言ったりするとしたらそれは、「優生保護法」がこの社会に残した偏見と無縁ではないでしょう。

このような歴史を振り返ると、日本の政治の、国益を優先して人権を大切にしない姿勢が浮かび上がります。一度決まった法律は、問題があっても容易には変えられないこと、その法律のもとで人権侵害がおきても「合法である」と片づけられる虞があることも、痛感します。また、このように障害への偏見を内在した社会が、戦争という状況に陥ったとき、障害をもつ人の生命、生活、人権が奪われる危険は、障害をもたない人以上に大きいものになるのは明らかです。

安全保障法制の成立は、私も市民の一人として努力してきた民主的な政治の在り方を壊しました。同時に、日本に暮らす私が、私自身は決して望まない戦争にまき込まれる、あるいは荷担させられる可能性を増やしました。さらに、障害をもつ者として、生命、生活、人権が奪われる危険が増大しました。これらが、安全保障法制によって私が被った損害です。

米軍厚木基地で働いて

濱岡弘子

私は米軍厚木基地で働いてきました。基地で働き、防衛省との間で公務員でもなく民間労働者でもないあいまいな間接雇用で働く私たちは、自分たちの雇用や権利を守るために、全駐留軍労働組合に加入して組合活動を頑張ってきました。全駐労は焼け野原になった敗戦直後の混乱の中で、基地労働者によって結成された労働組合です。私たちは、駐留米軍基地で日本の防衛予算のもとで働きながら、平和の追求を基本的要求にしてきました。二度と戦争を繰り返さないという思いはみな同じですが、平和が脅かされようとするときには、私たち自身が米軍とともに海外に移転させられたり、仕事を失ったり、危険にさらされたりします。米軍基地に働き、どう整理したらよいのかわからないような身分でありながら、平和を希求し、しかも自分たちの雇用と安全を求めるという、先例も教科書もないところで、全駐労は、困難かつ厳しい闘いに耐え抜いて、今日の雇用制度や臨措法、賃金、労働条件を獲得してきました。

しかし、職場も組合も米軍基地という軍事の真っただ中にあるだけに、男性中心で、女性の役員はこれまでいませんでしたし、組合をリードしていく立場に立つことへの周囲の抵抗も強かったのだと思います。私は、厚木基地で働き、組合厚木支部に所属して、女性部を活動の基盤にしながら、執行委員会にも積極的に参加して活動していました。平和運動や政治運動にも参加して、平和と民主主義のために本部や連合主催の取り組みにかかわってきました。そうしたこともあって、二〇〇八年一〇月の支部大会で支部委員長に就任しました。私は、執行委員長にノミネートされ、皆から信任を得て活動できることを誇りにしてきました。

しかし、前任の執行委員長と書記長だった男性組合員が、私の二期目の会計監査に際して、あらぬ疑いをかけてきました。私は問題なく会計処理をしてきましたが、執行委員会でつるし上げの追及を受けました。私を執行委員長から降ろそうとする動きは、地区本部まで巻き込んで、攻撃を「組織化」し、誹謗中傷ビラがばらまかれました。私の名前だけが特定され、ビラを作成した責任者の名前もない「組合員有志」のビラには、さすがの私も打ちのめされました。ストレスで視力が失明寸前までなくなって、病院通いを強いられました。そして三期目は執行委員長への立候補を辞退しました。これ以上組合に混乱をもたらすことは、私が望むところではなかったからです。

私は、こんなことでくじけたら、労働組合の正義と存在意義は否定されてしまうと思いました。幸い私の周りには、自分の経験した事実や考え方はたとえ圧力を加えられても曲げない、だからこそ人への思いやりも持てるという女性部の活動を共に取り組んできた人たちがいて、私を支えてくれました。くじけず女性部の活動を続け、組合の原則にしたがって発言し行動を続けるなかで、誹謗中傷ビラを撒いた人物が誰で、何の狙いがあったのか、私を追い詰めるためにひどい策略を立てたこと、しかしうまくいかず仲間同士で口論になったといった情報を知りました。男女を問わず、考え方や行動のスタイルの違いはあってもお互いに認め合って尊重し、守りあうのが労働組合というものだと思います。それをずっと貫き、めげずに皆に支えられながらやってこれたことを誇りに思いますが、そうした活動によって、事件が何だったのかを知り、思い切って責任追及のために一歩を踏み出しました。私が前委員長を訴えると、被告から謝罪して解決したいという申し入れを受けました。後ろで糸を引き私を追い詰めた元役員も謝罪させ、慰謝料も支払わせました。二〇一七年のことでした。

私は、それでも私の権利が回復されたようには思えませんでした。私に対する攻撃は何だったのかということです。私は、委員長になった私が女性だったこと、差別的排除が事件の核心にあると思います。私も女性部の組合員も、そうした男性たちの絆によって支えられている社会ないし労働組合のなかで、平和や人権を求めてリーダーシップをとろうとすればするほど、男性たちの絆を壊すものとして制裁が加えられるといった仕打ちを受けたのだと思います。

ちょうどこの厳しい綱引きを闘ってきた二〇一四年から二〇一五年にかけて、在日駐留米軍の再編に大きな影響を与える出来事が続きました。日米防衛協力ガイドラインの改定とそれに合わせるように強行採決された安保法制は、私たちの安全や雇用に直接深刻な影響を与えます。私たちの生活は、名実ともに、日本が世界に先駆けて国際紛争の解決には武力を行使しない、軍隊は持たないという戦争放棄を定めた平和憲法が守っているという関係にありますが、それを解釈で変えてしまい、日本の自衛隊と米軍とがどのような事態でも切れ目なく有機的に一体となって武力を行使して、世界の紛争を解決できるようにするというわけです。

こうした法制度は、一つは、日本がより多くの財源を投入して米国のために自ら軍事的装備に力を注ぐことになりますし、米軍はこれまでの日本防衛の役割を縮小し、もしかしたら東アジアの安全は米軍を後ろ盾にして日本の力で守るといった具合に、再編を急速に進めることになるかもしれないという意味で、私たちの雇用は、米軍再編のなかで危機に直面しています。

また、話し合いではなく、武力による威嚇や行使によって紛争を解決することを憲法が承認したということになれば、ますます力による支配がまかり通ることになり、生活の隅々まで支配している差別や暴力の温床が強化されてしまう、という意味でも生活の平穏を脅かします。私が直面した前述の体験は、そうした脅威をより強く抱かせるものでした。

日本は、男女平等では世界で最低ランクをいっていますが、私の経験は、日本では特異なことではなく、誰にも襲い掛かってくるものだと思います。つくづく平等ではないのです。そうした壁が、私が経験した男性中心の暗黙の絆による力であり、安保法制は、私に暴力を加えた力を強くすることを痛感させられます。私は、暴力のない平和な社会の構築には逆行するような徒労感や不安に襲われています。

女性差別は戦争を支える

金光理恵

私は一九六三年に生まれました。母は第一子、二子と男児、三番目に女児と希望していたそうです。ところが第二子に女児が生まれ、落胆のあまり助産師さんの「お嬢ちゃんですよ」の声に「なーんだ」と反応してしまったと母から何度も聞きました。

母は一九三六年に広島県呉市で生まれ、終戦時には九歳です。戦争末期になり、軍港都市・呉は酷い空襲を受け、母は毎夜の空襲に命からがら逃げ回る日々を過ごしたそうです。広島原爆も母は体感しています。広島と呉は一九キロメートルしか離れておらず、室内にいた母の耳にも物凄い爆音が聞こえ、慌てて外に飛び出し見上げた空にキノコ雲があったそうです。

平和・民主主義教育を受けて育った母にさえ染み付いていたのが男子尊重思想だったことが、私を産み落とした後の母の第一声からうかがえます。母は常に私に「学校の勉強で男の子に負けるな」「女の子も働いてお金を稼ぎ、自立できるようにしなければいけない」と言っていました。しかし、他方では「女の子なんだから」と家事の手伝いを私にさせ、三歳上の兄にはさせることはなく、「男の子やし」という返事だけが返ってきました。当時一〇歳前後の私は、そこで「女性差別」に気付きました。

私は、男女平等を強く主張する女子生徒として小中高と成長しました。中学一年生の時クラス委員選挙があり、男子女子それぞれ一名ずつが選出され、私もその一人となりました。ところが生徒会から各クラス委員二名に委員バッヂが配布された時に驚きました。男子委員には「委員長」、私には「副委員長」と書かれていたのです。なぜ差をつけるのかを問い合わせましたが、「男子が正、女子が副を務めるのが慣例である」との非合理な回答に憤りを覚えました。

私は大学院を修了し、研究も続けながら大学受験予備校の講師となり、古文漢文を教え始めました。同時に「夫婦別姓選択制をすすめる会」で活動を始めました。私自身が夫婦別姓にしたいという思いもありますが、それ以上にこれから結婚をしていこうとする若い女の子の意識を変えたいという思いで加わりました。

なぜ女性に「夫が主、妻は従」という思想が植え付けられてしまうのか。その理由は、幼いころから周囲で見聞きする環境にあるのでしょう。学校の名簿で「男子が先、女子が後」もその一つです。結婚改姓もそれです。小学校低学年の時、父方の祖母に「おばあちゃんは婿養子をもらったから、結婚前も金光だったのよ」と教えられ、結婚しても苗字が変わらない女性がいるという事実に大変驚いた記憶があります。まだ七つ、八つの子どもでさえ女は結婚したら苗字が変わるという社会の常識が、私にも植え付けられていた一つの証左だと思います。

高校一年の時、家庭科の授業で自分の人生プランが発表されました。私よりも成績の良い女子生徒が短大進学を希望し、その理由を「四年制の卒業時には、二二歳になる。結婚を考えるには遅すぎる」と語りました。別の女子生徒は、二〇代半ば以降は空白でした。理由を先生が尋ねると「誰と結婚するのかわからないのだから、その相手の男性次第」と答えました。これら二つの話を聞いた私は、結婚が女性の人生を狭めているのを知りました。

幼いころから無意識に植え付けられてきた結婚改姓のシステムが、女性の人生設計の中で、結婚後は夫を筆頭者とする戸籍に入り、夫を「主人」と呼ぶ、対等ではない結婚生活に疑問を抱かなくさせるのだと私は考え、夫婦別姓選択制の活動が女性の意識を変える大きな力を発揮するとも考えたのです。その活動の中で私は現在の夫と出会い「事実婚」を始めました。二八歳のときです。家事も家計も互いに分担し合い、私にとってまったくストレスのない結婚生活をそれ以来二六年以上続けています。

第二次安倍政権が二〇一二年末に成立、二〇一三年初夏に「女性手帳（仮称）」を配布する予定が明らかになりました。女性の生き方を「子産み子育て」に狭める政策の一つだと私は反発、多くの反対で女性手帳の導入は見送られました。同じ二〇一三年には、「特定秘密保護法」が成立してしまいました。翌二〇一四年の夏、集団的自衛権を認める閣議決定がなされ、二〇一五年夏、安保関連法案を安倍政権は国会に上程しました。着々と日本を戦争する国へと作り替えていく安倍政権に立ち向かうために、私は何をすべきかと考えていました。その時に、「安保関連法に反対するママの会」が立ち上がり、時を置かず「安保関連法に反対するママの会@ちば」ができ、即座に加わりました。

SNSでの呼びかけに応じ集まった仲間たちとともに、街頭で安保関連法の危険性を訴えるリーフレットを配布し、千葉県選出の国会議員に「採決では同法案に反対してほしい」旨の署名を届けるなど活動を始めました。法案は国会で強行採決されましたが、私たちは諦めずに会の活動を続けています。予備校講師としての職を従来通りに行いながら、私生活の時間をこれ以上ないほど削っています。なぜそこまでするのか…

①私は命を脅かされる不安なく平穏に暮らしたいからです。

自宅は陸上自衛隊習志野駐屯地のすぐそばです。訓練のジェット機が轟音で家の真上を飛びます。オスプレイが遠からず我が家の頭上を飛び交うことも想定されます。静かで安心できる暮らしが安保法によって脅かされます。

②私は差別を憎むからです。

戦前、家父長制度の下、女性は男性よりも低い立場におかれ、日常的に家庭生活や社会の中で、差別され続けていました。それは、男性に差別する側の立場に慣れさせることでもありました。政府が始めた戦争を続けるには、国民に「敵」とする国への憎悪心を芽生えさせ、煽る必要があります。排外主義や、差別の心です。女性差別は、戦争をし続ける国づくりの第一歩です。

三〇年近く女性差別の解消につながる活動を続けてきたのも、安保関連法によって日本が戦時体制になれば水の泡です。この法律が一刻も早く廃止され、穏やかな日常が戻ってくることを切望します。

侵害された「個」の尊厳

村山千津子

私は一九五六年、三人姉妹の長女として東京に生まれました。時代は高度経済成長期に入る頃で、父は召集を免れたこともあり、戦争を身近なものとして感じたことはありませんでした。しかし、一九四五年四月の東京北部の空襲により祖父は亡くなり、叔父の一人はシベリア抑留、もう一人の叔父は満州でソ連参戦時に捕まり、シベリアへ送られる途中列車から仲間と共に飛び降りて逃走、危うく銃で撃たれるところだったというような話を聞いていたので、実はそれほど遠い話ではなかったのです。幼い頃、家のレコードプレーヤーにかかっていたのが峠三吉の『原爆詩集』のなかの「にんげんをかえせ」のカンタータで、その歌がとても怖かったこと、家族で歌う歌が「原爆許すまじ」や「ウィーシャル・オーヴァーカム」のような反戦歌やたたかいの歌が多かったことを思い起こすと、日本が過去に起こした戦争の悲惨さは、知らず知らずのうちに自分の体の中に浸透していたのだと思います。

父は戦前から圧延工場で働き、戦後は社会の激動の中で「賃上げ要求、首切り反対」を掲げた労働組合運動に参加、GHQの弾圧が激しさを増す中で、民主的な社会を目指して労働運動、政治活動へと身を投じました。一方、母の家は祖父が職業軍人ながら家庭の雰囲気は自由で、母も戦後すぐに社会運動、政治活動に参加。その時の気持ちを聞くと、「戦争が終わって、これから新しい世の中が来るという明るい希望にあふれていた」と言います。

父も母も仕事や活動で忙しくしていましたが、幼い頃には親に連れられてメーデーによく出かけました。写真を見ると、プラカードには、「帰れアメリカ　返せ沖縄」と書かれ、沖縄返還闘争が盛んな時代だったことがわかります。こういった家庭環境のおかげで、社会的、政治的な事柄に対して常に関心をもち、行動を起こすのは自然なことという感覚が身についたように思います。両親のしつけは自由、放任で、女であることで制限を受けることはまったくなく、成人したら働いて独立するのが当然のことと考えていました。

都立高校に入学すると、女子が家庭科必修、男子が体育とドイツ語を選択できる「男女別コース」で、学校教育において性別役割分業によって女子に家庭科教育が強制されていることに心底驚きました。何人かの仲間と家庭科教育女子必修反対のちらしをまいた記憶があります。大学では女性解放研究会に入部、また地域の大学有志で婦人問題研究会を結成し、女性史や性暴力の問題などを取り上げ、学習や交流に取り組みました。シモーヌ・ド・ボーヴォワールの『第二の性』、キャスリン・バリーの『性の植民地』、そして自分は同時代ではなかったけれど日本のウーマン・リブの運動を伝える雑誌「女・エロス」は、その後自分自身が女性の抑圧と解放を考えるうえで大きな示唆を与えてくれるものでした。

雑誌編集の仕事に従事しながら、引き続き女性運動には関与し、当時女性運動の中心的な役割を果たしていた「行動する女たちの会」、旧優生保護法の改悪阻止を目的に組織され、女性の体の決定権を主張し優生思想を問い直し批判する「'82優生保護法改悪阻止連絡会」、女性性器切除（ＦＧＭ）の廃絶を支援する「ＦＧＭ廃絶を支援する女たちの会」の活動に参加してきました。

また並行して、八〇年代末に友人たちと立ち上げたのが「個の自立」を提唱する「しんぐる巣」です。会報『しんぐる巣』の発行や、同じような問題意識をもった女性たちとの討論、交流を通して一貫して訴えたのは、家族制度はなくなったはずなのに、戸籍制度という形で家父長制は存続し、結婚において女性には同姓が強要されるなど、女性が個人として自立し、自由に生きることが著しく阻害されている日本の現実に対する告発です。家族単位の税制・年金制度への批判や結婚という制度への疑問も取り上げました。当時はシングルのライフスタイルや多様な個人の生き方に対して、社会には一定の理解と関心がありました。翻って現在は、「単身女性」といえば最貧困の存在であると取り上げられるのみで、戸籍制度や婚姻制度への抵抗の言など耳にすることもなくなり、一方で「婚活」というさもしい言葉が跋扈するようになりました。こうした日本社会の劣化に愕然とします。

私にとって、主権在民、基本的人権の保障、平和に生きる権利といった戦後日本で認められてきた原則的な価値はあたりまえのもので、憲法について深く考えたことはありませんでした。しかし二〇一五年、安倍政権が多くの国民の反対を無視し、「安保法」を数の力で強行的に成立させるという事態に直面して、高く理想を掲げた憲法の精神も「不断の努力」をして闘わなければ、独裁的な権力者によってやすやすと壊されてしまうのだとショックを受けました。安保法は「戦争の放棄」を定めた憲法に違反します。安保法制定以降、自衛隊の任務は確実に変化し、米軍との共同訓練が強化され、南西諸島へも次々と新たな配備が進められるようになりました。軍事費が増強され、アメリカから武器を購入するために莫大な税金が投入されています。

私が危惧するのは、国民は国家に貢献する存在としてのみ価値があるとする戦前の天皇制国家主義が現代において息を吹き返し、そのなかで女性は「産む性」としてのみ価値があるとされることです。それは、個人の尊重や個の尊厳を求め、女性の個人としての自立や自由を訴えてきた私の努力をなきものにします。「女は産む機械。装置の数は決まっているから、あとは一人頭で頑張ってもらうしかない」（柳澤元厚労相）、「子どもを産んで国家に貢献してほしい」（菅官房長官）、「子どもを産まないほうが幸せに送れるんじゃないかと、勝手なことを自分で考えて」（二階幹事長）といった自民党幹部の暴言が繰り返されてきましたが、その女性蔑視、時代錯誤、人権無視に驚くばかりです。政権与党の戦争体制づくりを許せば、やがて日本はジョージ・オーウェルが小説『一九八四年』で描いたような、独裁者によって国民が管理され支配される全体主義国家に突き進むのではないかという恐ろしさを感じます。

第七章　アジアの中で生きる

中国の友人たちとの信頼関係が壊される

芦澤礼子

私の両親は共に第二次世界大戦体験者です。父は一九二二（大正一一）年に生まれた、ちょうど学徒出陣の世代です。幼いころから喘息もちで体が弱く、第二次世界大戦末期に父に赤紙が来て徴兵検査を受けましたが不合格となりました。敗色が濃くなったころ、ようやく合格して訓練を行っているときに終戦を迎え、戦地には行きませんでした。

父は軍隊に入るとき「こんな体の弱い自分が徴兵されるのだから、この戦争は長くは続かないだろうな」と思っていたそうです。そして後々「健康で優秀だった同年代がたくさん死んだ。自分は体が弱かったから生き残った」と言っていました。一〇年前八四歳で亡くなりましたが、生涯忸怩たる思いを抱き続けていたようです。

母は、満州事変が勃発した一九三一（昭和六）年生まれです。七人きょうだいで東京都豊島区に住んでおり、姉二人は学徒動員によりパラシュート工場で働きました。一九四五年四月一三日～一四日の城北大空襲に遭い、幸い家は焼けなかったものの、直後に祖父の親戚を頼って秋田県に疎開し、大変な苦労をしたそうです。

両親が兄と私に自身の戦争体験についてよく語ってくれたおかげで、私も戦争と平和について考えるようになったと思います。そして、両親が戦争で死ななかったため今の私がいること、それと同時に「生まれなかった膨大な命」のことも考えるようになりました。

私は特に「アジアの平和をどう保つか」ということを考えています。それは、一九九四年から一九九五年まで中国で日本語教師を務めたこと、一九九五年に沖縄で起こった米兵三人による小学生の少女強姦事件のときから沖縄の反基地運動に関わるようになったことと深く結びついています。

かつて日本は中国をはじめ近隣諸国を侵略し、沖縄を「本土」の盾として「捨て石」にしました。日本が安保法制を可決・施行したことは、アジア諸国から見たら「日本は再び侵略するのではないか」と思われても仕方がありません。特に、北朝鮮のミサイル発射・核実験強行に対するアメリカのトランプ大統領の軍事的威嚇に付き従い、日本海に展開するイージス艦に並走する自衛隊のありようは、安保法制の具体化そのものであり、アジア諸国の日本にたいする疑念を裏付けるものとなっています。

現在、日本にとって中国は明らかに「仮想敵国」の位置づけとなっています。私には中国に多くの友人知人がいます。九五年に卒業した中国の教え子たちには、卒業二〇年後のクラス会に呼んでもらって、大変感激しました。今でも中国版LINEである「WeChat」で常に連絡を取り合っている仲なので、日中の関係悪化は私にとって即私を支えてくれる大切な人間関係の破壊につながることなのです。お世話になった人、可愛い教え子たち。安保法制の成立・施行は、私と中国の友人、知人との信頼関係に楔を打ち込むものです。このことは私にとって多大な損害です。

また、沖縄では辺野古への米軍基地建設を推し進め、高江にオスプレイパッドをつくり、南西諸島には自衛隊配備を進めています。私は沖縄戦の戦跡をたどり、戦争体験者の話も聞きました。住民の四人に一人が戦死した沖縄戦の深い傷を、沖縄の人々は忘れていません。なのに、政府は沖縄を再び「盾」にするつもりなのでしょうか。沖縄にも多くの友人知人がいる私にとっても、安保法制はとても受け入れられるものではありません。

安保法制は憲法九条に反する集団的自衛権を具体化するものです。多くの憲法学者がそれを指摘しています。市民の反対の声を無視し「強行採決」という異常な手段を用いて可決された安保法制を一刻も早く廃止し、アジアから信頼される国、沖縄の民意を大切にする国、真に安心して暮らせる国になってほしいと、切に思います。それは、戦争を体験し生き延びた両親の思いを継ぐことでもあると思っています。

加害を続けない！

高木澄子

小学校入学前の私は弟と共に父に連れられ、お盆には父の実家に行っていました。父は島根県の農家の次男で、実家の農業は父の兄が継いでいました。めったに乗らない汽車から降りて、田舎道を歩き、伯父の家に到着。早速裏山の大きなお墓へ参り、家に入るとまず立派な仏壇に手を合わせ、その後でやっと、井戸で冷やしてあったスイカにありつけました。仏壇の若い軍服姿の青年は、逢うこともなく戦死した従兄でした。立派なお墓と仏壇は、長男を亡くした伯父の悲しみの大きさと、国に奉げた誇りの表れだったのでしょうか…。伯父の家の次に訪問したのは、町の中の家の二階に一人で住む伯母の所でした。薬箱から出して飲む薬の量の多さに驚いたのを覚えています。

伯母は結婚し広島で暮らしていました。原爆投下後帰宅しない夫を探し、その時居た父も共に捜し回り、二人とも被爆したのです。夫を亡くし、子どものいなかった伯母は実家近くに戻り、多量の薬と共に生涯を暮らしました。伯母も父も「被爆手帳」を持っていました。私は一九四三年、弟は一九四五年一月、双子の妹は一九四七年に誕生しました。その後の生活の中で、父の赤血球や白血球の数が増えた、減ったと、父母が話しているのを聞きました。妹たちの具合が悪いと、父の被爆の影響ではないかと、いっしょに話したこともありました。

私は成人後上京して公務員になりました。公務員には差別はないと言われながら、賃金や職務に女性差別があり、労働組合の女性部長をした時、是正要求をしましたが、そのブレーキとなったのは、同じ労組執行委員の男性たち。驚き、苦しくて、女性グループに飛び込みました。「国際婦人年をきっかけとして行動を起こす女たちの会」では、労働の中の女性差別に取り組み、当時買春問題に取り組んでいた「アジアの女たちの会」にも参加しました。高度経済成長期の七〇年代、韓国、台湾、フィリピン、タイへと買春に行く男たち。さらにエイズ予防財団のポスターは、背広姿の男性の目をパスポートで覆い、「行ってらっしゃい、エイズに気をつけて」とありました。日本政府・外務省も、買春を前提としていたのです。第二次大戦敗戦から三〇年も経ず、「従軍慰安婦」を暴力的に狩り集めたかつての侵略地へ、今度は「女性の性」をお金で買いに行ったのです。軍服を背広に、刀を札束に替え、軍事侵略が経済侵略・性侵略へ変わったのです。過去への反省も謝罪もない国では、同じ過ちを繰り返します。海外へ行く買春は、それらの国の女性団体などから批判を浴びて下火になり、それに代わったのが、ブローカーの介入で日本の性産業に送り込まれ、売春を強制される「人身売買」でした。

私は公務員を早期辞職し、一九九九年から三年間フィリピンに滞在し、現地の女性NGOでボランティアをしました。人身売買・売春強要の結果、フィリピン女性を母に、日本人男性を父にもつＪＦＣ（Japanese Philippines Children 日比国際児）が次々と誕生していました。そんなＪＦＣを支援するＮＧＯで、連絡が取れない、行方がわからない父・日本男性を探します。でも父親と連絡が取れるのは一〇％にも至りません。父親がいなくても母子で暮らせる経済的自立のプロジェクトが、ＮＧＯのもう一つの大きな目的でした。洋裁、織物、染色の技術を習得し、商品を作り、販売するのです。織物と染色をする作業所を兼ねた住所で、ＪＦＣやその母親たちと共に暮らしたこともありました。彼女たちの商品の制作や販売への協力は、いまも続いています。

二〇一五年夏、フィリピン滞在時共に暮らしていた女性の一人から突然電話があり「いま息子がお父さんを探すため、成田空港に一人で着いた。よろしく！」と。二〇歳で大学生になっていた彼は、赤ちゃんの時に母親とフィリピンに帰ったので、初めてといえる日本。滞在期間は、一週間。二人でかつて父母が住んでいた住所を探し当てると、部屋は荒れ果てていました。その住所地の市役所に行くと「たとえ息子でも、父親の委任状がなければ教えられない」と。その父親を捜しているのに…。戸籍謄本のある役所へ行き、戸籍謄本の附票で、やっと父親の現住所が分かりました。またまた捜し歩き、やっと逢えたのは帰国の二日前の夜で、二泊一日を父と過ごしました。一週間の短期間で父親を探し当て逢えたのは、私が関わったケースの中でもきわめて稀でした。「お父さんに逢いたい」「日本国籍も欲しい」大学生の彼は学費が続かず、退学せざるを得ない状況で、少しは父に援助をして欲しかったようです。二〇年近く交流もないまま過ごした父子は、対面したものの、言葉も通じず、関係性の回復も困難で、仲介をしましたが、日本国籍の取得も学費の援助も断念せざるを得ませんでした。

七〇年代からフィリピンの多くの女性たちが、シングルマザーとしてＪＦＣを育てています。戦後、日本人残留孤児を育ててくれた中国人女性たちがいました。

第二次世界大戦時の軍事侵略。その後三〇年を経ず始まった経済侵略・性侵略。それによる父親のいない多くのＪＦＣの誕生と貧困。三～四世代にわたり形を変え日本の「加害」は続いているのです。国を超え、多くの負担を女性に強いています。

私はいま「性暴力救援センター・東京」に関わり、性暴力被害者の気持ちに沿って、産婦人科、警察、弁護士、精神科などを紹介し、同行し、サポートをしています。最近とても気になるのは、「子どもへの性虐待」、「ドラッグを使ったレイプ」、「アダルトビデオによる被害」、「精神障害の手帳を持った人の被害」などが多いことです。子どもや、精神障害があり抵抗する力の弱い女性に対する性暴力。判断力のある自立した女性に対しては、ドラッグなどを利用して意識を失わせたり、その行為をビデオに撮って広めると脅すなど、女性を無力化させた上での性暴力。加害や犯罪の卑劣さが、深刻化しているのです。

安倍首相に近いジャーナリスト、議員、官僚などによる酷い差別発言や、行為。森友・加計問題での真実の隠蔽。国民の声を聴かない強引な国会運営。これらのやり方が、すべて暴力的です。

女性差別と長年闘ってきて、安倍首相の政権運営下で、破廉恥に広がる不正義に後押しされたように、性暴力は広がり、しかもその方法が卑劣になっていくことを実感します。怒りと共に心の底から、恐怖を感じます。

東アジアの平和を願って

中原純子

私は一九五二年に埼玉県川越市で工場労働者の長女として生まれました。父は一九二〇年生まれの農家の四男で、幼くして両親を亡くし、一八歳で軍隊に志願、海軍で航空機の整備兵となり、戦時中は戦艦山城に乗艦していました。戦艦山城が一九四四年にアメリカ艦隊に撃沈された時、父は負傷のために入院中で九死に一生を得たのでした。戦時中は幾度も死線を超えてきたと聞いています。父は二四歳の時に台湾で敗戦を迎え、故郷に帰還後は、日本鋼管の下請け工場や十条製紙王子工場などで働きました。

一九二四年生まれの母は、一九歳で東京、芝浦の陸軍糧秣廠に事務員として勤務。直ぐに糧秣廠は空襲に遭って浦和に移転、命令で近辺に下宿したそうです。母は将校たちと一緒に玉音放送を聞きましたが、ほとんど聞き取れないまま戦争に負けたことは分かったそうです。その時母の詠んだ句が、「軍刀を取られた軍人のだらし無さ」です。

青春時代を戦争の只中で生き抜いた父と母は一九四八年に結婚。まもなく長男を授かったのですが、二歳の時に病気で亡くしています。戦後の貧しさの中で、十分な治療を受けさせることができなかった悔しさを幾たびとなく聞かされました。その後に生まれた三人の私たち姉妹は、両親の「二度と戦争を起こしてはならない」という思いに触れて育ちました。

朝鮮戦争特需は庶民の生活にも及び、私は「朝鮮戦争の特需で子どもたちのミルク代が助かった」という話を両親から聞きました。しかし、戦争を嫌悪する私たちが戦争に助けられたという現実に複雑な思いが心に残り、後に私が日本と朝鮮の女性たちとの友好運動を担う動機のひとつになっています。

このように、私にとって戦争は遠い昔のことではありません。父が戦死したり、母が空襲で命を落としていたら、私たち姉妹は生まれることはありませんでした。安倍政権による憲法違反の安保法制により集団的自衛権の行使が容認され、日本が戦争をできる国へと変貌したことは、八九歳で亡くなった父と、九四歳で健在の母たち世代の命と青春を賭した歴史的教訓に背くものです。

一九歳で就職した東京都荒川区には、幼稚園も併設する朝鮮第一初級中級学校があります。また、二〇年間暮らしたJR三河島駅近くは、小さなコリアンタウンのように焼肉屋や朝鮮マーケット等が点在して、キムチや胡麻油が日々の生活に根ざしている街です。その荒川区で一九七七年に発足した「荒川日朝婦人の集い」は、二〇一七年の結成四〇周年に、日朝の女性たちが草の根の交流のために記念誌を発行、そこには日朝の女性たちが手探りで交流を重ねながら信頼を築き、折々に両国の間で起きた問題の解決に努めてきた苦労がにじんでいます。私は、一九七六年の準備会から参加してきた世話人の一人です。このように地域で交流を続ける日朝の女性たちは、「国交正常化」、「分断された朝鮮半島の自主的平和統一」、「東アジアに平和を」と訴え、なによりも戦争は絶対に起こしてはならないと強く願って地域で活動を続けてきました。

長きにわたる地域の女性たちの平和への願いにもかかわらず、安倍政権は委員会と本会議で、国会を取り巻く反対の声の響くなか、安保法制案を強行可決して、翌年三月に施行したのでした。

その翌二〇一七年、「荒川日朝婦人の集い四〇周年」を祝った年は、世界の力関係が大きく変化するなか、安倍政権やマスコミも野党も、朝鮮の「核・ミサイル」を理由に「制裁強化」を呼びかける点で共通しています。しかし、女性たちは四〇年間の交流と活動の中で、マスコミ報道を鵜呑みにしないこと、自ら冷静に問い直して事実を知らなければならないこと、そして、世界の動きと政治は私たちの日々の生活の安定に大きな影響を及ぼしていることを知っています。私たちは安保法制によって日本と朝鮮の間に戦争が起きるのではないかとの不安の中にあって、安倍政権の狙いを見抜かなければなりません。

一九五三年以来、休戦状態にすぎない朝鮮戦争を完全に終結させ、さらに分断された二つの国を統一することは米国の利益に反するのです。米国が朝鮮半島の緊張状態の持続を望むのは、アジア太平洋における覇権体制を維持するためです。かつての仮想敵はソ連でしたが、いまアジアでの軍事的な存在感を確保したい米国にとって朝鮮敵視政策が必須であり、それが東アジアと朝鮮半島をめぐる情勢を緊張させる元凶となっているのです。安倍政権はその先兵となっているのです。まさに国民の利益に反する行為です。

私は、安倍政権が強行した安保法制によって、大きな精神的苦痛を強いられています。腐敗した政治が国民から見放されようとしている現在、司法は、行政権から真に独立して人権を守る存在であることを示してほしいと思います。

アジアで孤立する道でいいのか

柚木康子

私は一九四八年一月生まれだ。私にとって戦争は母、祖母、姉から繰り返し聞かされた疎開の話であり、戦後とは母と父の生きてきた姿でもある。

二〇一五年五月、九五歳の生涯をとじた母は、一二月八日の真珠湾攻撃について、「蟻が象に立ち向かうようなもので大変なことになった」、八月一五日の玉音放送を聞いて「これで配給が増える」と、「日本は負けて良かった。勝っていたら国民は軍部の奴隷になってしまう」とよく話してくれた。

母は昭和一八年にアッツ島玉砕で最初の夫をなくし、翌年に満州から引き揚げ途上で病に倒れたすぐ上の姉の看病をしている時に子どもを列車事故で失った。明治四二年生まれの父は母の次姉と結婚し三人の子どもがいたが、出征中に次姉も結核で亡くなった。戦後それぞれ配偶者を失った母と父が再婚し、兄と私が生まれた。私の名前は、列車事故で亡くなった子ども「康雄」の一字を取って付けられた。

一九八八年秋、連日の昭和天皇の病状報道を聞きながら、母は、天皇には戦争責任があると言った。平和に生きることができる時代の有り難さを失うまいと私は、第二次安倍政権下の秘密保護法案、集団的自衛権合憲の閣議決定、戦争法案に反対し、多くの集会に参加、連日国会前に向かい、声を出し続けた。それは七〇歳を超えた今も続いている。

二〇一七年五月一日、日本の護衛艦「いずも」が米空母カール・ビンソンを中心とする第一空母打撃群を構成する補給艦とならんで走る姿の報道に、アメリカの戦争に巻き込まれる恐れを強く感じた。その根拠が「武器等防護」の条文にあり、「米軍の要請を受けて」「防衛大臣が承認する」手続きで出動可能となり、国会に対する説明は事前にも事後にも一切なしで済むという。世界最強の米軍空母の一団が「武器等」なのか。

私は憲法前文にある「政府の行為によって再び戦争の惨禍が起こることのないようにすることを決意し、ここに主権が国民に存することを宣言し、この憲法を確定する」との文言が無に帰してしまう怖さを強く感じた。安倍政権の行為は私の平和に生きる権利を侵害し、経済的負担を強いている。

今や表現の自由も犯されている。集団的自衛権の論議の頃、参議院議員会館に行き荷物検査を受けた。警備員から肩掛けバッグのバンドに着けているグリーン地に白抜きで「Say YES to NUCLEAR FREE」と書かれた直径三センチのバッジをとってくれ、手提げに着けている壊れた原子炉マークに「NO NUKES」と書かれた赤いタグも袋の中にいれてと言われ驚いた。なぜ?の問いに彼は「政治的主張だから」、根拠は「会館規則だから」と言った。

衆議院議員会館でも同様で二〇一五年五月頃、今度は「№9 NO WAR」と書かれたタグをしまえと強圧的に言われた。八月には参議院議員会館でバッジと九条タグ、「アベ政治を許さない」の小さなタグをしまえと何人もの警備員に囲まれた。自国の憲法、それも平和憲法の真髄とも言える九条を守ろうという意思表示を国会関連の施設で、政治的主張だから「外せ」とは表現の自由の侵害でなくてなんであろう。戦争法案に反対するデモや原発再稼働反対のデモを規制しろと与党議員が言い、国会前行動に対する警察の規制は、安全よりは嫌がらせとしか言いようがない状況であった。

何よりも危惧するのは全体主義への急旋回だ。私は一九六六年十二月から四五年働いた。会社は一〇〇％外資でトップは外国人だったが、日本人役員や部長、課長も「さんづけ」で呼んでいた。組合が民主化され、「不満なら闘う」を掲げて一九七〇年一九年ぶりのストライキを実施、出荷阻止闘争を闘った。その時の解放感が、今も組合運動や社会活動をする原点である気がする。

当たり前に闘う組合を嫌悪する会社は、第二組合を作り生産性向上運動を展開した。リベラルだった社風は見る間に変わり、管理職も会社の労務政策の前に私たちに暴力的に対応するようになった。職場のあった霞が関ビルでは七九年頃から数年の間、エレベーターホールで連日、管理職と第二組合役員が一体となってビラまき妨害をし、私たちの手からビラを奪い暴行した。

この経験から私は、日本はいつでも「右向け右の号令」がかかると変わってしまうのではとの懸念を持ち、日本国憲法を守り活かすことが大事だと確信をもった。

二〇一八年四月一六日夜に、国会周辺で民進党（当時）の小西洋之参議院議員が、ジョギング中の自衛隊統合幕僚監部に属する三等空佐により、「気持ちが悪い」「国民の敵だ」などと執ように罵倒される事件があった。国民の基本的人権が侵害され、私の懸念は深い。

私は一九九二年から二〇年間毎年夏に中国に行った。

最初の旅は北京から東北地方を旅し、七三一部隊のあったハルビンに行った。その旅には七三一部隊の少年兵であったKさんも参加していた。七三一部隊のあった建物の一部が記念館となっており、陶器製の爆弾（細菌をばらまくためのもの）やら写真やら、近くの農村に菌をまき、症状の出たものを連れてきて生体解剖したというような展示がなされていた。部隊の写真にはKさんの姿もあった。豊富な展示ではなかったが酷さはよくわかった。柳条湖事件のあった九・一八記念館も訪問した。「勿忘国恥」と大きく書かれていた小さな記念館だった。その後も平頂山の一村丸ごと虐殺の跡（骨が累々と折り重なり、子どもの骨を抱く親の骨もあった）や南京大屠殺遭難同胞記念館も訪問、当時の生存者からお話も伺った。

忘れられない思い出がある。何回目の北京だったか故宮をみて迎えのバスを待っていた時のこと、老人が大きな水筆で地面に漢詩を書いており、私たちにも書くように勧めた。私は「中日友好…」と書いたが、その後筆を執った老人が「鬼子日本人…」と書いたのだ。旅行中では見えない日本人への「思い」を知った。

真珠湾攻撃の一時間前に戦闘が開始されたマレー半島で、シンガポール陥落後に日本の銀輪部隊がマレー半島をさかのぼりながら、援蒋ルートを断つと華人虐殺を繰り返した。その慰霊塔がマレー半島各地にあり、毎年現地の華人会が清明節に慰霊祭を行っている。そこを訪れ慰霊するマレー半島ピースサイクルにも参加してきた。その最大の慰霊碑がシンガポールのラッフルズホテルのすぐそばにある血債の塔だ。毎年二月一五日には華人会の主催で政府要人も参加し慰霊祭が行われる。でもシンガポールを訪れる日本人のほとんどはこの事実を知らない。

教科書から第二次大戦中の加害の事実や日本軍慰安婦問題が消し去られ、知らぬは日本人だけという状況だ。被害を受けた国の人々は家族に被害者がおり、学校でも日本占領下の時代を学び続け、決して忘れない。アジアの人々は安倍政権の行方をじっと見ているはずだ。改憲につき進む安倍政権の姿勢は日本をアジアから孤立させかねない。アジアの旅で多くの人々が友好的であったのは、九条を持ち戦争放棄を明らかにしているからこそだと思う。

その根幹が戦争法、さらにその後の動きにより崩されていく。日本がアジアで孤立し信頼を失うことは、私の平和的生存権が侵されることだ。

平和への道は国際連帯で

広木道子

私は、一九四六年五月に旧「満州」のハルビンで生まれ、ハルビン生まれの姉と兄、両親とともに同年九月に帰国しました。父の実家がある茨城県北部の小さな村に落ち着き、私はここで小学校三年生まで過ごし、その後高校を卒業するまで、水戸市内で学校生活を送りました。

私がまだ幼かったころ、村には電気も電話も公共の交通手段もありませんでした。郵便局長であった父は村の人々と力を合わせて、地域開発と生活改善に取り組み、一日中電気が使えるようになり、電話がつながり、町との間にバスが往復するようになりました。母は郵便局の事務員として働きながら、黙々と父の仕事を支えました。私は人のために汗を流すことを厭わない両親の背中を見て育ちました。

大学で社会福祉を専攻し、卒業後は、繊維産業の労働組合の全国組織で書記として九年間働きました。私の仕事は主に婦人部の活動で、全国の繊維工場を訪問し、労働条件の改善や組合活動について勉強会をしたり、家族や恋愛のことなど女性組合員のさまざまな悩みについて話し合ったりすることでした。家族の生活を支え、兄弟の学費のために集団就職や出稼ぎで遠隔地から出てきた人も多く、大半が中卒の若い女性たちで、工場の寄宿舎で生活をしていました。職業病闘争、生理休暇裁判、男女賃金差別是正など、さまざまな活動に取り組むことを通して、「女工」という劣等感から脱皮できた、と語る女性たちの言葉が強く心に残っています。

一九七五年国際婦人年の取組みは、私に大きな転機を与えました。この年世界中で女性労働者の国際会議が開かれ、私もインドで開催された繊維産業労組の女性活動家会議に現場の労働者とともに出席しました。一九七〇年代になるとアジア諸国は工業化政策をとり始め、港や飛行場に隣接した工業団地を造りインフラを整備して、外国企業を積極的に誘致しました。繊維・衣服・電子・雑貨などの軽工業が中心で女性労働者が多く、その最大の投資国は日本でした。低賃金、長時間・深夜労働、体罰や制裁、女性差別や性暴力など、劣悪な労働条件と非人間的な労務管理が社会問題になり、日本企業は度々その批判の矢面に立たされました。

女性たちのそうした状況を何とかしようと動き出したのはアジアのキリスト教団体で、日本で経験の深かったSさんが女性労働者の組織化を委嘱され、アジア十数カ国の女性たちによって一九八一年アジア女性労働者委員会（CAW）が誕生、日本では一九八三年、アジア女子労働者交流センターを発足させました。私は発足メンバーの一人として、二〇一四年に解散するまで事務局長、また代表として活動を続けました。

一九七〇年代当初、ほとんどのアジア諸国は軍事・独裁政権下にあり、アジア諸国の女性労働者グループをつなぐネットワークとしてのCAWの役割はたいへん大きいものでした。私たちはアジアの女性労働者の状態を生で知り、直接顔を合わせて交流するために、一九八七年、独裁政権を倒したばかりのフィリピンにスタディツアーを行い、以後一九九八年まで一〇カ国一二回のスタディツアーなど、さまざまな活動を行いました。人として人格を認められること、賃金・労働時間など人間らしさを保てる労働と暮らしができること、女性差別を受けないこと、国や権力により弾圧を受けないこと、働く仲間みんなで力を合わせ連帯すること等、女性労働者の願いは日本も他のアジアの国々も同じです。アジアの女性労働者の小さなネットワーク活動は、貧困、開発、環境、移住労働など様々な課題に取り組むアジアのNGO活動とつながり、さらにグローバル化に伴って欧米諸国のNGOとも交流や共闘ができるようになり、その輪は一層広がっています。

一九八二年に教科書検定問題がおきました。中国への「侵略」を「進出」に書き換えるようにとの検定意見に、国の内外から批判が相次ぎ、後に裁判にもなりました。交友関係にあった香港の仲間たちから、「進出」という言葉への強い抗議の意思表示があったことを鮮明に覚えています。その後、アジアの女性労働者との交流が進むうちに、日本の侵略性についてアジアの女性たちから批判されることが度々ありました。私は、自分が「満州」生まれであることについてより強く意識するようになり、日本とアジアの歴史的な関係について知らなければと思うようになりました。

母は、私がずっと栄養失調で死と隣り合わせだったこと、ハルビンから帰国船が出る葫蘆島《ころとう》までの旅がどんなに大変であったかを何度も話してくれました。実際帰国までの間に多くの子どもが亡くなっています。テレビドラマで『大地の子』を見て衝撃を受け、中国残留孤児の報道には、「満州」で生まれ育ったどの子にも可能性があったと自分に重ねて考えさせられました。

二〇〇〇年に、夫と子どもを誘ってはじめてハルビンを訪ね、七三一部隊の記念館に行きました。未整備で無造作な展示、薄暗い空間に、細菌兵器の実験に使われた中国の人々の無念さが漂っているような緊迫した空気を感じました。二〇一五年には中国東北部を訪ねる旅に参加しました。そしてどこまでも広がる大地を前に、自分たちの土地や民族性を奪われた中国の人々の怒りや絶望と同時に、それとは知らず大きな希望をもって中国に渡り、軍隊にも政府にも見捨てられていった開拓団の人々の痛恨と苦難に思いを馳せました。

私の父はハルビンにあった満州開拓青年義勇隊の訓練所で、職員として働いていました。満蒙開拓青少年義勇軍は、満蒙開拓移民事業を補完するものとして一九三八年に始まり、一四歳から一八歳の少年が「内地」で二～三カ月の訓練を受け、「満州」に送られると各地の義勇隊訓練所で三年間の農業実習の後、新たに開拓団を編成しました。父が働いていたのはその中核となる青年幹部を養成する機関でした。そのことを知ったのはごく最近のことです。幸いにも二〇一七年の夏、青年義勇隊の訓練生の文集を手掛かりに、元訓練生の一人であったUさんにお会いできました。Uさんは現在、郷里で農業を営んでいますが、二〇〇一年になってようやく「満州」での訓練生としての経験と、帰国までの暮らしを詳細に記録した「手記」を出版しています。青少年義勇軍は、終戦までの八年間に渡満した八万六〇〇〇人余のうち、三割近い人が帰国できなかったそうです。戦争は少年の夢と希望を打ち砕いただけでなく、彼らはある時は軍の盾になり、ついには異国の地で放り出されたのでした。満蒙開拓の女性たちの悲劇はさらに深刻なものでした。とくに終戦から帰国までの女性たちの悲惨な状態は枚挙にいとまがありません。

私の父探しの旅、なぜ自分は「満州」で生まれたのかを知る旅はまだ道半ばです。しかし今わかったことは、戦争は国民を守るためにやるのではないということです。日本の軍事支配を受けたという歴史的な経験から、アジアの人々は日本の軍事化に非常に敏感です。安保法制は、アジアの女性たちとの交流を通して日本とアジア諸国の人々の友好な関係を深めることに努力してきた私自身の歩んできた道を否定するものです。様々な形で力を尽くしている多くの民間人の努力を無にするものです。

私はアジアの女性労働者との交流活動に関わることで、平和への道は「国益」の追求ではなく国際連帯を強化することにこそあることを学ぶことができました。そのことを次世代に手渡していきたいと思います。

憲法九条は、諸外国との友好のパスポート

鶴　文乃

武力行使をしないという憲法の解釈を変えて、実質「改憲」してしまう閣議決定と安保法制には、言葉では言い尽くせないほどの衝撃、虚しさと恐怖を覚えました。今もその衝撃は消えません。

私は長崎で被爆し、父と兄を無残な死に方で亡くし、残された母とまだ幼かった三人の兄妹で、必死に生きてきました。原爆による肉体的苦痛と精神的な恐怖は、歳を重ねるほど、強くなっています。若いころから強度の貧血による強烈な頭痛や若年性白内障等々の病に罹り、常に命の危機を感じて生きてきた者にとって、核の恐怖は現実のものです。この度の閣議決定と安保法制は、まさに日本が核戦争に巻き込まれる危険を想起させます。私が、被爆者ばかりでなく国内外の多くの理解者の協力を得、「平和な世界を」と三八年間、続けてきた活動を、無にする平和憲法の破壊は、私にとって、あの原子爆弾が、歴史ある長崎の街を一瞬にして破壊し尽くしたことに、匹敵する衝撃でした。その後、私は無力感にとらわれ体調を崩し、今も気管支炎で咳に苦しめられている中、今日こうして法廷で話をする日を迎えられるかどうかも分かりませんでした。

原爆は、猛烈な破壊力で、すべての生き物を壊滅させ、人間が生きていくための土壌まで汚しつくし、死んでいった者だけでなく、生き残った者まで、徐々に死へ追いやる残酷な爆弾です。平和憲法は、他に比べようのない残酷な死に方をさせられた大勢の犠牲者から、生き残った者への贈り物だと思っています。彼らの命と引き換えに手にしたこの「平和憲法」をもとに、日本人は新しく生まれ変わったのですから、それを活かし平和のために貢献するのが、多くの犠牲者に報いるものであり、私の使命だと、ささやかながら活動してきました。

高校教師から、RKB毎日放送に勤務し、その後タイ国やフランスに滞在する経験を経て私が得たものは、単に被爆者として被害を主張するだけでなく、日本という侵略国に生まれ、たくさんの人々を惨たらしい暴力によって虐げ、命も財産も何もかもを奪ったという歴史を背負わねばならないということでした。国家が行ったことは自分には関係ないとは言えず、私たちが国際社会の中で生きる以上、そうした近隣諸国の人々が被った被害を自らのものとして責任をもって行動することが重要なのだと、痛感しました。それが、安全を確保することであり、近隣諸国の人々との友好の絆を結ぶことになると確信したのです。「東アジア安全ガイド」に、東アジア諸国の戦争記念館のコーナーを入れて出版したのも、その思いからでした。

『明日が来なかった子どもたち』は、そうした私の信念に基づいて、未来を生きる子どもたちに平和とは何かを考えてもらいたくて出版した絵本です。浦上天主堂の近くにいた子どもたちには、二度と明日を望むことはできなかったこと、原爆投下直後、深い傷を負った日本人と敵国の捕虜が助け合った事実などを通して、人間としてお互いの違いを認め合い、手を繋ぐことの大切さを分かってもらいたい思いで書いたのですが、思いがけずも「平和協同ジャーナリスト基金」から、奨励賞をいただきました。その「あとがき」に、私はアウシュビッツを訪ね犠牲になった子どもたちの山積みの靴を見た瞬間、原爆で犠牲になった子どもたちのことを思い出し、彼らは何一つ残すことなく、初めから地球上に存在しなかったように忘れ去られていることに気づき、浦上の子どもたちの原爆投下寸前までの様子を書いて、もっと多くの人々の記憶に刻んでもらおうとしたことを書きました。そして、この本を読んで、この本に登場する子どもたちの事を忘れないで、二一世紀をあなたたちの手で、平和な時代にしてほしいと訴えました。

私は、「日本の平和憲法」を支えに、被爆者というハンディーをエネルギーに変え、これまで国内外に平和を訴えてきました。そんな中、ある韓国人学生が「先生、日本の憲法九条を自動車と一緒に世界に広めればよかったのに」と言った言葉、北京の郊外の抗日戦争記念館の最後のコーナーに「日本の憲法九条」が展示してあったことなど忘れられません。私の活動は日本の平和憲法が支えでしたが、この度の閣議決定と安保法制には、全てを否定された気持ちです。しかし、せめて司法を担う方々には、私の切なる平和への願いと、この国の未来への希望、また、平和憲法の基本にある諸国民相互の信頼の絆を強くすることこそ正義であることを、示していただきたいと、心から願っています。

「嘘だと言ってください」（鶴文乃作）

嘘だと言ってください　あなたが死んだなんて
二〇年ぶりの同窓会
嘘だと言ってください　あなたの名前の上に
ひとすじにひかれた　黒い線が悲しい

愛するゆえに　育てられない愛なんて
私たちだけで　もうたくさんです
あなたに言えないまま　長崎の街を去った
ただひとつの言葉「被爆者です」と

好きです　好きだったから私のこの不幸を
あなたにあげるのは　どうしてもできなくて
夜汽車の窓から　別れを告げるこの私に
あなたは黙って手紙を差し出した

嫌いになったのでしょうか。もしそうなら仕方のないことです。
引き止められない自分が悲しくて仕方がありません。
幸せになってください。祈っています。

二〇年もすれば、あなたの人生も決まっているでしょう。
幸せならそれでいいし…
不幸せなら、なおのこと…
二〇年後の同窓会に来て欲しい。必ず来て欲しい。
待っています

嘘だと言ってください　あなたが死んだなんて
愛を確かめに　来たというのに
嘘だと言ってください　あなたも被爆者なんて
知っていたのですか　あなた自身が白血病だと

何故、私はあなたのもとを去ったのですか
何故、あなたは止めなかったのですか

心もこの身体も　ボロボロにすりきれながら
それでも生きてきた　この私の
私のこの人生に　どんな意味があったのか
見知らぬ人波に　隠れて生きてきた

教えてください　どんな意味があったのですか
教えてください　私の人生を

嘘だと言ってください　あなたが死んだなんて

二〇年ぶりの同窓会
嘘だと言ってください　あなたの名前の上に
ひとすじに引かれた黒い線が悲しい

何故、私はあなたのもとを去ったのですか
何故、あなたは止めなかったのですか

八月九日は　あまりにもむごすぎます
愛する力さえ　奪い去ってしまった
ささやかな夢さえ　奪い去ってしまった
ささやかな夢さえ　ふたりの上から

（『一九四五年　夏　長崎、それから』角川学芸出版　二〇一〇年八月九日発行）

第八章　わたしと平和憲法

非戦国家を手渡したい

秋山淳子

私は、一九三八年長野県松本市で生まれました。この年四月、国家総動員法が公布され前年七月には、日中戦争の発端となった盧溝橋事件が起きています。

教師であった父親の転勤で、四歳の時松本から木曽谷の上松町に転居し、一九四五年四月、最後の国民学校一年生として上松国民学校に入学しました。教科書はワラ半紙に印刷されたものを自分で切って綴じた記憶があります。一九四五年八月一五日以降、そのワラ半紙の教科書に黒く墨を塗った記憶もあります。

子ども時代を過ごした木曽谷の記憶は、友達の父親が出征するのを見送ったり、B29が名古屋へ向けて通過する時の何とも形容し難い爆音の記憶、名古屋の爆撃で夜空が真っ赤に燃えた異様さ。後年イラク空爆後に訪ねたアフガニスタンで遭遇した空爆と重なり、戦争を憎む気持は益々確固たるものになりました。木曽谷はいわゆる戦争の惨禍は免れましたが、戦時中木曽川にダムを作るために朝鮮人・中国人が強制連行されて来ていました。父のクラスにもその人々の子どもたちがいて、〝お握り半分あの子にわけたよ〟等と母と話していたのを聞いて育ちました。今も鮮明なのは、台所の壁に「アリラン」の歌詞をハングルで書いた紙が貼ってあった事です。意味も解らず歌っていたのを覚えています。

小学校四年生の時、軍隊帰りの担任に理由も解らず後ろから殴られました。その時の衝撃は、教師という権力への不信感となり、私の中に戦争＝暴力という程確固たるものではありませんが、何か不可解な感情が芽生えたように思います。戦後四年経ち現行憲法は施行されていました。今もあの時の血走った目をした担任の顔は忘れません。

父親の転勤で上松町から更に木曽谷をさかのぼり大桑村に転居したのは、小学校五年生の時でした。ここで、通名でしたが在日の友人たちに出会いました。

少しずつ私の中に芽生え始めていた権力に対して抗う姿勢は一九五〇年、小学校六年生の夏休みに観た映画「きけ　わだつみの声」で、四年生の時の不可解であった感情が、戦争＝暴力＝人間の尊厳の破壊という事であったのかと気づきました。

伊豆肇演ずる班長が、兵士たちの耐え難い空腹を見かね、上官の馬を殺して食べたのがばれ、上官の長靴を口の中に突っ込まれるシーンに衝撃を受けました。まさにそれは、土足で人の心を踏みにじる行為として、戦争の端っこを少し経験したに過ぎない私の想像を絶する戦争がそこにありました。長田新さんの「原爆の子」等書物の中の悲惨な戦争と映像のそれとは、映画という作り物ではあっても、強烈なメッセージとして私の中に戦争を憎む揺るぎないものを根付かせました。

高校では、「制服なんぞというものは格子なき牢獄と同じだ」と言う世界史の教師や、最後の学徒動員で徴兵され戦後大学に戻り後に文部省に勤めたが、当時既に文部省は軍国主義がどれだけの災禍をアジアに、世界にもたらしたかの検証もせず高校の教科書に軍国主義を盛り込んだものを作る政策を進めている事を知り、文部大臣に直訴して首になり、長野県に採用され私たちと出会った教師等、個性豊かな教師たちとの出会いで、自由とは何か、自分が自分らしくいられない居心地の悪い社会は嫌だな、という意識を育てられたように思います。

憲法二四条を意識していたわけではありませんが、これからは女性も男性と同じ給料を取る仕事につかねばとか、女性が一人で生きて行く時代がくるのでは、と考えていました。

また、三八度線を弟妹を連れて逃げ惑ったという友人がいたり、自分がその渦中に居なくても戦争は常に傍らにあったように思います。

ベトナム戦争真っ只中に大学生活を送った私は、クラスメートが沖縄からパスポートを持って来ているのに対して「どうして？　日本なのに」という程度の認識でしたが、沖縄は私の中に重く位置付き、後年沖縄との深い関わりを持つ始まりとなりました。

沖縄を知れば識る程その深い痛みと懐の深さを痛感します。日本国憲法の下に復帰したのに、未だ沖縄は戦中と言えるのではないでしょうか。一五年戦争で日本で唯一戦場となった沖縄、米軍基地が有る限り沖縄は戦時下といっても過言ではありません。問われているのはヤマトゥの我々です。

一九八〇年代高知県の幡多地域に高校生を中心に平和学習を行う「幡多ゼミ」という活動がありました。その活動を映画にした「渡り川」の上映を地域で行う中で、金学順さんを知り、埼玉でも日本軍「慰安婦」被害ハルモニたちの証言集会を開いてきました。

個人的にも川田文子さんの「授業『従軍慰安婦』」に始まり加害者としての日本の歴史の事実を識る努力をしてきました。そんな中で、知らされない戦争の真実、実相がまだまだある事に気付かされました。

現行憲法が施行されたその時から、改憲の危機に晒され続けてきたように、日本の教育もまた、戦後七一年間を戦前回帰の台頭を許す土台を包含してきたということが、森友学園を巡る教育勅語の問題で明白になりました。がしかし、七一年間他国を攻めず、他国から攻められずにきた日本の戦後の歴史もまた事実です。戦争を引き起こすのも人間なら、起こさない努力が出来るのもまた人間ではないでしょうか。沖縄に戦後を取り戻し、戦後七一年を九〇年に一〇〇年にするのが、あの戦争で亡くなった六〇〇〇万人といわれる世界の人々の命に対する責任だと考えます。

天皇主権から主権在民を明記した現行憲法の下、非戦国家として日本は、七十余年を推移して来ました。それを、たかだか一内閣の判断で、深い議論もなく海外への派兵を可能にする「安保関連法」は、まさに「戦争法」です。この法が七十年余を営々と紡いできた表現の自由や、男女平等、平和への理念等、人間の尊厳を踏みにじるものであり、生命への権利を収奪するものです。

この国の主権者の一人として私はそれを許す訳にはいきません。戦争で亡くなった人々の血で贖った現行憲法を私は、引き継ぐべき戦後精神として次代の人々にきちんと手渡したいと考えています。

貧困、差別をなくしたい

池田幸代

私は一九七二年一月一三日に東京で生まれました。「子どもを自然の中で育てたい」との親の信念により、小学校に上がる直前に長野県の伊那谷に引っ越しました。

高校時代に平和ゼミナールに参加し、その活動の中で戦時中に長野県の伊那谷に疎開していた陸軍登戸研究所の存在を知りました。当時、同じ学区の上伊那農業高校に所属していた宮下与兵衛先生から、隠しカメラや風船爆弾などの謀略兵器を研究していた陸軍登戸研究所の話をお聞きし、学園祭で取り上げたらどうかと生徒会のメンバーと話し合い、スタートしました。

夏休みに仲間たちと陸軍登戸研究所が疎開していた市内の小学校を訪ね、当時の研究に使った器具を見つけたり、そのまま伊那谷で生活してきた研究員の方たちからお話を聞きました。謀略兵器の研究開発が戦争犯罪として裁かれることを意識していた軍部により証拠隠滅が行われ、ほとんどの資料は焼き尽くしたと聞いていました。また、元研究員の方々は戦後の帝銀事件で用いられた青酸化合物が七三一部隊または登戸研究所の関係者によって作られたものではないかとの捜査により、かなり取り調べを受けた方もいらっしゃるようで、「大人にはもう話したくない」とおっしゃっていました。しかし、私たちが訪ねて行き、たわいもない話の中から、「君たち高校生には話そう」と、少しずつ当時の話をして下さるようになりました。二度と同じ過ちを繰り返してはならない、という思いが込められていたと思います。現在、明治大学平和教育登戸研究所資料館に多くの資料が集められ、私たちの活動もそこで紹介されていますが、元研究員のお一人で、駒ヶ根市に別荘のあった伴繁雄さんは「陸軍登戸研究所の真実」を書かれ、その中で人体実験を行ったことを告白しています。

日本の戦争の被害の歴史は記録され、記憶されていますが、人体実験、化学兵器や謀略兵器の研究開発に関しては、戦争犯罪として裁かれる可能性が高かったことから、一貫して隠蔽されてきました。

大学を卒業し、福祉関係の業界紙の記者として五年間働きました。

二八歳の時、福島みずほ事務所のボランティアに通ったり、社民党主催の女性の政治スクールに通っている中で、候補者にならないかとの話を頂きました。中学生の時から憧れの存在だった土井たか子さんにお目にかかり、「一緒にやってくれるわね」とお声をかけて頂き、以来、候補者を五回やり、秘書の仕事と往復しました。

声をあげられる状況にある者が一番困難なことに対応すべきだと思い、石原慎太郎都知事（当時）を被告に「石原ババア差別発言裁判」の原告も担いました。あの時にヘイトスピーチの危険性にもっと社会的な関心を高めていたら、ここまで差別やヘイトスピーチやヘイトクライムが蔓延しなかったかもしれません。

貧困や暴力や差別をなくしたいと思って働いてきたのですが、むしろどんどん状況は悪化しています。命や人権をないがしろにするような政治が与党議員の数の力でまかり通ってしまい、毎日悔しい思いの中で働いています。生活保護法の改悪、特定秘密保護法や戦争法の成立など、権力を持つ人たちが情報も権限も全てを独り占めし、持たざる者は非正規労働者に留め置かれ、厳しい労働環境の中で声を上げることすら厳しくなっています。

二〇一六年七月、沖縄の高江で米軍のオスプレイパッドの建設工事に向け、新基地建設を阻止しようとする住民に対する強制排除が行われました。私は、七月二二日早朝五時からツイキャスで放映されていた高江の強制排除の動画を見て、いてもたってもいられなくなり、仕事が終わってからすぐに羽田に向かい、翌日から高江での抗議行動に参加しました。沖縄県警だけでは住民や全国から駆けつけた市民を排除しきれないと考えた国は、沖縄県公安委員会経由で、警視庁・千葉県警・神奈川県警・愛知県警・大阪府警・福岡県警の応援を要請し、五〇〇人を超える機動隊員が派遣され、連日住民をごぼう抜きしました。各都道府県警が市民に対して強権的な扱いをし、「無法地帯」「憲法適用外地」とも表現すべき現場でした。

そもそも高江のヘリパッド建設は、北部訓練場の一部返還の交換条件として日本政府が飲んだとされていますが、オスプレイが離発着するとは住民に伝えていませんでした。また、基地の返還という期待をもたせておきながら、実際には新しいオスプレイパッドを日本政府のお金で作らせ、高江—辺野古—伊江島を結び、陸海空の訓練ができる施設を米軍が手に入れる、実質上の基地機能強化です。沖縄全体の要塞化と、日米共同軍事化の先取りです。七〇年前の戦争で出来た傷口に塩を塗り込むような非人間的なことがどうして許されるのでしょうか。実際の訓練の様子を知れば知るほど、日本政府の強硬な対応を見れば見るほど、条件付きではなく、基地を全面返還させなければならないという思いが募ります。私自身は昨夏合計三回高江に行ったのですが、高江は国家による民意と地方自治に対する攻撃の象徴的な場所となりました。

戦争法の成立後、既に日本は戦時中です。命も、人間関係も、人権も、希望も、夢も全て奪い尽くすことを憚りません。

高校時代に戦争体験者から、次の戦争を起こさないためにバトンを受けて、この二〇年以上戦争をさせたくないと思って行動してきました。戦争がなぜ止められなかったのかをずっと考え、暴力は貧困から、戦争は一部の人たちの利益や金儲けのために起こることも実感してきました。また、戦争になれば女性たちや子どもたちをはじめ、個人や市民という存在は無力で、殺され、奪われ、モノを言えない立場に置かれます。

日本国憲法がありながら、憲法が無力化される法案ばかりが成立しています。第三次世界大戦にならなければいいと途方に暮れているというのが実感です。

いつ訴えればよいというのか、戦争責任

池田万佐代

私は一九五八年生まれで、右肩上がりの経済成長の中で育ちました。私の家族は、都バスの運転手の父と専業主婦の母、私と弟、母方の祖父母とまるで自民党の大好きなサザエさんのような家族構成でした。両親は男女平等だと言っていたし、実際男だからあれをしろ、女だからこれをしてはいけない等と言われることもなく育ちました。しかし、少ない家計のやりくりや子育て、家族の面倒も全て母が押しつけられていたことを見ていた私は、「うちは男女平等ではない」と感じていました。

母は経済力もなく、子育てと家事、両親の面倒をみるだけのくらしの中で、友人との縁も切れ、取り立てて趣味もなく、花を育てる事だけが楽しみでしたが、体が不自由になってからは何の趣味も楽しみもなくテレビを観てくらす毎日の中、認知症が悪化していきました。

私はこのことで、男女平等とは単に戦前のような二等市民扱いされなくなっただけでは実現できないことを知ります。男でも女でも持てる才能を十分に生かして働き、社会とつながり続け、家庭責任も平等に負うことが真の男女平等を実現する土台だと思うようになりました。

さらに、中学校の時に我が家の登記簿を見て私は愕然としました。「男女は平等」と言いながら、不動産の所有は両親と当時小学生の弟が三分の一ずつ所有していて、私の所有分はなく、理由を聞くと「おまえは嫁に行ってしまうから」と言われたのです。小さな家の持ち分がほしいわけではありませんが、我が家の男女平等は形だけで、「男が家を継ぎ、女は嫁に行く」という戦前の「家」の考えから抜けだしていないことを知り、ショックでした。

学生時代は成績優秀だった女性たちが、大企業に入ってもキャリアを伸ばすことなく結婚や出産を機に辞めていました。結局、日本国憲法に書かれている男女平等が本当に実現されるには、女性が労働権を確立し、経済力を持ち、男女役割分業や「家」意識を声を上げて変えていかなければならない事を様々な書物や女性の先輩たちから学び、私も声を上げるひとりになろうと決意したのが大学時代でした。

出産退職が当たり前の民間に比べ公務員なら生涯働き続けられるし、男女差別も少ないと考えて入ったのは埼玉の町役場です。しかし、女性だけに食事当番・お茶くみがあり、女性管理職は係長と課長補佐が数人いましたが、とても男女平等とは言えない職場で、労働組合は

あっても一割も満たない組織率でした。組合に加入した新人は私だけで、そのせいか一年で企画財政課から住民課へと異動させられてしまいました。男女差別はもちろん問題ですが、働く人たちの権利が守られていないことこそ大きな課題だと考えた私は、労働組合運動に取り組む日々を過ごします。

一人目の娘を出産したとき、育児休業法が施行されていたため、事務職で初めて育児休業を取る事ができました。それは私たちの先輩が闘い取ってきたものであり、働く者の権利はこうして次の世代の果実として残されていくのだと感じました。二人目の時は無休だった育児休業に休業補償が出るようになっていて、女性たちの「子育てをしながらも働き続けたい」という思いが、少しずつ働く女性の権利を拡大していることを実感しました。二人の娘をもって、私はこの子たちが成長し働くようになる頃には今よりももっと女性の人権が尊重され、女だからとか出産したからとキャリアを手放す必要のない、生き生きと働ける社会にしておきたい、次の世代がもっと人間らしく、平等に働ける条件を残せるように活動していこうと強く決意しました。

この決意の延長線で、町役場を辞めた私は現在、女性と子どもの人権を守るために活動しているI女性会議で働いています。しかし、このような男女平等社会を築くには平和な社会であることは絶対条件です。「戦争を知らない」世代であった私は、安倍政権になって、このように急激に「戦争のできる日本」が近づくとは思ってもいませんでした。これら一連の法「改正」に関する手続きは戦後民主主義の完全否定であり、安倍政権は司法も立法府も蔑ろにし、多数決だけで独裁的に決めてしまおうとする大変危険な政治運営をしています。

私はこの政権の凶暴さ、無法な政治運営に恐怖を感じています。言論も法理も通じない政権は「力」で私たち女性の声や少数者の声をねじ伏せ、戦争のできる国へと向かおうとしています。それは民主主義と言論の力を信じ、女性の人権と男女平等のために運動し、子どもたちに平和と平等と自由な社会を残したいと生きてきた私の人生を完全に否定するものであり、立ちはだかる恐怖でもあります。

戦争は最も大きな人権侵害です。そこでは女性や子ども、力の弱い者の人権などありません。それは、日本軍慰安婦にされた女性たちや、大陸からの引き揚げ時にソ連軍に差し出された女性たち、進駐軍の慰安のために集められた女性たちの悲劇を見れば明らかです。

第二次世界大戦中の東京大空襲等の被害者が起こした多くの訴訟では、「戦争では国民が等しく被害を受けたから国家賠償の対象にはならない」と責任が追及されず、損害賠償もされていません。

「安保関連法で原告は具体的被害を受けていない」と言われたことがあります。戦争の前には訴訟の対象にならず、戦争被害にあっても賠償の対象にならない。ならば、いったいいつ、この国家の過ちによる戦争の責任を訴えればよいのでしょうか。

平和島で「ぱんぷきん」の活動を続けて

石川みのり

私の生まれた大田区には軍需工場群、空港、満蒙開拓団養成農業実習所がありました。

飛行場といっても一九三〇年代は二人乗りの訓練機が飛んでいて近くに温泉付きの別荘地があった牧歌的なものでした。今の羽田空港の半分は穴守神社を抱える門前町が広がり、鈴木町を始め三つの町に一〇〇〇人近い住民が住んでいました。

中国重慶での日本軍による無差別空爆の三年前、羽田飛行場から飛び立った訓練機が私の今住んでいる地域にあった鉄工所に墜落する事故がありました。墜落し工場の入り口に突っ込んだ飛行機の乗員を地域の人々が救助しようと集まったところに、漏れ出した航空燃料に引火して爆発が起こり、集まった三〇人が巻き込まれ亡くなり、当時の新聞に被災住民の顔写真入りで報道されました。その現場から二〇〇メートルも離れていない場所で海苔シビタケの作業をしていた父も「飛行機が落ちた」の声に現場に行こうと思ったと話していました。「行かなかったので命拾いした」とも。大事件だったにもかかわらず飛行場の傍に住む危険性の意識は風化し近くのお寺の供養塔が当時を物語るのみとなっています。

日本特殊鋼などの軍需工場が並ぶ地域だったので戦争後期に周辺の住居を「強制疎開」させられたそうです。家を失って近くの縁者の世話になったとの話も祖母から聞いています。

多摩川には「農民訓練所」がひらかれ、戦争の終わる間際まで満州の国境線に東京都下の生活困窮者に形ばかりの農業指導をして送り出していました。独り者だけでは厳しい環境に耐えきれないと「満蒙の花嫁」を送り出す国の「満蒙開拓団」事業の基地がおかれていたことも掘り起こされてきました。

羽田は進駐軍が降り立った空港で、進駐軍は空港機能を強化する目的で空港領域に住む鈴木町始め三町会の住民に対して「四八時間以内の強制退去命令」を出したのです。住民はたたき出されるようにして羽田地域に避難せざるをえなかったため、現在も続く羽田地域の過密住居と空港に接収された未解決の土地問題を抱えています。

捕虜収容所のあった平和島の近く、大森海岸にRAA

（特殊慰安施設協会）の施設がありました。その募集は「事務員募集・高給待遇・制服貸与」というもの。その募集は生活のために働きたい多くの女性が応募してきて、その仕事の中身を知って絶望して近くの京浜急行の電車に飛び込み自殺を図ったという話が語られ続けています。

私たちの世代は、親たちの戦争体験を肌感覚で知り、街の変遷にも「戦争に至る歴史」「焼け跡からの復興」を見、「戦争は起こしてはならない」「戦争につながる権力の暴走は見逃してはならない」の思いを強くしてきました。

私は大田区の平和島駅近くで、一九九五年に住民参加型の福祉事業「サポートぱんぷきん」を立ち上げました。毎日型夕食宅配、車椅子対応車両による移送、家事援助など、地域の人々の生活サポートを続け、その責任者として活動を続けています。福祉活動は基本的人権を基調に取り組まれるもので現在の平和あってこそ続けられるものです。防衛予算が増える時、福祉予算は削減されます。二〇〇〇年から始まった介護保険制度、その後の障碍者福祉制度改定も「介護の社会化」の方向ではなく、増大する切実な需要を財政的理由から切り捨てる対応に終始しています。

このままでは、社会機能が危機に陥る被災時、日々接している高齢者や障碍のある方々の生活や命が切り捨てられることは必至です。

私が仲間たちとこれまで二〇年にわたって、地道に積み重ねてきた「地域に支えあいを育てる」活動からも、安倍政権の「介護離職ゼロ」宣言で地域の介護力後退に歯止めがかかるものではないことを実感させられます。

安保法制の違憲状態が続くことで、これまで培ってきた地域や利用者とのつながりがむしばまれる結果になり、それは私にとってこれまでの生き方を否定されることでもあり、耐えがたいです。

レッドアクションで「戦争法」廃止を

宇治谷明美

私は団塊の世代の最後、一九五〇年生まれです。物心ついたときは、貧しかったけれど、悲惨な戦争から少しずつ生活再建がされていた時期でした。

おぼろげな記憶の中で思い出すのは、父は徴兵で満州に行っていたこと、帰ってきてから結婚したのでいわゆる晩婚だったこと、母は独身時代に海軍用の高角砲や機銃の部品を生産していた不二越へ徴用で行っており、実家に帰ってくると、着ていたものを煮沸消毒したという程度です。

私の小学校時代は、現代のように物が溢れている時代と違って、物資が限られていましたが、そのなかで母は工夫しながら、私や妹におそろいのワンピースを作ってくれました。また、たぶん食糧難時代の体験から、食べることに執着し、様々工夫した献立が食卓に並び、食の大切さも身をもって教えてくれたように思います。

読書が好きな普通の少女が高校を卒業し、とりあえず、結婚までの腰掛程度に思って公務員生活を始めました。

仕事に慣れるのに精一杯の日々でしたが、同期で入った仲間たちが組合活動に参加するなかで、遅ればせながら、私も組合の活動に参加し、経済学入門等の学習会にも参加するようになりました。それまで、真面目に働いても貧乏なのは父の所為だと思っていたのが、資本主義社会の構造的仕組み（搾取）だと知り、目からうろこでした。

また、女性も一人の労働者として働き続けることの大切さも学び、女性部の役員も担いながら、労働条件作りを、討論会を積み重ね、人事当局へ要求書を出し、より多くの女性部委員と共に交渉し、少しずつですが改善をさせてきました。

当初、保母や看護婦にしか認められていなかった「育児休業制度」を育児欠勤という形で事務職等にも拡大、また、通称使用を該当者も含めた交渉で制度化させることができました。必要とする人が自分たちの手で勝ち取ることの大切さを身をもって体験しました。

二〇一〇年、定年により四二年間の公務員生活にピリオドを打ちました。

それまで関わってきた労働組合女性部の活動で学んだことは、経済優先ではなく、一人ひとりが大切にされる社会・個人の尊厳を大切にするということです。そうした活動を退職後もできないかと思っていた時に、富山県氷見市出身の鎌仲ひとみさんが監督された「ミツバチの羽音と地球の回転」の自主上映をしませんか、との呼びかけがありました。この映画は「ヒバクシャ―世界の終わりに」、そして「六ヶ所村ラプソディー」に続く長編ドキュメンタリーで、それぞれ、原爆による放射能被害や原子力発電所建設に伴う市民運動等を丁寧に描いており、その続編としての「ミツバチの羽音と地球の回転」の上映はとても良いタイミングでした。

この映画上映を通じて、私たちが生きていくうえで切り離せない「エネルギー」について、危険な原発ではなく、自然と共生した持続可能なエネルギーの選択という新たな扉を開くことが可能であると確信を持つことができました。

しかし、この時はチェルノブイリに続き、福島第一原発事故が起きるとは予想だにしていませんでした。

二〇一一年三月一一日、福島第一原発事故が起きました。原発事故は人災です。「原発は安全だ」という神話がもろくも崩れ去り、被災された人々からそれまでの生活を奪い、慣れ親しんだ土地を奪い、愛する人や物を奪いました。

事故から三年後、飯舘村に行く機会がありました。この村は未来を担う子どもたちを村全体で大切に育ててきたところです。建てられてからあまり年数の経っていない木造校舎には、子どもたちが楽しく学んでいた形跡があちらこちらに残され、子どもたちの笑い声が聞こえてくるような気がしました。

そんな子どもたちがこの原発事故を機に、全国各地にちらばり、昨今では、避難先で「放射能がうつる」「ばい菌がうつる」といじめの対象にされているという報道がされています。原発事故がなければ、こうした事件も起きなかったのです。

未来のある子や孫に、何としても原発のない社会を残したい、と原発事故から六年、毎週水曜日の一二時から一三時まで、北陸電力本店前で「ランチタイムアピール」を行っています。ときには、通りかかった人が「原発再稼動反対の署名やカンパ」をして下さったりもして、それに励まされ、今日まで継続しています。

過去の戦争を振り返ると、真っ先に犠牲者となるのが子どもと女性。アイスランドの女性たちが女性の地位向上を求めて闘ったときに身につけたのが、レッドストッキングでした。それにちなんで、赤いものを身につけ〝戦争法廃止〟を求めて始まった「レッドアクション」は瞬く間に全国に広がり、富山でも「何としても戦争法廃止を」と二〇一五年五月から、ほぼ月一回のペースで、さまざま工夫しながら継続しています。

私は、安保法制が強行採決された「二〇一五年九月一九日」を絶対に忘れません。

自然豊かな社会を次の世代に残したい、それぞれが一人の人間として尊重される社会を存続させたい、という当たり前のことが、これまでの積み重ねが、安保法制の成立で壊されようとしていることに対する焦燥感、そして、将来に対する無力感で一杯です。

悲惨な戦争を経て制定されたはずの「憲法九条」のもと、平和への歩みを進めてきたはずなのに、昨今は、戦争への道をひたすら突きすすんでいる、としか思えません。

私たちは、経済発展するために、この地球にやってきたわけではありません。

幸せになるために生まれてきたのです。

人生は短く、あっという間です。命よりも大切なものはありません。

発展することが幸福を損なうものであってはなりません。

発展とは、人間の幸せの味方でなくてはなりません。
(『世界で一番貧しい大統領と呼ばれた　ホセ・ムヒカ——心を揺さぶるスピーチ』)

住民自治をこわす、戦争法

大槻和子

私は、一九七一年から中野区議会議員として仕事をしてきました。

私が中野区議会議員になった一九七一年は、いわゆる美濃部革新都政二期目で、京都、大阪、神奈川などでも革新首長が実現している政治状況でした。

そういう追い風の中で、中野区では革新の区長候補者選びが進められました。区議選で自民党が過半数(定数四八)を下回り、反自民の五派連合(社会党、公明党、民社党、共産党、無所属)が生まれていたからです。五派連合で、元東京都の企画調整局長の大内正二氏を推薦し、一〇月の中野区議会で議決し、東京で初めての革新区長が実現しました。

その後、一九七五年(昭和五〇年)には地方自治法改正で、長年の要求だった東京二三特別区区長公選が実現し、大内正二氏が再選されています。

住民側は、七四年一二月に「中野区の教育をよくする会」(以後、「よくする会」)を結成しました。区内の町会、自治会、PTA、子ども会、老人会、女性団体、労働組合等々が、議会傍聴、教育委員会傍聴、大小の勉強会、討論会、講演会を毎日のように開きました。「教育委員を公選で」、「むしろ準公選の方がいい」など、教育についての議論が広がったことは、特筆すべきもので、意義のあるものであったと思います。

そして、「よくする会」は、一九七八年(昭和五三年)七月一日から三一日の暑い一カ月間、「中野区教育委員候補決定に関する区民投票条例」を求める直接請求署名活動に取り組みました。

以後、大内区長は、「中野区教育委員候補決定に関する区民投票条例」案を区議会に提出。区議会は「中野区教育委員候補決定に関する区民投票条例審査特別委員会」で審査を開始し、弁護士、学者、元自治省役人、市民活動家などの参考人、公述人から意見を聴きました。

そして一九七八年(昭和五三年)一二月第一七回条例審査特別委員会は、付託された条例案を修正(賛成四会派提出)した後、賛成多数で可決しました。

以後、「よくする会」を始め、議会も、学習会、講演会などを、そしてさまざまなグループもまじえて、中野区内が「教育委員準公選」賛成、反対含めて大いに盛り上がって行きました。

一九八〇年（昭和五五年）六月三〇日中野区議会全会派は、①区民投票は四年に一回、②定数は明記しない、③区民投票の実施は昭和五六年二月に行なう、④投票の方法は当分の間郵便投票とするの四点の条例改正を行なうことについて一致したので、「準公選」に係わる執行予算を配慮されたいと区長に申し入れ、ついに、一九八〇年（昭和五五年）七月四日、中野区議会は上記の四項目を加えて「区民投票条例の一部を改正する条例」を全会一致で可決しました。

当時の文部省は条例に上記四項目が入っても「違法」という談話と、各都道府県教育委員会に通知を出しました。自民党本部、東京都、右翼などが、中野区の教育行政への「区民参加」にたいし、横やり、攻撃、嫌がらせをチラシ、宣伝カーなどを使って行なってきました。

前年の一一月に「中野区教育委員候補者選定区民投票実施本部」が設置され、その実施本部から、第一回教育委員選び区民投票は、「一九八一年二月一二日から二五日」とすることを発表、教育委員候補として、八氏が立候補しました。

「郵便投票」は、（当時私たちは「参加率」と表現していましたが）参加率四二・九九％、投票総数一〇万七八九六票、有効投票一〇万七二四八票、無効六四八票でした。三月三日、投票結果を踏まえ一位の矢島忠孝、二位の俵萌子、六位の森久保仙太郎氏を、中野区議会は全会一致で同意しました。

私は、教育行政への区民参加が、これほど身近に感じられた経験を、これ以前もこれ以降もしたことがありません。「準公選って何？」「教育委員ってどんな仕事をしているの？」「教育委員って給料高いんでしょう」「誰がやっても変わらないでしょう」等々の質問に答えながら、「よくする会」の勉強会、講演会、議会傍聴、駅前でのチラシ配り、多くの老若男女が参加したことを今でも誇りに思っています。

一九七一年から一九八一年の一〇年間は、「区長公選」と「教育行政」への壮大な取り組みに出会い、区民とともに、学び、考え、話し合うという貴重な体験をし、「自治の営み」を実感することができ、「住民自治」そのものを体感できました。民主主義の学校がそこにありました。それは、今回の一連の安保法制成立過程に見られた国民無視・国会軽視のやり方とは真逆の、住民が主人公の実践でした。

安保法制がめざす戦争のできる国づくりとは、私が力を尽くしてきた「住民自治」の実現を否定するものであり、私たちの日常生活が戦時中のように引き戻されることを意味しています。私はそれを恐れます。

誰も国家の犠牲にならないために、憲法を遵守せよ

岡野八代

わたしは、同志社大学大学院において政治思想・フェミニズム理論を教えています。現行憲法施行から七〇年以上を経て、これほどまでに憲法の精神（基本的人権の尊重・主権在民・平和主義）が踏みにじられる政治が行われることを誰が予想できたでしょうか。国民の様ざまな声に耳を貸さず、戦争法に他ならない安保関連法は、暴力的に、立法手続き的にも、法の内容的にも違法に他ならない形で採決されてしまいました。国民から信託をうけた最高機関である国会をこれほど軽視した行為は、もはや国家犯罪と呼んでもよいほどで、わたしたちの市民生活を支えている基盤を破壊していきます。

　集団的自衛権の行使を認めるべきだとの意見を公表した二〇一四年五月一五日の首相記者会見で、安部首相は、朝鮮半島有事の際に米軍の艦船に乗って日本に逃れてくる母子の絵を見せてこう述べました。「皆さんが、あるいは皆さんのお子さんやお孫さんたちがその場所にいるかもしれない。その命を守るべき責任を負っている私や日本政府は、本当に何もできないということでいいのでしょうか。内閣総理大臣である私は、いかなる事態にあっても、国民の命を守る責任があるはずです。そして、人々の幸せを願ってつくられた日本国憲法が、こうした事態にあって国民の命を守る責任を放棄せよと言っているとは私にはどうしても考えられません。」

　わたしたちがしっかりと認識しておくべきことは、紛争に巻き込まれた市民は、決して軍隊には近寄らない、ということでしょう。なぜなら軍隊は、敵軍から最も標的にされやすいからです。平和活動を担ってきた人たちが紛争地から避難するには民間に頼るのであって、軍に守ってもらおうとは考えません。そのほうが安全だからです。また、自衛隊がこれまで外国人に武器を向けていないという実績が、日本の民間人による平和構築活動を安全なものにしてきたことはもはや常識です。殺傷能力のある武器を備えた軍隊ほど市民にとって危険なものはなく、それは、自国軍であれ敵国軍であれ、そうなのです。日本の場合は、沖縄に集中している米軍基地の周辺で、女性たちがどのような恐怖と暴力に晒されてきたのかを見るだけで十分証明できるのではないでしょうか。

　安全保障の語源は、安全の名の下に市民を配慮しない、こうした政府の態度を示しています。安全保障 security は、securitas というラテン語に由来しています。その語幹である cura は、英語の cure や care に相当し、治療、

世話、気遣い、あるいは心配や不安といった意味をもつ。そして接頭語の se は、「……のない」という否定語です。つまり安全保障とは、心配や不安のない状態を意味し、配慮しなくてよいように、予め不安なことを根こそぎにしようとすることを意味しています。いざ被害にあった際どのようにその被害を癒すのか、傷ついた人たちをどのようにケアするのかといった視点は、安全保障には一切存在していません。戦争がいざ始まったらどれくらいの被害が生じ、日本政府としてどのように被害者救済するかといった視点で議論する者が一人もいなかったことも、こうした安全保障観を象徴しているといってよいでしょう。

この間の国際社会の急激な暴力化は、そもそも二〇〇一年に合衆国を襲った同時多発テロにその要因の多くを求めることができることは、すでに多くの専門家が指摘しているところです。中東世界全体を巻き込んだ暴力の連鎖の中心に合衆国が位置しています。合衆国の兵士たちがどのような被害に悩まされ、終わらない戦争に巻き込まれているか、また、合衆国社会におけるテロの危険性と、それによって惹き起こされる国民の不安は、世界最強の軍事力を誇る米軍によって軽減するどころか、むしろ増幅されていることも、また事実です。日本社会に生きるわたしたちすべてが、こうした暴力の連鎖に、安倍政権によって巻き込まれたことがもたらす被害は、甚大なものとなるでしょう。そして、安保関連法をめぐって国民の安全・福祉に関する重要な審議は、まったく尽くされていないのです。

憲法とは、夢を見ることさえできなくなってしまうような弱い個人の尊厳を最大限守るように、そして、わたしたちの夢見る力を殺いでしまうような法律を作らないように、国家に命じています。その命令の力は、あまりに脆弱な存在であるがしかし、取替えのきかない価値をもった諸個人の尊厳から発しているのです。こうした立憲主義的な国家観は、一七世紀から登場してくる国家による暴力、大量の殺戮、残虐な行為、そうした現実を目の当たりにして、強大な国家暴力を縛るために人類が思索を重ね、ようやくたどり着いた英知です。しかもその英知の根源にあるのが、弱く小さなわたしたち一人ひとりの尊厳という価値に他なりません。

安倍首相を始めとして、いま憲法改正を論じる多くの政治家たちは、日本を戦争のできる普通の国にしようといいます。しかし、日本は過去、他国の追随を許さないほどの犠牲者を出し、また、一九三七年中国との全面戦争を始めて以降、国家総動員法、国民徴用令、そして、女性のリプロダクティブ・ヘルス／ライツを大きく侵害した、「産めよ殖やせよ」で悪名高い「人口政策確立要綱」の閣議決定を通じて、軍事国家として国民の思想統制から身体拘束、そして実際に特高警察による暴力や殺人など、人権思想を根絶やしにしようとした歴史をもっています。現行憲法は、そうした歴史を反省したうえで、人権思想を日本社会に根づかせようとしたことは、もはや言うまでもありません。だからこそ、憲法九条の平和主義は、基本的人権の尊重という、もう一つの憲法の原理と密接に関わっています。

哲学者カントは、人類 human beings の法＝権利を尊重する政体の下では、常備軍は廃棄されるべきだと主張しました。

> それだけではない。常備軍の兵士は、人を殺害するため、または人に殺害されるために雇われるのであり、これは他者（国家）が自由に使うことのできる機械や道具として人間を使用するということである。これはわれわれの人格における人間性の権利と一致しないことだろう。
>
> （イマニュエル・カント、中山元訳『永遠平和のために／啓蒙とは何か』（光文社古典新訳文庫、二〇〇六年））

これは、まさに憲法九条が体現している思想です。九条が示しているのは、平和主義であると同時に、国家は国民を単に道具として使用してはならない、という強い人権尊重の精神です。こうした要請に応えられない日本政府は、戦時となればまた、同様の人間性破壊の行動にでること、それどころか、戦時となることを予感している政体だともいえます。このような危険な政府の下で生きることにわたしは、日々人権侵害を受けているに等しい苦痛を強いられています。

武器を買うお金を福島の子どもたちへ

片野令子

私は、福島子ども保養プロジェクト＠練馬を二〇一一年夏に仲間たちとたち上げました。それは福島原発事故によって、放射能から逃れられず福島に住んでいる子どもたちが、放射能汚染の低いところで短期間過ごすことで、健康を回復して元気になるということをチェルノブイリから学んだからです。三〇年前チェルノブイリの原発事故による子どもたちの保養を仲間たちと我が家でやり、健康を回復して元気に帰国した子どもたちを見てきました。ベラルーシでは子どもたちの健康と命を守るために夏休みには一カ月間、国立の施設で無料で保養を行なっています。三〇年以上も子どもたちの健康と命の保障を続けているのです。

日本はどうでしょうか。国も東電も子ども被災者支援法による救済もせず、全てを自己責任にしています。これは国による福島棄民です。将来ある福島の子どもたちが健康を回復するためにも安心して子育てができる施設を作って欲しいのです。私たちの保養は一度に大勢の保養はできませんが、四泊五日のサイクルで就学前の子を中心に夏休みや春休みを利用し、飯能で川遊びやキャンプを続けています。福島の子どもたちは今もって外で思いっきり遊べていません。福島県のいくつかの町には子どもたちのための室内遊び場ができていますが成長と共に運動不足になりストレスがたまるばかりだと言っています。〝子どもは遊びをせんとや生まれけん〟ではないでしょうか。国や東電が責任をもって未来のある子どもたちの健康を保障する場をつくるべきです。

二〇一一年三月一一日の東日本大震災で福島第一原発がメルトダウンを起こし、大量の放射能が降りそそぎ、そこの住民ばかりでなく日本全体の国民に大きな衝撃をあたえました。「安全神話」の国策ですすめられてきた原発の放射能が山や海、人体にまで被害を及ぼし、国と東電に裏切られたということを身をもって知り、原発反対の声をあげてこなかった自らへの反省と怒りでどう過ごしたらいいのか不安でいっぱいだったと話しておられました。福島県の人々はふるさとを追われるように全国に避難したのでした。住民は避難のために二度、三度と移動したということでした。このとき、子どもを被曝させてしまったと自分を責めている親の精神的苦痛は大変なものでした。また、高齢者や障害のある人や入院している人への救済、家畜はどうするのか救う手立てはあるのか、殺処分せざるをえないのか等々、苦しい判断をせまられたと訴えていました。いままで通り家族はいっしょなど考えられず、分断され、生業をしている人たちはこれからの生活をどうしたらいいか途方にくれたということです。ともすると母と子だけの避難になり離婚する人、自殺する人も出て六年が過ぎました。

放射能は自然環境を汚染し破壊しました。住民を帰還させるために福島は各地で除染をしていますが、その除染ゴミの入った黒いフレコンパックは、田や畑や空き地に山のように積まれ、そこからも放射能は出ています。肥沃であった土地は丸裸になり農業復興は難しいと言われています。福島県は日本の食料基地でもありました。風評被害で農産物等は売れ行きが戻っていません。

事故から六年が過ぎ、二〇一七年三月で避難者への住宅補助を打ち切ることを決定しました。住宅補助を打ち切れば県民は戻ってくるという考えなのでしょう。避難指示解除準備区域、居住制限区域、帰還困難区域の三つに分けられ、これ以外の地域の住民の避難者は「自主避難」とされ、住宅無償支援は打ち切るということになりました。二〇一七年三月三一日で帰還困難地域以外の地域の一部は帰還解除となり、その人たちには二〇一八年三月まで慰謝料を払うというのです。「自主」避難者（区域外避難者）への「みなし仮設住宅」補償は全くなくなりました。「みなし仮設住宅」にかかる費用は八〇億円程度ということです。一方で除染費用は総額四兆円ともいわれています。国と東電は加害者でありながら補償はしない、責任は負わない、というわけです。福島県も右へならえというわけです。これでは避難で県外に出た人たちや県内の他の地域に避難した人たちは「避難難民」になってしまうことでしょう。福島はこうして安倍政権によって捨てられたのです。

そして、その上に、福島県だけが放射能被爆基準を引き下げられました。一般に私たちは被爆基準が年間一ミリシーベルトですが、福島県は年間二〇ミリシーベルトが基準とされました。放射能汚染の高い地域にさせられたのです。これでは子どものいる家族はとてもふるさと福島にもどれる状態ではありません。

国はオスプレイなど武器購入の予算化をしていますが、オスプレイは一機一〇〇億円、一七機、装備費を含め総額三六〇〇億円もの予算になっています。それらの費用は福島の子どもたちの健康回復と避難者への住宅補助に充てて欲しいと心から思っています。国民の財産と安全を守ることを理由に安保法制をつくる前に、国はなすべきことがあるはずです。国内の環境を守り、国民を放射能の被害から救うことが、何よりも優先すべき国民安全対策ではないでしょうか。的を外した安保ありきの議論で、私は震災被害者、放射能からの避難者にいうべき言葉も見つかりません。国の最高責任者の言動不一致がこのような活動をする私を苦しめます。

原発は核を作ります。安倍政権は核禁止条約づくりへの参加をせず、常にアメリカと歩調をともにしていますが、世界で唯一の被爆国日本の役割は憲法九条をまもり、「戦争はしない国」の宣言を世界に向けてすることが大事なことなのではないでしょうか。戦争は最大の公害です。子どもたちが戦争にかり出されないように、司法の場できちんと判断してください。

本当に戦争は遠くなったのでしょうか

坂本敦子

私は戦争法に反対します。

私がこの法に反対するのは、昭和二二年に生まれて以降七一年、日本は戦争をせず、平和な日々を送ることが出来たことにあります。そしてこの平和を次世代にも繋げたいからです。

私は岩手県の出身です。産業は農業・林業・漁業が主で、当時教科書で「岩手は日本のチベット」と習いました。山ばかりの高地で、気候は寒冷、農地が少なく、戦前も戦後も牧畜のため開拓者が多く入っていました。生活は大変厳しく、町で物を得るには雑穀などでの物々交換だったといいます。戦後生まれの私の小・中学校時代でも、貧しかったから給食制度はなく、各自が弁当を持っていく時代でした。しかも弁当のご飯は白米じゃないから恥ずかしいと、蓋で隠しながら食べるとか、帰りの道端でお弁当を食べて帰る子どももいました。

また、家父長制度の名残で家に縛られ、自由に家を出て食いぶちを得るのは兵隊になることであり、兵隊になって白米を食べられてうれしいといった農民兵士の言葉も残されています。貧しさが兵隊・戦争への道を選ばせたものと思います。

お寺には兵士の石の杭のような粗末なお墓がたくさんある一方、お寺や神社や公園には大きな慰霊碑や顕彰碑があって、その石碑と粗末な兵士の墓との大きさの違いに何となく嫌な感じを持っていました。

農家の親戚や友達のうちの長押には、先祖の写真と並んで、出征時に撮ったであろう軍服姿の写真が何枚も祀ってありました。太平洋戦争だけでなく、日露戦争のものもあったかもしれません。小学三年生の夏休みに親戚の家に遊びに行ったとき、とても優しい大好きなおばあさんがいました。彼女の夫は戦死して長押の写真の人になっていました。おばあさんと思っていた人が実は私の伯母で、彼女は当時五〇歳代なのに腰が九〇度近く曲がっていたのです。農家に嫁いで戦争未亡人となり、舅、姑と子ども二人を育てるために、農作業にかかりっきりだったのでまっすぐ腰を伸ばす間もなく体が固まったんだろうなと、今にして思えば、その過酷さと戦争の悲惨さが思い起こされます。

私の育った小さな田舎町のお祭りには、普段は見かけないのに手や足をなくした傷痍軍人の人たちが、白い傷病服をまとってハーモニカを吹きながら軍帽を前に置いて寄付を募っていました。私は子ども心に、どうしてそんなことをしているのだろう…、どこから来たのだろう…と興味がある半面、見てはいけないようにも思えるし、「可哀そうだと思え」と言われてるようでもあって、怖いような、後ろめたいような気がして後ずさりするばかりでした。

中学生の時、その小さな町で五月一日のメーデーのデモ行進がありました。小・中・高校が各一校ある町で、自分たちの先生方も赤旗を振って歩いていました。その町ではまだ、労働組合の人たちを、「アカ」と呼ぶ人たちも沢山いる中での行進です。ああ、教科書通りだ。基本的人権とか自由な行動、労働組合の表現なんだなと、新しいことを見たように思えました。

大人になり太平洋戦争について知るにつれ、戦争とはどんなことだったのかを考えると、国の経済が行き詰まり、国の繁栄のためだとか、他国の独立などを謳いながら、力づくで奪うことがその目的ではなかったかと考えざるをえません。他国の土地・資源・資産・食料・自由、命を奪い、翻って、自国民の資産も自由も命も戦争の為に投げ出させられました。兵士はもとより、新天地と信じて他国へ渡った人々、満蒙開拓団等々は、結果として「人は城、人は石垣」の言葉通りに侵略の先兵になり最後は捨石になりました。敗戦時には開拓団の人々の命を守るために若い女性が身を呈さねばならなかったこともありました。

広島・長崎の原子爆弾による被爆のみならず、東京や各地の空襲による焼夷弾等の犠牲になった人たちはその瞬間、痛み、辛さ、多分信じられないと思ったのではないかと想像し、息の詰まる思いがします。

沖縄戦では、軍隊が国民を守らないばかりか、戦場を逃げまどう中、泣き声がうるさいからと言われ母親が自ら子どもをあやめねばならなかったという残酷な話もあります。兵士だけでなく、あらゆる場面で多くの国民が自らの心を殺し、その身も犠牲になりました。

それを戒めてできた憲法九条に期待し平和を守ろうという、〝戦争〟という言葉に敏感に反応してきた世代が少なくなってきました。戦争の悲惨さは身近でなくなったのか、朝ドラの主人公の一生に戦時中が描かれても、一過性の我慢どきとしか見えない表現になっているように思います。

本当に戦争は遠くなったのでしょうか？

今はテレビで戦争を眺める時代です。日本の報道は、死者は写さないので視聴者は心も痛まないのです。しかし、ボタン一つで数分後、数時間後には決定的ダメージを負うのが今の戦争です。どれだけ迎撃だの、軍備をしようと無意味です。だから戦争は実はもっと見近にあるのです。だが、武器では命は守れません。

戦争法は国会で納得のできる議論が出来ていないまま可決成立されました。採決が確認できるような委員会の状況ではなかったのに可決成立されたという。これって、議会制民主主義のルールに沿ったものでしょうか。全く納得ができません。私たちが平和を希求してきた七一年を無駄にしてはなりません。戦争のない平和な時代だったからこそ、私たちは、自分の権利、他人の権利についてお互いを尊重し理解しあえることができたと思います。これまでの多くの許容できない過去、侵略戦争や不平等など、力ずくの世界に戻りたくはありません。平和でなければ、人権も自由も男女平等も守れません。

究極の平和主義とは、自衛隊に武器を持たせることではなく、憲法九条の精神を世界に伝播させることです。

憲法と共に年を重ね

嶋崎ミエ子

私は一九四七年新潟県生まれです。父方の叔父一人が戦死。もう一人の叔父は帰還後結婚し住む家がなく、我が家で叔父家族と総勢一二名で暮らしました。母方の叔父二人は戦死。一人には幼子三人が残り、叔母は近所の農家を手伝いわずかなお金を得、息子二人は進学を諦め中学卒業後働き始めました。そんな遺族の大変な苦労を見てきました。

父は一九四三年六月一日、三一歳で応召。一週間後に下関から釜山に上陸し、初年兵教育の後、西安までの作戦に従事し、太原で敗戦を迎えた時は陸軍兵長でした。召集前はバイオリンを奏で、農業を営む生活から、幼子三人(八歳、五歳、一歳)を残して突然召集されたのです。残された母は、農業をやり、馬を扱いながら田んぼを耕していました。時には馬に逃げられて大変な思いをし、祖父母と一緒の生活で子ども三人を育てていましたが、八歳の長男は突然病気で亡くなりました。五歳の姉は、戦地の兵隊さんに送る物資として「笹の実」を祖母と一緒に採ったそうです。

武装解除となった父は、一九四六年五月、敗戦から九カ月後に帰還しました。戦死された家族から「復員できたのはちゃんと戦ってこなかったからだ!」と言われるなど、母は「素直に喜びを表現できなかった」と言っていました。遺族の方たちの苦しくやるせない心境は、怒りの矛先を国の政策に向けず、目先の人に向け、人々の対立の中に埋没させてしまうのです。差別と分断の中で、復員した家族も同じように傷付いていたのです。

父は、戦争体験の多くを語りませんでしたが、「戦争中は、他国に対し語るに語れないひどい事をしてきた」と言っていました。親指が少し短くなっていて、「鉄砲の弾が当たって短くなった」と教えてくれました。また本国からくる食料が途絶えて、ネズミ、蛇、カエルなども食べたそうです。食料不足で体調を崩し、亡くなる人も多数あり、「戦争は、負けると思った」と言っていました。

姉からは「父は、とても優しい人だったのに戦地から帰ると、人が変わってとても怖い人になっていた」と聞きました。六歳上の兄が「殴られている」のを何度も見ました。兄は成人になっても父を恨んでいたようで、父と向き合って話しているのを見たことがありません。父は帰還してからは、一度もバイオリンを弾くことがなかったようです。暴力と絶対服従の軍隊は、父を変えてしまいました。

父の死後に遺品として、「昭和戦史研究会　地方人事調査会」が一九八一年に発行した「戦友　東北編」と題する本が出てきました。一五〇〇人の帰還した軍人・兵士たちの軍歴や家族等が掲載され、父の記録もありました。父の遺志を見た私は「平和」の大切さを強く感じるようになりました。父の晩年は多少穏やかになりました。年齢を重ねることで少しずつ記憶が薄らいだのでしょうか。

私は、父の帰還後、新潟の片田舎の農村地帯に生まれました。農家は、国への拠出米の代金が一年間の生活費になり、良いコメは高く買い取ってもらうため拠出し、クズ米を自宅で食べます。そんな生活でしたので、高校に進学する人は四分の一しかいませんでした。中学卒業者は「金の卵」と言われ、集団就職で都会に出て重宝され、安い賃金で働いていました。敗戦からの復興には、この人たちの支えがあったのです。私は高校卒業と同時に、上京して京成電鉄に就職しました。突然の都会で驚くことばかりでしたが、働くなかで労働運動にも関わり、労働者の権利を学びました。

結婚、出産で仕事を辞め、家庭に入りました。娘三人の子育てに生活費が膨らみ、保育園でパートの調理員として七年間働きました。正職員での採用を期待し、調理師免許を取得し、労働組合にも加入しましたが、採用されませんでした。何とか正社員として働きたいと思い職業安定所で職探しをしているとき、I女性会議（旧日本婦人会議）の事務局員募集を聞き働くことになりました。子どもは成長して手がかからなくなりましたが、夫が病気で入退院をするようになり、またもや退職して夫の健康管理のために短時間労働の京成労働組合で働きました。次は娘に双子が産まれるので退職し、その後は社会保険事務所（今、日本年金機構）で六七歳まで働きました。

子育て中に、合成洗剤の危険性が社会話題となったとき、I女性会議に加入し、環境問題だけでなく、護憲・平和・人権・労働問題について学びました。広島原爆資料記念館、長崎の原爆記念館、沖縄平和の礎、東京大空襲資料館・慰霊堂を訪れ、「これが現実に起きていた事。目にとどめて、子どもや孫に伝えなければ」と思いました。人間が人間を殺し合う闘いは、決して行ってはなりません。

私は、「日本国憲法」と一緒に年を重ね、これまでの人生を平和憲法に守られ、生きてこられたことに感謝しています。しかし「憲法」が危機の時もありました。「シーレーン防衛」の強化に危機感を持った一九八〇年一二月七日、「戦争への道を許さない女たちの会」を発足させ、毎年八月一五日には渋谷のハチ公前で「反戦リレートーク」をしてきました。「憲法九条」を世界に広め、世界平和を広めたいと思います。

祖母は三人の子どもを戦争に取られ、一人が戦死しました。人殺しをする為に子どもを産んだ母親はいません。一度戦争になれば有無を言わさず出兵させられ、戦場では殺し殺され、日本国中でも戦火や被爆で人々は殺され、多数の命が奪われます。

私には、孫が七人います。その中に二五歳と二〇歳の男の子がいます。二五歳の子は理学療法士として働き、体が不自由になった人のリハビリをし、その人にあったプログラムを組む仕事に生きがいをもっています。二〇歳の子は美容師に成る夢をもち夜遅くまで働いています。女の子たちには、女性も自立した生活をおくる権利があり、「男女平等」が憲法で保障されている事を伝えています。二三歳で結婚した孫娘は、妊娠後も保育士として働き続けています。私はこれら孫たちが、夢を持ち平和な社会で暮らせる事を願わずにはいられません。この穏やかな日常生活が奪われると思うと不安と恐怖を感じます。それがまさに安保法制が私に日々突きつけている被害なのです。

「八の日行動」を四〇年

高橋廣子

私は一九四三年石巻市生まれ、敗戦時二歳でした。一九四五年七月一〇日の仙台空襲は、大人たちが大騒ぎして仙台方面が真っ赤だと話している記憶がおぼろげにあります。

また戦争から帰ってきた元兵士の親戚が酒を飲み、「現地の人を日本刀で殺した」などと武功を自慢げに話すのを聞いた恐ろしさを、今でも覚えています。

小学校に入学し、DDTを頭から振りかけられ嫌だったこと、食糧難で堤防から食べられる草を摘んできて、「糧ご飯」として食べさせられたこと、近くの基地に駐留してきたアメリカ兵が川で釣りをしていたことも覚えています。

一九七〇年代、就職した職場の昭和一桁生まれの先輩女性たちが、結婚相手の男性たちは戦争にとられ、独身として生きねばならなかったと知りました。また職場の女性差別がこれほどひどいのかと唖然とし、労働組合の役員をする原動力となりました。

退職後は、Ｉ女性会議に所属しています。

仙台市は中国の長春市と姉妹都市で、一〇年前交流のため訪問しました。その際、帰還戦争孤児になった日本の子どもを育てた高齢女性を見舞いました。身体が小さくなり、孤独なその悲しい生活を見て、日本の占領政策の犠牲だとつくづく感じさせられました。

一九八二年に第二回国連軍縮特別総会が開催され、「核兵器禁止、軍縮を要請する」署名運動が各地で行われました。当時仙台では「戦争を阻止する母親の平和行進」という女性たちの平和運動が行われていました。この運動は今年で三八回目を数えます。当時私は労働組合の婦人部役員として、署名集めの個別訪問を行い、国連の軍縮特別総会へも参加しました。日本から署名二八八六万二九三五筆を国連に提出。ニューヨーク、マンハッタンで、世界からの二〇〇〇人が平和行進をしました。私たちの独自行動として、集会で広島原爆の写真を展示し、市民にアピールしました。アメリカの人は原爆の恐ろしさを認識していませんでした。

日本婦人会議（当時）、社会党（当時）、総評婦人部が各地での平和運動を提起。「八の日行動」と名付け、太平洋戦争の開戦日の一二月八日を記念として、毎月八日に街宣行動を四〇年近く続けています。今仲間と、長年平和運動を続けてきたがなぜ世界から戦争がなくならないのか、なぜ日本は多くの国民の反対にもかかわらず安保法制を強行するのか、いつ為政者は気づくのかという嘆きと、運動を続ける意義を再確認しています。

国連婦人の一〇年の運動で提起されている「平等・発展・平和」を目指し「平和なくして平等はありえない」という考え方は連綿として私の運動の原点となっています。

街頭で運動していると、年配の女性が「二度と私たちのような戦争時の経験はさせたくない、だから安保法制には反対です」と話しかけられます。

安保法制は、私の平和に生きる権利を奪います。今日本は軍備を拡大し世界と戦争ができることをめざしています。安保法制は戦争への途へとつながり、絶対反対です。

憲法前文に胸がふるえた

檜山響子

私が生まれたのは終戦の前年で、戦争の記憶はない。父母は戦争のことを語ることなく、逝った。父は丙種の判定で徴兵されたが、戦地に行くことはなかったらしい。戦後、両親は子どもたちを連れ、伝手を頼りに仙台や八戸などを転々とし、生活の糧を得ようと努力したようだ。私が八才の夏休み、父は東京で生活の基盤を立て直すことになり、母と子ども四人は京都府の母の実家に身を寄せた。土地っ子でない私は、違和感をいだきながら過ごした。中学三年になる春休み、東京の父の元に行くことになり本当にうれしかった。しかし長年離れて暮らしていたためなかなかなじむことができず、父が亡くなるまで距離感を縮めることはできなかった。

それでも私には父がいるが、同級生の中には父親が戦地から戻らず、母一人子一人の家庭があった。両親を亡くした人もいた。戦争は戦地へ行った兵隊だけでなく、家族も破壊する。空襲で多くの人の生活を破壊する。戦争はすべてを破壊してしまう。

戦争のことを何も知らず、大人になった。六〇年安保闘争の時は高校一年生。校長先生が全校生徒を校庭に集め、「安保反対のデモには行かないように」と訓示した時も、自分には何も関係ないと思っていた。当時私は、自分の生きづらさは自分自身の性格の問題だと考えていた。それが女性解放運動を知り、さまざまな本に出会い、私の生きづらさは私自身の問題だけではなく、日本社会のシステムにあることに気づくようになった。そんな中で日本国憲法を読んだ。前文を読んだとき、それはそれは胸がふるえた。なんと格調高く、なんと品のある言葉だろう。なぜ私は何も知らずに過ごしてきたのだろう。父も母も戦争で苦労したというのに。多くの人が父や母を亡くしたというのに。

新安保法制は平和を作るものではない。日本国憲法は「政府の行為によって再び戦争の惨禍が起ることのないようにすることを決意し、主権が国民にあることを宣言。恒久の平和を念願し、人間相互の関係にある崇高な理想を深く自覚し、平和を愛する諸国民の公正と信義に信頼して、安全と生存を保持しようと決意。平和を維持し、専制と隷従、圧迫と偏狭を地上から永遠に除去しようと努めている国際社会で、名誉ある地位を占めたいと思う。全世界の国民が、恐怖と欠乏から免かれ、平和のうちに生存する権利を持っていることを確認。自国のことのみに専念して他国を無視してはならない」等と謳う。

しかし、政府は今「新安保法制」の名のもと、軍拡の道を歩もうとしている。近隣諸国の公正と信義を信頼する努力ではなく、軍備を増強し近隣諸国との摩擦を大きくしている。近隣諸国も対抗し軍備を増強する。お互いに軍拡競争をすれば、その軍備を使いたくなる。なぜ外交という手段で、近隣諸国と平和な安全保障体制を作る努力をしないのだろう。

素晴らしい憲法があるにもかかわらず、米軍の基地が日本にあるのが信じられない。しかも、すべて米国の思惑で動いているとしか思えない。二〇〇四年に沖縄国際大学構内に米軍ヘリが墜落した時、日本の警察は誰一人として手を触れられなかったのは記憶に新しい。日米安保条約によって、墜落した瞬間から墜落現場周辺がアメリカになり、治外法権状態で、警察は遠巻きに眺めているだけ。日本の法律は一切適用されなかった。これで、日本と米国が対等な関係といえるだろうか。日本国憲法は「政治道徳の法則は、普遍的なものであり、この法則に従うことは、自国の主権を維持し、他国と対等関係に立とうとする各国の責務であると信ずる」とある。

平和の中でしか、経済の発展はないし、安心して安全に暮らすことはできない。新安保法制がいかに日本国憲法の精神を侵害しているかを認定して、私たちが安心して安全に暮らしていけるようにしてください。

女性運動を担い続けて

津和慶子

私は、一九四四年、松本市郊外の浅間温泉旅館に生まれました。曾祖父は村の一等地に「鷹の湯」旅館を建て、村長に推され、その息子の祖父も村長を務めました。祖父は先妻を離縁し、芸者だった祖母と再婚して二人の娘を授かりました。私の母と叔母です。

宿屋には、多くの人が働いていました。子連れで住み込んでいる被差別部落の女性もいました。祖母は芸者衆の相談に乗ったり、夫の暴力から逃げた仲居さんをかくまったりして、「鷹の湯」は、男たちから逃げてきた女たちの「かけこみ寺」でもありました。

戦争一色の暗い時代になると、軍人が増えました。「鷹の湯」は連隊のある松本に召集された若者や従軍看護婦たちの宿になりました。また、戦時の抑圧、弾圧を逃れて居を移した人たちも、疎開した財界人もいました。軍需工場の責任者も反戦論者も、この地に住んでいたのです。

敗戦直後にやってきたのが占領軍でした。戦争は「勝者」をも深く傷つけたのでしょう。上官たちでさえも時々寝小便をして、祖母に叱られていたといいます。

戦中・戦後を乗り越え、「鷹の湯」は母の時代に入りました。私は四人弟妹の長女でした。関東軍の将校だった父は、戦後も旅館経営に関わらず、祖母もそれを求めなかったようです。父の周りにはいつも女の影があり、弟妹の誕生後、父母は別居状態でしたが、離婚はしませんでした。母は四人の子を育て、私が「鷹の湯」を継ぐことを望んでいました。

大学は、日本で初めて観光学科が出来た立教大学に入りましたが、旅館を継ぐのを辞めたので、怒った母の仕送りはストップ、奨学金やアルバイトで卒業しました。母の苦境を見た弟が旅館を継ぎ、母と弟はいわば同志のようでした。母は長野県母親大会では実行委員を務め、弟はチェルノブイリの子どもたちの支援や消費税反対に取り組みましたが急死し、いまは「鷹の湯」はありません。

大学を卒業した私は、通産省の天下り組織の機械振興協会の経済研究所に就職、すぐに組合の執行委員になり、二三歳で結婚しました。研究所時代に論文を発表すると、「夫に手伝ってもらったのではないか」などと言われたり、事務局員もいない東南アジアに私一人を派遣しようとするなど、嫌がらせにあいました。丁度その時、日本婦人会議（以下「婦人会議」）専従への誘いがあり、転職しました。

婦人会議は、安保闘争後の一九六二年に日本社会党の提唱によって発足しましたが、その後社会党から自立し、独自に歩み続けてきた女性運動団体です。私は一九七二年、新入当初から『婦人しんぶん』の編集を担当、紙面の拡大に努め、一九七八年には各県で専従づくりを行い、一九七五年からの五年間で全国の会員活動が広がり組織の整備も進みました。そのツールの『婦人しんぶん』も、急成長しました。

元婦人会議議長で一九七四年当時は社会党参議院議員の田中寿美子さんを中心に「受胎調節、人工妊娠中絶に関する法律」案を作成、「産む・産まないは女性の基本的人権」という思想と要求を政治に持ち込みました。一九七七年、健康保険改悪に反対し、全国で「医療一一〇番」を展開しました。一九八〇年に発覚した所沢市の富士見産婦人科病院事件には当初から関わりました。営利のために健康な子宮や卵巣を摘出、届け出た被害者だけでも一〇〇〇人以上に上り、被害者同盟が結成されて病院理事長らを刑事告発、婦人会議は東京と大阪で「産婦人科一一〇番」を開設し、厚生省、自治体、医師会に対して被害者の救済を求めました。二〇〇四年、民事裁判に勝訴、翌年には元院長の医師免許取り消し、勤務医の医療停止処分が出ました。長い闘いでした。いのちと暮らしを守るため、合成洗剤の追放、森永砒素ミルク事件、カネミ油脂事件などにも取り組みました。男女雇用平等法の制定では、実効性のある法律を求めて、多くの女性たちと連帯、元議長の田中寿美子議員と「男女雇用平等法」（案）を国会に提案し続けましたが、通過したのは裏切り法案でした。

反戦・平和運動も、婦人会議の重要な課題でした。一九八〇年一二月に「戦争への道を許さない女たちの連絡会」が発足、その後毎年八月一五日には反戦マラソン演説会、一二月には反戦集会を開催し、その事務局として取り組みました。「八（ハチ）の日行動」は、太平洋戦争開戦日の一二月八日にちなんで全国の仲間たちと続けている行動です。

連帯行動も多彩で、「朝鮮女性と連帯する日本婦人連絡会」は一九七八年に発足、北朝鮮と韓国の双方の女性たちを訪問、交流し、侵略戦争を認めない日本政府に対し、私たちは民間交流を深める努力をしました。一九七六年結成の「部落解放を考える婦人の会」には婦人会議から運営に参加する活動が続いています。一九八三年には婦人会議の事務局長になり、一九八九年～二〇〇四年までは議長を務め、フル回転の日々を過ごしました。婦人会議という組織としての活動と同時に、自分の住む地域では「ＳＦの会（杉並フェミニストの会）」を発足させました。それは現在もゆるやかなつながりとして継続しています。

活発な活動のさなか、二〇〇六年一〇月、脳梗塞の診断を受けました。右半身が不自由になり、入院治療、リハビリ、転地療養、温泉療法などを経て二〇〇八年秋に東京の自宅に帰宅、いまは言語と身体のリハビリに通っています。

安保関連法制の成立の過程は、国会中継やニュースで見ていました。病いに倒れていなければ、日々国会で傍聴し、国会前の行動に参加していたはずの私です。それが出来ないため、悔しさやあせりは一層つのります。不十分な審議、可決さえ不明確な強行採決を見て、腸が煮えくり返るような思いで、テレビ画面に向かって怒りの声を挙げました。

私の人生の大半は、婦人会議やそれにつらなるいろいろな場で、差別のない平等な社会、女性の人権の確立を目指し、反戦・平和を求め、いのちと暮らしを守るため、闘い、生きてきました。それが目の前で破壊されていくのを見ているのは、耐えられません。

戦中、戦後と多くの人々が行き交う生家の旅館で過ごした子ども時代。戦争というものは、軍人も市民も、右翼も左翼も、村人も被差別部落の人も、若者も高齢者も、さらには戦争の勝者さえも、すべての人々を苦しめるものだということを、しっかりと見、学びました。「戦争は絶対いけない」と。

高齢者、障がい者は、日々不自由を押し付けられています。発言の場は限られています。安保法制の審議過程で、意見を聞かれることもありませんでした。安保関連法制の成立は、障がい者となった私の恐怖や怒りを一段と強いものにしています。苦しみはとても深く「絶対、許すことはできない！」と声を限りに叫びたいのです。

基地の前で育ち、いま、平和憲法を守る

土井登美江

一九四五年、敗戦の年に横浜に生まれた私は、沖縄県に次いで米軍基地が多い神奈川県で人生の大半を過ごしてきました。国道一号線沿いの米軍基地の正門前に生家

があります。基地は、二メートルほどの高さの鉄条網で囲まれていて、子どものころは鉄条網の下から手を伸ばして基地内のタンポポやシロツメクサを摘んで花輪を作って遊んでいました。ある時期には、真夜中になると眩しいほどの照明を照らして泥がついた戦車を載せたトレーラーが地響きをとどろかせて通り過ぎる日々が続きました。家が地震のように揺れるので目を覚ました家族が見つめるなかを、トレーラーが何十台も通りすぎました。朝鮮戦争の戦場で壊れた戦車を修理するために都内の基地に運ぶ車列でした。これが子どもの頃の記憶として真っ先に浮かぶ光景です。中学生の頃には、勉強机の横の窓からズゥーンという腹にひびく音とともに鈍く光る、尖った金属の先端が超低速で現れました。筵のような物を胴体の真ん中あたりに掛けただけの、むき出しのミサイルが国道一号線を運ばれたのです。また横浜市緑区に米軍のジェット機が墜落して死傷者を出した事故をはじめ基地があることによる被害は後を絶ちませんでした。「戦後」をまるまる生きてきた「私」の中には、米軍基地の存在を通じて戦争への恐怖や基地への拒否感覚が血肉となっていきました。

　この対岸にあったのが平和憲法です。「平和憲法」という言葉は家族の間でも近所のおばさんたちからもよく耳にしていました。小学校で憲法三原則として「主権在民」「恒久平和」「人権尊重」という言葉を学び、誇りを強く感じました。中学時代には憲法前文を読んで身体が震える思いをしました。憲法の平和主義、これこそがアジア太平洋戦争の反省であり、私たち一人一人の歩くべき道だと得心しました。

　専守防衛という名の下に自衛隊がつくられ拡大されました。またベトナム戦争、ＰＫＯ協力法、イラク戦争などへの日本の対応も問われました。しかし憲法の平和主義は日本に住む多くの人びとによって受け入れられていることが、各種の世論調査でもはっきりしています。ともかく日本の自衛隊は外国で一人の人も殺し殺さずに過ごすことができました。平和憲法下の七〇年間は、旧帝国憲法下での海外で戦争する国であった約六〇年をすでに越えました。

　私が憲法の存在を実感したのは地方公務員になったときです。「日本国憲法を守る」という誓約書に署名することを求められ、憲法九九条と日本国憲法の存在に身が引き締まるとともに公務員のあるべき基本を確認した思いでした。いうまでもなく憲法の擁護は天皇、国務大臣、国会議員、裁判官、その他の公務員に課せられており、首相はその最たる位置にあります。今回の安保法制が可能とした集団的自衛権の行使は、憲法学者の圧倒的多数、日本弁護士連合会、法曹関係者の多くが成立後のいまでも違憲だと主張しています。さらにこれまでの自民党政権も憲法違反としてきました。憲法違反の法律はたとえ国会で成立しても憲法違反の法律であり、安倍首相や国務大臣などの関係者は憲法擁護義務違反です。

また二〇一五年の法案成立過程も納得できません。参議院の特別委員会では、委員と非委員の区別もできないほどの混乱と速記聴取不能の中で採決され、後に委員長の職権で不当にも議事録が作られるという有様でした。こうした議事運営は安倍政権の意向を強く反映したもので、主権者を代表する国会は著しく軽視されました。この国会軽視により私も一つの構成員である国民主権が踏みにじられました。安倍首相は各国訪問や国連で事あるごとに法と民主主義の尊重を言っています。しかし、主権在民や国会尊重、九九条厳守をはじめとする憲法擁護という、法と民主主義の尊重は日本国内では実現されていません。

二一世紀はイラク戦争以来、世界各地で紛争やテロが頻発しています。しかしどこに住んでいようと、安心して日々を暮らせることが人々の共通した願いです。だからこそ、国際紛争を軍事力ではなく、外交的に解決する日本国憲法の平和主義が力を発揮するときです。それなのに九月一九日、安倍政権は多くの市民の反対の声を聞かずに安保法制を成立させてしまいました。このことによって戦後七〇年間守られていた、平和に人間らしく暮らしていける私の権利がおびやかされました。安保法制の成立は、文字通り戦後を生きてきた私の人生をまるまる否定したのも同然のことです。さらに中国、韓国、朝鮮をはじめとした世界の人びとや友人、日本に住む外国人の友達と隔たりなく安心して友好関係を結び、平和的な環境をつくることができなくなりました。

安保法制の成立は、今こそ役立つ憲法の平和主義を破壊しました。三権分立という機構が危機に瀕している今、司法機関として適切で確固とした判断を下されるよう裁判に訴えます。

安保法制が成立してから米国や東アジアをはじめ各国と自衛隊との軍事演習が激増しています。九月に北朝鮮が行った核実験に対して、米軍はグアムの基地から爆撃機をソウルに発進して威嚇しました。その時日本上空を通過する米軍機を自衛隊の戦闘機が護衛したニュース映像をみて、私は恐怖で凍りつきました。これは集団的自衛権を合憲化した安保法制があるからこそで、まさに北朝鮮や中国と日本周辺での緊張を高めているのです。

八・一五の解放感が原点

永井よし子

私は一九三五年、東京芝（現港区）に生まれました。生まれた時、日本はすでに軍部の支配する強権と暴力の政治に覆われていました。石けりをして遊ぶ道路を通りかかった兵隊が、位の上の軍人に出会ったときの緊張感は見上げる子どもの目にも伝わり、敬礼をする兵士の右ひじと指先が固まっていました。偉そうな軍人の腰には軍刀が威厳ありげに下がっていました。幼い日の愛宕神社の羽子板市、増上寺境内のお閻魔さまの縁日、虎ノ門金毘羅さまの植木市、日比谷公園のプール遊びなどハレの日の光景に彩られた記憶は、たちまち穏やかな暮らしや大切に集めた宝物もろとも空襲で焼き尽くされてしまいました。

私が入学した時、尋常小学校は国民学校と名を変えていました。子どもは少国民として神格化された天皇の臣民に位置づけられ、式典の度に教育勅語が頭の上に降り注ぎました。皇国史観は、白い布を染め上げるように児童の頭に染みわたっていきました。宿題の紙芝居作りで、天の岩戸の挿話を採り上げたことが記憶に残っています。みずらという髪型の神々を何人描いたことでしょう。「この日本の国は、遠い遠い神代の大昔から、神様がたが、とくべつにおつくり下さった国」なので、「このありがたいお国のために、一生けんめい、つとめはげまなければならない」と説かれ、私は、神様の国だから、何があっても神様が神風を吹かせると信じこまされていったのです。そして「教育勅語」の意味はわからないまま、モーニング姿の校長が白手袋の手で緊張して捧げる気配に並々ならぬものを感じ、「御名御璽」が出てくるまでひたすら頭を垂れ、鼻水をすする音だけが講堂に聞こえるのでした。教育勅語と天皇家の「御真影」を収めた「奉安殿」は、観音開きの扉と垂れ幕に守られ、神様の世界が子どもたちの前に降臨する神社のようでした。

一九四五年、東京には切れ目なく空襲が続きました。当時の生活は、昼となく夜となく、警戒警報・空襲警報のサイレンに仕切られていました。四月の夜、雨あられと降り注ぐ焼夷弾に自宅の防空壕が危険になり、脱出しました。炎を逃れ、虎ノ門交差点で文部省の大きな防空壕に誘導されました。一夜明けて目にした一面の焼野原が神風のウソを教えてくれました。自宅の防空壕は土をかぶせた屋根もろとも崩れ、灰色や黒色の燃えカスの塊だけが残っていました。

その後、四カ月だけ神奈川県に縁故疎開をしました。父と女学生の姉たちは、首都防衛の義務のために東京に残りました。短い疎開経験ですが、初めての松脂採りや牧草刈りの奉仕作業に泣きました。鎌を手に私は途方にくれました。桑畑の野道を一人で下校した時、機銃掃射に遭いました。母艦に戻る米軍偵察機の操縦士が、ふざけ半分に子どもを撃ったのかもしれませんが、とっさに桑畑に飛び込んだ私の膝がしらは、まるでそこに別の生き物がいるかのようにガクガクと震えていました。その時の恐怖は、防空壕で経験した爆弾が落ちる空気を切り裂く不気味な音と振動、湿った土の匂いと重なって今でもまざまざと思い出します。

一九四五年八月一五日は、そんな日々からの解放でした。サイレンに支配される生活が終わることを心から喜びました。離れ離れの家族が同じ屋根の下で暮らせる、憚ることなく声を立てて笑ってもよい、暗幕を外した電灯の下で食事ができる、それが戦争の終結ということでした。逃げずに済む生活、安心して朝まで眠れる夜、明日の予定を考えられる、それが「平和」ということでした。頻繁な停電も、粗末な食料も、継ぎはぎの衣服も苦にならない。

その「平和」が国のあり方の基本だと教えてくれたのが「日本国憲法」でした。文部省教科書『あたらしい憲法のはなし』は、私の宝物です。「これからは男女平等の世の中になる。戦争はもうしない」と先生に言われた時の湧き上がるような嬉しさは、今も生々しく蘇ります。少国民の私でも、戦争は、恐怖や震え、息苦しさと不自由の日々だったのです。軍刀を下げた軍人も怖かった。家族に君臨する父親も怖かった。大人の男性はどこか理不尽なものとして怖かった。だから憲法に、「国民のひとりひとりに、大事な権利があることを決めている」と書かれていることを喜びました。何度も父に言い逆らい、「男女平等なのに」と泣いて抗議したのも、中学校で生徒会をつくり出したのも、教わった憲法をわが身のよりどころとしていたからでした。

のちに、親となり、我が子を守ることは人が大切にされる社会をつくること、と実感しました。健康や食べ物、子どもの環境、逆戻りする教育への関心から仲間が生まれ、学習と連帯の日々を重ねました。そのつながりと問題意識が、政党の利害を超えた地域自治、住民の視点による政治を目指す市民派・無所属地方議員としての活動につながりました。男性中心の固定観念と慣習を超えるために、提案、異議申し立て、改善することは多々あり、区長選に出るという経験も持ちました。

憲法が地方自治を謳っても、国は「分権」という言葉を使います。自治体もまた国の意向に従う体質でした。数の論理がはびこり、議論を経て結論に至ることを避ける傾向はしつこく残っています。建前での平等を口にしても、結果の平等、実質的対等の実現を避けたがるのが日本の政治の特徴です。公職を退いた後、女性差別撤廃条約の実現をめざして、今も女性の人権を確立する活動を続けていますが、それも真の平等、人権の確立を願ってのことです。

現在の安倍政権下で、これまでになく激しく、憚ることなく憲法の破壊が進行しています。不安にいたたまれない私は、戦争体制にかかわる戦前の法律の動きをさらってみました。そして、恐れは確信になりました。現在の動きとしっかり重なっているのです。私が安保法制に強い恐怖を感じるのは、決して単なる不安や危惧でないことを歴史上の事実が教えてくれています。戦争に進むとき国は手段を選ばない、そして一度走り出した軍事国家は際限なく走り続ける。保安条例、徴兵制、治安警察法、治安維持法、特高の設置等を進め、政府の都合次第でそれらの法律を改変・拡大解釈し、国民を法律という名で暴力的に抑え込みました。同時に、教育勅語によって臣民の道を説き、頭と心を支配しました。一九四一年に小学校令を国民学校令に改め、「皇国ノ道ニ則リテ初等普通教育ヲ施」すことを目的に、「国体に対する確固たる信念を有し、皇国の使命に対する自覚を有すること」などを掲げました。私は入学と同時に、国家に忠実に従い、疑いを持たないよう洗脳されたのです。もちろん、周囲の大人も多かれ少なかれ洗脳されていったのです。だからこそ、国家総動員法、在郷軍人会、国体の本義の徹底などで国民を総力戦に巻き込み、国防婦人会や勤労動員、戦死の美化、贅沢は敵だ、など女性たちもしっかりと銃後を支えました。産めよ増やせよが美徳とされたのも、戦力増強、兵士を絶やさない為です。千人針や慰問袋づくりに子どもも参加しました。兵隊さんに感謝し、出征兵士や戦死者の家の前では、皇居の脇を通る時と同様、頭を垂れるのが習慣となりました。言論も演劇も音楽も文学や美術などもすべてが「報国会」を作って管理されました。方針に従わないものは「非国民」とされました。

七〇年以上、私は憲法の平和主義と基本的人権を守ることを国民の義務と考えて生きてきました。長い活動を通じて義務を果たしてきた私が、なぜ今、失望と不安を国から突きつけられなければならないのか、絶望感を抱いています。国が率先して憲法を軽んじる現状を無理やり飲み込まされるのは耐えがたく、民主主義をはき違えた政治の報道に接するのは生理的苦痛です。

今更のように一九四五年八月一五日の解放と希望の日を思い起こします。平和がなければ、すべての人権も女性の解放もありえないことはこれまでの歴史と私たちの人生がはっきりと示しているのです。

生き延びた父母と被爆二世の私

中村ひろ子

私の原点は、母がナガサキの原爆から生き残ったこと、父が硫黄島に向け離陸した直後に硫黄島玉砕の報で引き返して生き残れたこと、そして二人が出会ったことにある。よくぞ、生き延びてくれたと幸運に感謝する。出会った父母は、私や弟たちを育てながら、平和と民主主義を求めて生き抜いた。私も父母の背を見ながら、平和と民主主義を求めて生きてきた。

父は大学を短縮卒業の後、海軍経理学校での訓練を経て、戦艦・航空母艦等の乗船勤務、硫黄島への赴任で飛行中、玉砕の報に引き返したという。経理学校同期の人たちは船とともに沈み、あるいは南洋から鹿児島までの島々に配属されて辛酸をなめた人も多いが、父は喜界島で無事に敗戦を迎えた。福岡港で引揚事務などをし、やがて佐賀県庁に勤めた。労働運動の勃興期で組合を結成、書記長をしたと聞く。大学で、有泉亨先生に学んだ民法と労働法が基礎にあったようだ。

その頃、母と結婚、新設の佐賀大学の教員になった。研究室の隣人が川口武彦氏で、向坂教室で学ぶ。さらに、県庁での労働運動によって県内の労組に頼られ、常に労働者とともにあった。三池闘争の頃は金沢大学にいたが三池にも通い、北陸三県の労組や労働者を支援していた。専門は民法で、学生を連れて山村をまわり、無料法律相談をしていた。『人格権の保護』『労働組合はなぜ社会主義政党を支持するのか』が代表作である。

その後、「もっと自由に動きたい」と金沢大学を辞め、立命館大学に移った。学園紛争たけなわな時は学部長として矢面に立っていた。紛争の収束後、京都府の教育委員・委員長になり、障がい児教育に力を注いだ。蜷川府政の教育委員長はやりがいがあったようだが、ガンで早逝した。まだ五四歳だった。

佐賀、金沢、京都のどこでも、社会教育等で力を持つ女性を見出し、母にも紹介し、家族ぐるみで付き合っていた。母に、「ひろ子にもあんな風になってほしい」と言っていたそうだ。父と母の関係は、実に対等・平等だった。家事も分担、終わると二人で机にむかった。母が活動で外出や出張するのも大歓迎で、私に手伝わせて夕ご飯を楽しそうに作っていた。それが当たり前と育った私には、世の男性の言動は驚きであり失望した。私の夫が躓いた時、「夫を支えるべき」との忠告には「大人でしょ。ばかげている」としか思えず、私は子どもを守るために離婚した。

郷里を離れて長崎県立長崎高等女学校専攻科の学生

だった母は、一九四五年八月九日、遅番で山陰の寮にいたために原爆の直撃はまぬかれたが、雨のようにふりそそぐ窓ガラスの破片が体中にささったという。級友とガラスを抜き合い傷口の手当をしていたとき、山の上から、顔、手、胸、背中を焼かれた人々が続々と降りてきて助けを求めたという。午後、爆心地近くの軍需工場で動員されていた下級生たちの救出を求められ、担架を担いで西山を上った。尾根について見た光景は、衝撃的で、「見渡す限り『何もない』のよ」と放心した目で私たちに言うのだった。それでも工場を目指して歩いていくと、崩れ落ちたコンクリートやレンガの塊の陰から助けを求める声が続き、いたたまれなかったという。とにかく息のある人を選んで担架にのせ学校に連れ帰った。ガラスで足の裏を切った母は再びは出られず、連れ帰った下級生たちをただ煽いでいたという。翌朝を待たずに息絶えた子もいたし、親が探しに来て連れ帰った子もいたが、とにかく悲惨だったという。

アメリカの研究者が公文書館に残る記録を調べ、長崎の原爆投下は、熱線や放射能の威力による直接的破壊には注目せず、地面に到達した爆風が跳ね返って元の爆風と合わさり威力を増したマッハステムとなって、いかに建物を破壊しつくし何人を殺すことができるかを計算しつくした実験だったと証言していた。ナガサキの原爆は「殺傷力の実験」だったのだ。ナガサキの上空一〇〇メートルでも一〇〇〇メートルでもなく、五〇三メートルで爆発させた原爆は、わずか〇・九秒で爆心から五〇〇メートルの地点を八〇〇〇トン／平方キロメートルの衝撃波が襲ったというのだ。

母は翌春教員になり、組合運動もし、子どもたちに原爆の悲惨さを語った。「核の平和利用などあり得ない」との母の立場は明確で、被爆者の運動に力を入れたのは、父が最後の職場と決めた京都に行ってからだった。活動を続けて四〇年余、先年体調を壊して理事を辞めたが、声をかけられれば、語り部は続けている。

私の人生で否定できないのが被爆二世であることだ。出産の折には毎回、「大丈夫かな」と思った。湾岸戦争で使われた劣化ウラン弾の被害について、私が「遺伝は三世代目に表れるから」と言った時に、娘が「私はそんなことは聞いていない」と泣き出した。そうか、二世の私で終わるものではなく、三世の子どもたちに心の負担も含め被害が及ぶのだと思い知らされた。被害の連鎖を断ち切ることはできないのだから、その後娘とは「放射能」「平和」についてずいぶんと話した。

フクシマ原発事故が起きた時、海外の報道は爆発も克明に伝えたようで、欧州にいた娘は「早く逃げてこい」と急かしたが、「逃げ出せない。日本でするべきことがある」と言うと娘は果敢に動き出した。東京消防庁にはしご車の出動を求めて電話したり、ドイツのプツマイスター社に高所作業用ポンプ車をフクシマに出してと要請したりし、実現に動いた。

その後は、フクシマの放射能被害と今後の発症をおそれ、「被ばく者手帳」の実現や署名を働きかけている。一七万筆以上の署名で成果もあげた。今、安倍政権は、放射能の怖さを理解しないまま、避難解除・補償打ち切り、原発の再稼働ももくろむ。「事故はなかった」ことにしたいようだが、健康被害は絶対に出てくるので、私の任務は、フクシマに寄り添い、「被ばく者手帳」を実現することだと思って運動を続けている。

私は、父母の意志を引き継いで生きてきたと実感する。大学を出てから社会主義を研究する団体で仕事を得た。仕事として、女性労働の実態も追いかけてきた。

私は今、第二の職場、I女性会議で働いている。六〇年安保を経て結成されたI女性会議は、平和と民主主義を求めながら、女性の地位向上を目指して活動してきた。月二回発行の『I女のしんぶん』は、ジェンダーの視点で女性の前に立ちはだかる課題を取材、情報提供に心掛けている。フクシマと沖縄の問題を毎号載せているのは、どちらも「なかった」ことにさせないためだ。それは当然運動にもつながる。

ところが、第二次安倍政権が発足するや、平和の問題、改憲が最大の焦点になった。戦争は個人の尊厳を奪う最大のものであり、何としても平和は守りたい。

解釈改憲の閣議決定を行った時には安倍首相あてに抗議文を出した。

安倍首相は、ウソも平気で言う。指摘をうけても、取り下げない。さらに、「選挙で選ばれた私が決めること」という発言は、ウソどころかファッショである。

「何も変わりません」と言うのなら、条文に書き込む必要がない。「国旗・国歌法」も「強制するものではない」としつつ強制、「歌わない」「伴奏しない」教員が処分されている。私の娘は、中学の卒業式で、国歌斉唱の際、立たなかったら若い女性教員に泣きながら「立ってほしい。校長先生に指導力不足だと怒られた」と言われた。

安保法制の成立で、自衛隊は変貌した。戦争の危険性は高まった。安保法制がもたらす社会は、私が求めて生きてきたものとは真逆のものだ。父母の、そして私や娘の生き方を否定する安保法制は許せない。私の尊厳を奪うな！と叫びたい。

増強される基地―原発のそばで

新田ひとみ

私は鳥取県米子市に住んでいます。大山の麓にあり、中海、美保湾そして日本海と海にも山にも囲まれた自然豊かなところです。

その米子市に陸上自衛隊が駐屯し、隣の境港市には米子空港、航空自衛隊美保基地があります。米子空港は官民共用で、航空自衛隊の行動に備え降雪期でも除雪がされていて、民間航空機もめったに欠航がないといわれています。

安保関連法が成立してから美保基地では急速に変化が起きています。美保基地は輸送専門基地なので戦闘機は配備されていませんが、最近増強が続いています。二〇一七年二月に新型輸送機C－2が二機配備され、一八年度中に三機追加配備とのこと。同年二月には陸上自衛隊大型ヘリCH47を二機配備しました。二〇二〇年度以降に新たな空中給油・輸送機（KC－46A　米ボーイング社製）を三機配備する予定になっています。

もっともこれらの配備増強は二〇一五年三月、境港市、米子市、七月、鳥取県が同意を表明しています。災害対策で、空中給油機が必要とは思えず、単に自衛隊の装備増強の一環だと思われます。美保基地では最近米軍機も飛来してくるようになりましたし、工事車両の出入りが激しくなって来ています。

また、境港市には防衛省の電波傍受施設「美保通信所（象の檻）」があります。この施設は今までは遠くからも見えていたのですが、周りにフェンスがめぐらされました。その外、島根半島には高尾山分屯基地があります。日本有数のレーダー基地もあります。日本海に隣接するこの地区に軍事施設が配備されて、強化されていることに脅威を感じます。

美保基地は島根原発から約二十数キロメートルのところにあります。島根原発は一号炉が廃炉、二号炉は現在再稼働を申請中。三号機は新規制基準適合性審査申請について立地自治体、周辺自治体で申請の是非について検討がされてきました。立地自治体の松江市、周辺自治体の安来市、雲南市、出雲市は申請を容認しました。鳥取県、境港市、米子市も八月二日に申請を容認し、鳥取県知事は中国電力に申請の了解を伝えました。そして島根県知事は総合的判断をしたとし、八月一〇日に中国電力に対し、新規制基準適合性審査申請を事前了解すると回答をしました。島根原発三号機は一三七万キロワットと日本の中でもとても大きな発電力を持つ原発です。

以上のように、私の住んでいるところは、軍事施設が、それも日本有数の施設があるところです。そして安保法制が制定されてからは基地機能の強化、米軍の飛来等戦争のできる国へ現実的に進んでいるとしか思えません。その上に原子力発電所にも近いところになります。有事が発生したときに軍事施設、原発が標的になるのではないか。第二次世界大戦のように住民が戦火に包まれるのではないか。原発からの放射能で二度と住むことのできない故郷になるのではないかと不安と恐怖を感じています。「中国電力・島根原発三号機の運転をやめさせる訴訟の会」を起こし、共同代表を務めています。

私は小学生の頃に、一人でも生活できる職業を身に付けようと考えました。そして、一九六八年に鳥取大学医学部付属衛生検査技師学校に進学しました。

このキャンパスには鳥取大学医学部、鳥取大学医学部付属看護学校、そして鳥取大学医学部付属衛生検査技師学校があり、サークル活動は三者が一緒にしていました。私が入ったのは「社会医学研究部」で、予防と治療の一体化、総合保健活動をフィールドワークから学ぶサークルでした。その実践の場が、愛媛県北宇和郡広見町（現鬼北町）でした。広見町とともに、健康診断、アンケートを行い、その結果を行政や関係医療機関、地域住民が何をなすべきかを考え、議論し、実践する取り組みでした。この取り組みで、農業だけでは生活できず、男性は出稼ぎに、女性は縫製工場で働く実態を知りました。また貧血、高血圧が多く、食生活等の問題も知りました。当時広見町には県立北宇和病院があり、予防と治療の一体化を目指す農村医学センターが設置されていました。サークルの先輩の医師たちが病院、農村医学センターに赴任していたこともあり、一九七〇年、県立北宇和病院に衛生検査技師として就職し、病院だけでなく、地域での活動を経験することができました。

一方で、県立北宇和病院労働組合に加入して職場の問題にも取り組みました。生理休暇や有給休暇の取得、パートの労働条件の改善等、法律があっても、働くものが権利として主張し、獲得していくものであり、与えてくれるものではないことを経験しました。

一九八〇年に米子市に生活の拠点が変わりました。同時に学生時代からの縁で日本婦人会議（現Ｉ女性会議）に加入、活動を始めました。ＰＴＡ活動、女性差別撤廃条約批准の取り組み、生協活動、そして「中海淡水化反対」の運動に関わっていきました。「政治は暮らしの中にある」、日々の私たちの暮らしを決めていくものであると実感しました。

しかし、暮らしの中に憲法が活かし切れていないことも事実です。しかもその憲法が危機を迎えている、安保法制が成立した今、日本は戦争をする国になってしまいました。戦後は人を殺し、殺されなかった日本が、人を殺し、殺される法律をつくってしまった、憲法九条に反する解釈改憲をしたことは、とても許すことはできません。

「せんそうはみ来をこわす!! みんなしんじゃう、しにたくない!」。米子市の集会でプラカードを掲げる孫たちの想いをしっかり受け止めようと思いました。それは、私自身の思いでもあったからです。孫は私の未来です。殺し、殺されてはならない存在です。何としても守りたい。安保法制＝戦争法はいりません。

一人の人間として尊重されるよう闘ってきた

野崎光枝

私は、一九三二年生まれで、石原慎太郎氏と同じ年に生まれました。石原慎太郎氏は、国粋主義的軍国主義者として、外国人を排撃する差別発言をしてきましたが、女性が生殖機能を失っても生き続けるのは地球にとって無駄で罪だといって高齢女性を「ババア」と罵りました。私は、この発言に触れたとき、これからもっと歳を重ねてやがては人の手を借りなければならなくなることを、「もってのほか」と突きつけられたようで、身の処し方を考えあぐねました。政治家や知事を選ぶ権利のある私が「無駄で罪」だと言われた言葉が文字通り市民権を得て、人々の意識の中に入っていくことは許せませんでした。そのとき私は、四〇年間働いた石油元売会社と男女賃金差別の裁判を闘って、すでに一三年目に入っていました。そして、石原氏のあの発言を見たとき、私の裁判と根っ子は同じで、私は四〇年間このような土壌の中にいたのだと思いました。私も、生きてきた道程で、オトコに生まれてこなかったばかりに不当に貶められ、差別を受け、長い長い間苦しみ傷ついてきました。しかし、それが故に学ぶ意欲をもやし、この国の先輩たちの苦闘を知り、自分の言葉を獲得し、国際社会の実情等も積極的に調べてきました。職場に学校に地域に、ある人は家庭にもその得た知識を生かそうと、閉塞を切り拓こうと努力を重ね、途上にある障害を取り除いてきました。

石原氏に対して裁判を始めると決めたとき、私こそやらなければならないと思いました。私が覚えた危機感は、私たちが生きる基盤である年金や社会福祉のような制度を不利に変えていったり、「ババア」と罵られて社会から差別的に排除されるような動きがあっという間に広がってしまうのではないかということでした。そうなったら、石原慎太郎氏が思い描いているような、「強い男」を中心として人間を序列化し、女性を「産む道具」にした戦争体制につながります。私たちは、一人の人間として尊重されるように闘ってきたのです。

二〇一四年六月の武力行使による集団的自衛権を承認する閣議決定が行われたことは、心が潰されるほど衝撃でした。

私は、日本が戦争体制に向かって「一億総動員」が声高に叫ばれるようになった小学校六年の二学期のことを今でも忘れません。六年生になって担任としてやってきた女性教師は、軍国主義教育の先端を切るように「少国民」である私たちは「一億一心」のもと（心を一つにして）国のために尽くさなければならないと毎日毎日言い続けました。私は、担任が諭すことが受け入れられず、「人の心が一つになることなどありえない」などと発言して教室の皆の前で抵抗しました。そのころ私は、とても活発に何でも話す子どもで、思ったことを自由に言葉にできることが喜びでした。そうしたことがしばらく続いて、担任が母を呼びつけ、その後私を転校させました。母は、私のことをいのちをかけて守ってくれたのだと思います。私には担任が何を言ったのか告げませんでしたが、母が呼びつけられたうえに転校になったことは、一二歳になっている私にはわかりました。あの一緒に楽しく遊んだり勉強したりした教室にはいてはいけない子として烙印されたように、自信を失い心が縮まりました。それから言葉にして誰かに何かを伝えようとすると「よせよせ」という心の声が聞こえるようになりました。転校先の担任の先生には、母が私のことをお願いしてくれました。そして、戦後そういう教育は否定されましたし、「自由」は大事な価値になりました。しかし、この体験は、私の心に深く突き刺さったまま、今でも生傷になっていて、もう自分の思っていることを言わない、「よせよせ」という警告が自分を守るための反応でしょうか、聞こえてきます。私は、暴力や排除が生身の人間に大きな影響を及ぼすこと、それがずっと被害者を支配し続けることを体験させられています。今でも、私が表現したことへの反応によって心が動かなくなって「よせよせ」という警告を守らなかったことへの後悔が先に立ってしまいます。そうしたことと向き合いながら「自由」を手にしようと葛藤してきました。私が闘いといってきたものは、そうしたものでした。

ですから、閣議決定や安保法制から受けた私の衝撃や苦痛は、石原慎太郎氏の「ババァ発言」を受けたときの衝撃以上のものでした。あのとき石原慎太郎氏の強烈な軍国主義者としての発言が現実に私たちを縛ることになるのだと思いました。これは私が闘ってきた体験に基づくもので、単なる懸念ではありません。このような行為を糾弾することがなければ、また同じ歴史が繰り返されます。平和憲法を行動規範として苦労を背負って責任を果たしてきた私たちを、これ以上悲しませないでください。

よりそうといひしことばのうらはらに
　土砂投げ込みし基地の沖縄
青く澄む沖縄の海の日の影を消してよいのか
　まゆねもよせず

平和憲法でも安心はできない

花澤眞美

一九六九年、私は高校二年生だった。美大に進学するため、美術部に所属し、副部長として部の運営にも携わっていた。ある時、他校の美術部員が訪ねてきて、市内にある県立高校の美術部どうし交流しようじゃないか、という申し出があった。二つ返事で快諾し、お互いの美術部を訪問し合うようになった。当時、徳島には、美大受験のための予備校などなかったので、色々な情報が得られて、有り難い存在だった。そして、「合同展」を開催することに発展していった。画廊を借りたり、葉書を印刷したり、着々と準備を進めていた。

そんな最中、夜遅くに家の木戸を乱暴に叩く音があった。家人もみんな驚き、起き出して見てみると、美術部の顧問のベロベロに酔っ払った姿だった。話の主旨はこうだ。「合同展はやめろ、他校の〇〇と仲良くやってるだろう。これ以上、あいつらと付き合うと、大学に進学させないぞ。先輩の〇〇や〇〇もデモなんかに参加して、みんな大学落っこちただろ？　内申書に『正義感が強い』と書けば、みんなこうなるんだ」。

葉書も出し、広く告知したこともあり、顧問の渋々の判断で、「合同展」は開催できた。しかし、他校との交流はそれ以来禁止されてしまった。後でわかったことだが、安保闘争が激化して、学生運動が高校にまで波及するのを恐れ、国は他校との交流を禁止する通達を出していたのだった。

私の内申書に『正義感が強い』と書かれていたかどうか、知る術はない。翌年、美大に進学できたからだ。

入学して直ぐ、またしても七〇年安保の余波がここにも影を落としていた。アトリエの小さな連絡板に「学生諸君、決起せよ！　当局により学生自治会は潰された反帝学評」と、独特の字体で書かれていた。自治会の重要性も理解していなかったが、異常事態であることは推察できた。誰彼となく「なんとかせねば」という機運が高まり、学部ごとの代表者を決めたり、連絡のために広い学内を走り回って、自治会の前身、「学友会」を設立するまでこぎ着けた。

また、学生寮に入っていたが、これも二年目で廃止になり、追い出される羽目に。理由は「学生運動の巣窟になるから」だった。

この当時、学生は一括りに見られ、人権を無視し、自由を制限する施策が其処此処に転がっていた。目的意識を持ち、主体的に生きようとすると、抑圧という壁に必ずぶつかるというのが常だった。

日本の民主主義のピークは一九七五年頃という人がいる。そのまっただ中に学生時代を経験した私であっても、様々な問題と直面したのだ。

私は、戦争を知らない世代だ。先人たちの悲惨な体験を聞くにつけ、なぜ戦争に突入してしまったのか、なぜ反対できなかったのかと疑問を持ち続けてきた。

しかし、戦後七三年を経た今、日本は着実に戦争のできる国に進もうとしている。はっきりそう見える。福島第一原発の事故で、原発はもういらないという世論が七割も占めるというのに、政府は事故などなかったかのように、原発推進の道をつきすすんでいる。戦争放棄を謳った憲法九条の解釈も勝手に変えて、集団的自衛権の行使にまで踏み込もうとしている。戦闘状態を隠すために日報隠しが平然と行われ、森友・加計問題では、安倍夫婦の政治の私物化がいわれても真実の追及にいたらないではないか。これだけの問題が噴出しながら、政権に居座っている人たちがいること自体が政治の腐敗を物語っているといえないだろうか。

そして、今回の安保法制成立の際は強行採決という卑劣な方法をとった。数の論理が強権を振るった結果だった。以来、私の住む八王子の空にも軍用機やオスプレイが連日飛ぶようになった。重低音を轟かせ、機体の腹がくっきり見えるほどの低空飛行だ。何が安全保障だと言いたい。

三権分立といいながら、司法の独立性は保てているのか。原告の訴えをよそに判決内容は政権の思惑どおりの結果に結びついていまいか。国民の声の届く場所は一体どこにあるのかと問いたくなる現状だ。

このような状態ならば、戦争をいつでも引き起こせるのではないか。先の戦争で大きな犠牲を人々に強い、その反省のもとに作られた平和憲法下にあっても、どのような政府かによって、私たちの未来は決定づけられているのではないか。

ここまで、腐敗仕切った政府のもとでは、何を訴えても、暖簾に腕押しと無力感に襲われてしまう。多くの人々が、政治に無関心なのは、そういった理由からだ。私は、意見表明の場がある限り、時には街頭にたち、時には法廷の場に立ち、戦争への道を阻んでいきたい。次世代を担う人々に、よりよい社会を残すことが今を生きるものの義務だと思うからだ。

奪われた質問権・討論権・表決権

福島瑞穂

国会議員は、裁判官もそうであるように憲法九九条により、憲法尊重擁護義務を負っています。違憲の法律を成立させてはならないのです。

歴代政府は、戦争を放棄した憲法九条について、外国からの武力攻撃により国民の生命や身体等が危険にさらされる場合に限り例外的に武力の行使は許容されると解釈し、その例外とされる武力行使の要件を①武力攻撃が発生したこと、②これを排除するために他の適当な手段がないこと、③必要最小限の実力行使にとどまることとして、武力行使に制限をかけてきました。そして、繰り返し、繰り返し、集団的自衛権の行使は違憲であり、憲法改正をしない限り行使できないとしてきました。この解釈は、過去四〇年にわたり、歴代内閣及び内閣法制局長官によって堅持され、国会もこれを受容し、引き継がれてきたものです。

政府は、安保関連法案の審議の際に、一九七二年見解を持ち出しました。しかし、当時の吉國一郎内閣法制局長官は、集団的自衛権は憲法上行使することは許されない、と繰り返し答弁をしています。一九七二年見解をねじ曲げて、逆に、集団的自衛権の行使を認めたものだという今回の政府の主張は、決して許されないものです。また、政府は、砂川判決を根拠に持ち出しましたが、集団的自衛権の行使を認めるなど判決のどこにも出てきません。

法律家の立場から見ても、集団的自衛権の行使を九条のもとで認めることはできません。だからこそ、国会で、元内閣法制局長官が、元最高裁判事が、憲法学者たちが、違憲だと言ったのです。

憲法に反する法律は無効です。国務大臣や国会議員は、憲法に反する法律を成立させることはできないのです。でなければ、憲法規範が踏みにじられ、法の支配がなくなってしまいます。行政、国会、司法は、これから何に基づいて行われるのでしょうか。立憲主義が踏みにじられ、そのことの回復がされなければ、人々は憲法を、法を信じません。権力者を縛るものが、憲法です。しかし、権力者が、憲法に縛られない、戦後積み上げてきた解釈すらねじ曲げて変えるとなれば、まさに立憲主義、法の危機です。

安保関連法は、集団的自衛権の行使の容認だけではなく、後方支援という名の下に一体となって武力行使を行うことを認めており、憲法違反です。

政府は安全保障環境が変化したと説明をしていました。しかし、安全保障環境が変化すれば、なぜ違憲のものが合憲になるのでしょうか。また、集団的自衛権行使を容認する説得力は皆無でした。それまで必要だと言っていたホルムズ海峡の機雷除去について、総理は、想定していないと言い、米韓防護における日本人母子も必要条件ではないということが明らかになりました。武力行使によって集団的自衛権等の行使を認める正当性や基準があいまいで、国会等の民主主義コントロールの効果的手段が全くないことが明らかになりました。このように立法事実は、審議の中で消えてしまいました。立法事実がないのに法律を成立させてはなりません。

私は、二〇一五年四月一日の予算委員会で戦争法案と発言をしました。これが不適切であるとして削除要求を受けました。三月にも、憲法審査会で、戦争法案という言葉を何度も使って議論に参加をしています。国会の中でも、かつて戦争法案という言葉は何度も使われています。削除要求に応じず、結局、戦争法は議事録に掲載されました。表現の自由を侵害しようとすることと、この法律の問題点はつながっています。憲法上の価値を踏みにじっても構わないということではないでしょうか。

参考人質疑は、衆議院で二回、参議院では一回のみです。公述人と参考人の中には、女性は一人もいませんでした。九月一六日には、衆参女性国会議員有志により女性の意見を参考人及び公述人として聞くよう参議院特別委員会鴻池委員長に手渡しました。

私たち女性国会議員は、国民から選挙によって選出されたものとして、特に、この平和憲法下で保障された女性参政権の意義を重んじて、国民の負託に応えなければならない責任があります。女性の声が十分に反映されていないという点で、国会審議には瑕疵があります。

安保関連法は、内容が違憲無効であり、違法無効です。そして、手続きが違法無効なものです。とりわけ国会議員の質問権、討論権、表決権を侵害をしました。その結果、私自身の質問権、討論権、表決権が侵害され、不利益を受けました。このような採決のあり方は、憲政史上初めての異常なものです。

二〇一五年九月一五日、参議院の安保関連法特別委員会で、中央公聴会が開かれました。そして、九月一六日に、横浜で地方公聴会が開かれました。公聴会での議論は、委員会に持ち帰られ、十分な審議をしなければならないものです。しかし、そのことはなされませんでした。九月一七日に、特別委員会の委員長の不信任動議が否決をされ、委員長が着席した途端に強行採決が起きました。

地方公聴会の後、一秒も審議はされていません。これは、憲政史上初めてのことであり、公聴会を冒瀆するものです。公聴会での公述人の意見が、審議に反映される事はありませんでした。これは今までなかったことです。地方公聴会は、地方で行っており、また、派遣された委員のみで行っているので、必ず派遣の報告を行います。報告がなされて初めて、委員会で共有されることになるわけです。そして、地方公聴会の議事録が、掲載をされます。しかし、安保関連法においては、地方公聴会の報告はされませんでした。報告がされないまま採決されたのは、これが憲政史上初めて、一例だけなのです。国費を使い、正式に行った地方公聴会の議事録が掲載されないなどと言う事は、あってはならないことです。二〇一五年一〇月、議事録が発表されました。末尾に、地方公聴会の議事録が［参照］と言う形で掲載をされています。これも大問題です。報告がされていないのになぜ議事録に勝手に掲載できるのでしょうか。しかも正式に行った地方公聴会の議事録がなぜ参照に過ぎないのでしょうか。全て前代未聞のことです。国会の審議、公聴会の意味を破壊するものです。

そして、国会議員の質問権を奪いました。この後、私は、質問する予定でした。与党は、この日二時間の総理への締めくくり総括質問をセットすると言っていました。質問の準備をしていました。しかし、誰も質問することができませんでした。中央公聴会、地方公聴会を経て、公述人の意見も踏まえて、質問をすることができませんでした。安保特別委員会の委員であり、質問しようとした私の質問権が奪われました。具体的に不利益を受けています。重要な事は、個人としての権利が奪われたというのではなく、国民の負託を受け、質問をすると言う国会議員の基本的な権利が奪われたということです。そして、討論権、表決権も奪われました。国会議員としての重要な権利が奪われました。

安保関連法は、明確に違憲の法律です。そして憲法に対するクーデターであり、日本の七〇年間を否定する、憲法破壊の凄まじい法律です。

第二次世界大戦中の日本人の三〇〇万人、アジアで二〇〇〇万人以上といわれる犠牲者の上に、私たちは、日本国憲法を手にしました。とりわけ憲法九条は、他の基本的人権とも相まって、日本の戦後を作ってきました。海外で武力行使をしない、世界で戦争しない国であり続けたのです。戦争しない国から、戦争する国へ。戦後の出発点と戦後の七〇年間を否定するこの法律は、日本国憲法に対するクーデターです。憲法を擁護すべき政府が、戦後自ら積み上げてきた憲法の解釈をねじ曲げて、解釈改憲を行うことを許してはなりません。ありえない解釈改憲を認めてはならないのです。日本に法の支配があるのか、憲法は規範を有しているのか、日本に民主主義があるのか、根本的なことが問われています。

国会議員の憲法尊重擁護義務が侵害をされ、また具体的な権利も侵害をされました。
よって、原告として救済を求めます。

このままの日本を渡すわけにはいかない

堀田美恵子

私は一九五三年生まれです。静岡県の伊豆半島の山と海が迫る温暖な土地で育ちました。父は、一九二七年生まれです。戦争には行っていません。祖父は一人息子の父が、戦争に行かなくてもいいように学校に入れたと言っていました。父は郷里の伊豆に戻って中学の教師になりました。

母は、一九二六年生まれです。東京の池袋で開業医の娘として生まれています。父親が軍医として出兵し、一九三九年に上海で戦死しました。六人兄弟の上から二番目の母は、父のいなくなった家計を支えるために、師範学校を卒業し、教師になりました。中学校教師となった母は、移り住んだ静岡県で、私の父と出会って結婚しました。母は結婚してからも、実家の家計を助けていたと聞いています。

私が生まれてほどなく父は教師を辞めました。長男として、祖父が手に入れた農地での家業を継ぎました。たいして広くない土地で、収入はわずかだったため、母は小学校の教師を続けていました。

私は、戦争も終わり落ち着いた時代に育ちました。一九七〇年代になり、大学に入学しました。伊豆半島には通える大学はありませんから、私の大学生活は名古屋で母方の祖母と伯母が引き受けてくれました。この祖母との生活のなかで、私は、祖父が亡くなった経緯を知ることになりました。

四六歳という年齢で戦死した祖父。よき父、よき医療者であった祖父が戦争に行き戦死したこと。出征するまでの、穏やかな生活は一変し、家族は親戚、縁者を頼って生活をしなくてはならなかったことなど、私にとっての身近な人の戦争体験の話でした。戦争によって攻撃されないまでも、住居や財産までも奪われ、人生が変わるのが戦争だと知りました。

こうした祖母との生活の中で、振り返ってみれば、私が子ども時代の両親は社会党の応援団で、選挙があると二人で地域を回って社会党の支援をお願いしていたことなどがつながっていきました。一八歳までしか一緒に暮らしていない私にとって、両親がなぜあんなに組合運動や選挙運動に時間を費やしていたのか、深く聞く機会もありませんでした。でも教師だった二人は、二度と戦争をしないことを望んで運動をしていたのだと思い至りました。

大学を出て、名古屋で就職、ほぼ同時に結婚しました。夫の仕事が大阪になりましたので、奈良へ転居しました。子ども二人を育てながら、食品添加物や農薬などについて学び、いかに日々が安全で安心に暮していけるかに関心を持った生活をしていました。仲間との生協活動や、公園でのおしゃべりで一日が暮れていく日々でした。

そんな時にチェルノブイリ原発事故が起こりました。原子力発電所の存在がにわかに気になり、伊方原発の出力調整集会へ行ってきたという子育て仲間に触発され、反対運動に参加するようになりました。

やがて、奈良の反原発運動のグループに入り活動をするようになりました。戦争反対の運動は、「憲法がある から守られていそうだ」と感じ、自分の行動の優先順位を、反原発を先にするようになりました。奈良脱原発ネットワークの代表にもなりました。

奈良脱原発ネットワークの運動は、原発の立地県ではない奈良県内において認知されているわけではありません。様々な行政などが主導する会議などへ「奈良脱原発ネットワーク」の名前で参加すると「お上に反対するけしからん団体」と言われたり、行政の施設では活動団体として登録することができないこともありました。

しかし、二〇一一年東日本大震災が起こり、私たちが警告していた通りの「原発震災」の被害がひろがることをまのあたりにすることになりました。奈良で細々と続けてきた反原発運動は、関心を持ついくつかのグループとともに、脱原発運動のうねりとなっていき、様々なグループと関わることになりました。

民主党政権だった当時は「いずれは脱原発が主導になる」という判断が行政にもあったようで、被災者の支援や若狭の原発が事故を起こした場合の避難に関しての申し入れに柔軟に対応する行政の姿勢を感じました。

しかし、その雰囲気は、二〇一二年に自民党政権に代わると一変しました。

そんな政治の変化が、行政の変化になると身近に感じました。二〇一三年に特定秘密保護法が閣議決定される頃から、私たちの耳には「集団的自衛権の行使容認が閣議決定されると戦争できる国になる」と聞こえてきました。

日本の憲法、戦争放棄の第九条は変わることがないと思っていただけに衝撃でした。子どもたちと約束したことが守れない時代になるかもしれない。

安倍政権になってから「憲法の改正」が自民党の党是だとばかりに、憲法改正への動きが、話題になるようになりました。ある日なにげなく、夫の父（義父）に「安倍政権で憲法改正が行われるかもしれないね」と言ったら、義父は血相を変えて「ありえない」と言いました。その語気の強さには、義父の戦争体験があるのです。

一九一九年生まれの義父は八〇代になり独学でパソコンをマスターしました。パソコンを使って、自分の戦争体験をつづったものを送ってきました。

義父は美校卒業と同時に兵隊検査で第二乙種となり一九四二年春に召集されました。後年、この召集された日を屈辱の日だと言いました。中国軍とは一度だけ戦闘があったそうです。川を挟んだ敵方を見ながら無我夢中で上に向けて発砲したと書いてありました。優しかった上官が地雷で亡くなったこと、多くの仲間の死は、中国軍との戦闘ではなく、豪雨の中を移動する途中での水死や冬の寒さの凍死、食べるものがないため、道端の草木を食べての下痢や赤痢などの病気の方が多かったと書いてありました。過酷な状況で善悪を考えることができなくなり、蛮行を行う仲間の兵士たちの様子も書かれていました。一九四六年三月、博多へ戻った時には、仲間八八人のうち、一緒に帰ったのは四人だったそうです。

義父から戦争に行った話を聞いたのは家族になって三〇年以上過ぎてからでした。義父にとっての戦争放棄という憲法は、変えてはならないものだということをはっきり感じ取りました。日ごろの義父の政治に対する関心や態度に合点がいくようになりました。

安保関連法が通ってしまった今、次の世代にこのままの日本を渡すわけにはいかないとの思いです。祖父母、義父が経験し、両親が守ろうとしてきた戦争をしない日本を、私たち世代だけが享受し、次の世代に渡せないとしたら、悔やんでも悔やみ足りない。

平和の尊さをかみしめながら

真壁清子

私は、一九五〇年に東京で生まれました。

母親から戦争体験の話を聞いたのは、小学生の頃です。父と結婚し、埼玉県の上福岡で兄が生まれ、父はすぐ戦争に送られたと聞いています。生後間もない兄を背負い、空襲の中を逃げながらやっと汽車に乗って、母の実家のある栃木県黒磯に帰ったそうです。食べ物もなく、鍋・釜まで国に提供し、実家でも妹や弟がいる中、肩身が狭かった、「日本はなんであんな戦争をしたのだろう」と当時を思い返していました。

母方の親戚の叔父が時々東京に遊びに来た時は、戦争の話はしてはいけないと口止めされていました。その叔父は農家の長男で、戦争が終わってもなかなか帰って来ず、妻は次男と結婚させられて、帰る場所がなくなってしまったそうです。私は、そんな周りの出来事をただ漠然と「戦争はイヤだなぁー」と思う位でした。

一九七七年、私は二人の子どもを連れて、東京から長崎に引っ越しました。長男は四歳で小児喘息だったので、原爆病院で治療を受けました。とても優しい看護師さんたちでした。病院に通いながら、患者さんや看護師さんたちから多くのことを学び、原爆の恐ろしさを目の当たりにしました。

まもなく、市の現業職の試験を受け、小学校の庁務員に採用されました。職場では、日教組の先生と職場改善や平和問題も学習し、長崎の日常が「平和」と切り離せない事を体感します。長崎ではどこの学校も夏休みの八月九日の原爆投下の日は登校日です。各学校で子どもたちが平和をテーマに調べた事を発表し、熱心に話し合いました。平和記念公園では平和を訴える集まりがあり、焼け野原になった地図も各学校、役所、公民館などに常設されていました。沢山の被爆者から話も聞きました。

友達になった母親も、いまだに身体の中にガラスの破片が入っていると聞きました。爆心地に近い川で、爆風で飛ばされた当時の建物の破片や、時には人骨も見つかり、幼い頃に見た原爆で火傷を負って逃げる人が飲み水を求めて川に集まる絵と重なり、生々しい当時が甦りました。「戦争は終わってない」のだと考えるようになりました。

戦争の話をしたがらなかった父が、七八歳の時、複雑骨折をして手術し、入退院を繰り返すうちに、アルツハイマーになりました。徘徊するようになり、兄姉妹で交代で見守りをしました。父は、病院でも家でも、急に戦争の事が甦って「天皇陛下に呼ばれている」と礫川公園に出かけたり、部屋の隅で危ない！とうずくまったりしました。父の人生の中でどんなに辛かったのだろう、語らなかったのではなく、語れなかったのだと初めて知りました。知らずに生きてきた事、学ばなかった事、私は自分自身を反省し、不安を抱きだしました。

石垣島で一〇年暮らした娘が、一一カ月の闘病生活を経て亡くなりました。「石垣島では、内地の人を嫌う人がいるんだヨ」と聞かされました。その時は電話だったので「あなたを嫌うのではなく、沖縄戦で裏切った当時の日本軍をうらんでいるのよ」と応えました。もっときちんと説明してあげればよかったと今では悔やんでいます。

その後三年かけて、島での娘の足跡をたどり、沢山の友達に逢いました。与那国からくれた手紙を持って島を訪れた時、町の中で隣り合わせに、「自衛隊基地誘致に断固反対！」「応援します！」と横断幕が貼られていました。海に囲まれた小さな島です。牛と馬がのんびりと放牧され、人と車は通り過ぎるまで待っています。そんなのどかな町民が分断されてしまっています。

石垣島も同じです。街のあちこちに「自衛隊受け入れ反対」の旗や看板が置かれています。島民が分断され、いがみ合って生活している様に心を痛めました。

戦争ができる国に絶対してはいけません。国会で安保法制が決議されそうになった時、じっとしていられず、何の組織にも入ってない私は、仕事が終わってから、ひとりで国会に出かけ声を挙げてきました。「安保法制反対、平和憲法を守ろう！」と。

豊かな国とは、武器や原発の原料を輸出して富を得ることではなく、いがみ合わない豊かな心を持つことではないでしょうか。私は多くの友人や家族の中で、平和の大切さを学びました。平和の尊さをかみしめながら生きてきました。

「安保法制」は、そんな私の生き方を踏みにじるものです。

「戦争は絶対ダメ」父の言葉を受け継いで

村上克子

私の父は、戦時中は将校クラブのボーイをしていました。でも戦争賛成だったわけではありません。父から聞いた話で、詳細は分かりませんが、徴兵検査の際、醤油を飲んで受けに行き、「結核」とみなされて、兵役を逃れたというのです。わかれば大変なことになったはずですから、逆に軍の懐に飛び込んでいたのかもしれません。

父は中国地方の農村の次男に生まれ、小卒で大阪に働きに出て、その後東京に来ていました。どこで何を学んだかわかりませんが、字も見事だったし、文章もなかなかの人でした。主義主張に染まった形跡もありませんが、「戦争は絶対ダメ」と思っていたようです。でもあの時代に兵役逃れを企てたということは、よほどのことだったはずです。

敗戦とともに職を失いましたが、将校の一人があっせんしてくれて、新橋のクラブで働き始め、やがて大きな結婚式場の営業部長をしていました。生涯、「戦争は絶対ダメ」と言い続けましたが、八四歳で死ぬまで毎日飲み歩く遊び人でした。

私はそんな父の下で一九三九年に長女として生まれました。母は郷里徳之島の知り合いがやっていた飲み屋で働いていて、飲みに来た父と知り合ったと言いますが、妹も生まれた一九四三年、父の田舎に疎開しました。敗戦とともに東京に戻りました。私の記憶はほとんどないのですが、田舎での居候はたいへんだったのでしょう。

敗戦の翌年の四月、港区で小学校に入学。父がクラブで働いていたからか、食べ物に不自由したという記憶はありません。港区で中学、高校と進み、「自立して生きていきたいから教員になろう」と東京学芸大学に入学しました。一九五八年のことでしたから、やがて大学も六〇年安保一色になりました。毎日、国会前のデモに行きました。同年代の樺美智子さんが亡くなったのは強烈な記憶です。

当時の学芸大の授業料は年一万二〇〇〇円でしたが、家庭教師で毎月一万円は稼いでいましたから、生活費も十分ありました。

卒業すると、千葉県香取郡の中学校に赴任しました。田山花袋の『田舎教師』に影響を受けていたので、楽しく勤めていたのですが、四年で、下宿しないで通えるところと、浦安小学校に転勤しました。親は漁師が多い、海辺の学校でした。数年で市川の小学校に転勤し、その後は中学校で教えてきました。

やがて、組合活動にかかわるようになりましたが、その中で先輩教師たちが「子どもを戦場に送った後悔」「満州に送った後悔」を語るのを聞かされました。日教組のスローガン「教え子を再び戦場に送るな」は、先輩教師たちの悔恨の叫びなのだと思います。父の教えもありましたが、尊敬する先輩教師たちのこうした悔恨の声は、私の骨の髄まで「平和の大切さ」を染みこませたと感じています。その意味で私にとって安保法制は、私の骨の髄を直撃する、生死にかかわると言っても過言ではないほどの悪法です。

第三次中曽根内閣が防衛費一％枠を撤廃するなど、きな臭さを感じていた折、市川市議会議員に出ないかと誘われたので、三月末退職して、四月の市議選に臨み、当選しました。市議を三期務めた後、県議も二期務めました。教育問題だけでなく、平和、福祉、そして男女平等を課題にしてきました。市議会での質問で、男女共同参画センターができたこと、男女混合名簿になったことなど、目に見える成果もあり、やりがいを感じてきました。

三期目の県議選で涙を呑んだ後も、地域で作っていた「市川女性問題懇話会」を続けながら、女性の地位向上を目指してきましたし、途中で「いきいきシニアの会」に衣替えしたメンバーとは、今日もなお、さまざまな課題で勉強会を開き、取り組んでもいます。

また、「ふさの会」（退職女性教師の会・千葉県版）は、私が尊敬した先輩たちこそ鬼籍に入られましたが、その思いを引継いで、今も教育と平和を中心に取り組んでいます。先日も、「共謀罪は、戦前の治安維持法と同じだね。国民に聞かせない、見せない、言わせない、考えさせないことを狙っているのだと思う」という話になりました。「平和安全法制」と名称にこそ「平和及び安全の確保に資するため」とうたっていますが、戦争ができる国にした「戦争法」であることも実感しています。

二〇一二年、議員の間はなかなか行けなかった中国・ハルピンに、細菌戦の後を見に行ってきました。生きている中国人を人体実験に使った残酷な行為を記す罪証陳列館はしっかり見ておかねばと思いながらも正視できないものでした。帰ってきてから、陸軍登戸研究所にも行きました。あらゆる秘密兵器を研究していたところで、九十九里からアメリカに向けて飛ばした風船爆弾（約九三〇〇発を飛ばし、一割が到達）は、牛痘ウィルスをばらまくことを目指していたと言います。研究所ではアメリカ全土の牛を殺せる量の牛痘ウィルスが製造され、用意されていたとも書いてありました。こうした戦争遂行の裏舞台の現場が二つ重なることで、敗戦時に証拠隠滅のために焼いたり破壊されたりしたことも含めて、人道上許されないとされていても、研究し、実戦化していく、戦争の非道さを実感することができました。

私は、「平和の大切さ」を肝に銘じ、教員として、議員として生きてきました。そして、戦争の非人道性を確認する旅もしてきました。「安保法制」は、「教え子を再び戦場に送るな」を体現した平和憲法の理念と相反するものであり、私の生きてきた道を否定するものです。それは、私の生の根幹を掘り崩すことによって、私がこれから生きていくためのよすがを奪いました。私の奪われた生存権を回復して下さい。

議員活動の柱は女性政策

本池奈美枝

私は父が戦争から帰ってきて一九四六年、石川県と富山県の県境、倶利伽羅峠の近くの農山村に生まれました。兄二人とともに、春は山菜、夏は川魚、秋はアケビやキノコを採って食卓に載せ、そして唐竹の皮と薪は集めておくと業者が買いに来て小遣い稼ぎになりました。貧しいと感じることはありませんでしたが、高校進学には貧しい為にそれぞれに苦労しました。長兄は町に出て働きながら、夕方はじまりの中間高校に行きました。次兄は奨学金をもらって金沢のデザイン関係の学校に行きました。私の時は、二人の兄がお金を出してくれると言ったのですが、東京にいた叔母（母の妹）を頼って上京し、働きながら夜間高校に進学を決めました。私は三〇〇〇円の小遣いをもらいながら上野忍ケ丘高校の夜間部に進学しました。叔父は高校のＰＴＡ役員をしてくれるなど、とても気にかけてくれました。四年間、高校卒業まで頑張りました。大学に進学したくて、恩師に相談したところ、親友の寺の住込みの仕事を紹介してくれました。東洋大学二部に進学を決めて叔母に話をしたら、少しご機嫌が悪かったのですが、叔父は自分の娘と同様に成人式の着物を用意してくれて、気持ちよく送り出してくれました。

勉強したくて進学したのですが、大学は学園紛争真っ盛り、世の中の矛盾ばかりを勉強するようになりました。その中で夫と知り合いました。

大学三年で卒論を書くために住込みのお寺を出てアパートを借りて、市ヶ谷の「常盤工業」で働きながら大学を卒業しました。卒業と同時に、夫は国鉄で働き、私は国労共済で働きました。国労の組合員は男性がほとんどでしたが、国労の書記局には女性もいて、女性だけの学習会をしていました。何回も出られなかったのですが、女性の課題があることを意識させられたと思います。

その後、柏市に転居することになり、早速I女性会議柏支部（旧日本婦人会議柏支部）に入会し学習する中で、女性問題への取組の必要性を認識しました。

柏市に住んで程なくして、ある女性市議会議員が県会議員になったので突然市議会議員に立候補の要請がありました。子どもがまだ小さかったことと柏市に来て数年だったのでたいへん悩みましたが、夫が積極的に応援してくれるので決意しました。そして私が議員になると保育園の送り迎えをはじめ家事育児は分担し、議会活動もサポートしてくれました。いま九期目ですが、「二人三脚で活動してきた」という思いがします。

議員活動では、それまで学んできた女性問題を積極的に取りあげるようにしました。その中で、多くの女性たちと知り合い、その人たちの思いを実現するように努めました。例えば、「男女平等」を広く知ってもらうための女性センターの設置が必要と思っていました。柏市の中央公民館で「女性大学」の講座をやり始めた中で、主婦だった人たちが問題意識に目覚め女性センターを作ろうと動き出しましたので、その女性たちと連携して、私は議会で取り上げ、市に繰り返し要請してきました。二〇一六年、ようやく柏市文化・交流複合施設パレット柏に男女共同参画センターの拠点が作られ、今女性たちの活動の場になっています。

私には、娘が二人、息子が一人います。議員になってからは夫と二人三脚での育児でしたが、私自身の経験から「子どもたちには十分な教育を受けさせたい。苦労させたくない」という思いが強くありました。それは他の親たちと同様ですが、私は議員として、社会を変えたい、平和であって欲しいと活動してきましたので、こういう親の後ろ姿を見て育って欲しいとの思いも強くありました。今子どもたちは、活動をしているわけではありませんが、考え方は理解してくれています。

次女は、中二の時に全身性エリテマトーデス（自己免疾患で膠原病のひとつ）にかかり、入退院を繰り返してきました。心配していましたが、三〇歳を過ぎて症状が落ち着くと働きだしました。私の生き方、女性も自立して生きるを見てくれているからだと思います。

　こうしたことを喜べるのは、平和であればこそです。孫たちも大きくなってきました。ママの会の合言葉「誰の子どもも殺させない」に共感を持ちます。

　毎年八月には広島の「原爆絵」の展示会を続けてきました。被爆者が記憶の中で描いた絵は、目を覆いたくなるものばかりです。こうした原爆の実態を見て、知ってもらうことで、このような悲惨なことを繰り返さない「決意」になればと思うのです。平和であることの尊さを知ってもらう為に今年も展示会を行います。

靖国神社の傍らに育って

山口菊子

　私の母は、大正七年生まれです。関東大震災のときは幼稚園生だったと聞いています。都内に一軒しかない珍しい名字であったため、「士族」であるにも関わらず、その父、つまり私の祖父は「名前からして朝鮮人ではないか？」と、震災の日の帰宅途中に憲兵に止められ、命を脅かされるような、とても危険な思いをしたと繰り返し聞いたことがあります。大日本帝国憲法下における、常に戦時にあった時代の事実です。関東大震災のときに、朝鮮人虐殺があったという歴史を、私の祖父は日本人でありながら、自ら体験してきたことを語ってくれることによって、教えてくれました。

　母は二人姉妹の長女のため、大日本帝国憲法のもとでは「家督相続」をしなければならず、「婿養子をとる」ことに決められていましたが、縁談の相手は軍人か、満州鉄道や朝鮮にわたる仕事を持つ方が多く、両親を置いて大陸などに渡ることが躊躇《ためら》われたと言っておりました。そして、戦後、父と知り合い、新しい憲法のもとで結婚をいたしました。多くのクラスメイトたちが「戦争未亡人」になった「戦争」について、母は、疎開をしなかったこともあって、空襲の怖さ、悲惨さ、食糧不足などの苦労話をしておりましたが、それとは別に、繰り返し「不幸なことだった。戦争さえなければ、だれもが、穏やかな家庭を築いて幸せだったはずなのに」と言っておりました。

　私の父は大正八年生まれで、信州の田舎の高等小学校を卒業してから東京に出て来て働いておりました。そして、「召集令状」で戦地に赴きました。健康に恵まれていたので「甲種合格」だったと言っておりました。しかし、二〇一七年に九八歳で亡くなるまで、満州に行っていたこと以外には、戦争のことを語りませんでした。どのような状況で満州へ行ったのか？　満州のどのあたりにいたのか？　何をしたのか？　戦争の終結を、どこで聞いたのか？　どのようにして日本に戻ってきたのか？何も語ってくれませんでした。大正生まれの男性にしては「お喋り」なほうでしたが、戦争に関しては口を閉ざしたままでした。どうして語らなかったのか？　戦争というのは、人の殺し合いであり、よほど辛いこと・嫌なことがあったのではないかと、推察するばかりです。

私の家は靖国神社の傍にありました。子どもの頃から、腕や足を、あるいは目を戦争で失った「傷痍軍人」の方々が白い服を着て、社殿の入口に、アコーディオンを演奏する、あるいは跪く姿勢で、終日、空き缶を前にして「物乞い」をして並んでいらっしゃいました。電車に乗ると、車中でも多くの傷痍軍人を目にしました。今思えば不思議なことですが、傷痍軍人の方々のことは「戦争で怪我した人たち」としか教えてくれず、父が戦争へ行って、生きて帰ってきたのであるにもかかわらず、よくわからないままに、子ども心に「戦争へ行くと、あのように怪我をしたりすることがあるのだ。そして『乞食』になってしまうのだ」と印象付けられておりました。

以上の様な生い立ちの中で育った私は、戦争というものが、家族を死傷させ、家や財産を失うという、つまり、普通の家庭を壊し、人々を、とりわけ「女・こども」を苦しめるものだという認識を得ました。じっさいに、私が育つ過程でも、様々な地域での戦争がニュースに取り上げられてきました。その映像を見れば、子どもや女性が犠牲になっている例ばかりでした。ベトナム戦争では枯葉剤の犠牲になった多くの子どもたちが居ました。現在でも枯葉剤の被害は続いています。そのため、私は枯葉剤被害の子どもたちの支援も僅かばかりですが続けています。こういう状況は世界の各地で現在も続いています。そして、戦争というのは、終結しても、その影響を受け続けるのだと認識しています。

一九九一年四月の統一地方選挙で、私は豊島区議会議員選挙に当選し、区議会議員として現在七期二八年目の活動を続けているところです。

自治体議員は、憲法九九条によって「憲法尊重擁護の義務」があります。しかし、憲法の定める義務以前に、人間として、私の政治に関する基本的立場は憲法に則り、「平和と人権を守る」です。その立場で、地域の様々な課題を解決するために、日々活動を続けてきております。介護保険制度など高齢者福祉、障がい者福祉、子どもの教育や貧困問題への取り組み、あるいは都市計画やまちづくりの全ての基本が平和と基本的人権を守るという視点が必要だと思っています。「平和無くして福祉無し」というように、人々が暮らすうえで、平和で安全な環境が保障されなくてはなりません。

議員として、一市民として、心から平和を希求してきた私にとって、安保関連法による日常的な不安は大きいものがあります。二人の息子たちには、それぞれ配偶者と子どもがおります。自衛隊は希望して入隊するものでありますが、集団的自衛権を行使して、他国に武力攻撃を行うようになったとき、果たして希望して自衛隊に入る人たちがいるでしょうか。「戦死者」が出ないでしょうか。少子化で人口が減っている状況にあって、自衛隊員が不足することが予想されます。そのような場合には、「徴兵」という事態になるのではないかと、不安は募るばかりです。このことは、まさに私自身のことであり、私の息子たち、孫たちが対象になることが予想され、戦争によって家族を失い、家庭を壊される事態を恐れます。

私たちは、憲法第九条によって、国際紛争を解決する手段として武力行使を永久に放棄することによって、平和が保障され、憲法第一一条、第一二条、第一三条によって、基本的人権、生命・自由・幸福追求権が尊重されています。

こうした「国民」としての権利をはく奪する「安保関連法」は、私にとっては耐え難い法律です。

すすむ道は自分で決めてきた

吉田桂子

安保法制は、日本国憲法の三原則である基本的人権の尊重、国民主権、平和主義に違反した立法であり、安保法制の成立によって、憲法のこの原則の下で安心して生きて来た私の過去、未来を否定されるに等しく、自尊を害され将来に不安を感じています。

この安保法制の成立過程は立法府を軽視し、国民の憲法制定権をないがしろにしたものであり、容認できません。

私は、敗戦時には二歳になっておらず戦争は全く記憶にない。しかし、戦後物心のついた五歳の頃にもまだ戦争の痕跡は色濃く残っていたように思う。

私の母には妹と弟がおり、祖父母にとっての一人息子は出征しニューギニア島で戦死、二二歳であった。「嫁も貰わずに死んで可哀想だった」「靖国神社に会いに行きたい」といつも言っていたがそれが叶う事はなかった。

名誉の戦死をした息子は英霊として靖国に祀られており、それを誇りに思って息子の死を受け入れていたであろう祖父母が哀れに思え切なくなる。当時は、学校で、五〇人のクラスの中には父親が戦死した生徒が必ず数人はいた。

敗戦から七一年間、戦争の恐怖を感じることなく平和に生きてこられたのも憲法があったからこそである。しかし、安保法制の成立により戦争が現実のものになった。何としても、戦争のない平和な社会で生きて行きたいと強く願う。

戦争は女性を道具として扱うもので、戦後国際社会が女性に対する暴力は差別と位置付けた女性の権利向上の努力を無にするものである。先の戦争で、軍の管理した慰安所で性奴隷にされた内外の多くの女性への権利の蹂躙はひどいものであり、しかも多くの被害者が他界してしまった現在でも未だに完全な救済は終わっていない。まったく恥ずかしく悔しいことである。

私の伯父一家は北朝鮮からの引揚者であるが、従姉たちは、襲われた時、男の子に偽装するため坊主頭にされたと話していた。幼い子どもであっても女性というだけで、性暴力に剝き出しにさらされるのが戦争である。

今の今も、アフリカ・中東・アジアや南アメリカの一部の国々では、戦争や内戦で多くの女性が人権を蹂躙され殺されている。私たちは謙虚に歴史に向き合い学び、戦争とは、暴力と差別なしでは遂行できないものであり、その暴力は常に女性へ向かうことを認識し、戦争に反対し続けていかなければならないと思う。

憲法前文に「われらは、全世界の国民が、ひとしく恐怖と欠乏から免かれ、平和のうちに生存する権利を有することを確認する」とある。この「平和的生存権」は基本的人権であると定義されている。戦争になれば「平和的生存権」が侵されるのは明らかである。

憲法九七条には、「この憲法が日本国民に保障する基本的人権は、人類の多年にわたる自由獲得の努力の成果であって、これらの権利は、過去幾多の試錬に堪へ、現在及び将来の国民に対し、侵すことのできない永久の権利として信託されたものである」と書かれている。

この憲法をまさに空気のように気にかけずにずっと暮らしてくることができた。それは私の人権が危機に瀕していなかったという事でもあり、幸せだったという事ができるかもしれない。しかし、今、人権は危機に直面し、ここで憲法の理念を高く掲げて行動しなければ基本的人権がないがしろにされる。

私の両親は大正生まれで、父は男尊女卑が何の躊躇もなく身に付いており、母や私に対して女性蔑視があからさまで、私はそんな父が許せずずっと反発し続けていた。

母が、離婚したいけれども自立するすべがなく、父の横暴に耐え苦しんでいる姿をずっと見ていたので、母のような人生は送りたくないと、私は何が何でも自立して生きて行こうと考えてきた。

今、人生の終わりが見えてくる年齢になった私は、孤老・低年金・病み上がりという状況にある。二十数年間息子との生活を支える為に働いてきて、その息子を数年前に突然亡くしてしまったのである。さらに、健康だけが取り柄だと胸を張ってきたが、思いもかけず大病を患い現在も療養中の身である。

でも、このようなわが身を少しも嘆いてはいない。不運もあったかもしれないが、人生の節目節目において、全存在をかけて進む道を自分で決めてきたから後悔もない。自己決定が許されず、残りの人生を心満ち足りて全うできないのは想像もしたくない。

「国民主権」は、国の政治の在り方を終局的に決定する力（主権）は国民にあるとする原理である、憲法改正の国民投票はこの権利の具体化である。しかし、安保法制の制定は、憲法改正に依らず、選挙の審判を経ることもなく、内閣の意のままになる内閣法制局長官を起用し従来の憲法解釈を捻じ曲げ閣議決定した上で、十一本の法律を一括して提出し、審議の内容も時間も充分でなく、曖昧で不誠実な答弁に終始し、数の力で衆議院で強行採決、参議院ではさらに、採決の正常な手続きさえ踏んでおらず、成立したとは言い難い。後に議事録をねつ造さえしている。このような所為は、私の憲法制定権を侵害した。

我が国を取り巻く情況が変化したというが、情況は従来より常に変化しているのだ。侵略戦争で多大な苦しみを与えた中国、韓国と北朝鮮に対し、それを詫びるどころか、侵略を認めようともせず見下して非難する。そのような態度を改め、平和外交の力で解決していくのが政府の役割ではないだろうか。

アメリカの戦争に正義の戦争があっただろうか。ほとんどが、侵略戦争であったと言っても過言ではないと私は思っている。マスコミの報道に漫然と受け身でいると知らない間に政府の思うつぼに嵌ってしまう。正しい報道を受け取ることができなければ国民は主権を行使する際に判断を誤ることになりかねないし、正常な民主主義が機能しない。

「平和の爆弾」

佐藤　梓

私は一九八四年岐阜県に生まれ、祖父母、父母と暮らし、一九歳で家を出るまで豊かな自然に囲まれて過ごしました。生家の仏間に軍服姿の青年の写真が掲げられ、祖母に尋ねると、「おじいちゃんの弟だよ」と教えてくれました。私の大叔父は一九四五年、一六歳の時に満州で餓死したとされています。農家の次男、三男たちが満州鉄道での働き手として勧誘を受け、満鉄に入社したのです。大叔父の遺影は、平穏な暮らしを送っていた幼い私のこころに、インクの染みが落とされたような印象を与えました。

小学生になった私は祖母に連れられ、映画「はだしのゲン」を見ました。アニメーション映画ですが、原爆投下によって人間の体がドロドロと茶色く溶け、眼球が飛び出してしまうシーンを見て、私は恐怖のあまり祖母にしがみつき、暗いホールの中で「助けてーっ」と泣き叫んでしまいました。祖母は私を抱きしめ、「これは本当にあったことなんやよ」「おばあちゃんが一緒やから、最後までみなあかん」と言いました。映画が終わってホールの外に出た時、真夏のまぶしい日差しが輝く空から、B29の飛行機が爆弾を落とすのではないかと何度も空を見上げました。

私は夏休みの自由課題で「平和の爆弾」という大きな絵を描きました。近所の女の子を誘い、原爆のかわりに「平和の爆弾」があればどうだったか、ということを想像の絵にしたのです。「平和の爆弾」が飛行機から落とされると、中からはお菓子やおいしい食べ物、おもちゃ、お花が落ちてきます。大人のためにはお酒も落ちてきます。栄養失調で子どもが死んだ、と聞けば、泣いている赤ちゃんとお母さんの上にミルクが降ってくるように描きました。リボンやお星さまなど、きれいなものがたくさん落ちてきて、ケンカをしている大人たちの上に降り注ぎます。銃や刀はリボンで結ばれて使えなくなり、ごみ箱に入れられます。私と友人は楽しくなって、夢中で絵を描きました。

他にも「月光の夏」や「ひめゆりの塔」など、戦争を題材にした映画を家族で見ました。そのたびに、私は自分が戦争の時代に生きていたような感覚になり、傷ついた心を癒そうと、戦争とは対極にある「平和」を題材にした絵やおはなしの創作をしました。

二〇〇五年、大学二年生の私は、外国語学部でドイツ語を専攻していました。翌年にオーストリアへの交換留学を控え、戦争のこと、原爆のことについて自分の言葉で語れるようでなければと思い、八月六日、ひとりで広島の平和記念式典を訪れました。広島訪問は初めてで、世界各国から多くの人が集まっている平和記念公園の光景に驚きました。平和記念式典は、会場わきの小高い丘のようなところから参加しました。照り付ける日差しのなか、私が踏みしめているこの大地の上に炎が走り、焼けただれた皮膚をひきずって歩いている人が、いまこの場所にたくさんいたのだ、と思いました。子ども代表が真っ白な鳩を青空へと放ち、その光景が私に「希望」ということを思わせました。原爆ドームのそばを歩いているときには、多くの外国人と出会い話をしました。アメリカ人の仏教徒という男性に思い切って、「あなたの国は、日本はパールハーバー襲撃を行ったから原爆を落とされても仕方がないという人もいるが」と尋ねました。その人は「確かに日本はパールハーバー襲撃を行った。それは許されないことだった。しかし原爆もまた、許されないことだった」「人間が人間としての尊厳を奪われるのが原爆であり、戦争だ。自分はアメリカ人だが、アメリカ人にも私のような考えの人間がいると知ってほしくて広島に来た」と言い、私はその男性と固く握手をして、「私たち若い世代が必ず戦争のない時代をつくる」と約束しました。

二〇〇六年、オーストリアの大学に留学した私は、オーストリア人の友人から日本に行きたいがどの都市を訪問したらいいかと尋ねられ、私は迷いなく、「広島、長崎を訪れてほしい」と答えました。友人は目を丸くして「そこは行けないよ。だってまだ放射能が残っているでしょう」と言い、私は広島と長崎には世界中から沢山の人が訪れていると説明しました。友人は「知らなかった」と驚き、広島か長崎に行ってみると言ってくれました。トルコ人の友人には、「日本人は原爆を落とされたことをなぜもっと怒らないのか。アメリカと一緒にイラクを攻撃などして、自分たちの国が受けた被害のことを忘れたのか。日本にも戦争を引き起こした責任があったはずだ」と厳しく追及されました。日本人が「当たり前」のように認識していることがまだまだ世界では知られていないという衝撃と、西欧に暮らす人々には日本人以上に核兵器への強い恐怖心があること、そして日本という国に向けられる戦争責任を問う眼差しを感じた留学生活でした。

二〇〇九年私はＮＨＫに報道記者として入局しました。記者を志した理由は、「戦争の放棄を謳った日本国憲法に根差した反戦平和を広く訴えたいから」でした。その後二〇一五年、私は八王子市議会議員に当選し、現在もその職務についています。二〇一五年六月には安保法案を廃案にするよう政府に求める意見書を市議会に上程しました。専守防衛の範囲を逸脱して集団的自衛権の行使を認める法案は明確な憲法違反であることを論点としました。傍聴席に入りきれないほどの市民が傍聴に訪れ、反対多数で採択しなかった市議会のメンバーに向けて市民から怒号が飛び交いました。私はその後も八王子市の平和行政の充実を求めてきましたが、安保法制が成立以降、「平和」や「憲法」について語ることそのものに閉塞的な空気を感じ、政治の場では憲法軽視が横行しているように感じられます。これまで反戦平和を目指して勉強し、仕事をし、国内外問わず多くの人々とその思いを共有してきた自分の存在が、時の政府によって踏みにじられた思いです。

私には自衛隊員の友人もいます。東日本大震災のときには救援活動にも従事し、人の命と暮らしを守るためにこの仕事に就いたと誇らしげに話してくれました。お酒の席で知人から「おまえ、銃撃てるんやろ」と絡まれた彼は、「訓練したで銃は撃てるが、撃てないままおれは終わりたいんや。撃てる人間が撃たなくてもいいままの国がええんや。そのこと、わかるか。笑って話してええことやないで」と答えていました。そんな彼が戦闘地域に送られることを合法化してしまったのが安保法制です。

私は自分の人生も、戦中を生きてきた祖父母の人生も、そしてともに核兵器にNOと言ってくれる海外の友人の存在も、自衛隊員の友人の思いも、無駄にしたくはありません。踏みにじられたくはありません。安保法制は違憲であり、廃止しなければならないものだということを、明確に示して頂きたいと思います。

言論と報道の自由

竹信三恵子

私は一九五三年一〇月、東京で生まれました。すでに日本は復興期に入っており、戦争のことなど考えたこともなく育ちました。父は捕虜としてフィリピンの収容所に入っていたことがあり、私が三歳の時に結核で亡くなっています。薬剤師だった母は薬局を開き、独力で姉、兄、私の三人を育ててくれました。

女性世帯主の家庭の生活は楽ではありませんでしたが、「男性の重圧」を感じることは、ほとんどありませんでした。男女平等は当たり前、女性でもしっかり学べば力を発揮できる、できないとすればそれは社会の仕組みにどこか問題がある、私たちはそうした考えを堂々と発表する権利がある、ということは、私たちにとっては空気のように当たり前のものでした。

ただ、母から聞いた戦時下の話は、そうした自由や安心が当たり前ではなかった時代があったことを、教えてくれました。大正生まれの母は、治安維持法から一〇年足らずで、日本がモノが言えない社会に急転直下していったことについて、「どうしてそうなったかわからないうちにそうなってしまった」と、半ば呆然とした調子で話してくれました。

やがて空襲が始まり、東京が焼け野原になった後、母たちは、「せいせいした、これでもう米機は来ないから」と思ったそうです。周囲には黒焦げの死体がごろごろしていたそうですが、それが日常なので、だれも気にも留めなかったと言います。

「戦争が終わって、みんな泣いたとよく伝えられているが、本当だろうか。自分の周りは一様に、みんなただほっとしていた。終わってよかったとしか感じなかった。新憲法が戦争をしないと決めたことで、もうあんな不安は感じなくて済む」と言っていた母は、一九九七年に亡くなりました。ちょっとした政治の動きにも「またあの戦争が帰ってくる」と激しく脅えていた母が、安保法制の成立を見ずに亡くなったことは、せめてもの幸いだったと思います。安保法制はまず、私たちにそうした恐怖を与えているというだけでも、大変な被害を与えています。

男女平等の空気は、戦後憲法で戦争をしないことを国是としたことと、密接な関係があります。戦前の日本の歴史を振り返れば、一八九四年の日清戦争以来、一九〇四年からの日露戦争、一九一四年からの第一次世界大戦、そして、一九三一年の満州事変に端を発する日中戦争と日米戦争と、日本はほぼ一〇年から一五年おきに対外戦争をしている国でした。国家財政に占める軍事費の比率は、平時でも二割近くから三割以上にのぼり、戦時下では七〜八割にも上りました。そんな中で社会保障費に公的資金を割けるわけもなく、「家制度」を通じて育児、介護などのケア労働は家庭内の女性たちが一手に引き受けさせられてきました。日本は戦後も社会保障費を抑制し、公共事業や法人税減税などによって企業振興に公的資金を集中する方策を取り続けてきました。それでも、「戦争をしない国」の憲法は、戦争にお金をかけず、社会保障にかけることの方が正当であることを、私たちに語りかけ続けてくれました。

少子高齢化による社会保障費の増加が見込まれ、そちらに税を振り向ける大転換を行わねばならないこの時期に、安保法制によって対外戦争への歯止めを取り払ったことは、女性の家庭内の負担を大幅に増やし、憲法に明記された男女平等の実質化を阻む結果を招くことは明らかです。

グローバル化や産業構造の転換で、働き手に賃金が回らない構造が生まれ、貧困が問題化しつつあるいま、戦費への歯止めを失わせることは、経済的な意味でも国民の生存権を危うくさせます。安保法制は、民生のために税を使うことを妨げ、男女平等権と生存権を損なうという意味でも、私たちに大きな被害を与えています。

私は、新聞記者として三〇年以上働き、いまは大学教員として学生に教える傍ら、ジャーナリストとして活動しています。海外で活動するジャーナリストにとって、安保法制が紛争地域へ出向いた場合の危険度を増大させたことは、さまざまに指摘されていますが、安保法制は国内でも、情報を提供する側と取材する側の双方に、強い心理的な圧迫を加えています。

二〇一八年四月夜、ジョギング中の野党国会議員に対して、三等空佐の自衛官が「国益を損なう」「国のために働け」という言葉を投げつけたことが報じられました。この議員が国会で、安保法制は違憲ではないかとの質問を行ったことに対する反発が背景にあり、その後に公表されたこの自衛官の「供述全文」（二〇一八年四月二四日付産経ニュース）では、「戦争になったときに現場にまず行くのは、われわれだ。その自衛官が、あなたがやっていることは、国民の命を守るとか、そういったこととは逆行しているように見えるんだ。東大まで出て、こんな活動しかできないなんてばかなのか」と言った、ともされています。

ここには、安保法制によって海外で戦死する恐れにさらされ始めた自衛官が、それだけの犠牲を払っている自分たちへの批判はなんであれ慎むべきだとして安全保障部門を聖域化し、安保法制に疑問を投げかけた国会議員を抑え込もうとした心の動きが現れています。

国会議員の質問に対してさえあからさまな抑え込みが行われる空気の中で、「安全保障」やこれを遂行する「国」に対する冷静な批判報道が、安心してできるでしょうか。

このような事態に歯止めをかけて国民の知る権利を守るためには、安保法制の論議の中で、安全保障をめぐる報道の自由を保障する措置の検討が不可欠だったはずです。にもかかわらず、二〇一四年には、「国家の安全保障」にかかわるもののうち秘密を要するものの漏洩を防ぐとして「特定秘密保護法」が成立しました。「秘密」を十分特定しないまま、漏洩すれば重い罰則が科されることになり、情報源、取材者の双方に自主規制が生まれかねないと指摘されてきました。

そのような自主規制の空気はいま、実際にメディア界で強まっています。たとえば執筆物について、媒体の編集部から「偏っていると思われると説得力がない」として、政府批判の個所を減らすよう助言されたり、その根拠となる事実について、従来以上に執拗に確認を求められたりすることが増えています。

森友・加計問題では、国会答弁に立った官僚がきちんと答えなかったり、請求した文書がほとんど黒塗りにされたりしている状況が、国会中継などで映し出されました。「モノ言えば唇寒し」「情報は出さないに越したことはない」の空気が安保法制後の社会に蔓延しつつあることを示す一例です。

「国境なき記者団」による報道の自由度国際ランキングで、日本は二〇一三年、民主党政権だった前年の二二位から急落して五三位になり、安保法制が成立した二〇一五年から二〇一七年にかけてはさらに、六一位から七二位にまで落ちています。この数字の変化は、これまで述べてきたような状況を映し出しているといえます。ジャーナリストとしても、私たちは、戦後憲法でようやく獲得した言論と報道の自由を、安保法制を通じて奪われつつあるのです。

女性たちの安保法制違憲訴訟

女の会 弁護団
中野麻美

一 わたしたち

女性だけが原告となって、集団的自衛権行使を認める解釈改憲と安保法制の国会上程・強行採決に異議を申し立てたのは、二〇一六年八月一五日でした。八月一五日は「終戦記念日」で、日本がポツダム宣言を受け入れ無条件降伏し、人々が安堵とともに「平和」への希望を手にした日です。しかし、この日をもって戦争が終わったわけではありません。

日本軍が徴用・略奪の対象にしたアジア太平洋諸国、地上戦になった沖縄、空襲の対象になった本土、そして、原爆が投下された広島・長崎を想起しただけでも、この戦争は、すべての民衆を巻き込んで、時間をかけてもなかなか回復できない深い傷を、人間と社会に刻み込みました。この戦争の責任を追及して二度と同じ間違いを繰り返さない教訓とすることが、本当の平和への一歩でした。平和のためには、人々を動員して戦争に突き進むことを許した教育や社会の仕組みを変えて、個の尊厳を何より重んじ、自由で平等な開かれた民主主義社会を築かなければなりません。とくに、これまで天皇の赤子を生むことを使命とされ、家父長制のもとで一人の人間として行動し生きる人格と自由を奪われてきた女性や植民地政策のなかで犠牲になってきた人たちの尊厳の回復と解放には、戦争への反省は不可欠でした。

政府は、「戦後は終わった」、近隣諸国との関係も解決してきた、平和のおかげで経済成長もした、と言っていました。しかし、日本の植民地主義・軍国主義の徹底究明と責任追及は、日本を中国やソ連に対する「防共堤」にしたい米国の思惑や、東西冷戦、東アジアの軍事的緊張のなかに飲み込まれて、深い痛手を負った民衆の尊厳の回復は取り残されていきました。「慰安婦」や「徴用工」の問題は、その氷山の一角です。原告らは、名乗りを挙げた犠牲者とともに、生まれた年代をこえてこの戦争責任を追及して生きてきたことを「価値のあることだ」と自負しています。また、「天皇の赤子」（道具）として戦争に動員され、家族やたくさんの学友を失いながら生き延びた原告たちは、生き残ったことへの強い罪責感とともに、「平和」に向かって貢献することを使命としてきました。そして、原告らのだれもが、家父長制からの解放が不徹底に終わった法制度や社会環境のなかで、差別や暴力に抗い、一個の人間であろうと格闘してきました。

「日本国憲法」は、それぞれが信じたところにしたがって生き抜くよりどころになってきたもので、それには価値があるという「自尊」の源になって、私たちの行動を支えてきました。また、日本国憲法は、教育や福祉など公共の仕事に携わってきた原告には、性別にかかわらず、自らの意思と力で人生を切り開き、平和と民主主義の担い手となる力や相互の信頼を涵養するという職業上の使命と責任の根拠となってきたものでした。私たちは、そうした努力を払ってきたからこそ、平和憲法の精神を、男女平等の価値とともに人々のなかに染みわたらせることができたと自負してきました。

二　国民代表制と女性の政治的権利

二〇一四年七月一日の閣議決定による解釈改憲と二〇一五年九月一九日の安保法制強行採決は、平和憲法を骨抜きにして日本を戦争のできる国にしたいという為政者の強い意思と力を見せつけるものでした。

閣議決定による解釈改憲は、それまで歴代政府が「集団的自衛権行使は憲法違反」としてきた解釈を密室で変更し、敵国を想定した軍事同盟の一員として他国防衛のために武力行使できるように憲法解釈を変えるものです。しかし、戦争を放棄し、国際紛争を解決するために武力による威嚇や行使はしないという憲法九条は、どこから読んでもこのような解釈を許すものではありません。それを変更するというなら、憲法制定権者である国民の意思を直接問う方法しかないはずです。密室で解釈改憲してしまうのは、主権在民を無きものとし、主権者である私たちの憲法を制定する権利を根底から覆す「クーデタ」でした。それは、戦争を生き抜き、平和のために行動し格闘しながら努力をふりしぼってきた私たちの自尊と誇り、人間として生きる人権の核心に強烈な一撃を加えました。平和憲法をよりどころにした教育など職業上の実践は、その正当な根拠を失わせる激震に見舞われることになりました。

密室での閣議決定に至るプロセスもそうですが、オープンになってからの法制化に向けた過程でも、女性の主権者としての政治的権利やジェンダー平等への配慮は皆無でした。国際社会では、ジェンダー主流化の観点から、あらゆる立法政策にジェンダー監査を求め、安全保障をジェンダーの観点からとらえることを求めるようになっています。しかし、そうした観点からの審議は全くなされませんでした。国会審議では、この法制を必要とする根拠（立法事実）は何もないことが明らかになっていた時点で、法案を廃案にすべきでした。もし廃案にしないのであれば、さらに、ジェンダー主流化の観点から審議すべきことはたくさん残っていたのです。強行採決の時点で、世論調査では、国民の圧倒的多数が法案の内容や採決に反対しており、女性の反対は男性を上回っていました。

法案の採決を多数決原理にしたがった「民主主義」の結果に過ぎないとみるなら、それは間違っています。何故なら、公務員は国民全体の奉仕者であり、国会議員は国民全体の代表者であって、国民の大多数がその内容や採決に反対しているのであれば、その民意を反映させるために尽力する責任があるからです。それが憲法によって「国権の最高機関」と位置付けられる国会の使命であり、「国民代表制」の本旨であるはずです。国民代表制における女性の権利は、平和の礎となるものですが、それは与党の多数の威力と暴力によって踏みにじられました。

三　暴力の扇動効果

安保法制を強行採決した二〇一五年九月一九日は、国民代表制＝民主主義を暴力により踏みにじって「戦争する国家」へと舵を切った瞬間でした。多数の威力を借りて暴力をもって採決させていった与党の国会運営は、国家による暴力の扇動行為とも受け止められるものでした。

とくに日本では、ナチスや植民地主義を総括して非暴力と反差別のための徹底した規範を確立してきたヨーロッパとは違って、女性や障がい者に対する差別と暴力、反日のレッテルを貼られた人たちへの排撃的暴力（ヘイトクライム）に寛容です。そうしたところに、軍事同盟の一員として武力をもって敵国に対峙し戦争することを「安全保障」として法的に承認する、しかもそれを暴力的採決によって正当化するとなれば、その扇動効果は絶大です。女性や障がいのある人たちのみならず、「反日」のレッテルを貼られた人たちへの暴力や排除を増長させるインパクトになることは間違いありません。

襲撃を受けながら日本軍性奴隷制の被害者とともに尊厳の回復を求めてきた原告や、アジア太平洋諸国の人々と手をつないできた原告は、誰よりもそのことを敏感に感じ取っていました。そして、障がいとつきあいながら権利のために取り組んできた原告や戦後も引き継がれた「優性政策」を告発してきた原告は、いのちの序列化を容認する土壌に火が付いたように障がい者が排撃対象になることを恐れました。性暴力と女性に対する差別、家父長制と闘ってきた原告は、日本の軍事化とともに女性に対する暴力と支配が強化されていくこと、また、被災地で性暴力被害者の救済にあたってきた原告は、武力行使によって非常時となったときに女性が引き受けさせられる性暴力のリスクを直感させられました。

私たちは、私たちの取り組みと経験に基づいて、このような解釈改憲から安保法制の強行採決に至る経過を検証し、国会では審議の俎上に微塵ものせることができなかった集団的自衛権行使の問題点を、ジェンダー主流化の視点から分析検討し、国の責任を追及することにしました。それが私たちの安保法制違憲訴訟でした。

四　安全保障とは何なのか

政府は、日本は戦争の犠牲のうえに平和と繁栄を築いてきたが、安全保障をめぐる国際環境の変化・不安定化によってリスクが高まる今、集団的自衛権行使を可能にしなければならないと説明しました。しかし、東アジア諸国との緊張を高めてきたのは、政府、とくに安倍政権自身です。安倍政権になってから、とくに近隣諸国からの強い反発を招いて外交による調整が困難になっています。それは、朝鮮半島を植民地化し、中国大陸に軍事侵攻しておびただしい数の民衆のいのちと尊厳を奪い、略奪を重ねた歴史と責任をなかったことにしてしまうこと（歴史修正主義）を国是とするようになったからです。戦争を美化するために、教科書を改変し、メディアに介入し、さらには、植民地化と戦争による収奪からの尊厳の回復を求める民衆の行動に対する非難を公然と繰り返し、過去を正当化しようとするかのように喧伝する政府の行為は、近隣諸国の人々と手をつないで活動してきた原告には国家による「ヘイトクライム」と受け止められます。これに戦前の教育勅語を称賛する動きなど復古的国家主義化への傾斜が加わって近隣諸国の警戒感を高め、戦後の経済成長とともに形成してきた信頼関係の薄皮にも亀裂が入るようになりました。そうした緊張関係に対応して、北朝鮮や中国を敵国と想定する軍事同盟を強化し、武力行使を可能にして軍事化をすすめようというわけですから、軍事的な衝突の危険が高まらないわけはありません。尖閣列島や竹島をめぐる領土問題も、過去の歴史と民族の尊厳をかけた譲れない問題になってしまいます。安保法制は、こうしてチキンゲームのように軍事化に火をつけて、私たちを戦争に巻き込みます。

また安保法制による軍事化は、専守防衛の枠をはるかに超えてアメリカ政府から戦闘攻撃機を爆買いし、護衛艦を空母化するなど防衛予算を膨張させて、社会保障や福祉を圧迫します。そして軍事化は、女性に対する暴力を増長させる土壌をつくります。新安保法制の目的は、国民の平和と安全を保障することにあると言いますが、これでは「国家や経済」の安全のために国民を道具として犠牲にするという以外にありません。

これらを検証すると、安全・安心は国民のためのものではなかったことがはっきりします。本当に立法目的が国民の平和と安全を保障することにあるというなら、武力による集団的自衛権行使を認める合理的な根拠も必要もありません。私たちは、「法の支配」の普遍的原理によれば、この法案は廃案にすべきだったと主張しています。

それのみならず、私たちは、平和憲法の理念に照らして、本来の「安全保障」とは何かを提起しています。先進国、途上国を問わず、全世界の人々の安全が脅かされているという認識が広がっていますが、「軍事」によっては世界をより暴力的にするだけです。このことは、紛争への人道的介入も例外ではなく、一時的に暴力を抑止できたとしても、長期的には暴力的手段を常態化させ、暴力には暴力で対抗するという文化や社会環境を醸成してしまいます。女性たちが経験している紛争下での性暴力と家父長的支配を想い起こせば誰にもわかる話です。非暴力による紛争解決の促進こそ日本国憲法の本旨であって、暴力の連鎖につながる貧困を撲滅することによって持続的な平和と発展に寄与するという積極的平和主義が日本国憲法の立場です。それを「軍事」に置き換えて安全保障法制を正当化することは断じて許されないことです。

軍隊がもたらす人権侵害に取り組んできた原告は、「軍事」には触れていない国連の「人間の安全保障」の考え方をさらにすすめ、誰の、何のための安全保障であるのかを問いかけます。そして、①すべてのいのちを守る持続的環境、②すべての人の衣食住、医療、教育などベーシックニーズの充足、③人間の尊厳の尊重、文化的・個人のアイデンティティーの尊重（先住民族の文化やアイデンティティーが守られているのか、また、女性に対する暴力という重要な分析枠組み～性暴力が罰せられず容認される社会の在り方が軍隊に最も鋭く表れており、そうした基本となる人権が守られなければならない）、④「人災」Avoidable Harm を起こさない、という四つの安全保障の不可欠な条件を示し、これを国際的な要求運動に高めてきました。

私たちの安全保障に向かう道筋は、人間の歴史を持続・成長させてきた「ケア」と女性が担ってきた役割に着目した人間中心アプローチをとって、家父長制と軍事による女性の道具化と支配から解放するというものです。それを支えるのは非暴力と反差別であり、いのちの序列化や排除、人間に対する暴力と支配は許さないという考え方です。しかし、女性たちのこうした活動と問題提起は、安保法制をめぐる国会審議においてはまったく無視され置き去りにされました。

五　平和と人権をかかげて

そもそも、憲法の平和主義は、立憲主義や基本的人権保障と不即不離の関係にあります。「恒久平和のために」を著した哲学者カントは、自律的自由をもつ人間が互いの人格を目的として尊重しあう社会を『目的の国』と呼びました。そして、人間の尊厳が社会の目的そのものであるとすれば、人間は手段として扱われるべきではなく、人間を手段にする戦争はどんなものでも道徳上悪であると説きました。人間は、自律（自分の理性によって立てた道徳法則に自発的に従うこと）の状態において真に自由であり、道徳的な自律を持てる人間には尊厳があり、尊厳がある以上、人間は常に『目的』として扱われるべきで、『手段』ではありえません。人間を手段として扱う戦争は、国家間、個人間、大小に関わらず「悪」です。そして、戦争は、目的そのものである人間の尊厳を壊し、自由を損なわせます。平和への努力は、人間の理性に基づく実践であり、人間として生きる限り背負う責任です。日本国憲法は、このカントの哲学を源流とし、個人が市民社会の主人公である以上、国家が個人を道具にする戦争は許されないし、国家が真剣に戦争をなくしたいなら、自国の憲法に戦争放棄を規定する以外にないという考え方にたっています。

第一次世界大戦を経験した国際社会は、戦争を違法と確認し、戦争放棄を誓った条約を締結しあいましたが、それでも第二次世界大戦を経験することになりました。日本国憲法が平和主義を宣言すると同時に戦争放棄条項を設けたのは、戦争をなくすには、各国の憲法に戦争放棄を定めて政府に戦争させないようにする以外にないと考えたからです。日本は、どの国もできなかったことを、世界に先駆けて憲法に定めました。

武力によって他国間の国際紛争を解決するなど言語道断です。憲法の番人としての役割を負わされている司法が私たちの訴えにどう応えるかは、日本のジェンダー平等の到達点を示すものとしても注目したいと思います。日本のジェンダー平等指数は二〇一八年版で世界一一〇位。女性の権利が抑圧されているインドや中東・アフリカ諸国と肩を並べる状況で、とくに政治分野における指数は最悪レベルです。この状況が、前述した問題の根源にあり、安保法制は、暴力による支配を強化して不平等に向かう負の連鎖を加速させる装置ともいえます。司法は、そうした安保法制の本質に迫り、平和憲法の精神と男女平等の価値をものさしとする観点から政府と国会の責任を明らかにすべきです。

安倍政権のホンネが、実は憲法「改正」にあったことが現実のものとして見えてきました。私たちは、歴史に責任を負うものとして、戦争する国家への逆戻りは絶対許さないという決意を新たにしています。この本を手に取って読んでくださった皆様に感謝申し上げます。

証人陳述書

室蘭工業大学大学院工学研究科 准教授
清末愛砂

一 地位経歴

わたくしは北海道にある室蘭工業大学で憲法学の専任教員を務める研究者である。憲法学、家族法およびジェンダー法学の観点から、日本国憲法前文二段後半で謳われている「平和のうちに生存する権利」（平和的生存権）のキーワードである「恐怖」と「欠乏」から解放された、非暴力な社会を構築するための平和理論およびジェンダー理論を研究している。これまでの研究を通して、わたくしは公的領域と私的領域の双方で暴力や差別が根絶されなければ、非暴力な社会の構築はなしえないことを確信してきた。

わたくしは二〇〇二年に、イスラエルが占領するパレスチナで非暴力抵抗運動を展開してきた「国際連帯運動」（International Solidarity Movement）の非暴力トレーナーおよびナーブルス地区のコーディネーターを務めた経験を有している。その活動を通して、数えきれないほど多くの実際の戦闘を目撃してきた。この点から考えると、わたくしは、日本では数少ない現代の戦場のリアリティの一端を知る者といえるだろう。パレスチナ以外では、アフガニスタンの女性団体の支援活動やパキスタン在住のアフガン難民の支援活動にかかわってきた。これらの活動と調査を兼ねてパキスタンやアフガニスタンを繰り返し訪問し、平和的生存権を構成する「恐怖」と「欠乏」からの解放の意味を紛争地の現状に沿って考えてきた。

以下では、自らの経験に着目しながら、①安保法制に関する海外の民間団体の意見や安保法制が日本のNGO活動に与える影響、②戦場の苛烈なリアリティと軍事組織の本質、③安保法制が日常生活に与える影響（教育を通して知り得た自衛官の家族の不安、安保法制下で港町に住むことの意味等）、④ジェンダー視点から考える武力紛争の影響とジェンダーに基づく暴力、および⑤非軍事の安全保障の必要性、について概説する。

二　安保法制に対する海外の反応および安保法制が日本のＮＧＯ活動等に与える影響

（一）海外調査で得られた安保法制に対する意見

わたくしは安保法制案が国会で可決される数日前にあたる二〇一五年九月一四日、アフガニスタンのカーブル（日本語では一般的に「カブール」と表記するが、本陳述書ではダリー語やパシュトゥー語の表現にあわせて、「カーブル」とする。）で現地の女性団体関係者にインタビューを行った。その際、安保法制案についてどう考えるかたずねたところ、「日本で安全保障関連法案（戦争法案）が可決されたら、日本の民衆はより危険にさらされることになるであろう。日本の民衆は海外渡航もできなくなる。なぜなら、世界の民衆、アフガン民衆は日本の民衆を敵であると考えるようになるからだ」（清末愛砂「生命の危険を生みだす安保法制（戦争法）―アフガニスタンの文脈から考える」飯島滋明・清末愛砂ほか編著『安保法制を語る！　自衛隊員・ＮＧＯからの発言』（現代人文社、二〇一六年、一一二―一一三頁）との回答が返ってきた。

アフガニスタンは過去に二回、集団的自衛権に基づく軍事侵攻・攻撃を受けている。一度目は一九七九年のソビエト連邦による軍事侵攻・介入である。二度目は二〇〇一年に米国が同国への軍事攻撃を開始した際に、英国等がＮＡＴＯ条約五条で規定されている集団的自衛権に基づき、米国による攻撃に加わったときのことを指す。これらの二つの出来事は、世界の大国が最貧国のひとつを侵攻・攻撃する際に、その正当化の理由として集団的自衛権を用いたという〈事実〉を語っている。

こうした軍事侵攻・攻撃およびアフガン人同士の激しい対立から生じた内戦等により荒廃しつくしたアフガニスタンでは、現在もなお国際社会の支援を受けて復興活動が行われている。しかし、近年では、米軍が支援するアフガン軍（米軍は近い将来、同国から撤退する見込み）、復活したターリバーン、中東から同国に拠点を移しつつあるイスラーム国（いわゆるＩＳ）による三つ巴状態が起きており、治安の悪化が著しく進んでいる。爆弾テロが頻発しているほか、政府関連の建物や国際ＮＧＯの事務所への襲撃、アフガン軍による空爆等も起きている。その結果、過去に例がないほどのレベルで市民が犠牲になっている。

集団的自衛権に基づく軍事侵攻・攻撃を受けた後のア

フガニスタンの状況から考えると、「存立危機事態」の名の下で限定行使が可能となった集団的自衛権の問題を多面的に分析する際に、①どのような国がいかなる国を侵攻・攻撃する手段として、集団的自衛権の論理を用いてきたのか、②その結果、侵攻・攻撃を受けた国がいかなる被害を受け、③その国が復興のためにどれだけの期間を必要とされてきたのか、という点を検証することが不可欠といえよう。

（二） 日本のNGOに与える影響

上述のカーブルでのインタビューの結果は、アフガニスタンを含む海外のさまざまな地域でなんらかの支援活動を実施してきた日本のNGOのスタッフの身の安全や活動そのものの継続に大きな影響がおよぶことを示唆するものであった。安保法制の下で日本の自衛隊が武力行使や外国軍の後方支援（補給）のために海外に派兵されればされるほど、その姿は世界の人々の目に留まるようになる。それにともない、米軍等の外国軍とともに武力を行使する自衛隊に対して反感を抱く者も多くなるだろう。反感は自衛隊のみならず、「日本」というだけで日本のNGOの海外駐在員や一時的に現地を訪問しているスタッフにも向けられることが考えられるため、各NGOはこれまで以上に身の安全の確保に翻弄されるようになる。そうなれば、活動の継続が極めて困難になり、最終的には断念するか否かの決断を迫られることになる。

海外でなんらかの支援活動をしているNGOは、事前に現地の人々のニーズや状況を丹念に調べた上でプロジェクトを開始する。プロジェクトの立案、開始、継続のためには、現地の人々との連携が極めて重要であり、信頼関係の構築なくして進めることはできない。これは簡単にできることではない。地道な相互の信頼づくりがプロジェクトの成功の鍵のひとつであり、一度でも信頼を失ったり、反感を持たれるようになったりすれば、プロジェクトは中断せざるをえない。

わたくしは、アフガニスタンという意味では、研究のみならず、パキスタンとの国境沿いにあるナンガルハール州でコミュニティからの要望にしたがって学校を建築し、運用してきたアフガニスタンの女性団体への支援活動を通して、積極的なかかわりを有してきた。また、アフガニスタンのNGOが運営する児童養護施設の子どものスポンサーを務めてきた。これらの活動のために、これまで繰り返しアフガニスタンやパキスタンを訪問してきた。その結果が現在の信頼関係を生んだのである。安保法制に基づく自衛隊の活動ゆえに長年かけて構築した関係が失われると、これまで要してきたエネルギーや時間、経費がすべて無駄になり、その損失は極めて大きなものとなる。現地の人々から信頼を得るためには相当な努力が必要であるが、失うのは簡単である。また、自衛隊の海外での武力行使等が続く限り日本への反感が高まることが予想されるため、関係の再構築は困難となろう。この点については、前述のわたくしの編著書でも言及している通りである（一一二―一一五頁）。

（三）日本国憲法前文の平和的生存権と九条に基づく非暴力活動

日本国憲法前文は、「われらは、全世界の国民が、ひとしく恐怖と欠乏から免かれ、平和のうちに生存する権利を有することを確認する」（二段後半）ことを謳っている。二段前半の文脈から「われら」とは「日本国民」を指し、また「平和のうちに生存する権利」（平和的生存権）が日本国民のみならず、「全世界の国民」を対象としていることも明らかである。憲法の一部である前文は法的性質を有するだけでなく、続く条文の解釈基準となるものである。

わたくしがこれまでパレスチナやアフガニスタン、またはパキスタンで支援活動に従事してきた理由のひとつは、平和的生存権の確認作業を実践するためである。単純に法学研究者として前文の解釈をするにとどまらず、それをなんらかの実践に移す行為が「確認作業」にあたると考えてきたからである。また、こうした作業の行動理念や規範のひとつは、対外的な意味において非軍事・非武装を掲げる九条であると考えている。軍事的な要素が入ると、地域の人々からの反感を生むだけで、上述のように関係性の構築は不可能である。その意味では、九条に従うために非軍事・非武装をつらぬくというよりは、非軍事・非武装こそが海外での活動を円滑に進める有用な現実的手段となることを現場での活動を通して学んだことが、わたくしの確固たる行動規範となったといえる。

二〇〇二年、わたくしは非暴力直接行動を行動規範として掲げるパレスチナの国際連帯運動に外国人メンバーとして加わり、イスラエルの占領に抗する活動をパレスチナ人とともに行った。国際連帯運動は参加者に非暴力トレーニングへの参加を義務づけている。わたくしもそのトレーニングを二回受講し、非暴力による抵抗の理念やその重要性、効力、具体的な行動方法等を学んだ。また、現地で非暴力直接行動の経験を積み、自らが新しい参加者にトレーニングをする側にもなった。

この経験から軍事的要素をいっさい否定する非暴力運動こそが多くの人々の共感を生み、より多くの参加者を得る原動力となることを確信した。またこの点から非暴力・非軍事・非武装に基づく相互交流こそが、安保法制では達成しえない人権に基づく平和を育む大きな力になりうると考えるようになった。そもそも、日本国憲法前文二段前半は「人間相互の関係を支配する崇高な理想を深く自覚」し、「平和を愛する諸国民の公正と信義に信頼」することにより、（自らの）安全と生存を確保することを謳っている。武力行使や外国軍への軍事的支援である後方支援を容認する安保法制は、これまで非軍事・非武装・非暴力により国民の安全と生存を生むことに寄与してきたＮＧＯその他個人の努力と実績を破壊するものであるといえよう。

（四）非武装・非軍事による邦人救出が求められる

　自衛隊が海外在住の邦人の救出活動のために派遣されることになった場合の危険性についても触れておきたい。海外調査やＮＧＯ活動において、救出が必要とされるような危険に巻き込まれた場合、わたくしは自衛隊が救出活動にあたることは避けてほしいと強く望んでいる。その理由は明確である。武器を携帯した迷彩服の自衛隊が現地に派遣されると、①地元の人々から「日本の軍隊が攻撃を仕掛けてきた」と誤解される、②そのために、現地の人々との関係に亀裂がはいる、③地元の状況を知らないために、かえって救出の妨げになる事態が生じうる、④民間人の救出活動をしているか否かにかかわらず、軍事組織は一番の攻撃対象になる、からである。そうなれば、わたくしを含む民間人は救出されるどころか、かえってより危険な状況におかれることになろう。これを救出というのであろうか。

　こうした事態は、自衛隊の派遣だけによって生じるわけではない。あらゆる軍事組織に対していえることである。安倍首相は、二〇一四年五月一五日に行った記者会見の場で、集団的自衛権の必要性を説くにあたり、海外で武力攻撃に巻き込まれた邦人母子を米艦が救出している様子を描いたフリップを示した。集団的自衛権の行使が認められなければ、邦人を乗せている米艦を自衛艦が防護することができないというのである。正直、その説明を聞いた瞬間、驚きを禁じえなかった。なぜなら、紛争地での調査や活動経験を有しているわたくしには、その説明が極めて非現実的なものにしか思えなかったからである。民間人の救出に米軍の艦船が用いられるとは考えられない。輸送中に狙われる可能性が非常に高いからである。したがって、その米艦を自衛艦が防護するという設定はそもそもありえない。民間人の救出においては、狙われにくくするために民間機や民間船舶を用いるのが常識中の常識である。

　安倍首相はそうしたありえない設定を持ち出して、国民に集団的自衛権の行使の必要性を説いたのである。首相が使ったフリップの絵には赤ちゃんを抱えた母親とその母にしがみついている子どもが描かれていた。この絵を見れば、国民のなかには「大変な状況に置かれた母子を守るのは当然」という感情を抱く者もいるであろう。その感情的効果を狙っているとしか思えない絵はあまりにも現実離れしているものであり、万が一そのようなことが起きた場合には、この母子はさらなる危険にさらされることになる。ありえない設定を持ち出して、集団的自衛権の行使の正当性を説くという方法は、国民をだます詐欺的手法以外なにものでもない。こうした手法等を用いて説明した安保法制の正当性はどこにあるといえるのであろうか。

パレスチナやアフガニスタンでの経験上、わたくし自身の身の安全が脅かされる事態が生じた場合には、信頼関係を築いてきた地元の人々がさまざまな人的ネットワークを用いて、救出のために最大限の力を発揮してくれると確信している。日本の外務省や大使館はそれらの人々と連携するとともに、こうした救出作業を邪魔しないように、非軍事・非武装を徹底させた邦人救出を行わなければならない。自衛隊や米軍等の軍事組織が救出にあたることがわかった段階で、わたくしはそうした〈救出〉を拒否するであろう。自分の身を守りたいからである。

三　戦場の苛烈なリアリティから学んだこと

（一）戦車が走りまわるヨルダン川西岸地区に滞在して

わたくしは二〇〇二年三月末から四月にかけて、また同年七月から一一月にかけて、イスラエルの占領下のヨルダン川西岸地区（パレスチナ）の主要都市ベツレヘム、ナーブルスおよびその近郊にあるバラータ難民キャンプに滞在していた。その当時、イスラエル軍は同地区で苛烈極まりない軍事作戦を展開していた。わたくしは、それらの作戦下で行われる攻撃を日々、見続けてきた。わたくしは単に外国人の傍観者として目にしていたわけではない。己の身を攻撃下に置いていただけでなく、後述するようにパレスチナ人とともに攻撃の対象のなかに含まれることも多々あった。

とりわけ、ナーブルスおよびバラータ難民キャンプ滞在中は、イスラエル軍の戦車や軍用装甲車、軍用ジープが走りまわり、子どもを含むパレスチナ人に向けて無差別に発砲する姿や武力で叩きのめす姿を目にすることが、当時のわたくしの日常の光景と化していた。例えば、①子どもが現に学んでいる学校へ発砲するイスラエル兵、②戦車で下校中の子どもたちを追いかけまわし、パニックになり悲鳴をあげながら逃げまどう子どもの近くで戦車付きの機関銃を上空に向けて発砲するイスラエル兵、または実際に子どもに向けて発砲するイスラエル兵、③登校中の子どもをイスラエル軍の検問所で留め置き、催涙弾を撃つイスラエル兵、④一般家屋の壁を自動小銃で獲物か何かを狙ったかのような感じで撃つイスラエル兵、⑤占領に抗して非暴力のデモを行うパレスチナ人に催涙弾やゴム被膜弾を撃ち込むイスラエル兵等、その光景はあれから一七年近い月日が経過する現在もわたくしの脳裏にこびりついたままである。

戦車に比べると自動小銃の威力はたいしたことがないと思う者もいるかもしれない。実際には自動小銃から発せられたたった一発の実弾で、人はいとも簡単に命を奪われる。これもまた戦場では極めてありふれた出来事である。わたくしが知っている者たちが殺されていったように。

イスラエル軍はこうした無差別攻撃を、すべからくイスラエルの存続のための「自衛」「国防」「対テロ」の名の下で正当化してきたことも述べておきたい。これらの言葉を用いれば、いかなることも認められるかのごとく。

(二) 忘れえぬ三つの経験

わたくしにとって、これ以上の苛烈な戦場のリアリティはないと思えた経験は次の出来事である。わたくしが住んでいたバラータ難民キャンプは二日に一度の割合で、真夜中に急襲したイスラエル軍により激しい軍事攻撃を受けていた。そのなかでも、ある晩に経験した攻撃は、いかなることがあっても生涯忘れることができないほど厳しいものであった。すさまじい銃撃の連射音が、集中豪雨のような音として聴こえることを実感した日である。寝ている部屋の壁を発砲され飛び起きたわたくしは、住居の前で銃撃が起きていることを理解したものの、あまりに激しい銃撃のため、身動きひとつとることができない状態におかれた。撃たれている壁に身体を任せたまま座り込んでいるときに、耳に入っていた音はわたくしたちがときおり経験する集中豪雨の音そのものであった。月明かりが入ってくる部屋のなかでこの音を聴きながら、「月が照っているのに、大雨が降っている」と思ったことを覚えている。同時に生きている生身の人間に、生きることをあきらめさせることの残酷さを呪った。

イスラエル軍の攻撃で殺害された友人のために、ボランティアの救急隊員が飛び散った肉片をかき集める作業をし、その爪のなかが真っ赤に染まっていたことも忘れることができずにいる。同じ難民キャンプで生まれ育ち、ともに遊び学んだ友人の肉片を遺族に渡すために行う作業。これほど残酷なことはあるだろうか。ほんの少し前まで生きていた友人がいまや息がない粉々の肉片に変わっている現実を突きつけるのが、戦場のリアリティのひとつである。

もう一つの出来事は、十代の少年がイスラエル兵によりダムダム弾で撃たれ、即死した事件である。搬送された病院の霊安室で血を吹き出したまま横たわっている息絶えた少年。二時間ほど前にわたくしの横で甲高い声で話していた少年の死は、生活空間が戦場にあることの現実を見せつけるものであった。

わたくしがヨルダン川西岸地区で経験した出来事の詳細は、わたくしの単著『パレスチナ―非暴力で占領に立ち向かう』(草の根出版会、二〇〇六年)、「末延発言から戦場の現実を考える」末延隆成・飯島滋明・清末愛砂編著『自衛隊の存在をどう受け止めるか―元陸上自衛官の思いから憲法を考える』（現代人文社、二〇一八年）、および近年の論文「現代の戦場経験から考える自衛隊の憲法明記問題」（『法と民主主義』五三〇号、二〇一八年七月）や「『自衛』の論理こそが戦争や武力行使を正当化する手段となる―自衛隊の憲法明記の危険性」（『憲法運動』四七五号、二〇一八年一〇月）等で紹介している。

（三）軍事組織はひとを守らない

わたくしは、こうしたパレスチナでの経験、およびパレスチナを占領するイスラエル政府やそれを支える人々の反応から、武力行使が攻撃にさらされる人々に与える恐怖心、武力行使の正当化につながるマジックワードと社会の反応、武器や武力行使が引き起こす人間の変貌等を分析してきた。その結果、以下の六点の結論を出すにいたった。

① 「自衛」「防衛」と称する武力行使であるか否かを問わず、攻撃にさらされる側の人々の恐怖心は変わらない。

② 「防衛」「自衛」「存立危機」といわれ続けると、「自分の国が脅威にさらされている、自分たちは犠牲者だ」と思いこみ、兵士を送り出す国の国民の多くは武力行使を当然のものとして納得しがちである。

③ 国家は②で示した国民の防衛や自衛の感覚を利用し、武力行使を正当化する。その結果、歯止めが効かなくなり、武力行使の常態化と拡大につながる。

④ 武力行使が常態化すると、兵士を送り出す国民の意識が変化し、戦う兵士を支える・称える雰囲気が社会のなかでつくられる。

⑤ ④で示した社会の雰囲気は、例えば、文化面、精神面、教育面、経済面、メディア報道面等の社会のあらゆる局面で軍事化を促す。それにより、軍事化を前提とする愛国心の醸成を是とする社会ができあがる。

⑥ 日常生活では穏やかな人間が、「自衛」「防衛」「存立危機」の名の下で職務遂行上、武器使用が認められると、「敵を打ち負かす」という発想にとらわれる。それが国際人道法上認められない無差別攻撃その他各種の人権侵害を引き起こすことにつながる。

これらの結論からはっきりといえることは、軍事組織は肉体的にも精神的にもひとをけっして守らない、ということである。また、武器は人をモンスターに変えるということである。わたくしはパレスチナ人を一律敵とみなし、無防備のパレスチナ人に武器で襲いかかるイスラエル兵の姿を毎日のように見続け、国防の意識を持たされた兵士が武器の携帯と使用を認められると、モンスターに変身できることの恐ろしさを痛いほど実感した。子どもを含む無防備のパレスチナ人に銃口を向ける兵士の多くは、緊張で顔をこわばらせていたが、なかには武器という圧倒的な力を誇示するために、ニヤニヤと笑いながら引き金をひき、楽しんでいる者もいた。兵士が引き金をひくと、至近距離にいる者は銃弾が発せられときに生じる風圧で身体が大きくよろめいたり、ひっくりかえったりすることがある。わたくしもその一人であった。うしろにひっくり返ったわたくしの顔をみて、この上なく楽しそうにニヤついた兵士の姿を忘れることはない。その姿はモンスター中のモンスターであった。人格を大きく変える武器の威力をいやというほど思い知った出来事のひとつとして記憶のなかに残っている。現場における兵士の顔つきは実際に目にしたものでなければ、想像しえないだろう。海外での武力行使を可能とする安保法制は、こういう顔つきをする自衛官をつくるということであり、それを〈普通に〉支える恐ろしい社会をつくるということなのである。

非暴力による抵抗をその手段としている国際連帯運動に参加し、実践を通してわたくしが学び得たことは、①占領者により命を握られている暴力的な状況にあるからこそ、その暴力を否定するためのカウンター手段として、あえて非暴力を貫く必要があるということ、および②そうすることで、暴力の無意味さや無情さをその瞬間を生きる者だけでなく、後世にも伝えることができるということであった。武力という究極的な暴力は、人を殺傷するだけでなく、人格にまで大きな影響をおよぼすため、将来において誰もが安心して暮らすことができる平和な非暴力の社会の形成は望めない。それを苛酷きまわりない現場から実感させたものが国際連帯運動であった。わたくしは、非暴力な社会は非暴力な手段を用いらなければつくることができないということを実践から学び、それを理論化する研究を続けてきた。その意味では、わたくしの平和論は体験的平和論ということができるであろう。

四　安保法制が日常社会に与える影響

(一)　自衛隊の関連施設が集中している北海道

わたくしが住む北海道には自衛隊関連施設が集中している。駐屯地や演習場等の面積から考えると、日本で最大規模になる。沖縄には在日米軍基地の七割以上が存在するといわれるが、それは米軍単独使用の場合である。自衛隊と米軍との共同使用地という観点からすれば、米軍基地が日本で最も集中しているのは北海道である。

そうした事情から、北海道民のなかには親きょうだいが自衛官である、または親戚や友人・知人のなかに自衛官がいるという者が多数いる。わたくしが教員を務めている室蘭工業大学の学生の半数以上が北海道出身者であるため、当然ながらわたくしの教え子（元教え子を含む）のなかにも親きょうだいが自衛官であるという学生は一定数おり、友人レベルまで含めるとその割合はさらに増える。したがって、身近な問題であるぶん、安保法制によりあらたな任務を課せられるようになった自衛官の安全について案じる声も大きい。次にわたくしが実際に教え子から聞かされた声を紹介する。

(二) 学生から寄せられた不安の声と教員としての心情

国会で安保法制案が審議されている最中の二〇一五年、自衛官の親を持つという教え子のひとりが定期試験のときに回答の一部として、「自分の親は人を殺すのか、自分の親は殺されるのか。うちの家の生存権はどうなるんだ」というようなことを書いていた。それはあまりにも悲痛な声であった。安保法制案が可決され、安保法制が施行されると、自分の親が海外の戦場に送られることになるかもしれないという不安を隠し切れずに書いたのであろう。別の学生は授業後にわざわざわたくしのところにやってきて、「兄は二人とも自衛官でしたが、辞めてよかったです。殺されるところでした」と述べた。

わたくしはこうした声を直接耳にし、安保法制(当時は法案)が自衛官の生死にかかわるだけでなく、その家族にも大きな影響を与えることが予想される問題であると認識するようになった。わたくしの教え子の親きょうだいが戦場に送られ、実際の戦闘行為に従事することになれば、上述した世界の紛争地のひとつであるパレスチナでわたくしが身をおいてきた戦場をリアルに経験することになる。戦場とは殺し、殺される世界である。実際にわたくしの教え子の家族が戦場で命を失うような事態が生じれば、教え子は心身に大きな打撃を受け、それがその後の生活環境や学業環境に多大な影響を及ぼすことが十分予想される。場合によっては学業の継続が困難になることも考えられる。

安保法制の成立と施行により、自衛官や自衛官の家族はそうした最悪の状況を容易に想像できることになったことから不安を抱くのであり、またその不安は現在進行形のものとして続いている。これを精神的苦痛といわず、なんと表現することができるであろうか。わたくしは、戦場の苛酷なリアリティを熟知しているからこそ、教え子の親きょうだいが戦場に派兵された場合に経験しかねない状況をリアルに想像できる。

自衛官の親きょうだいを持つ教え子につきまとう不安感について考えるとき、わたくしは胸が引き裂かれそうな気持ちを覚える。教員として心のなかに湧き上がる痛みについて、わたくしは末延隆成・飯島滋明・清末愛砂編著『自衛隊の存在をどう受け止めるか―元陸上自衛官の思いから憲法を考える』(現代人文社、二〇一八年)のなかでも、教え子の回答や発言に触れながら「こうした教え子の家族が犠牲になることは耐え難いほどつらいことです」(一七二頁)とその心情を正直に吐露している。教え子の不安は、親きょうだいが自衛隊を除隊するまで続く。わたくしの場合は毎年あらたに増える教え子のなかに同様の状況にある者が含まれる限り、また安保法制の下で教員を続ける限り、この心情とともに生きることを余儀なくされる。つまり、不安は一過性のものとして終わらないということである。これはわたくしに対して、非常に強い精神的圧迫をもたらすものである。

(三)　港町・室蘭に住むことへの不安

わたくしが住む室蘭市は、大きな港と製鉄会社などの大規模な工場を持つことで知られる工業都市である。わたくしは安保法制案が国会で審議されているときから、港町に住むことの恐怖心を覚えるようになった。「安保法制が制定・施行されると、海外での武力行使の際には室蘭港が自衛隊の出発港になるのではないか」と心配するようになったからである。これは根拠なき想像に基づく恐怖心ではない。過去の自衛隊の中東派遣の際に同港が利用された経験があるからである。

米国のジョージ・W・ブッシュ大統領（当時）が二〇〇三年五月一日に戦闘終結を宣言した後に、イラクは連合国暫定当局の統治下（実質的には米国による統治）におかれた。陸上自衛隊はイラク人道復興支援特別措置法（二〇〇九年八月失効の時限立法）に基づき、サマーワで給水活動等の復興支援に従事することになった。その際、海上自衛隊は、陸上自衛隊が現地で必要とする車両等をイラクの隣国であるクウェートに搬送する任務を担った（クウェートから陸路でイラクに搬送）。その海上自衛隊の出発港となったのが室蘭港であった。こうした実績に鑑みると、自衛隊が安保法制の下で海外に出動することになれば、室蘭港が利用される可能性が大いにありうるといえよう。

海外での武力行使のために自衛隊が室蘭港を出発することになれば、敵対している他国軍の攻撃・反撃または報復措置として、港が攻撃されることが考えられる。出発港を使えないようにすれば、戦力の低下が期待できるからである。自衛隊が戦闘行為に従事している外国軍の後方支援にあたる場合でも同様のことがいえる。敵対している軍隊の戦力をそぐために後方支援にあたる補給部隊を狙う行為は、各国の軍隊が用いる常套手段であるからである。したがって、補給部隊が出発する港を標的のひとつとして定めることは、軍事作戦上、当然ありうることである。

なお、室蘭は、アジア太平洋戦争末期の一九四五年七月一四日と一五日に米軍による空爆と艦砲射撃を受け、北海道のなかでは米軍の攻撃による最大の犠牲者を出した街である。室蘭が狙われた理由は明らかである。戦争を支える大きな軍需工場がある港町であったからである。その経験から、戦争の加害者にも被害者にもならないことが自らの生存を守ることにつながることを学び、戦後の室蘭の平和運動はその双方になることを拒否する運動を進めてきた。過去の経験をあなどると、再び生命を失うかもしれないと考えてきたのである。

そのように主張すると、国際人道法上は軍事目標主義が採用されているため、室蘭港が標的のひとつになろうとも、民間人はその標的にはならないと主張する者もいよう。それについては、わたくしの昨年のガザでの経験から反論をしておきたい。二〇一八年一一月一一日にパレスチナ人の子どもの絵画プロジェクトを実施するために、ガザを訪問した。その晩にイスラエル軍の攻撃がガザ南部で始まり、翌一二日の夜から一三日の未明にかけてはガザ全土で空爆が行われたため、絵画プロジェクトの対象校を含むすべての学校が一時的に休校となった。その結果、絵画プロジェクトは延期せざるをえなくなった。イスラエル軍の激しい空爆が行われていた最中、わたくしはガザ市に滞在していた。一三日の朝三時四五分頃、地面が裂けたかと思えるような大きなミサイルの着弾音が至近距離から聞こえてきた。続けて閃光が走ったと思うと二発目の着弾音が同じところから聞こえ、宿泊先の建物が地震のときのように揺れるとともに、あけていた窓から爆風が部屋のなかに入ってきた。すぐに三発目のミサイルが着弾する音が聞こえた。わずか数百メートルしか離れていないところで、三連発のミサイル攻撃が身近で行われたことで身体は恐怖心で凍りついた。周辺に住むパレスチナ人は皆、同じ思いでミサイル攻撃が終わるのを待っていたことだろう。「ピカ・ドン」という音はいまも耳のなかにはっきりと残っている。

こうした爆撃は軍事目標に対してピンポイントで行われると説明がされることが多々ある。しかし、実際のところ、ピンポイント攻撃であってもその周囲にある民間の建物にも大きな損傷がおよび、そのなかにいる人々が死傷することがある。しかし、こうした被害は、「ピンポイント」という言葉で隠される。さらには、技術力が向上しているとはいえ、誤爆される可能性も否定できない。この経験は、自衛隊の武力行使または後方支援のために室蘭港が出発港になった場合に、わたくしを含む室蘭市民が経験しうる状況をリアルに想像させる出来事となった。これは室蘭だけに特化した問題ではない。自衛隊の出発港となったことがある他地域、例えば横須賀や佐世保等に住む人々のなかには、わたくしと同様の恐怖心を抱く者もいるだろう。安保法制が廃止されない限り、人々はこうした不安や恐怖心とともにそこに住むことを強いられるのである。

(四) コンバット・ストレスと帰還自衛官

戦車砲や戦車付の機関銃または兵士が携帯する自動小銃からの発砲、戦闘機やドローンでの空爆が繰り返される戦場に送られると、戦闘用の訓練を受けている兵士であっても極度の緊張を強いられる。人の命を簡単に奪い、また自らの命も簡単に奪われる現場であるからである。また、指揮命令がはっきりしている軍事組織（多くの軍事組織では、一般兵士は上官に背くことができない）では、一人ひとりの兵士が武器を使用する必要があるか否かを考え行動することは求められず、上司の命令にしたがって引き金をひくこと、ボタンを押すことを強いられる。なかには、緊張のあまりパニックに陥り、相手が武器で自分を攻撃しようとしていない場合でもあたりかまわず撃ちまくる兵士もいる。それにより、子どもを含む民間人を殺傷したり、同じ部隊の兵士を殺害したりすることもある。また、仕掛けられた路肩爆弾や対戦側からの攻撃により仲間が戦闘で殺され、悲しみとともに喪失感に襲われる兵士もいる。わたくしが滞在先のヨルダン川西岸地区で毎日のように目にしていた武器を持つイスラエル兵の多くは、上述のように顔をこわばらせていたり、恐ろしい形相でパレスチナ人をにらみつけていたり、緊張みなぎる顔で銃をつきつけていたりしていた。これらの兵士たちは、親きょうだいが待つ家に戻ると、まったく異なる顔つきをしているのであろう。

こうした戦場の経験は、多数の兵士の精神面に多大な影響をおよぼすことが医学上明らかになっている。例えば、アフガニスタンやイラクに派兵された米兵のなかには、コンバット・ストレスにより精神的な病にかかり、除隊または治療のために帰還を余儀なくされた者が一定数いる。また、帰還後に戦場経験に起因するPTSD（心的外傷後ストレス障害）を発症し、継続的な治療を要するようになったり、除隊後に見つけた仕事を継続できず貧困に陥ったりする者も多々いる。なかには自殺に追い込まれた者もいる。戦場で浴びた爆風でTBI（外傷性脳損傷）を負った者もいる。ガザやヨルダン川西岸地区等に派兵された元イスラエル兵のなかにも同様のケースがみられる（インティファーダ症候群）。自衛官についていえば、復興支援のためにイラクに派遣され、帰国した後に自殺を図った者が一定数いることが明らかになっている。派遣先のイラクは、二〇一八年に防衛省内で見つかり、公表された陸上自衛隊の日報が示すように、大変危険な状況にあった。自殺の原因がすべてイラク情勢に関係しているとはいえないが、米兵やイスラエル兵のみならず、実際の戦闘を経験した多数の国々の兵士のなかでも同様のケースがみられるように、自衛官の自殺の原因に苛酷なイラク情勢が関係している可能性は大いにある。

（五） 家族が抱えるリスク

PTSDやTBIは鬱、記憶障害、不安症、各種の依存症等を引き起こす原因になり、その影響は本人のみならず、身近にいる配偶者や子どもまたは恋人といった親密な関係にある者にまでおよぶ。すなわち、周囲の者たちも準当事者になるのである。その影響のなかには、例えば、ＤＶや児童虐待といった暴力も含まれる。それにより、派兵前は仲が良かったカップルや家族が予想すらしていなかった離婚や離散を経験することにもなる。また、子どもが暴力や貧困、家庭環境の変化等により不安定になり、その成長が蝕まれる。自衛官の親を持つわたくしの教え子も準当事者のひとりになるかもしれず、そうなったときにはわたくしは教員として、その学生のケアにあたる必要に迫られることにもなろう。

武力行使のための自衛隊の海外派兵が積み重ねられていくと、帰還自衛官のなかには米兵等のようにコンバット・ストレスによりＰＴＳＤを発症する者が出てくるようになるだろう。その影響は自衛官の家族にもおよぶと同時に、社会もそのケアの方法を考えなければならないことになる。そもそも、戦争や武力行使を放棄している憲法を持つ国ではコンバット・ストレスに苦しむ自衛官が生まれるはずがないにもかかわらず、である。臨床心理士（カウンセラー）兼研究者である知人によると、すでに現段階においても臨床心理士として自衛隊に雇用される者が増えているとのことである。現段階ではこれが安保法制の下での自衛隊の海外派兵を前提にした傾向であるとは言い切れないが、少なくとも同法制に基づいて自衛隊の海外派兵が常態化すれば、こうした傾向がさらに高まることが予想される。

自衛隊関係者が多数住む北海道の民間ＤＶシェルター関係者に、自衛官の家族からの相談について質問したところ、かつて被相談者の夫の職業は①自衛官、②警察官、③消防士が多かったが、最近では自衛官の妻からの相談が減ったとの回答がかえってきた。その理由は自衛官の家族のなかに問題が生じていることを外部に知られないように、自衛隊内でなんらかのＤＶ対応をする方向に変わってきたからではないかということであった。戦場を経験した自衛官のＤＶ等の親密圏における暴力が社会的に問題視されることがあれば、安保法制への批判のひとつにもなりかねない。それを避けるためにも、内部での対応が求められているのではないだろうか。

五　ジェンダー視点から考える武力紛争の影響とジェンダーに基づく暴力

（一）ジェンダー視点から考える武力紛争の影響

わたくしはこれまでの活動や調査を通して、アフガニスタンやパレスチナの人々が爆撃や残虐な人権侵害にさらされてきたことに加え、それらがその地域のジェンダー差別的な社会規範と結びつき、ジェンダーに基づく暴力をはじめとする各形態の暴力を生みだしてきたことを知り得た。また、武力攻撃や治安の悪化等により生活の糧や基盤を失った人々がエンドレスに続く貧困にあえいできたこと、それにより将来の生活の見通しが立たず、希望を持てない状況におかれてきたこともみいだしてきた。まさに武力紛争というのは、平和的生存権を構成する「恐怖」と「欠乏」を生みだす大きな要因となっているのである。

イスラエルの占領下で展開されているパレスチナ人の抵抗運動に対するイスラエル軍の鎮圧という意味では、死者は男性が多い。抵抗運動のうち、より苛酷な鎮圧を受ける武力抵抗への参加者は女性よりも男性が多いからである。また、パレスチナの子どもが侵攻するイスラエル軍の戦車や兵士に向けて投石で抵抗することもあるが、その場合の犠牲者も男児が多い。投石する子どもの大多数が男児であるからである。これはパレスチナ社会における男性中心主義とジェンダーに基づく社会規範や性別役割分担（抵抗運動は男性が担うべきとする考え）に基づいている。また軍事組織内の死者についても圧倒的に男性が多い。兵士は男性が多いからである。一方、パレスチナ人全般に対する空爆等の軍事攻撃になると、性別や年齢等の違いにかかわらず犠牲が生じる。アフガニスタンでも同じことがいえる。このように武力占領・攻撃に対する抵抗者への武力鎮圧および軍事組織内の戦死者の観点だけから考えると、確かに犠牲者の数は男性が圧倒的に多いが、武力攻撃の影響は死傷者の数だけから計ることができるものではない。死傷、家屋その他インフラの破壊といった直接的被害に加え、難民・国内避難民化にともなう貧困や心身への影響、病院や子どもの教育へのアクセスの阻害等の間接的被害も生じる。

武力紛争下で家屋やインフラを破壊された場合、また爆撃等により経済的にも不安定になった社会で一家の稼ぎ手が職を失った場合、その一家は途端に貧困に陥る。パレスチナやアフガニスタンのように社会規範上、男性が稼ぎ手であることが一般的な社会では、一家の稼ぎ手を失うと、残された妻や子はその後の生活の目途が立たず、途方に暮れる。

家を失った家族の場合は雨露をしのぐために避難先を探す必要があるが、あらたに家を借りようとするとそのための費用がかかる。家の建て直しをする場合も同様である。一時的に親戚の家に避難させてもらうこともあるが、親戚も爆撃等から受けたなんらかの被害により貧困にあえいでいることも多く、他の家族を受け入れるだけの余裕があるわけではない。しかし、現実には受け入れざるをえないことが多く、そうなるとひとつの家のなかで多人数が限られたスペースと食糧をわけあって生活をすることになる。女性たちは、限られた食糧でやりくりすること、および不安定な状況におかれた子どもの育児をすることが求められる。こうした状況が続けば、それらの家族は将来への不安を含めて、大きなストレスを日々膨らませていくことになる。そのストレスが夫によるＤＶや児童虐待等のファミリーバイオレンスを引き起こす原因になることが多々ある。避難生活のなかで食糧の確保が困難になると、家族は栄養失調や病気に苦しむことが多くなるが、その際に大きな打撃を受けるのはとりわけ子どもと妊娠中または授乳中の女性である。

このように、武力攻撃の間接的被害をジェンダーの観点から分析していくと、社会的に周縁におかれてきた女性や子どもに最も大きなしわ寄せがくることがみえてくる。安保法制の下で自衛隊が海外で武力を行使した場合、攻撃対象となった国々や地域に住む人々は攻撃による直接的被害のみならず、そこから付随して生じる間接的被害にあえぐことになる。本訴訟の原告らはそうした被害のうち、とりわけ女性や子どもがさらされる被害に大きな懸念を抱いている。その懸念はけっして想像のものではなく、パレスチナやアフガニスタンといった武力紛争地で過去から現在にいたるまで生じてきたリアルな状況に即したものである。わたくしは、現場の視点から行ってきた研究の成果や活動の結果から、その懸念が極めて現実的なものであると断言することができる。また、そうであるからこそ、わたくし自身も武力行使を目的とする自衛隊の海外派兵に大きな危惧を抱くのである。武力攻撃を行う外国軍への後方支援についても、自衛隊が補給を行う外国軍が同様の被害を攻撃対象となった国々や地域で引き起こすことが十分考えられるため、間接的な意味での加害者になることを懸念せずにはいられない。

（二）武力紛争下のジェンダーに基づく暴力

ここでは、自衛隊が安保法制に基づき武力行使または治安維持活動のために海外に派兵された場合に生じるもう一つの懸念を述べておきたい。それは、派兵先の住民を武力で威嚇または実際にそれを行使することで殺傷するだけでなく、住民のうち、とりわけ女性に対して性暴力をふるう可能性があることである。いわゆる「戦時性暴力」と呼ばれるものである。武力紛争地では、「敵」とみなされた相手側の軍事組織だけでなく、攻撃対象とする地域全体で己の支配力や破壊力をみせつけるために、一般住民やそのコミュニティに対して恐怖心や屈辱を与える手段が頻繁にとられる。その手段のひとつが性暴力である。女性を性的に痛めつけることで、被害女性が属しているコミュニティ全体を侮辱することを狙うのである。女性に強い貞操観念を求める地域であればあるほど、この効果は大きい。性暴力には、強かんだけでなく、例えば、兵士により人前で性的な暴言で侮辱されるパターン、治安維持活動のなかで行われるかもしれない身体検査においてセクハラを受けるパターン等、さまざまな形態が考えられる。具体的な事例としては、二〇〇三年のイラク戦争終結宣言以後に始まった連合国暫定当局の占領下で行われた米兵によるイラク女性への尋問中の性暴力や、イスラエルへの抵抗運動に参加し、逮捕されたパレスチナ女性への尋問中の性暴力の事例等をあげることができる。

被害を受けた女性はその行為から受けた直接的な痛みに苦しむだけではない。被害女性が属するコミュニティのジェンダー規範と被害が結びつくことで、コミュニティや家族により「人前で性的に侮辱された恥ずべき女性」「貞操を守ることができなかった恥ずべき女性」「コミュニティを傷つけた女性」「家族の名誉を傷つけた女性」として恥と結びつけた負のレッテルを貼られ、コミュニティから白い目で見られるようになったり、家のなかに閉じ込められたり、または家族により殺害されたり（名誉殺人）といった事態が生じる。被害女性は直接的被害のみならず、セカンドレイプである社会や家族からの迫害を経験するのである。

自衛官はそのようなことをしないと主張する者もいるであろうが、戦場の現場を知っているわたくしからすれば、極度の緊張を強いられる戦場に身をおかれた兵士はコンバット・ストレスで苦しんだり、パニックに陥ったりすると、想像を絶するような行為をする者がいることを指摘せずにはいられない。自衛隊を含む軍事組織というのは男性中心的な秩序で成り立っており、内部においても頻繁にジェンダー支配に起因するセクハラが生じている。自衛隊内でセクハラが多発してきたことについては、元自衛官の末延隆成氏が指摘している通りである（末延隆成・飯島滋明・清末愛砂編著『自衛隊の存在をどう受けとめるか―元陸上自衛官の思いから憲法を考える』現代人文社、二〇一八年、二八頁）。そうした男性支配秩序からなる軍事組織が実際の戦闘に従事すると、相手に屈辱を与える行為のひとつとして、強かんその他各種のセクハラ等の性暴力を派兵先に住む女性に対してふるうことが十分考えられる。また、軍事組織内の男性支配秩序の下での軍事作戦を経験した帰還自衛官が身に染みついた武力に依拠する体質や支配関係から抜け出すことができずに、男性としての支配力をみせつけるために性暴力をおかすことも考えられる。沖縄で米兵による女性に対する性暴力事件が現在まで多発してきたことに鑑みると、同様の行為に走る帰還自衛官（除隊した自衛官を含む）が生まれる可能性は大いにあるといえよう。

（三）被災地と難民キャンプの交差
―非常時の女性の権利の軽視

戦場で生じてきたジェンダーに基づく暴力の問題の根底には、社会の差別的なジェンダー意識やジェンダー秩序が横たわっている。こうした意識や秩序は、自然災害のような他の非常時においても如実にあらわれる。地震をはじめとする大規模な自然災害が発生すると、被災地では住民のための避難所が設置される。自然災害で家を失う等の苛酷な経験をした人々は、「いつになったら家に戻ることができるのか」「再び安全な生活を送ることができるのか」「家の立て直しはどうなるのか」「生活の糧をどうやって得ればいいのか」といった不安な気持ちを抱きながら、避難所でときをすごすことになる。その意味では、避難所はわたくしが海外で携わってきた難民キャンプの様子と類似する点が多々ある。

阪神・淡路大震災や東日本大震災の際に避難所の運用をめぐり、女性団体から「ジェンダー視点がない」「女性が安心して過ごすことができるような配慮がなされていない」等の指摘がなされた。これは、避難所のなかで女性の存在を真正面から受け止め、女性のニーズにあわせた安全面やプライバシーの確保上の配慮等がなされなかったこと、すなわち女性の権利がないがしろにされてきたことへの批判であった。その批判に対して、「非常時なのだから仕方ない」という反論が返ってくるかもしれないが、むしろ非常時であるからこそ人々が少しでも不安を払拭できるような配慮が必要だということを訴えておきたい。また非常時にはそれまで社会で周縁におかれてきた人々の人権がより一層軽視される傾向があることも戦場や難民キャンプでの経験から指摘しておきたい。

また被災者のなかには、迷彩服を着た自衛官が被災者の救援活動にあたることに対し、違和感を抱く人々もいる。ただでなくても、震災により精神的に大きな不安を抱えているなかで、戦争や武力攻撃をイメージさせるような、または思い起こさせるような制服で自衛官が被災地に入ると、その不安やストレスに大きな刺激を与えることにもなりかねない。これは自衛官が救援活動にあたること自体を批判しているのではない。被災者の救援のためには、被災地の人々ができる限りストレスを感じないようにする配慮が必要であることを述べているのである。わたくしがパレスチナの難民キャンプに滞在していた二〇〇二年当時、イスラエル兵の姿を目にすると震えあがっていた。迷彩服を目にするだけで、軍事的に鎮圧されるのではないかという恐怖心がわきあがるのを抑えることができなかった。メディアの報道を通して、被災地、とりわけ避難所で迷彩服を着た自衛官が救援にあたっている姿を目にすると、その懸命な姿勢には感謝の気持ちを覚えながらも、難民キャンプでの情景を思い出す。安保法制の下で自衛隊が海外で武力を行使する姿が日本で浸透するようになると、被災地で救援にあたる迷彩服の自衛官と武器を持って戦う自衛官の姿が自然とシンクロし、それにより言い知れぬ不安を増大させる人がこれまで以上に出てくる可能性がある。

六　軍事ではなく、非軍事の安全保障の確保へ

一九九四年に国連開発計画（ＵＮＤＰ）が年次報告書のなかで「人間の安全保障」について言及したことをきっかけに、国際社会では安全保障の概念が大きく変わった。従来の安全保障論では国防を中心にその議論が進められ、「防衛」のための軍事力や軍事同盟の強化が謳われてきた。集団的自衛権の限定行使の容認や外国軍への後方支援の拡大を法的に可能にした安保法制は、従来の国家中心の安全保障論の枠組のなかにある。それは、人をないがしろにし、人を犠牲にしてでも国家の存立を守るという発想である。そもそも基本的人権を最重要原理とし、その包括的規定である一三条で個人の尊重を規定している日本国憲法は、そのような安全保障のあり方を認めていない。

人間の安全保障はそうした従来の議論とはまったく異なり、個々人が貧困や差別、各種の暴力等の脅威を感じることなく、日々の生活を送ることができるようにするという人間中心の考え方である。日本国憲法前文の平和的生存権が謳う恐怖や欠乏からの解放と類似している。人間の安全保障という考え方は、本陳述書のなかでも紹介した日本のＮＧＯを含む世界の多くのＮＧＯが実践してきたものである。また、わたくしが参加した非暴力により占領を終結させることで非暴力の意義を社会に浸透させようとしてきたパレスチナの国際連帯運動もまた、人間の安全保障を確保する作業の一部を担ってきたといえよう。

日本の外務省も、その施策の一環として人間の安全保障を強く支持する姿勢を対外的に示してきたはずであったが、近年では人間の安全保障とは相容れない従来型の軍事中心の安全保障論が国会の議論においても跋扈しているようにみえる。そもそもベクトルが真逆の方向に向かっているこれら二つの安全保障の考え方は、並存不可能なものである。軍事というのは、人間の安全保障を最も脅かす要因のひとつであるからである。

本訴訟の原告はすべて女性である。その理由は、人間の安全保障をベースとする非軍事の安全保障こそが求められている時代において、参考人のなかに女性をひとりも加えることなく進められた国会での安保法制案の審議の差別性を強く訴えることにあると理解している。原告らはわたくしが紛争地での非暴力活動から学んだように、軍事力では平和をつくりだすことができず、ジェンダー平等やジェンダー正義なくして、人権に基づく人間の安全保障を達成できないことを個々がかかわってきたさまざまな活動から確信してきたからこそ、軍事中心の安保法制の欺瞞性を本訴訟において明らかにしようとしていると考えられる。わたくしの陳述が、原告らの訴えを現場の観点から補強する証拠になれば幸いである。

生活思想社ホームページ
http://seikatusisosya.life.coocan.jp/

Voice 平和をつなぐ女たちの証言

2019年 6 月20日　第 1 刷発行

著　者　安保法制違憲訴訟・女の会

発行者　五十嵐美那子
発行所　生 活 思 想 社
〒162-0825 東京都新宿区神楽坂2-19　銀鈴会館506号
電話・FAX　03-5261-5931
郵便振替　00180-3-23122

組版／アベル社　　印刷・製本／新日本印刷株式会社
落丁・乱丁本はお取り替えいたします。

ISBN 978-4-916112-29-3 C0036 Printed in Japan